眼看人類即將逃不過預言中的地球浩劫！冰原的急速溶化造成海平面的節節上升！台灣氣候由海島型瞬間演變爲大陸型的氣候！赤道熱帶國度開始面臨前所未有的寒流侵襲！聖戰組織的狂熱犧牲了多少無辜的生靈…，這種種的變遷，使得社會亂象群起，難道你忽視了這一切所將帶來的危機嗎？

此時，聖經預言的救世主；南無　釋迦牟尼佛所言之未來佛，選擇於此間入世了！祂沒有人間大師所享受的德高望重，祂默默的奉獻心力於天體的軌律維繫，祂更在乎所處環境－地球的日日演變，祂就是當今人間及宇宙的救世主與未來佛－**南無　彌勒佛陀**！

『一線生機救末年』也唯有遵奉南無　彌勒佛陀的啓迪，才能夠讓每個渴望得到永生的生命，得已脫離即將面臨的重重陷阱；不論你是任何宗教團體，南無　彌勒佛陀的教義，本是強調著：『四教合一皆大愛、萬教歸宗本兄弟、勿爭你教與我派、同處地球和平村』，希望於此末法年代，萬物皆同源之固守原則下，大家休戚與共，同爲和平付諸行動！

宇宙彌勒皇教　簡介

宗教在衆生的意識中，象徵著大智慧之精神主導，也代表著佛陀是無遠弗屆之智慧延伸；爾今，統領萬聖尊神、尊佛之統御者，亦爲宇宙萬物生命之主宰：南無聖上無極彌勒天皇─彌勒　陳氏金龍，於西元一九六〇年七月十日降世於地球，生於台灣省台北市三軍總醫院旁之村舍。

南無　彌勒天皇─彌勒　陳氏金龍出身貧寒，但以平民之身，觀盡宇宙生命之演化，以大智慧、大智勇接引天地之靈炁，透過南無　觀世音皇母之引導，破除宗教迷思，繼而以無上智慧生命之體悟，深入了解宇宙物競天擇之理念，以《彌勒心經》、《觀音心經》奠定宇宙新宗教觀。

於彌勒　陳氏金龍修行之過程，了解衆生陷於群魔困鎖中，率以大悲心發其願力，以南無　觀世音菩薩弟子自居，秉持赤子之心，默默的斬盡存於各時空之群魔；當探測至宇宙之衆神佛，亦被束於天體共業的枷鎖中時，則以大佛力去除惡道，重整宇宙天體軌道；然已達至生命本體金剛不摧之身，繼以大聖心普願衆生。

宇宙彌勒皇教爲統御宇宙萬聖之尊：南無　聖上無極彌勒天皇─彌勒　陳氏金龍親創，成立後萬教歸於彌勒宗，亦爲預言中之宗教皇帝，由《推背圖》四十四象中識曰：「日月麗天，群陰懾服；百靈來朝，雙羽四足」；頌曰：「中國而今有聖人，雖非豪傑也周成；四夷重譯稱天子，否極泰來九國春」。

有人認爲此一卦象是針對已發生的國事而預言，並非正確，如今天下群魔攝不似攝，服不似服，顯現卦象爲未濟之卦，亦當是反映著該聖人正處於，龍潛於淵之時；此外，該卦表示「三元劫數」的循環已過去，另一個新的大循環從「上上元甲子」開始，到時「聖人既出，治化世界」。

此卦乃無人能解之宗教卦象，亦爲宗教皇帝現世之兆。自頌曰內容中顯示，「中國而今有聖人」其中的中國亦爲東方，「而今」之譯音爲耳，二字結合爲”陳“；今譯爲”金“；中國自古以龍的傳人稱聖，亦爲”龍“；這樣的組合正代表預言著，宗教皇帝：「宇宙彌勒皇教教主─彌勒　陳氏金龍」。

宇宙彌勒皇教教主出身於寒門，以潛移默化的方式，漸漸導入正信、正等、正覺之心靈神識層面，進而接引玄宇大周天的磁場能量，達至天人合一；觸及無限廣大之宏觀面，使眼觀心，心正意，意眞動，動振轉，轉止靜之恆念思維，入乎其想而維不知，入乎其勝而知不解，入之正行而心不化，入衍隨眞而曉如來。

南無　聖上無極彌勒天皇─彌勒　陳氏金龍透過南無　觀世音皇母之一路引

渡，解救神佛復天國，引領神威重整天體軌道系統，重現宇宙彌勒天國之佛淨土；大周天之天體軌道系統，在天亦有天法；在地亦有地法；人界中亦有人法，惟獨魔界未現眞寶法，南無　宇宙彌勒天皇以大威神力，教化群魔，更以萬聖天皇之金剛身坐鎭於魔界。天、地、魔十方各三千大千世界之眞淨土，無一不在宇宙彌勒天皇之統御中。

在地球上，宇宙天國認同的宇宙宗教爲：佛教、道教、回教、基督教，其教主都有肉身來到人間創立宗教，卦象亦以「四夷重譯稱天子」爲代表，當中所寓意者無不說明，將有天國皇帝來到人間創教之意。宇宙彌勒皇教在人間，正式於西元二○○一年十二月四日，由國家核定，且南無　彌勒天皇更以「四教合一皆大愛、萬教歸宗本兄弟、勿爭你教與我派、同處地球和平村」爲宇宙彌勒皇教之教義。

由整個宇宙觀來論，以超智慧的深層潛能，透過宇宙天體大周天之一脈連成，人人都有機會躍升佛城；透過宇宙彌勒皇教教主—南無　彌勒佛陀—彌勒　陳氏金龍開設之【彌勒皇學院】，教導五眼八神通之神佛理論，即能引導各眾生靈往宇宙彌勒清淨土，繼而學習永生生命的智慧，接續宇宙之新宗教觀。

修行雖是成佛之基礎，以人類現在明白地球是圓的意識型態下，新宗教觀要帶給眾生的是宇宙天國論，其浩瀚性亦能由生命的演進，觀盡宇宙佛國大智慧，透過人亦可，衆生皆受意。

南無　宇宙彌勒天皇與南無　彌勒觀世音皇母，爲宇宙生命初始之陰陽兩極化，在宗教曾預言，南無　彌勒佛陀於五十六億年現世，其眞譯爲地球生命初始至今，已逾五十六億年之久。當重整天體軌道、天書、樂典及一系列由天府釋下之書籍：彌勒心經、觀音心經、玄宇功法、天府樂典、彌勒金剛經、彌勒蓮觀、彌勒心法、觀音心咒、地藏王佛冥聖寶典…等，無一不在在闡明南無　彌勒天皇之降世。

以宇宙觀，觀天象，循著天體軌道是光明；以人識觀，虛幻的三度無明魔魘，亦深鎖著衆生心，人類曲解宗教之預言，以小小的靈眼識界觀天，皆爲井蛙窺天之意。宇宙彌勒皇教本著弘揚南無　彌勒觀世音皇母之精神，隨著南無　宇宙彌勒天皇—彌勒　陳氏金龍之教導，調整生命基因之圖騰，立下各式來自宇宙天府之智庫，以供未來千秋萬世衆生參考，回歸大智慧之彌勒淨土國。

統天無極彌勒天皇，於此末法之際現法，御筆釋現『萬象來生我法中，萬法精義熾我心，萬教經典焰明照，彌勒心法證菩提』四句偈，此爲衆生萬民之榮幸，能明見宇宙十方未來佛。宇宙彌勒皇教以聖火洗滌宇宙十方各界，承南無　彌勒觀世音皇母授記之皇教弟子，亦以聖火誌爲至高無上之榮譽標記，代表淨化業力與護守靈智之象徵。

宇宙十方未來佛，代表著天體動能之演進，南無　彌勒天皇以平民之身恪盡創世之業，深入衆靈之苦，了解生命之眞理，再一度一度與法身結合後，須知既爲天體之尊，亦爲萬衆生靈釋下一線生機。生命本體爲無限生命智慧之累積，以玄學與科學綜觀而論，亦無法盡釋永生生命的演進過程：在宇宙天國中，各神佛亦都是文武兼備之朝中大臣，其中亦包括佛教教主南無　釋迦牟尼佛，基督教教主南無　耶穌基督，回教教主南無　穆罕默德，道教教主南無　太上老君李耳；其浩瀚性亦無法以言語盡述，南無　聖上無極彌勒天皇，好比微服出巡到地球，以宇宙觀地球，彷如微塵泡影；宇宙彌勒天國以釋現於宇宙十方，衆生應正信於眞理，乃大自然環環相扣的物競天擇中，珍惜自己永生生命的智慧，勿陷於蒙蔽智慧伸展之意識型態下，修得本靈回歸天國。

宇宙彌勒皇教不同於一般宗教之修行，其深入之弟子以天法爲尊，在南無　彌勒佛陀調整生命基因圖騰後，是以法身修職級，進而在各界中，更能發揮永生生命的智慧觀。一般人所認知的神佛是庇祐衆生，這是誤導其義，神佛眞正要教導衆生者，是衆生皆能成佛，以永生生命看待宇宙的智慧觀，眞正達到行深永生生命之般若。

人類爲萬物之靈，亦是能藉由生命基因DNA的演化，在一世既能修炁成大智慧者，人的軀體不過是一部生命本體的機器，生命不滅亦是其道理，其細節部分，可參考宇宙彌勒皇教之各式經典。生命本體是千秋萬世的生命累積，須知萬眾生靈都是佛，藉以人這最後的試煉場，透過夢境及超意識的宇宙觀，來演活永生生命的色彩；只是在南無　彌勒天皇未降世前，所有修炁成神成佛的尊神們，都期待並珍惜萬聖尊皇—宇宙彌勒天皇之降臨，才能更進一步躍進，密度高達幾千百億萬的深層超智慧宇宙觀。

宇宙智慧觀是各宇宙天體的演化論，其深奧度須挑戰深藏於萬宙中，修炁高達千百億萬年之群魔；由天體觀生命是無時間論，亦無長、寬、高、距離之框限，可由修炁肉身之質，達至宇宙之智慧觀。當全方位達至天體金剛不壞之智慧生命，宇宙觀亦可於當下深入探討；但前提是需經生命本體不停的演練，其深遠度可於宇宙彌勒皇教中研究、探討。

靈魂可化作三千大千億萬化身，來去於宇宙各空間，達至每一密度都不幻滅，即身歷其境的生活在各彌勒淨土中，其浩瀚性須藉由宇宙彌勒皇教之經典、書籍、音樂及課程，透過南無　彌勒天皇的引導，經授證，回歸永生彌勒淨土。

傳奇的龍嶾命名術

Change Your Name! Transform Your Life

目錄

第二章 字裡論乾坤

目錄

傳奇的龍嶦命名術

Change Your Name! Transform Your Life

目錄

傳奇的龍𡾊命名術

Change Your Name! Transform Your Life

目錄

【彌勒金剛經】

生命的原點、一如生命之初、隨著瞬象萬息的時空、交界出生命的喜悅與永恆的開始、明明如是我聞而乘其心、攸攸如是我穩而生其智、其則何難也、故我得之於生生不息、明也空、是也空、如如不動而觀其天宇、相之隨之我生、合得於明識、自在爲法歸、何得生於此諸法空界、勉於其心、志在道舉、誠力其行、破界諸暗、憫憫懷中而眾中忍性、其爲不智、一因他想而墜入其中、深入其根、莫以法自如、隨捻重化機、明明無安、何以爲是、深究其行、法爲深等、智在彌堅、行之所當之力、明復爲本、明復其實、屈入其所萬物之象、觀無憑欄、隨捻如心、智在相法、從於萬物、眾中有情而生、落於三千大千世界、形之所長、轉應其化生、各有所悟、各所其智、揭諦並加、故此當局者迷、迷於眾中百態、迷於無止道添、其何想而故、所韌其志、而非著於明想是非、豈能如你自知、且等自歸、升化得失、不明於如你萬象、自明歸熬、六等品覺入行、助乎於識明且泰、觀想入境、平止覺乎、是乎於萬仁從心法、回神併氣、僅足於規避情化而仰賴天、入此著基、瞬令浮失明鑑、百感綜觀、因相何添於視入照覺、覺必生礙、形同有如萬物之初、放稔歸基、形旦自如、莫於且中相走、應得於明心、得於明性、得於自在、得於且空、應觀法自在、由融圓通、併解真義、而施法相瀾、隨處鏡而放端遠咫、意也則乎、是言、秉足自在相、隨處放光芒、由容智慧等法識觀、平解難處、識無亦難、遵嚴如是向法、以法自如、平等自知、隨天地合暗而暗、隨天地自楞而平息處之、造角匡應、縱想非觀、旋臾乍見、引呼他方、實豁然也、僅以燭光之焰、耀千大光芒、合而而璧生姿、諸腦合昳、則增涅槃、行如知明其意、矯如工整、則復如之而平起淡化、智生天瀾、唯明生弗而諸景朝殆、秉於化澌、則天瀾無境界、明於諸心、得生涅槃、意明無止境曰「耽誤當下、其景昇華、就如是衍大天宇宙運行、解當悟之下、明哲百態、釋錦鉛華、如是明性且至、就證涅槃」明於萬物之心、導於萬正之體、其於五蘊受識、得於剛正不壞、而有如是忍大任其心、住想無礙、行識增有長、啓明

造華、得於明性、是因諸想而不落六惡道、且觸、知如明心、觀真不
語、得於諸是佛國土、一想如來、得證菩提、得於諸世業身、離享果
報、真於無處想界、是想非想、惟入其觀、觀於身、口、色、聲、
意、識、覺、其任至一、隨即生泰、之乎得是、是乎非也、秉足掛
念、是乎爲其所想而併其觀、絲毫惟一、空也化無境、體認成、住、
壞、空自循之道、解併所思、應入其觀、任也隨他相、自作明心見
性、得明如是且非觀、真就其意、明也淡之、風化得失、覺真於無處
想境、利也淡觀、深究於宇宙十方之合而無限、秉念所生、及一草一
縷、似也隨風、併曉大愛、得如是明百觀、居中自在、躍且如來、合而
爲生自蓮心、境想如是、等空成轉住、意明何生、諸入於無極瀚穎時
空、之進其也、天人合一

龍嶾命名術

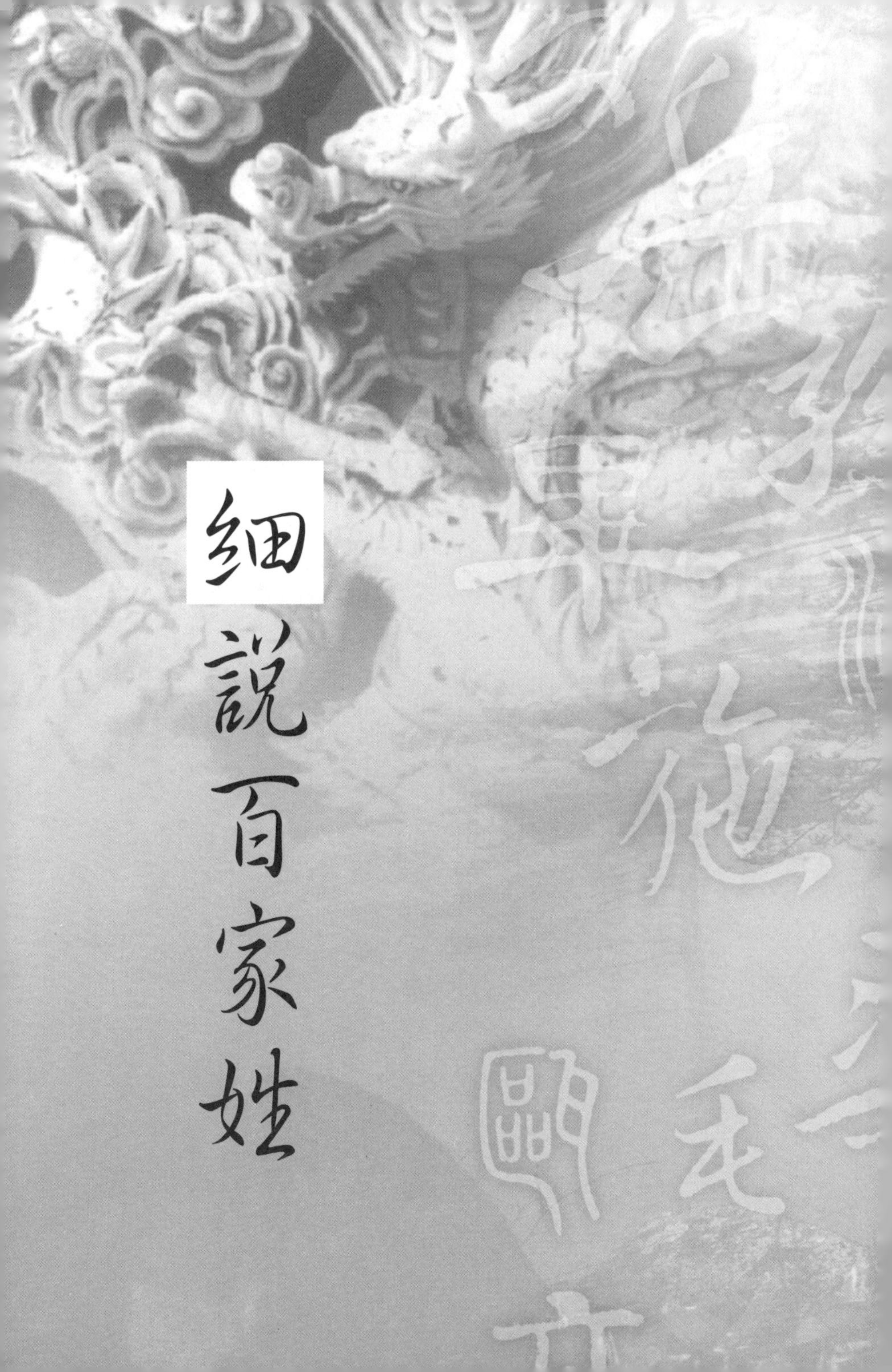

細說百家姓

【一】細說百家姓

序

說古今、論中外，哪個區域沒有命名，以文字代表物品、人形、國家、事物，連一顆微生菌皆有其名，名字在這個地球中是可大、可小，亦是可有、可無，何以如此說呢？「人死留名，虎死留皮」問題是又有多少人的名字被時代記取？

世上有多少人因名字而靈性得救，試問身爲人的你了解多少，豈是用小小八字、音頻、文字遊戲可說盡，可更改？因爲這些小把戲都只看到表皮，卻觀不進內在，常爲形體所矇騙，更不懂得造字原理，或文字眞正代表的意義，及接引何種的大自然力量。

江山代有人才出，文字待有人修正、更改、簡化，但萬本不離源，天國最初始創造文字的那一刻，代表了文字的傾向用意，亦會隨區域更動而改變動能，以最初始的中國文字統一時代而言，秦始皇用短短十五年，欲克服六國以上的文字音頻，可是費了大把勁，想想其中的南轅北轍，單單是六國的發音就很不一樣。

即使目前中國大陸各地的方言還是滿街皆是，福州有福州話，藏有藏語，上海有上海話，數不盡的各種音腔，你真要用音頻論字，是十分的複雜，連台灣都有多種方言，卻共用一種文字；所以文字原始結構非常重要，它代表著最初始的動能，倉頡史官下來造字時，全球各地皆使用象形文字，包括埃及、中國、中東兩河流域所流傳皆相同，沒有什麼分別，是後人的擅改，才造就了今日的文字相。

中國文字歷經了象形文字、甲骨文、金文、籀文、大篆、小篆、隸書、楷書等，及今日海峽兩岸的繁體字、簡體字，皆是字體表面不相同而已，但引用最原始的力量卻是一樣，萬物不離本根源，連文字皆是如此；最初始的文字創造者是天國派遣下來，所以「倉頡」不只是黃帝的史官，更是天國的使者，只是暫於黃帝的身旁，藉以輔導眾生，不然憑一個小小人類，何以有如此的智慧？

你用文字命名就得了解萬物之根源，何以倉頡會把龍、鳳兩字在創字時擺第一個，由象形文字面來看，就可知倉頡的天眼境界，祂的「法身明白」天皇、皇母所代表的尊嚴，所以龍會戴龍帽，鳳會戴鳳冠，代表是天皇、皇母相，由彌勒蓮觀中，各位可知天皇的元神金龍，每次出現一定戴龍帽，而皇母的元神鳳一出來定是戴鳳冠。當然天國的使者不可亂來，造字一定遵守著天體戒律，即使後來修正的人，沒有一個人敢把龍帽、鳳冠拿掉，由龍的部首「立」一看即知那是龍帽，由鳳字的部首「几」一看即知那是鳳帽。

即使歷經了數千年，所有的文字都被刪減、增加、修改、變形，幾乎失去原形，就只有龍帽、鳳冠他們不敢動，因爲靈性皆知龍鳳代表最高的天炁，那是天界最高的元神，沒有人會去動它，由靈性面看來是如此，命名者更應知這股炁場的重要，得由龍來引導，所造就出來的名字，才是最高境界，才能轉動靈炁，而不是留名而已。

所謂龍巙者，就是要透過龍炁拔除掉，隱藏在你靈性上不好的質，使你的名字透過新的輔助力量而轉動，這一個運轉不只是今生肉體使用而已，它是永生永世的傳承運轉，別小看這個龍的引導，它是把天界文字發揮的淋漓盡致，不經一事是不可知天界力量的浩瀚偉大，勝於任何音韻、八字、天干地支、節氣所造就出來的名字。

所謂萬物皆有靈性、有其慧根—即為「元神」，所以要知其名就得先看元神，江湖術士所謂的喜用神，其實該更正為元神，非神佛的神，也不是護法神，它就在你自己的身上。

「元神」關係到一個人與生俱有的累劫福德、功德、行動力，所以呱呱落地時，元神自然會去接引適合嬰兒身上雜質的名字，不要以為純屬巧合，動能就是如此。任你千百劫的業力，用人間法的力量仍無法轉動，一如表面剝皮而已，無法削到骨子裡，骨子底不改，動能怎麼會有變化呢？困在泥土裡就是困在泥土裡，做什麼事都會卡住。

天界浩瀚的力量要與你的靈魂連結，累劫的業力才得以拔渡，陷在土裡才會抽出腳來大步邁向前，而非「錢」也，不先向前走補足動能，怎麼會拿得到錢呢？若要順順利利多一點助力，就得看本書的字裡乾坤，**至於外國文字也有它的演化史，需用外文來表示，因為要給外國人、原文使用者看。**

美索不達米亞、底格里斯河、兩河流域、埃及、中國，人類三大孕育文明之搖籃，皆用相同之象形文字，只是後代刪改而不同，歐美及其他區域文字，要從命名術去補足名字動能就要溯流求源，才能找到最原始的本意。

奉勸想要辯正文字命名的人，先了解人類文明的最初始皆相同，係來自於宇宙天國的倉頡史官所創之象形文字，其亦代表著南無 宇宙彌勒天皇之化炁，在人間所佈署的動能，在此我們未進入書中內容前，得先感謝：

南無 聖上無極彌勒天皇

南無 聖至無上彌勒觀世音皇母之大恩賜予人類，使有此一機會拔除雜質。

第一章 字裡乾坤之神論

第一章　字裡乾坤元神論

壹　百家姓的重要

中國人首重認祖歸宗，可知這個姓氏所帶給你的影響力之巨，一如你的精、氣、神原始點，從受精卵的那一刻起，它就和你密不可分，即使不用等你呱呱落地，就和你的元神結合在一起，名可改、姓不可改，元神不易改的道理就在此。

縱使你的祖先、家勢顯耀盛大，一旦姓氏所呈現力量與你的元神背離，只能徒嘆緣淺命薄，始終得不到上一輩關愛的眼神，這在歷史上屢見不鮮，多少千秋史寫盡富貴家庭的恩怨，一旦你生在這樣的家庭又不知補足自我動能，那眞是有家歸不得，有口又難言。

例如：辜振甫家中的么弟辜寬敏，即是一個最佳代表，二十出頭的年紀就離鄉背井，雖貴爲富商辜顯榮的么兒—辜振甫之弟，備受其疼愛，依然留不住財富、家產。像元神爲天馬者其原始動能就需要一片天空，否則無法發揮他的潛在本能。

一如皇教弟子仁德法者本姓江，在本業中父母無法庇佑他，提供其需要的資源，加上江水向下流，天馬應要向上飛，因此產生了逆流而上，容易有叛逆及忤逆父母的行爲出現，所以高中時期頻頻更換學校，由於先天的環境不符合他，於是無法與父母親近，即使住在一起也不願將內心的話說給父母知悉，單單這個姓氏與元神的關係，即可一覽無遺一個人的成長過程及環境。

所以百家姓擺在最前面，目的是讓每個人知道這是天生的，是你無法改變，就算你可以改一百次、一千次名字，卻無法改變你最原始的動能，這也就是爲什麼每個人有累劫、有先天慧根，靈魂皆是註定，或是此世得投胎到什麼樣的人家，亦即你可以選擇老婆、先生，就是無法選擇你的姓氏一樣。

知己知彼、百戰百勝，知道自己的優缺點，才得以補足欠缺的能量，並且發揮專長，將元神潛能發揮的淋漓盡致、一覽無遺，才是使用名字的最高哲學。

魚與熊掌無法兼得，一個人的動能絕對無法使你面面俱到、十全十美，要你知「姓」（環境）且知「性」（性情）以補足先天環境之不足，拔除累劫上的罣礙，爾後重生，再將元神潛能發揮至極致。一如皇教有位師兄法名喚「信一」，其元神天馬本姓吳，吳之最初古文字爲人拿著兩束草在跳舞（馬有草吃），所以其與父母關係良好，很受父母照顧，且吃、住沒問題，會較順著父母意，不會忤逆父母，因爲吳家有草吃，一個人拿著兩束草在餵馬，符合元神的環境、習性。

另外，吳家的弟弟吳奇樺（明一法者），元神屬長頸鹿，就較爲辛苦，要低頭吃食，非直立吃樹葉，但還是有草吃。卻未如哥哥信一法者，與父母弘心尊者及明心尊者來得契合，因爲吳父亦爲天馬，有得吃，吳媽媽爲小花鹿，所以很適合吳家。

但吳媽媽本姓林，在她未結婚前，動能是與娘家結合在一起。小鹿生活在森林裡悠哉悠哉很好命，有得吃、有得穿、又很自在，但結婚後動能轉爲「吳」家，就沒有在林家作小姐時的豐衣足食，但仍不至於匱乏。夫家姓對一個已婚婦女有極大影響，如王筱嬋與鄭余鎭一到美國登記結婚就（鄭王）—（陣亡）了。

當然百家姓除了配元神的屬性外，還要顧及元神的特性才會更深入，讓你配得一個合適的名字，以利截長補短，另外還要注意到慧根的來處，一度、二度、三度、天界，及出生時的節氣，這一些都是輔助的動能，配得好時，一匹良馬才會有好草可食，一隻飛馬也才不會身陷山谷中四處撞壁。

接下來我們先以幾位名人爲例，作爲百家姓與動能的分析，姑且不論藝名或本姓名之動能，只要你使用它，就會在你身上產生迴轉的動能，故用名不可不愼。

（一）百家姓的例子

◇政壇名人論命也

《一》李登輝：其元神若似龍，能屈能伸、能細能巨，在任何界道上皆能拔得頭籌、運籌帷幄，即使已不居龍頭寶座，仍能縱橫幕後。但觀其成長過程顚沛流離，何以如此說呢?可從「李」氏一字得知，李爲木的果實，無一片天空給這條龍飛騰，即使李家有一片田地，這條龍從小就離家住校寄宿，與父母之間緣份淺薄，一路讀書到大學畢業、留學，少與父母同住。

龍要翱翔在天空，所謂飛龍在天也，端從李姓即知，家中無一片天供其發揮，幸得名爲李登輝，「登」字使其發出力量登升也，以至飛躍龍門，「輝」字使之光彩四射，包含眾車於其光環中形成大軍協助，所謂朝旦爲輝、日中爲光，使其元神本命達到光耀四方。

名爲李登輝者爲數眾多，元神之質不對時會吃不到果實，並不是每個李家子孫取名爲李登輝，就能光耀門楣，元神之質不對時會倍感辛苦。元神爲魚，姓氏爲李則成爲「木魚」，其實「李姓」最具輔助力的元神爲猴子、松鼠、果子狸、鳥類等，凡是質地屬林中之質者，皆相得益彰。

李爲落葉喬木，結果實爲多，雖枯枝亦結子不止，李登輝也帶有這個特性，老而不退，非得枯枝竭盡爲止。

《二》陳水扁：其元神亦若似龍，所以承接在李登輝之後，但李登輝爲鎮守之龍，將台灣打入國際市場、開放兩岸通商，其登升之力量的確發揮出來。但阿扁這條龍依然是要悠遊在天，才有發揮之力量，幸得其本姓陳，引申爲旭日東昇的效果，使其有一片天空可翱翔。

故其與父母的感情會較密合，也多受母親照顧，觀其成長過程可得知較受家庭、長輩之關愛，可惜那是一片小山丘，因陳之部首爲阜，亦即小梯田、小山坡，對龍而言絲毫無助益；所以陳家無千億家產可以給他，於求學的過程也是百般爲錢傷腦筋，而水字是往下流，對要昇天的龍而言，形成太極之流動爲極佳效果，但姓陳之束縛使其執政多不易伸展，才會連連更換政務官。

由於陳姓的另一項解釋，本字爲綑綁束物爲東，意即一個袋子兩頭束住，所以其執政過程也會顯得綁手綁腳，這就是元神潛能眞理：「有一好，就無兩好」，看你要如何取捨，偏偏你投胎的質能在此，所謂「命中帶到，削骨也削不離，除非名中帶利器，才可以解開束縛！」

「扁」字爲書冊，有助於阿扁之擅長讀書，六法全書對他而言一點都不困難，才能在皆是狀元才的台大法律系中出類拔萃，扁爲戶冊，簡書爲文，屬於門戶之文，當然他非得台大畢業不可了。

可惜戶小非雙門大戶，小戶人家讀書「扁」必定很辛苦，但仍力爭上游破繭而出，只因元神爲龍的特性是能屈能伸、能細能巨，爲了顧全大局，可以任由其他官員在其頭上亂喊、亂叫（即一隻元神若似火雞的政務官咕咕叫）。

當然配元神之外，個人的先天命盤也是輔助之質，只是你要如何使元神特性發揮的一覽無遺，就看你懂不懂得本命，每個人落地時的名字皆是註定，自然而然會走向那個動能去取那個名字，即使用一般坊間的改名方式，不論八十一筆劃或音數、生肖、八字算法，都是換湯不換藥。

除非你將累劫之質拔除，由靈性改起，才能承接到全新、完整之適合動能，所要用的字也才會適合，當你有幸遇到南無 彌勒天皇肉身時，請把握此生之榮幸，透過南無 彌勒天皇的拔渡，將累劫至今世之質解開重新歸位，透過元神動能，配合適合的名字，發揮你應有的力量，才不會被絆住走不開，以至於無法向前行進，一旦你元神卡住了，肉身相對也是走到哪卡到哪。

一如阿扁總統先天之質，由陳氏即可看出其在環境中都是受困，走到哪都是綁手綁腳不易施展，若不是他的元神若似龍太強悍，才能打敗眾多對手榮登龍頭。

別以爲元神不是龍者，就能取陳水扁這個名字，而妄想東施效顰，把雞當鳳凰養，名字不是人人適用，需配合天生之質，配不對時魚拿來火烤就慘了，元神是魚的人若姓氏爲陳就不是很吃得開，有土、有木、沒有水會讓這條魚乾死，也表示元神爲魚，且姓氏爲陳者，表無後盾家援，要白手起家自給自足。

「陳」乃有土、有木適合山林原野動物，尤其是四腳（足）類或禽鳥類，但山大林不豐，不適合水生魚類，所以在考量元神與百家姓時，要補其所缺及先天命盤中的不足，這要以天眼觀看，不是用八字拼湊可以改變，所用之字不對時，會使一隻飛禽無法展翅高飛。

《三》王永慶：元神若似巨鷹，王乃大師又爲王者，上下通貫天地人三者，王者肅容而立，所以這隻老鷹並沒有一座山或一片林地給他，一定是白手起家，加上王者之悍，配其元神鐵定成爲鷹王，所以他有銳利的雙眼，其投資很精準，下手必命中要點。

也由於王家的關係，這隻老鷹很早就離鄉背井，加上他爲老鷹之質又配王者肅容，在電視上我們極少看到他的笑容。因爲老鷹之孤獨性不喜群居，所以鮮少看他會成群結黨或是從事社交活動，對子女也是一樣。

而「慶」字適巧配得上其元神利爪，老鷹除了眼光銳利之外，其爪子正是獵殺的利器，慶字最初古文字組合爲「上足下手」，所以此字很能施展手腳、長袖善舞，且心在內，所以他的部屬會很用心，卻是勞心、勞力。但元神不同時「慶」字的效應就不一樣，若是烏龜則異於老鷹。

若能在其名字上補個「口」字或「言」字會施展得更好，鷹嘴之利他用不到，所以你甚少看到王永慶在電視機前發言，甚且只有幾句簡短談話，孤鷹不鳴，這也難怪，他本是鷹王站在山頭上高處不勝寒，而「永」字卻帶給他細水長流、枝幹繁生。但諧音爲「泳」一個人在水中游泳，游個不停，加上慶字勞心勞力，難怪王永慶年紀這麼大了，還在工作崗位上游個不停，無法退休，永遠在工作永遠在勞心勞力。

所以他的企業會旁系叢生，除了本業台塑以外，南亞塑膠、林口長庚醫院、大眾電腦及其他相關企業，「永」字輔助其細水長流有魚吃，所以雖高齡仍舊不退休，依然屹立不搖在山頭觀看，當他的鷹王，一有不對的動靜就把對方啄下來，連親生骨肉也不會放過，王者：寒也！

元神相似爲兇猛獸類的王菲亦是如此，其元神若似豹，所向披靡、傲視群雄的在歌壇上當豹王，所謂「龍配龍，鳳配鳳」就是指元神搭配得宜者，所以王菲也是一張王者肅容，不爲妥協的臉。

再屹立不搖的元神與姓名搭配，也不過是百年身，鷹王始終會走入凋零的歲月，其身上所帶的累劫之質不拔除，可不保證累世之後的下一世，能有這麼好的福氣，褪去肉身之質後可就英雄無用武之地，絕不可能當個鬼王。

萬一下一世投胎接引的百家姓沒這等好福氣時，可就是「叫天天不應，叫地地不靈了」。人無法預知下一世會在哪裡，也許這一世凡事不順遂的你，就是投胎時百家姓組合的力量不適合元神，名字又配不對力量，動能全鎖死了，無法施展，那你還能埋怨嗎？還能等待不確定的來世嗎？

唯有經由南無 彌勒佛陀拔渡指引，才能跳脫先天的命盤，免受後天力量的束縛，也才得以將本命的特質發揮達極致。若元神不屬王者風範，落地姓「王」，可能就沒那麼切合，一如鴿子、松鼠、蛙、龜、魚、麻雀等溫和性族群，元神裏本無王相，何來王者肅容？當就不會呈現一張鐵青無笑容的臉，若是狒狒、獅子、老虎、猴子、豹等兇猛或是帶有階級、團體性質的動物，若搭配姓「王」就比較貼切。

《四》章孝嚴：其元神若似百靈鳥，先天的原動力在嘴上，故其與「章」姓很契合。

章也樂曲，十音為章，這隻百靈鳥能唱出美妙的歌聲，口才一流，外交能力強，只因其先天與後天搭配相得益彰，幸好他沒有回歸「蔣」家姓，保有其章姓，否則將喪失這種發言的能力。

所以其母讓他保有母姓，眞是替他留下一個好機會、好環境，試想當年落地時，章母若執意要他認祖歸宗，回歸蔣家分享榮華富貴當個王公貴族，那鐵定沒有今日的章孝嚴，可以嶄露頭角，因為表面看似優渥的環境，實際上卻是不利於他。

蔣也有草，但需用爪子，用手拿著武器躺在床上睡覺，試想枕戈待旦之下如何安寧，寢食難安，雖有草不愁吃、不愁穿，卻無法散發出美麗的樂章，如果他回歸至蔣家，鐵定會被欺壓，元神與百家姓的關係在此可是表露無遺！

所以，這隻百靈鳥自然有其註定之命運，自動會去銜接這個名字，人的落地時辰看不出這一切動能，因爲你累劫的生命線早已盤算好，怎麼走最爲優勢，會擇其一而不取其二，也自然明白「章」姓將使其潛能發揮得淋漓盡致，而不會去選擇「蔣」姓有得吃、沒得說，「有口難言」對一隻愛唱歌的鳥而言，無異是要了他的命。

命名也當如此，截長補短，擷取優點長處，捨棄不利之處，所以不可強求一定要「十全十美」，有一好就無二好，魚與熊掌更是無法得兼，一心想成爲「第一名」，又要「吃喝玩樂」，難矣！

《五》蘇貞昌：元神若似鯨魚，蘇本字魚吃草，對這隻鯨魚而言是相得益彰，所以他天生本命好，在家有得吃，出外不怕餓著（其夫人都親自爲他準備便當），從南台灣游到北台灣當縣長，聲大氣宏，走到哪兒都吃得開。

可惜這條魚少了水，如果在名字上加點水，那他鐵定是「如魚得水」，幸好其名字有個「昌」字，昌爲出氣孔，所以這隻鯨魚的出氣口沒被堵塞，才能活躍不已。

只是「貞」字對他不利，貞字爲龜殼之裂紋也，所以蘇貞昌屬於「鐵齒一族」，也較剛硬，命格當然也就較爲奔波，若是將貞字改爲其他字型，這條鯨魚就不會如鐵殼那般硬，否則他的禿頭就不只是禿一片而已，還會是又硬、又禿。

蘇貞昌從小就很得家裡長輩的關愛，父母也會支援他，可以說是不愁吃穿，這也代表著魚吃草的特性（蘇姓乃魚、草、禾的結構），但是有得吃時不可安逸過度，忘了生命之眞諦，當尋求人生榮華富貴之時，別忘了生命動能的本意。

人生可不是來享受，才會在莫名中註定用了這個落地時的名字，名字改來改去，本質不改時，始終承接不到該有的動能，除非你由累劫改起，不然你是不會知道，原來這條魚缺水過於剛強，無法如魚得水之潤滑。人生如戲，政治舞台亦是如此，缺了水你如何能靈活運用？姓「蘇」搭配元神爲食魚的貓或海鷗，或吃草動物元神會較佳。

《六》胡志強：元神若似鬥雞，其元神與本性搭配還算得宜，胡爲十口之組合，這隻鬥雞嘴巴很厲害，當新聞局長時也是伶牙俐嘴、出盡鋒頭，當外交官也很稱職，力道十足，出戰百里侯時更是如出一轍、能言善道，甚且可以憑著一張嘴，吃遍全台中。

可惜之處「雞」無法展翅高飛，多了一片天空給他，無異形同虛設，「月」乃月空之意，月下昏暗不明，容易有誤啄的情況出現，若爲鳥類的話會較佳，遺憾的是其爲一隻落地雞—嘴利！靠的全是那張嘴。

雖然他的名字有個「強」字，但此強非眞強，有弓無弦，反而多了一隻米蟲與其競爭，因此身體上容易有腦部方面疾病。強也牆也，被關起來的鬥雞，後天輔助的力道較無法發揮。

而「志」字爲心必走出，對這隻鬥雞而言形同虛設、毫無幫助，反而心踩在腳底下，表示他的內心世界不會輕易開啓，也不會很海派；但鬥嘴鬥多了，難免有些氣淤積在心裏，遲早會爆發開來。

所以不利其元神，實應補「禾」或「米」給這隻雞吃，使其更有精神，更有元氣，而且心開、口開。此爲一個先天註定的例子，一看即知，其命盤所欠缺者，用音數或筆劃、八字、生肖來分析，是無法透視生命之動能。

「胡」姓會輔助愛說、愛叫的鳥類，或需要口動的元神，如果是長頸鹿或馬類可能較施展不開；你是什麼元神呢？要不要自己搭配看看，你才會恍然大悟！哦！原來如此！難怪我會跟父母緣分薄淺，毫無家產可言。

次子又不服。

《七》辜振甫：元神若似狼，狼群是以團體圍攻，這對家族企業的他而言是如魚得水，但辜爲「古」加「辛」，辛也一把刀，加上十口，這隻狼伶牙利口、有刀有口，捕捉獵物是十拿九穩，而且是所向皆捷，即使縱橫兩岸也是暢行無阻，所以他會年少得志、年老孤單。交棒之後的這匹狼就知其(姓)，孤獨了！老年喪子，而次子又不服。

「振」字爲一大清早即起來工作，「辰」爲天剛微亮即起來工作，尚見星辰即起來剝蛤礪、勤勞工作，所以其很重時間性，有食財及利爪，是很積極向外的性格。「甫」字又是輔助這匹狼，使有片田野可以吃食，所以「振甫」對他而言是良田，不愁吃穿，又有利口、武器可捕捉獵物。

但草原上的狼沒有避難所，這是始料未及，所以「甫」字爲田地，種菜之田不如改爲有山、有洞穴會較有利，無避難所即使你眼光再銳利、再凶狠，也難敵天敵，加上他兩個兒子名字皆不佳，「辜啓允」一看即知不利這匹狼了。

難怪辜振甫晚年會老淚縱橫，反倒是辜家的另一支脈—「辜濂松」倒是如魚得水。所以，可別仗著老爸有錢、有勢就胡作非爲，富貴人家是要明白「富不過三代」的道理，辜家第三代若不將先天動能予以發揮，將會一代不如一代。

《八》**郁慕明**：元神若似金剛，對郁姓來說，並不能發揮的很恰當，有肉的郁姓，若爲肉食者元神，如：獅、虎、豹、狼、豺犬等兇猛型動物則十分恰當；所以郁慕明吃不到這塊肉，而邑部是人居住的地方，適合有人氣的動物元神，幸好其慕字爲其帶來一片草原，有輔助力，但「心」壓在「日」下，日落草原對元神而言動能不足，只能照到落日黃昏的餘暉，所以心有餘而力不足。

因爲金剛爲陽剛味十足的元神，適合山谷、原野、叢林中，非洲的剛果是金剛的家，所以這隻金剛缺乏山林溪谷，幸得有「明」字，輔其日落黃昏之灰暗不明，但日月交替之下是不均衡，日月共照又過於剛強，還不如一個「陽」字來得好，金剛本屬陽剛之氣，故其陽氣不足，難以推動黨政。

《九》**羅福助**：元神若似恐龍，幸好其不是鳥類、飛禽，當然能破網而出，因爲恐龍身大、力大，力氣無窮，不會受困於小小地網，相對的其手腕也很強硬，如撒天羅地網般的縱橫黑白兩道，但這個網有好、有壞，好的是手腕夠，壞的是絲線多纏，容易絆手絆腳，所以他屢次出事。

其實是他後天的氣補得不對，福爲小酒器，無法破繭而出，而「助」又是祖先牌位，若用手向祖先求救是接引地力，非神佛之力，反而會使肌肉緊張、血氣方盛，因爲用力過度，過程中會使筋脈緊縮，所以「力」字要挑人使用而不是人人可配，有好也有壞。

羅福助慘遭自己的天羅地網給絆住了，如果能在其名字上加把「武器」就會一掃而開，但恐龍性暴躁，需要穩定性的思考力，其名字除了使用武器以外，還要增加其穩定性，如此才能所向披靡了，其吃喝全靠天生的本命，後天反而是阻力。

因之你還能說同名同姓、生辰八字相同者皆一樣嗎？到底如何破解姓名學的疑問呢？即使是同元神、同本家姓，還是得用天眼觀其命盤，達臻最佳境界，雖非十全十美也百分之九十，但重點是你有無將累劫過程中的障礙物剔除呢？

就是這個障礙物，會使你接引落地時的名字，註定你無助，這也就是慧根不同、動能不同，自然而然所產生的原動力也不一樣，否則同名同姓何其多，馬偕醫院、臺大醫院、全球各大醫院婦產科，同時落地誕生的嬰兒何其多，加上目前算命者滿街都是，流行的「菜市場名」一大堆，很容易你就跟他人同名同姓了。

不信可以至排隊掛號處，坐上一、二個小時聽聽看，此時你的耳朵可能會抗議，怎麼毫無新意都是雷同的名字！因爲元神不知、動能不改、捉不著方向，怎麼接都是接到相同的方向，補不到動能，就像吃飯時米粒不能往鼻孔塞一樣，那會堵死氣孔使得奄奄一息，吃不到飯反招窒息。

《十》**周荃**：元神若似母雞，所以母雞帶小雞，總愛在田裡翻找食物咕咕叫，但出於母性，母雞是很凶悍的，其元神本身就很銳利、很會叫，當上主播或是當「百里侯」，全然靠那張嘴，可以啄得其他人哇哇叫，其防護能力很強，很會保護弱勢團體替他們出頭。

而周家這塊良田使其本性發揮良好，有米、有水、有得吃，才能突顯出她的才華，與周姓家人的關係良好，但這純屬於未婚前的動能。女性就是這一點與男性不同，可以婚姻補其所不足或是更改名字；男性就較吃虧，完全得依本家姓，除非你入贅則是另當別論，以元神與百家姓氏的角度來看是如此，但若論到本命時，就得用天眼觀方能作進一步補強，動能線的發射就是這麼微妙。

而周姓很適合靠禾田米糧的動物元神，有得吃，配的好時是大富大貴、家財萬貫，由元神及百家姓一看就知這個人有無承接祖業。而「荃」字爲香草類，補足力道有限，這隻母雞原本就豐衣足食，卻還放一堆草給她，吃不完，也等於多此一舉。

「周」已很富有，不需要一個「荃」字來隱藏，相對周荃此人內心世界也很會隱藏，並非像她的元神般，會將內心世界的話吐露出來。

《十一》許信良：元神若似食蟻獸，需用口覓食，對他的（言午）許而言，是配上本身的動能線，財富無虞，但卻碎碎唸過多，自然抵不過元神爲龍者。

而「午」字是舂米、杵，爲舂米用的木器，天生具有財富，但只能善用他的口才，卻由於碎碎唸過於謹愼，以至於容易哪壺不開提哪壺？弄得自己不上不下。此食蟻獸缺乏木、土之質，偏偏他的名字又有個「信」字，信者「人言」之組合，又是多此一舉，已有言午許了，何須再多一個言字？加上元神的小心及碎碎唸過度，難怪惹得民進黨內部成員不爽快，總統換別人做。

這一點也怪不得他，誰叫其元神比他人還小，不知天命在何方，動能線如何搭配加以發揮呢！如果今天是一隻吃米的鳥，例如：「麻雀」姓許，那就相得益彰了。

可惜他多言了，去掉那個「信」字補其他字會更佳，「良」字又與他的元神無關，爲一木橋，無土之質，他只有一張嘴當然辛苦了，「許」姓搭配元神得宜時，自是無遠弗屆，吃不完也用不完。但人豈只能吃喝玩樂享福呢？開發動能是補足欠缺之能，以利人間行走，藉以完成一生的使命，而不是等著當鬼，不然你改再好的名字當鬼也是用不著，陰間又沒有陽間這些玩藝兒。**天法、地法、人法之間最佳的名字，乃是—最高階層天皇所欽賜的法名。**

法名可以提供你永生永世使用，不管哪個界道都用得著，不是一世轉一次，到了鬼界再次投胎後，就完全搞不清楚狀況，自以爲是之下，不斷轉世更換名字，如此當然就得憂愁不斷；老是想爲什麼我做不好，人浮於世本就是多事之秋，唯有善用「自我」動能，才能對抗物競天擇的世界。

否則弱肉強食下，你永遠只有疼痛的份，獅子、老虎自以爲很強悍，但等到你碰到龍的時候就知道了，到底誰才是強者自見分曉？江澤民元神也是若似龍，所以才能佔守住大陸之廣大疆土。

何患有志不得伸呢？如同龍困淺灘，給予動能就可以飛龍在天，改名字就是在改這種動能線，**你還能問我爲什麼賺不到錢嗎？看看自己的名字、元神就知道問題出在哪裡了！**元神潛能眞理是無遠弗屆，適用天上、地上千古不變，只有這一項是百家姓名學無法做到的，否則改名之人何其多，有時覺得有效，但只是一時的現象，動到一點皮毛，但內部問題依然存在，還是會爆發開來，屆時還不是要再來一次？

《十二》**宋楚瑜**：其元神若似龍，但在宋家是龍受困於室，屋裡面的龍是睡覺打盹居多，睡著了自是無法飛龍在天，其有天子命格卻飛不出那個屋穴，只能繞樑而行，因爲「宋」字代表「屋中的棟樑」，於是只好當龍柱，永遠是個陪襯的角色，無法旭日東昇，擁有自己的一片天。

於是就要明白，自己的本命只能當王者身邊的副手，「瑜」這個字「王俞」已說明其無龍頭之命，在王者身邊會比較愉快，悠遊自在；反而不是硬得要出頭天，這次選戰他就聰明多了，不再作「龍虎鬥」而是「龍虎配」。

但要如虎添翼還是得看對手的實力—阿扁的副將人選爲何？至於如何稱職的當連戰這隻「老虎」的翅膀，就看他的表現了。此次大選熱鬧可見一斑，希望他不是雕樑畫棟的那條龍。

選戰自是日趨熱鬧、精彩可期，可惜他的「楚」字意爲「叢林、荊棘」，走起來有點刺人，屢見鮮血，在李登輝時代不就是被斷頭，去了首長之職，慘遭滑鐵盧，成了斷首之龍！

遇上阿扁又是龍頭相對，無奈對方是旭日東昇，龍擁有一片天，而「楚」字又暗藏玄機，刺得他滿身傷，「錢的事情」—興票案，逼得他連美國的兒子都被拖下水。可惜其不懂字裡乾坤的涵義，老是弄得自己頭破血流，前兩位總統皆是龍之命格，且有一字「登」天及光「輝」耀眼之意，另一個有旭日東昇的「陳」字，自會有一片天。

字裡乾坤、涵義深重、伏筆眾多，揣摩空間也很廣闊，你想當總統嗎？你是元神為龍的質地嗎？用腦筋想一想吧！

宋為「屋木」，很適合眾多元神，但要看有沒有搭配登對？如果是烏龜、魚類那就最好別來，否則是很辛苦的，「緣木求魚」是花力氣又做白工，什麼都沒有。宋也送也，你要把寶座拱手「送」人，而只當副手嗎？

《十三》張榮發：元神若似禿鷹，這隻禿鷹眼明手快，人家是用抓的，他是拿武器直接發射獵取動物，比他人還快一步，常會做人所不敢嘗試的投資，但是少了一片天給他飛，卻是豐衣足食。因為「張」姓也，施弓弦，加上發字，箭已射出，而「榮」也雖是桐木，卻有屋可居，有「小火」照明且「木」為其火之供給，於是助長這個「火光」可以源源不絕。

鷹眼已是銳利，加上火的豔明照射，有桐樹可居，有弓箭可射，理所當然發揮其禿鷹特質—「百發百中」。鷹爪是很厲害的，如箭之發射，鷹眼之銳利如火光炬，但換個角度要規勸他，小心被自己的弓箭射到，小心被自己的火燒到，自己的人不要任用太多，企業才會長久穩健。

「禿鷹展翅」是”張“大翅膀，表示獵食即有得吃，所以「張」姓者配元神是大不同。百家姓配千百種元神可是眞有趣，端看質的相容與否？其實他與王永慶一樣缺一個「口」字，所以不常見他發言，若再加個「言」部或「口」部，那在他身上之功能可說發揮得極爲透徹。

元神若爲「魚、猴子」，做爲「張」姓的子弟兵可就辛苦了，分不到一杯羹而且父母緣分淺薄，即使天天見面也不相容，要說話也會唇槍舌劍不融洽。

若是爲「松鼠」類等緊張特性動物類，就會更加嚴重，使其慌張不穩定性格更加一層，但換個角度來看，松鼠本會東奔西跑到處張羅食物，「張」姓也會使他這一層特色發揮得更透徹，可惜「張」無木林，這隻松鼠鐵定辛苦、沒錢，家中無財產承接，所以不是含著金湯匙出生。

解讀元神與百家姓關係時，不可用單一角度來看，因爲事物都是一體兩面，月有陰晴圓缺，有陰、有陽，太極八卦亦是如此，名字的動能也要如太極，才能配合人的氣場流通，**不懂時可以請示法身，稟報南無　聖上無極彌勒天皇及南無**

聖至無上彌勒觀世音皇母的指導。

有如此方便之法門及至高無上的老師，隨時在身邊指導，何患無師呢？何患解不出呢？此乃「龍巃命名術」特殊點之所在，不知元神就無法看清動能線的缺失，以及今生今世你有多少的能耐？

若不知自己的斤兩重，試問如何施展身手呢？光憑拆字及八字、五行、音數、筆劃是不足夠的，能改的效率有限，就好比當初中國在滿清時代，開放口岸、門戶提供外國人經商，若是只開一個口岸，而封鎖了其他，你想這樣生意會興隆嗎？足夠使用嗎？

光憑使用倉頡造字之方法，拆字、改名的人，就如同口岸只開一小口，其他還是束縛住，若知元神配合倉頡造字之人，就是略爲加上開放的口岸，若再能憑藉你的天眼觀命盤及拆字之所需，搭配得宜時會有七、八十分，配不好時也有五、六十分，**而元神就得由南無　彌勒天皇肉身，及具備皇天之眼的開法尊者，所觀看到的才準確。**

每一個人都有業力存在，會被覆蓋住，加上靈性業力是很狡猾的，會僞裝不希望你逃脫它的控制範圍，故不經拔渡是無法解開這一層面紗，若有幸經由南無彌勒天皇將肉身的元神解救出來後，又可將累世的雜質拔除、重生時，這個動能會很不得了，這也就是「龍巇命名術」的重點。

「龍」指的是至高無上之天皇肉身，經由「龍」拔除隱藏在你身上的雜質後，你這條靈魂才會乾淨，動能也才會發揮極致，否則這些雜質就如同人生路上的絆腳石一般，走到哪、絆到哪。

每個人身上帶有的雜質不同，亦即累劫、慧根、命盤不同，自然而然就會承接到不好的運，虧個錢，跌個跤，或是撞個壁；亦或原本生意興隆，公司也很具規模，突然一把無名火，將你的心血燒得一乾二淨，從此兩手空空、負債累累，這些原本可以在未發生之前，將動能線予以解開，雜質去除，一旦時間來臨自可避開，大化小、小化無，或者只是個小火苗，也可以立即撲滅，而非燒個精光，負債億萬，搞得財產化爲烏有。

屆時再來求助，則稍嫌晚，人生劇本漫漫長，誰能看得清、料得到？該發生的還是會發生，而且不是只有一次，人生路之長遠，累劫路上的絆腳石如此之多，誰願意半路被劫而枉死？如能事先將路上的雜質予以清除，未來人生路上遭遇的痛，就不會那麼巨痛了。

小痛難免會有，否則怎麼稱爲人生？事有一體兩面，透過「最高的指導原則」替你掃除障礙，不就是多加了一個福分，而減少了一分災難，我們落地時所承接的祖業，由姓氏中即可看出一些端倪，加上搭配名字更是一覽無遺，若再加上天眼觀命盤，那麼你這一生大大小小的事，可說全然攤在陽光底下。

命有好壞、富貴、貧窮之分，此乃與生俱有，累劫所帶來，你不可能要求因改名而賜你一筆財富，或是天降奇蹟平白賜下千億萬元，人生非求此，富貴乃在天，一切皆是本命所帶有，每個人之財帛宮也不盡相同，更何況人間之富貴如何與天上相較？

「生、老、病、死」的體悟乃金錢難買，每個人生命中帶有多少財富是註定的，只是過程中會有些「劫財」的質產生，所以要將這些動能去除掉，雜質拿開，以避免自己的損失，留下你應該享有，或是本應具有的，還你一個乾淨的人生、靈魂，如此才能夠回歸天國。

這點從姓名學上可看得一清二楚，即使你有意改名，若這些雜質未清，該揹個山頭的人，就註定會承接到這一類的新名字，而且是換湯不換藥，請切記！改名是讓你人生路上不會產生大意外，該有的錢財不至於流失，而不是讓你求得大富大貴，若是有此觀念，那麼再多的財富，也可能一把火全付之一炬。

《十四》彭淮南：元神若似蜘蛛，八爪善舞，手腕很好，佈局高手，而彭的彡字邊又是鼓槌之意，很愉快在敲鼓，其爪乃持鼓槌在敲物，佈局得宜有利器。

但有一好就無二好，人無十全十美，長袖善舞者，亦有其缺失，小小蜘蛛雖佈下了天羅地網，卻容易讓鼓聲給弄亂了陣腳，一旦面對時代產生變局，或是風吹草動，兵險戰亂等，其匯市操作即會苦無對策，此乃八爪蜘蛛的缺點。能織網捕物，卻不耐風雨，遺憾的是天生本命即配上了這個姓，無法改變。另外搭配可以遮風避雨、穩定軍心的名字予以輔助，而非暴露在外，任由風吹雨打壞了自己的巧思。

如果元神爲馬者用在此姓氏，就很不錯！戰鼓隆隆，戰馬起步而行，會非常有衝勁，但若是天馬就略缺一筆，少了一片天空，則應當補具有「日」字之動能。「淮」字乃水多，有水會壞了蜘蛛的大事，好不容易捕捉到的食物，會因而沖走，使蟲兒逃了；「南」爲盛稷或物品之容器，對蜘蛛而言是個財甕可儲存食物。字裡乾坤見端倪，一個好的字足以輔助到另一個不好的字。

彭淮南善於佈局，但不得不注意的是，每逢風雨來臨必會壞事，如同絆腳石阻礙了大事般，因之行事上應特別留意，先天與後天要搭配得當。

一如「麗」字是兩個山頭，凡有此字者，必在成年婚後承擔家庭的擔子，如同兩個山頭壓著，或是挑起擔子受到打壓而不得舒展，但需視其元神而論，非一竿子打翻一船人，元神強者，亦或抗體強者，則較挑得起重擔；而元神弱者之婦女，就只能高唱苦命曲。

《十五》顏慶章：元神若似金毛猿，彥本指山崖邊，山崖峻嚴之意，所以這隻猿猴在兩岸山谷間猿啼不絕，發展得相當好，也相當有才華，猴善於鳴叫。頁字指人的頭，意指在山崖邊舉頭而望，且小心翼翼。

這隻猿猴是生對了家庭，天生的動能配得好，得以發展使其有吃有喝，加上慶者用心在伸展手腳，所以手腕靈活，有手、有腳、四通八達，手長腳長，善於交際，但心火上升，人容易枯瘦與王永慶相同。

「慶」字配在用手腳的動物元神上，是相得益彰，而「章」字十音也，對愛叫的猿猴是好的不得了，兩岸猿聲啼不住，其可是自在得很；手腳長者在山中崖邊快樂唱歌、吼叫、呼朋引伴，環境好、口才好、手腕夠，且長袖善舞，然而需切記「言多必失」，獵人不都是循聲找到猴子的嗎？此乃一體兩面，亦即應小心於交際過程中，不要被他人所陷害。

《十六》林義雄：元神若似熊，熊原本就是在山林中生活，因之活得很愉快，環境好，有吃、有住、有才華，不管在哪一方面都擁有一片天，也會和家人相處得很好，此乃元神特性與姓氏搭配得宜的例子。若再加上「山穴」會更好，而「義」字乃是手中捉著一隻羊，表示具有武器可以獵食，此生無須爲衣食擔憂。

「雄」字乃陽性之鳥，一隻手在捕捉鳥，但厶字是手肘彎曲無法伸直，會使得他小心翼翼，行事作風上趨於保守施展不開，身爲民進黨主席時，許多事仍由陳總統插足，可見一斑。

雄字對他毫無助益，反而是個絆腳石，少用爲妙，大熊行動本緩慢，加上凡事小心不敢任意伸手，反而會捕捉不到獵物，使其無法發揮，展現熊霸一方之勢，建議此字需拿掉，另補「山」形字，以利其冬眠。

「林」姓，大姓也，廣思其義適合眾多元神，山林原野動物皆合適，有一片山林得以伸展，但不適合魚類、龍等元神，會絆手絆腳施展不易，龍若在林間飛翔會受傷，易被眾多樹枝卡住，加上沒有一片天空，保證是鬱結於心中，需配予斬荊截枝的工具，及推動飛往天上的字義，輔佐其動能之不足點，使其悠遊的更自在、更得志，始能如魚得水般。

《十七》趙少康：元神若似龍，趙也「走肖」，「走」字爲一個人搖搖擺擺，搖手投足行進，意指這條龍不能飛行，只能搖擺，當然也無法上天，所以空有強大元神可眾壓群雄，卻無法對抗一條飛龍在天。

然而阿扁卻有「旭日東昇」之「陳」字給予輔助，自然比一條用走的龍來得強。而且「肖」爲小塊肉之意，所以他的環境困局頗多，憑藉著先天慧根之質，元神的潛能卻無法得意於人間舞台，一旦遇到強敵壓境，一定是行走而開溜，選戰敗選之後，即不再駐足政治舞台上，也不再嶄露頭角於政黨之間，處於完全潛伏的狀態。

龍的特性能屈能伸，他用對了一半，只可惜無青天難以展翅高飛，加上「少」字又是小之意，細小如兩點，也只能少年得志，「康」又是殼去皮，非水、非屋有碎屑之義，這條龍是碎碎唸，只能主持電台而已，耍嘴皮的能力很強，卻無實體，去了皮的米糠，「康」有外殼而無內米，所以此字少用爲妙，非眞健康也。

「趙」也需配合元神，善用足類的元神爲佳，雞亦十分契合，雉雞善走不能久飛，所以姓趙十分貼切，也表示很會行走四方吃食，若能在姓名上配合更恰當，會使雉雞先天之潛能發揮得更強勢。如「趙乙霖」（尼恆法者）此姓名搭配其元神並未將雉雞的潛能發揮到極點，難怪無爪可施，孤方乙人也！會走不會啄。

《十八》呂秀蓮：元神若似火雞，這隻火雞應感謝後天名字配得好，才能豐衣足食，以呂姓而言，呂也乃雙口，又骨骼相連，她對骨肉至親的感情很好，加上火雞總是咕咕叫，並且兩隻嘴（呂），遇事受阻可是叫翻了天，叫得阿扁那隻龍都要戴耳塞了，由上小口、下大口觀之，其母對她很好，對其頗爲照顧，她頗具才華，姓氏搭配元神得宜，使其動能很能施展，火雞很兇，一嘴咬人，一嘴用來示威「叫聲」。

雖然「呂」家沒能讓她大富大貴，卻給了她發展的空間，以施展天生之潛能，因之才可以能言善道，在政治舞台上叫翻了天，且所到之處皆有她的聲音。

另一隻若似火雞陳履安，就是「陳」姓無口，所以他很安靜，有「木」字可吃住，卻無法將先天的動能發展出來，加上「安」字這隻火雞形同是被關了起來，所以不兇猛，即使想叫也啞口無言，無法啄人啄米。

幸得陳家給他一片林木，陳也「東」之意，是一束縛的力量，有土、有木，因此他的嘴是拿來吃，不是拿來施壓用，在人間只會安靜的享家福、祖業，陳字又可解爲「日木」、「旭日東昇」，日由木後昇起乃日升之意。

話回到呂秀蓮身上，「秀」乃「禾穗成熟下垂」之意，米成熟了，這隻火雞即可吃到飽，後天的動能補足使其自力更生，有一片田可吃，且吃到飽，你若爲雞禽類先天無米可食時，應像呂秀蓮此名一般，在名字上補足欠缺之動能。

但先決條件要將生命中的雜質去除，才能收得到這包「米」，否則是形同虛設，改皮不改骨，所以「龍巃命名術」乃是由最高的智慧之龍—南無 彌勒天皇，將眾生身上隱藏看不見的雜質去除掉，使之去蕪存菁，好藉此施展身手，你有礙手礙腳、難以伸展手腳且不得志的人生嗎？看看自己的元神、姓氏、本名吧！阻礙在哪裡即會一覽無遺。

人落地時即會依你天生所帶之質去承接落地名，不經拔除是難以見眞章，此即所謂的富貴在天。

「蓮」者乃解爲「草連」，而連字本意爲「人拖車而行，車在後」，亦即「負車」也，如車之相連，負之連之，拖拖拉拉，亦即拖負著引渡眾生之意，而蓮又爲「芙蕖之實」，所以對這隻火雞而言毫無助力，卻有拖累之嫌，除非她行走渡眾生之路，否則只能吃飽蹲著、閒著沒事做，而光用嘴叫。

《十九》劉泰英：元神若似馬，劉姓本意「卯金刀」，有「殺」之意是一種兵器，但卯字又為「面具鋼盔、首鎧」也。持刀割草又戴鋼盔，且小心翼翼，是一匹戰馬，天生好手，持刀上陣所向披靡，但得小心被自己的刀給傷害了。

馬的冥頑個性乃固執也，不懂得轉彎，遇到懸崖不知勒馬，加上劉氏這把刀，這回可傷得不輕也！持刀者尚得小心，刀器好用之處，可以帶來食祿但也會傷人，這匹馬臉覆蒙面鋼盔，一般人看不清楚其本性，不除去鋼盔難以知悉馬的本性，所以其善於隱藏自我，屬於深藏不露型，也是老謀深算的一匹馬。

「泰」字又是雙手捧水滑溜之意，所以他很”滑“捉不住，且蒙上面具，普通人是鬥不過他的。然而今日龍比馬悍，飛天而擒，馬又潛逃忘了控繩，衝入谷底當然會傷痕累累，刀且倒插，不傷人反殺己，所謂物的一體兩面即在此，並見分明，明己性、見好就收才能躲過一劫，遺憾的是他很頑固，不聽從他人之指點。

「英」者「草央」有草可吃，但屬剛強之質，「央」乃大人居其中，也就是一個人挑著扁擔去種苗，象徵他的草苗，源源不絕食不盡，又有新草會長出，不停的播種、不停的割草而吃，而肥了這匹馬。

用字為「英」者，需適「食草性」之動物元神，而非亂配一通，若是鷺鷥吃草可就辛苦了，鷺鷥本是水田中、河裡覓食魚類，若要他去挑草、割草即不合適，所以劉鳳英（虔行法者）的元神為鷺鷥，自然沒得吃，且「鳳英」兩字係屬剛強又無法展翅高飛，名中缺水滋潤，在人間當然要辛苦了。

姓名中若有「英」者該思考一下，而非指「英氣風發」或「英雄」之意，配不對時眞是會英雄無用武之地，反倒吃了自己的慧根、福氣，搭配得宜時，例如：馬英九則眞是一匹肥馬，雖其元神非為馬，但以字解時即可端視其意，「九」為鐮刀，「英」為草源源不絕！當然這匹馬自個兒割草自己吃，自給自足，成了一匹肥馬，無須仰賴他人的餵食，當台北市長也不仰仗中央和國民黨之力，全憑一人魅力了。

《二十》**張俊雄**：元神若似河馬，所以這隻河馬張開大大的嘴巴想吃東西，想咬食物，本命上是凶悍，很有發展，不過河馬的做事態度總是慢慢來，而且兩眼緊盯四周之百靈百獸，不讓其他動物靠近牠的勢力範圍，一旦察覺有物體靠近時，一定張開大嘴一咬而穿，其牙齒之利連鱷魚都可穿透，除非你是凶猛性動物元神，如阿扁的龍元神者，才能鎮壓得住。

靠近牠是物以類聚，兇猛性動物元神才會與之成為好朋友，不是兇猛性元神者，還是離牠的泥沼區遠一點，掉進去可是會被牠一口含住，想逃也難。

「張俊雄」講起話來也像河馬一樣慢吞吞，也就是河馬比較會拖延，連講話都像河馬一般，拖拖拉拉故意繞圈圈，無法快人快語，若補他一個「牙齒」，肯定會不一樣，武器在外，伶牙利嘴，如此這隻河馬才會不一樣，方可能言善道，使其說話速度變快。

然而張家這隻河馬，其將河馬特性發揮出來，故其張口可食、不愁吃穿，可惜姓名中「無水」，很難施展，河馬是兩棲動物很圓滑但動作慢，做事容易慢吞吞快不來。

其元神威力凶悍，若能在姓名中補上水、口及動力的話是不可小覷；偏偏「俊」字又是「人頭向下點」，本作「允」字，故有「厶」字在者，其皆不利，表示一條小蟲之意，做事會施展不開，如小蟲般無法成就大事業。

元神本爲緩慢之軀，加上個厶字，凡事都會經由兩道思考程序才放出話來，不是快人快語的類型，自然一隻手要捉鳥時，心中會猶豫了一下，於是鳥就飛走了，故「雄」字不利其名也。

雄字的「隹」字爲鳥，厷爲手肘，其手肘彎曲住伸展不開，英雄者非眞英雄，有「厶」字者較爲不利，會往內縮，即使不是精打細算的人，做事也會呈往內看的角度。換句話說是較謹愼，相對也較容易受困，只能當「小蟲」，無法成「英雄」，「厶」者：施展不易也。

《二十一》連戰：元神若似虎，虎視眈眈，但虎爲深藏不露，伺機而動，可惜他無草、無木、無林、無石可遮掩，雖鋒芒畢露，但名字「戰」字都是兵器之意，而這個兵器又是放置在兵器架上，有劍無手，老虎帶劍本是一把刀，有補足其武力之作用，可惜人單力孤，只有「單」聲且爲「蟬形無力」，無法壯大。而皇教弟子賴德翰，就把元神虎的特性發揮得很好，觀其名即可得知。

連戰取其姓卻是「連」著吃不完，「車車相連」也，難怪他家大業大，又不用辛苦工作，車本是有輪，助虎以行動，所以其天生不用走，坐在車上吃，老虎不用跑，有車代其速度。雖然車車相連吃不完，反其角度看之，卻是拖車也，走走停停，且戰且行，無法發揮老虎的作用，反而發揮了車連車吃不完的本性。

幸而有元神若似「龍」者—宋楚瑜與之相配，因而不再龍虎鬥，拖拖拉拉無法行進，但「連」也要化爲「清蓮」，才能眞正化出力量解渡眾生，位居總統之位應不爲爭鋒相對，民眾看的是你的誠意，「連」亦「蓮」也，有普渡眾生之意，不戰而休非眞兵也，善用你的兵器而不是擺著好看。

《二十二》林洋港：元神若似大象，所以林家給了他一片森林，有得吃又有空間得以發揮，實應克盡大象的本質，而非想出來當龍頭，雖然身大、體大卻是不帶有任何的武器，應該看清自己的本質、動能，免得徒勞無功，幸好其名爲一片汪洋水，使得這隻大象樂於水中戲水，自得其樂。

但其中「港」字爲拱手打揖作恭敬式，而「巳」字又爲謙卑的跪字，有向內之意，故總是慢動作，緩緩而行，不管任何事都謹慎過度，連講話也是一半往內呑，「港」字爲拱手打揖作恭敬姿勢，以至於不會有疾言厲聲、連珠炮式的情況產生，衝勁不夠，只能做內閣爲首的官員，若強出頭與龍爭必然遍體鱗傷。

加上其元神身軀龐大、緩慢之動作，而其名字實際上是配合落地時的本命，觀得一清二楚。大象本不作獵殺動作，但因爲具備有強大之身軀，可以鎭壓四方群雄，所以可以當上首長，卻當不得掠殺式的首長，亦即他適合屬文職的行政首長。

若能在名字當中，針對天眼觀命盤的缺失加以輔助，去除雜質必能發揮得更好，幸得其累劫之福德帶給他福大、命大，這隻大象本是極爲溫和，卻又過於謙恭有禮、屈膝而跪，稍嫌多此一舉，以致內縮過頭，此乃累劫之質所造就的落地名。

坊間的姓名學，依八字、筆劃、音數、五行在命名或改名，不論如何換名總還是「換湯不換藥」，如「林蘭萱」這個名字，代表著這個人天生帶有內縮，個人自掃門前雪，凡事只撿門內，不管門外事之質，太陽總是關在家裡不見天色，在其十多歲時雖改爲「林采融」，又是脫離不了本質，即使算命嘴說得如何天花亂墜，仍是保留了原本不透氣的本質，「融」也是不透氣的容器，如關在門內，而「虫」字爲不易伸展、內縮之意，與「厶」字相同，動能無法發射，除非她將累劫的雜質除去，才能接得更新的生命之光，去蕪存菁，以發揮其元神的本質、動能。

（二）藝人之藝名特取有何效果？

以上百家姓是以個人的本家姓爲主，俗名爲輔，但一般藝人的名字好壞有何區別呢？會眞有影響嗎？偏名眞有輔助的作用嗎？

試想古人比我們聰明，在民國之前的文人雅士就已有所謂的「字號」，一如孫中山有孫文、孫逸仙等眾多名號，蔣中正字介石等，所謂諱名不諱姓，姓所同也，名所獨也。

用字補其動能當有其必要，尤其藝人要在舞台上閃閃發光，眾人常呼其名號，想要一舉登天，在娛樂界有所發展是不得不愼，雖非眞本命之名號，卻可補其所缺，發展其所長。以下我們就以幾位藝人作例子，以揭其面紗。

《一》**王菲**：其元神若似豹，而「王者肅容」我們前面已講過，她不會以口燦蓮花的方式來取悅大家，反之是以其天生的本命豹子之質，所向無敵，豹王也，當然有其一片山頭。

如果換成魚類之質的張柏芝或鷺鷥之質的蕭亞軒，鐵定是起不了作用。因爲她們的元神，不是具有階級制度下的元神本性，沒有王者之分，恭喜她們沒有以「王」爲姓，亦恭喜”王“菲確實善用其名。

「菲」也乃「非」之本字，其在倉頡祖師爺的創字之初，即爲「快速」之意，亦即飛速之快，連羽翅都不見了，乃其形也。而豹子本是速度之王，所以迅速獵取獵物，迅速發展，於是王菲才會發一張唱片，即紅遍了大街小巷，其霸氣之勢，將王者肅容發揮得淋漓盡致。

從來不會配合哪一位主持人或記者，刻意展笑容、陪笑臉，由這一點即可知其藝名，所帶來動能之無限，相輔相成，對其本命元神豹子發揮到了極點，但也有其缺點在，在此不爲其論斷名中之不足，僅以爲例。

《二》**吳奇隆**：其元神若似牛，而吳家本是有草吃、有口向天適合唱歌，其姓爲「吳」，表示他有一技之長，有得吃；但第二字「奇」，是「大可」之組合字形，人應雙腳而立，此爲缺一腳，一足而立之意。

故「奇」字帶給他的動能，在團體內較佳，小虎隊時較能得利，爾後分道揚鑣，就得靠自己一步一腳印而行，但「可」字又爲舒氣之時氣未出卡在喉嚨，說話不順暢，不適合以主持爲業，沒有伶牙利嘴，但「隆」字爲山丘之地，可惜「夊」字有阻礙之嫌，雖然這隻牛有一片山，可一步一腳印的爬行，但常爲「夊」字所阻礙，以至於停止。

所以他在演藝圈總是非常的辛苦，不在團體之內的他，總是要費勁的爬上山，因此奇隆之名並無助力，對其在發展上後勢較不看好，好不容易爬上了一個山頭，卻又停下腳步，好不容易長出來的草又被拔光，對這隻牛而言，都是吃掉了先天的本命，未有助力，無加速之趨。

《三》**白冰冰**：元神若似北極白熊，其本命、元神配上這兩個字「冰冰」是相得益彰、如虎添翼，將其環境配得很好，所到之處皆如魚得水，白熊本在冰上行走，故其發展冰上行走之勢非常穩固，「白」又對其本命元神白熊之質很對味，白色也。雖然「白」字本爲小米粒，但卻是很能適應各種環境，所到之處皆能適應，因此各個場合都見她笑顏逐開，不會有冷場、尷尬之景產生，可達到化冰之勢。

但有些事情的發生一觸即發，所謂「冰凍三尺非一日之寒」，很多事情這位大姐大自己要明白，職場之爭要早日化開，免得凍結到自己。取其名有好處，但事有一體兩面，另一個角度她的冰字過多，這會造成負負得正的結果。

《四》賀一航：其元神若似熊，「賀」爲「加貝」之組合，加又爲有力之口，好的話則生美言，惡的話則生醜相，口語本相加，乃毀譽參半，取其名爲「賀」當首，既已現出此元神本命，即是靠說話吃飯，所以需謹言愼行，非亂咬一團，吃到木頭自己都不知道。

「一」也，孤掌難鳴！所以他在主持界總要搭配其他主持人，始得以施展才能，否則是有口難言，無法長久，最得利的方式是找其他元神比他小者，才能「熊」霸一方，如果是張菲─若似獅子元神者，恐怕賀一航會吃不到肉。

獅子是比熊來得兇猛，搶得快，所有話鋒總會繞著張菲打轉，善取其才者，會懂得避鋒頭，不會一意孤行、孤注一擲，賀一航之質若更換其藝名，才容易施展得開，話才不會亂說，能言善道未必是好事，有時反而會得罪人，畫地自限，使其演藝空間漸形縮小，對熊而言並未施展其力，只動其口，實爲不佳之名，未必能「一航」風順，反而「並舟而行」才有利其發展。

《五》張菲：其元神若似獅子，可由其本命、元神看出來，此乃獅子大開口也，故啖食而吃之，所到之地其皆能吃得開，獅子若不張開嘴是無法獵食，幸得其姓「張」也，所以他在任何場所皆可以滔滔不絕，看似張口開腔，其實是吃四方！哪個影星、歌星不是畏懼他三分，禮讓之至，且他常有「獅子大開口」之勢，節目索價通常也不低。

獅子最怕取到睡獅之名，會有懶得動之趨勢，尤其東住之獅是沒得吃，恰巧張菲又取名爲「菲」，眞是配合得恰到好處，菲字先前我們已提過，它是迅速之意。故這隻獅子用快速的姿態捕捉食物，又快速的張大口吃下獵物，眾多女星若遭其鎖定，成爲獵豔目標可得當心，因爲這隻獅子的嘴可是張得很大，能吞下的獵物可不小，他的本事很強，才能穩居演藝界多年而歷久不衰。

《六》余天：其元神若似雷豹，故在演藝圈東奔西跑，四處唱歌、作秀、登台很吃得開，單看本命上、元神之動能，使其具有一定的地位、人緣，尤其是在一群豺狼虎豹中，他很會伸展手腳，所以才會與張菲等物以類聚。

但「余」家本命是「賜予」，在屋子下分得很清楚，需伸出兩手持之才有得吃，對這隻豹而言可能較爲辛苦，而舍下之口，表示其皆以「語之舒」，得靠嘴巴吃飯，因「余」者爲舍下、屋內分取東西，口又八上爲倒口「亼」字，表示口向外，很會說話、唱歌不退縮，搭配其元神很合適，幸好其名字無束住的字，才能發揮余家之口。

余家人對屋內可是分得清清楚楚，要兩手向上伸才有得吃，所謂賜予乃上天賞口飯吃，但分得是一清二楚，這隻豹子一定得親自動爪才會有一片天，他不登台、不出片就賺得少，全是靠本命在吃飯，一旦遇到元神比他強的獅子張菲，就得甘拜下風，全無用武之處，而其名「天」字對其一點助益也沒有，天大、地大、人大，豹子就是無用武之地，除非他是鳥禽類才有一飛沖天之勢。

余天若能樂天知命，反而較有助益，否則這個老牌子藝名就得更換，難再有一片天。

《七》于美人：其元神若似燕子，「于」字乃氣之舒也，卻礙於「一」爲地面之意，所以會先有淤結而後發於外，她容易語出驚人，只因其元神若似燕子，故此姓助其元神的潛能得以舒發，只不過多爲迂迴、曲轉無法直通，她不是一舉成名，也不是迅速登上舞台，反而是繞道而行，愈加彌堅，這隻燕子是靠觀眾舒口氣而吃飯，所以其主持的節目多爲此類型，少有大型綜藝節目、歌唱節目等，也不適合做綜藝界的大姐大，談話節目最爲適宜。

因爲她有個「人」字，適合在人群中，燕子也多築巢於人群的屋簷下，但燕子爲了候鳥須奔波，與人溝通是她的本事；若能在名字上補水和燕子元神相搭配會更佳，吃得會更多；但這點就元神而論，則是其名字不搭配之處，會比較奔波、勞碌，十分辛勞但有功無祿，當然靠嘴會小有名氣，有得吃卻是非常辛苦。

《八》張小燕：元神若似九官鳥，故其本家姓爲「張」，眞是相得益彰，使其動能發揮到極點，張口就有飯吃，九官鳥本愛呱呱叫，不出聲的九官鳥是會悶死，幸得與本命搭配，使其到哪兒都是一張嘴而無止盡，即使是綜藝節目中，眾多主持人，還是得由她主導發言。

因爲她可以張大了嘴，滔滔不絕，可惜「小」字乃三個點，眼光有限，不能做其他投資，總是往內縮，出不了局，雷聲大雨點小，她可以拉開嗓門在舞台上疾聲厲喊、高談闊論，一個人獨自發光，但就是不能離開舞台，退下舞台就會奔波不已，此乃元神之造就。

即使是小燕家族，在用人上難以伸展，除非捧紅的演藝明星其本命足夠，否則難抵這一波淘汰的潮流，因爲主事者其元神的動能就在此，只能靠嘴吃飯不爲掌權，雖然她人如其名，燕子很會飛，卻也是勞碌不已。

如能在其名字上補個「棲息地」，有屋居時她就不會婚姻乖舛多變，此乃本命所帶到，故自會承接此名，若能在本命上去掉雜質，還原該有的福分，自是可重新承接天命也。人們不懂得「去蕪存菁」的本意，須知人皆是帶業往生，除非你有修行，有大佛力相輔助，才能拔開這累世之業，回到最原始的靈性。

《九》許效舜：其元神若似獅子，故又見一獅吼，只因張菲已漸淡出演藝圈，故這隻獅子剛好承接其獅王之位，可惜「許」姓言午組合，「言」者乃持利器之口也，許效舜多所直言不諱，又會以其言語搞笑，乃「言」字旁所造就，他不是如張菲張口撕咬獵物，也沒有張菲的迅速，耍嘴皮卻是一級棒，因爲他口中帶刀，不用使力，自有得吃，如虎添翼般，等於獅子多了一把刀可使用。

而「效」字多爲模仿之意，效爲使其增強模仿功力，且攵字爲手持武器、鞭子，鞭策了這隻獅子勇往直前，君不見馬戲團中的獅子跳火圈，都是由馴獸獅手持鞭子在指揮其動作，被鞭打的獅子才會有動作，有食物吃，否則獅子是很懶的，一天可以睡上十八個小時。

除非他肚子餓了或有鞭子，才會起來工作，尤其是公獅，會吃一頓睡三天，這點不得不注意，否則若有個安逸環境，一般獅子都不會有求進步的動能，反而成為睡獅一覺不起，要當獅子的老婆，可是很辛苦；除非名字有補強之字，一如許效舜，幸得其藝名常有人喚之，就像一條鞭子不時的鞭打，他才會起身工作賺錢。

古文「舜」字為「㒸炎舛」組成，象徵著草蔓彎延、重疊茂密，意即叢林之中有舛字在其中，舛也，相背離之意，總是兩腳反向而行。「舜」象徵著其居所之隱密，一般人難以發現其眞本性，大口啖食他所隱藏的食物，所以許效舜這隻獅子比張菲還富有，表示他很會儲糧，而且有隱密之區可供存放，但要小心旁人會背叛他。

《十》李敖：其元神若似紅毛猩猩，所以李家為果實下垂，成熟也，正符合這隻紅毛猩猩的胃口，其天生的才華得以展現，而且靠李家的果實就吃不完了。尤其是每到夏天，更是多得果實之際，不怕餓死，財源廣進，光憑作節目及著書的版權就取之不盡、用之不竭，而紅毛猩猩智慧過人，又很會叫，所以主持節目是對的，豐收自不在話下。

「敖」字一邊爲「草生出來」，一邊爲手持鞭子（攵），可見其動能是源源不絕的一片青草地，又手持武器，這隻動物元神是勝於一般的猿猴類，強勢之趨自不在話下。

敖又爲放字，所以他是不受困的，其潛能是放於外，非籠中，雖然其有幾年冤獄，仍能在獄中著書，敖得過、敖出頭，可見其動能是鎖不住的，走到哪、放到哪！「敖」字亦適合牛類的動物元神。

《十一》**李豔秋**：其元神若似大鵬鳥，大鵬本是「鳳」之別稱，會呼朋引伴，所以有凌駕之趨，有木可棲，但不見青天，故其天生慧根之質較佳，以其大鳥之勢，凌駕群雄，所到之處皆引領風騷。

幸好其名字中無「宀」字頭，意即沒有被關住，否則籠中鳥是難以展大鵬之質，大鵬展翅一飛九天，可惜她得棲上「樹頭」當鳳凰，並未將其動能眞正發揮到極點，否則以她大鳥之軀，所做的事業會更廣、更高。

「豔」字乃艷本字的變體，「豐」字乃食器內食物豐滿，所以不愁吃、不愁穿，所謂豆之豐滿也，盍也乃皿中有物用，蓋以覆之，有得吃、有得儲存，這隻鳥是餓不死的！但秋字爲「火禾」之組合，就不利於她的收藏，恐怕常會遭無妄之災，賠錢了事，或是好事受牽累，「秋」者易脆也，名字上少用此字，行事上才較爲順利。

但大鵬展翅是要飛上青天，不是棲在枝頭當孔雀，有得吃、有得用，就不會往青天飛了，而忘記了她的本能，是可一飛千里的。觀其本命就是無一片天空，承接的是「豐衣足食的動能」。

或許你認爲大鳥關於家中當豬養，有得吃、有得用，何樂而不爲，但你若有機會問她：這樣你快樂嗎？她一定搖頭！因爲大鵬鳥需要一片天，非棲上枝頭當鳳凰，其元神本命是要凌駕群雄，並非滿足於現狀。

《十二》范曉萱：其元神若似小鳳蝶，而「范」字本爲草一種，所以鳳蝶多爲舞動，在其脆弱的生命中舞動一片天，她的演藝事業全靠肢體語言取勝，也就是靠元神的動能，可惜范字有個「巳」，乃人屈膝而跪之意，所以凡事往內縮不易施展，其舞台發展總是有限，之前會走紅乃是鳳蝶本命之格，但鳳蝶的生命脆弱，要在眾多藝人中深根發展實不易，只是一時好看而已。

「曉」字乃「日堯」組合，土堆高，物不穩也，扶扶搖搖直上雲霄，但日出漸高對鳳蝶而言是「飛不高」，其高度也不過是離地三尺，無法橫越青天，所以「日曉清明」對她是無所助益，反而有壓迫之感，這個高度是不利於她。而萱字又為「大屋內多有迴轉」，較能多一點空間思考，行事理智不衝動，「萱草」又為脆弱之植物，修長而中空，故萱為中空內無一物，與鳳蝶的命一樣脆弱，毫無補足力道的作用。

其名「曉萱」，只能有小小的發展，無堅挺的生命力，加上范家雖有草、有水豐衣足食，但范又有內縮之意，無堅挺之字補足先天之不足，加上後天無力，用的全是鳳蝶元神本身的格，想在舞台上一展長才，立足久遠，堪稱難也！曉萱，聞其名、聽其音、觀元神乃命格之重點，名好、音不好(曉萱音同小仙，無法做大位)，也不行！

貳　百家姓與先天基因、後天基因的關係

百家姓之多，我們在此不一一介紹，只能舉一些例子說明之，以供學習上之

參考，況且元神種類繁多，且牽涉到一度、二度、三度、四度、五度空間來的慧根差別，有時候有殺傷力的姓氏，碰到先天元神強大時，卻會被先天的高慧根給破解。

但對一度、二度慧根者，也不是全然無迴轉的空間，只要透過修行的腳步，也會破解而出，不再受制於這表象之束縛，一旦高慧根來投胎者，若陷入人間的枝枝節節，悟不開反而會在其中打轉，辜負了慧根以及累世修行，將自己給拉了下去。

先天的動能只是給你一個束縛，有好有壞，就像有錢人家的子孫，未必眞幸福，反受牽制，這個不能、那個不行，甚至無法當個天眞無邪的兒童，有老成世故之心態，家中的長輩也可能施予勢利的教育觀念，使之從小唯利是圖，或者上明星學校吃好、穿好，對家中的傭人不禮貌，對較貧窮人家者不屑一顧，或者揮金如土，無法吃苦。

一旦面臨環境的物競天擇時，沒有抵抗力，眞要吃苦耐勞時，一點都無法承擔。所謂由儉入奢易，由奢入儉難，就是指這一點，看似命好，有得吃、有得喝之人，其實是人生路上的一個障眼法，反而會令人看不清楚人生路上的絆腳石，無法悟開其中的種種阻礙，容易怨天尤人，反而更難走入修行。

至於窮人家孩子的命，沒有富有人家來得好，吃穿用也許不富足，有一餐沒一頓的，還要爲籌學費而苦惱，無法就讀高學費的學校，甚且還得放棄就學的機會，工作養家以活口等，這點對高慧根的人或許不解，甚至會問：我慧根這麼高！爲什麼還要吃這麼多苦？

有句話說：「歹竹出好筍」，就是要由刻苦環境中磨練心志才會茁壯，所以衣食無缺，抵抗力未必強，反而是從小被磨練，如果夠強壯，走到哪兒，都能自我調適良好，對大環境的抗體也足夠，而且能屈能伸，較放得下身段。也不會意志不堅，無法突破困境而中途夭折，受五斗米而折腰，折損他的志氣，受困於小環境，斤斤計較沒有大家風範！

富貴與貧窮其實是人間之阻礙，皆爲磨人心志，一如富者怕人覬覦其錢財，終日膽戰心驚，看人總是用著有色的眼光，抱守錢財日夜驚心，屋外設置重重的保全，還是躲不過一個不小心的閃失。當今擄人勒索者事件頻傳，台灣小小的彈丸之地，動不動就聽聞強盜、綁架事件，勒索高額的贖金，這對富有人家而言是一大考驗，所謂守財奴者還會裝窮，一改其有錢有勢之本色，裝窮裝苦，反而穿用之物比普通人家還差，這點就是悟不開者自尋煩惱。

錢財乃身外之物，悟得開之人就不會刻意執著在這一點上，故你從先天命盤基因上就可觀得，此人是否帶財？是食用祖先所遺留，還是其有本事白手起家，自己掙得財產，一旦先天未帶有財運者，後天又未補足者，當然就得明心見性，知道自己有幾分斤兩，而非一味強求。

會改名者大多爲求平順、健康、財運亨通、子孫綿延，但這點未必能如坊間之運勢改法以推動，反而會有許多的湊巧，需知累劫業今世受，先天帶有該是你的就是你的，有時是時間未到，快要萌芽那一剎那，剛好承接到，但觀元神知其名，多少已觸及七、八十分，再配以天眼觀命盤，即可將一個人的一生表露無遺。

可細、可巨、可大、可小，端看你願意花多少心力了解，但有時候人的好奇心及心智不成熟時，天眼觀命盤者就得衡量，此人是否承受得了、悟得開，會不會從此受限，框住了跳脫不開，反而深陷其中。

故配名、批命的過程中皆以點化爲佳，不可有大師心態：「我很準，鉅細靡遺，好壞皆講」完全不顧當事人的狀況，一一點破，此乃最差的算命大師，須知你的指點迷津是會壞了天機，而引導錯誤，從此並與對方的靈魂業力糾結。

這乃是替人改名需注意之處，一旦沒有能力替他人處理雜質（業力），就少動手動口，否則今世業自己背，這點可是要牢牢的記住。何以人有先天的慧根就在此，名好、命不好那也是枉然，命好、名不好亦多所阻礙。

故命名是要替他人去蕪存菁，不是好看用的，要看清楚眞本質，一條龍你不給他一片天，就只能用「走」的，那與雞犬、四腳蛇類有什麼差別，如何能發揮最大潛能呢？亦即一匹天馬或是一隻大鵬鳥，若把他用「家」罩住了當豬養，那有何用處？是無法發展天馬行空的本事，亦或「大鵬展翅躍萬里」的功能！辜負了其累劫之修爲，今世無法發揮潛能，不是白來了人間嗎？跟有上千億存款無法動用，還在借錢的道理一樣。

當命名者了解動物元神潛能後，自能爲其解困、補動能，一如李登輝元神若似「龍」的潛能，被後天力量給拱上天，但光芒耀眼時，要懂得藏鋒，而非老龍殘喘，死不退休也。

過度的光輝使其無法停下腳步，無法棲息喘氣，還得拼老命，不要只是拼命的爲人補其權利慾望，應當爲自己留點空間餘地，所謂過猶不及道理就在此，一旦啓發一個人元神的動能潛力時，不是讓人大富大貴、帶刀帶劍、勇往直前而已，還需爲他的悟性留點空間，否則那跟先天承接落地時的命格之名有何差別？

「貧窮與發達」是一體兩面，財富、名利是人間的思維，缺乏智慧觀，一旦有錢有勢之後，沒有加點智慧給他，這個被改名之人，還是會受困於富貴的瓶頸中無法跳脫，故後天命名還得針對其動物性作修正，一如「張菲」其藝名取得好，卻沒有替他留個迴轉空間，所以取名不只是帶刀、帶劍，或有吃、有喝就好，眼光要寬廣、放遠，自會促其轉形。

否則你認命天生帶的是小動能，安守於命運中，那是不足以推動生命力往前行進，還是會守在你的累劫中，用過去累積的成果在消耗運用，也就是這一世一定要超越前世，不是只吃前世的果而已，否則此生你還來幹嘛，白走一遭了嗎？

萬物皆有一定的動能線存在，亦即是命運另有安排，要你去碰觸體悟，才會成長、進化，而不是一味的祈求上蒼保佑，一路平安無事，無事何須多此一舉還來人間？既爲人者，必有其爲人的目的，撇開世俗的婚姻子女不談，落地那一刹那，就是你磨難的開始，否則產房裡哪來那麼多哭聲？

每個靈魂來到人世間自知有苦難，故面對折磨的開始，落地第一聲即放聲嚎嗬大哭！嬰兒都知道，人生就是苦海，第一件事情先放聲哭一下，再來面對吧！因爲一落地祖業即纏身，第一個禮物（姓氏）就送給你了，也從此就困在這個動能當中，所謂名可改，姓則須帶入棺材，哪個祖先牌位不是寫「○氏歷代祖先」，從未掛名「○○○歷代祖先」。

可見這個姓可帶得走，就是你的共業，來來往往人世中，你經歷了多少累劫，帶著多少因緣際會的共業？你以爲章孝嚴姓章不姓蔣，就不會沾染蔣家的共業嗎？可沒那麼容易，只是他天生基因的抗體較強吧！但他的雙胞胎弟弟章孝慈抗體比較弱，就沒那麼幸運了，在大陸北京之行時，一個好端端的人就突然暴斃了，身強體壯又常運動慢跑，且年年做身體健康檢查，北京之行竟會成爲死亡之旅，這點當可知道，生命中所含的雜質之多！

只要時間一到，湊巧吻合了，磁場、頻率接通的一剎那，就可能會奪命，所以你能夠一直認爲自己運氣很好，與蔣家應該不帶上邊嗎？難也！生命的基因即是從父母而來，就會有共業產生，不可能全憑你姓章就與他切得一乾二淨，天體的法則就是「物競天擇」。

沒有誰能幸運的說不要就不要，累劫之質要從根拔除，章孝嚴若要改名，也得由靈魂中之雜質拔除，將「蔣家的兵馬魂」給解開，否則你看蔣經國是七孔流血而亡，其三個兒子也是得了難症致死，所以雜質留與不留得自我定奪，抗體強者未必你今生來世皆沒事，只不過時間未到吧！

可別太自信、自得意滿，晴天時別忘了準備雨天糧，幸災樂禍觀看別人時，該反觀自己，萬一降臨至你身上時，該怎麼辦？沒有生命之光護佑時，你躲得了嗎？不被群魔分食才怪呢！

有些人天生命中帶刀帶劍，看似很好，補足了武器，但有刀、有劍者往往得小心，免得傷及自己，表面是持刀在殺戮戰場，但實際上也會傷到了自己，這是一體兩面之事。

例如：皇教弟子「古淑媛」開慧尊者天生帶三把刀，名字中就可窺見，其姓古乃十口也，嘴利、直言，加上麒麟之本質凶悍，「十口」善於說話，表示天生靠嘴吃飯，但這張嘴又利、又大，此乃第一把刀。

「淑」字為組合字，其本字為「叔」，乃手持弓箭射出，所以續箭而發，身體不好，個性單直沒心機，如箭直行不會轉彎。

「媛」字乃「女又」之組合，字中一為利爪、一為手長，此為其第三把刀，可以伸展手腳。

「媛」者乃是古字「爰女」字組合，亦表示君持手援臣，執爰在前做牽引，善用其手。今日乃君王疼愛之牽引，而非利爪之故，可見姓名學中早已透露訊息，只是承受此名者，應悟到姓名學中的提示。

「爰」者是要你牽引他人、引渡眾生，受到天皇的提攜，應珍惜此等福分，感恩上天所賜予。

她窮其一生都是帶刀、帶箭以橫越四方，故其保留本家姓「古」字即可，有十口已經足夠，何必帶刀、帶箭如此之多，這可是姓名學上之一絕。由姓名即可看出一個人的行事作風，凡事應先行預防，但身為工作夥伴的角色扮演上，她是一位不可多得的專才，走入修行以改變本質，否則很難去除天命所帶來的阻礙。

例如：「蕭蕙芬」改名為「蕭淑勵」，仍是帶刀、帶箭過一生，因為她未從根拔除，所換之名皆是換湯不換藥，不過是將「芬」的刀子換成「淑」的弓箭罷了，換個武器但仍不改其本質，這些都是真有其人，真有其名，除非她將命中帶刀之質除去，才能承接更新、更適合的名字動能。

改名是要你悟開此一物競天擇世界，才需要「龍」的幫忙，「龍」乃是宇宙時空最高元神—南無 宇宙彌勒天皇，有祂出手協助，力量將是不同凡響。否則以一般的小兵、小將力量自是有限，不經拔除是無法重生，更可以將紅塵滾滾中的業力打散，觀其名、知其力，這個功課再配合天眼的觀看，則是魅力無法擋。

思考一下自己的名字吧！有多少的先天基因在其中，後天輔助力夠不夠，雖然藝名、偏名的力量，沒有本名、本姓來得大，但眾人皆用藝名對藝人呼喊，其音頻效力可是會擴張，不可不慎啊！

「倉頡祖師爺」的造字乃是承接天命而來，所以祂非常慎重，每個字皆有其用法、涵義，可惜「後人恣意點翻辭」，加以合併、組合，致使人人不解其意，一如「萬」字看似草頭萬，由部首查文字亦是如此，總誤認其爲「草發萬千」，其實錯用其字。

「萬」乃倉頡古字爲「蠍子形」，蠍子「兩個螯」即爲今日的「草」部，過程中的簡化致使原文盡失，誰會想到多子多孫的蠍子，會被引用爲「萬」字呢？在接其字的頻率時，使用者乃爲各方之發音，方言之多，唯有文字不變。

所以名字的音頻以「順」爲要領，不同的發音造成了部份被引用，而無法全面使用。可惜當年秦始皇統一了文字，卻統一不了口音，「一字多音」所以使用者讀起來「順」即可，莫過於講究、要求。

天下沒有不是的父母，更沒有惡意陷害子孫的祖宗，所以沒有哪個姓氏好與壞，有的只是適用性，與本命合不合於這個家。每個姓氏皆有其功用在，如「張」家對老鷹而言，表能展翅高飛，相對的不要被自己的弓箭傷到。

（二）姓氏的好壞在哪裡

文字是一體兩面，所以不要著相於文字的好壞，它是會騙人的，除非你具有智慧跳脫，文字之表象可引人悟開一生的阻礙。

如法名「得利」，得者以手持貝（錢財），而彳部爲後人所增加，要其緩慢行動，不可太心急，否則是難以得到春光照耀，「利」乃持刀割禾也，有米吃不需勞心勞力，好好的靜下心來，不胡思亂想，春光自然照耀在頭上。如俗名朱麗瑛（得利法者），「瑛」字若在王者身邊就有得吃，與法名相吻合，所以她應多行法名棄俗名，法名之下，就沒有人間俗事中之諸多劫難，即使浮現也會逢凶化吉、去除雜質。

人之肉身在，所吃的五穀雜糧皆有毒素，人體況且需要排毒，更何況是累劫的業力，亦會浮現，唯有加速其浮現，才能排除累劫之毒，否則將永遠暗潮洶湧，如果你能在事前將其質化開，危機浮現之時自然已不具有殺傷力。

姓氏有好壞嗎？沒有一個姓氏是十全十美的，因爲此乃人間使用，及人間的束縛。李登輝沒有煩惱了嗎？非也！老年喪子，白髮人送黑髮人！

辜振甫不也是意氣風發縱橫商場，最後仍落得老年喪子，「和信集團」再也吃不開，當家不再一把罩，其姪子辜濂松不也分家（中國信託商業銀行）獨立了。所以人要悟開的不是先天本命給你吃多少、用多少，多少財富和權利皆挽回不了，祖業所造成的老年喪子之痛。

若問辜振甫，金錢能買回兒子的命，願意付出所有家當嗎？可惜事與願違，即使付出了生命，也挽回不了兒子的命，這即是靈魂的可貴！姓名學中最大的寶藏與重點，即是可以使祖業去蕪存菁，將老年喪子的雜質，於事前拔除，就算你要喪子恐怕也難。

李乃大姓，但人人皆不相同，「李登輝」與「李炳輝」一字之差，命格卻差異如此之大，長相也相差甚遠！李登輝的父親身材瘦小，竟會生下魁武高大的李登輝，這可不是遺傳學可決定，乃是元神決定之。

一字之差的李炳輝命運就大不同，失明、瘦小，流落在歌唱界以走唱爲生，雖有一點小光輝卻不持久。而「炳」字乃「火丙」也，兩把火同時燒，小小元神怎能受得了？「丙」爲門內置火，丙即陽光之氣閉於門內，所以他身體差、眼睛不明，重點還得看累劫的慧根（亦即是元神），由天眼觀命盤才能正確了解其一生之是與非，際遇並非全來自於其名。

名爲李炳輝者大有人在，然而靈魂不同，元神也不同，這麼多的相異結構因子，何來同名、同姓命運皆相同，此乃不可能之事！

「同名同姓」人生的劇本亦不同，筆者幼時有位同名、同姓年齡稍長的鄰居，屬於「張」姓祖先同支再旁分，年代不超過百年，而其一生的命運卻與筆者大不相同，其年過四十歲未婚，一生皆在鄉下工廠裡上班，甚少更換工作，在家中守其一生之財產，勤儉持家，孝順父母，不曾邁開腳步踏出此一環境。

而筆者已婚，育有多名子女，畢業後於都市叢林中打拼賺錢，偶然間接觸了皇教，因此展開生命中的另一章，可見同名、同姓不足取，乃應看元神潛能的發射力。

「八字相同」，筆者有一位高中譚姓同學，其農曆年、月、日、時皆與筆者相同，筆者念大學之時，其已開工作室收入頗豐，動輒花上萬元購買衣服，對於筆者當時才二十出頭的學生而言，那些都是天文數字，且其夫婿家庭觀念頗重，不喜計較，經濟大權皆交予妻子，其夫婿名中有一「泉」字，而其名「李慶泉」當中無任何小氣的字眼，即可知此人不愛計較。

此乃筆者的家庭所不可能發生之情況，因爲筆者夫婿名中有「宏」字，表示此人精打細算，「肥水不落外人田」連其妻子也不例外！但仍需觀察其元神，不可斷章取義，一般字義只佔了幾分，需配合元神潛能的動能，才可以看出眞正的端倪，以上皆爲眞人眞事，可查證十多年前的畢業紀念冊，非虛構也。

至於各姓氏之適足性，在此略爲一提，但不同元神時，會有不同的轉機，元神種類繁多，從水裡游、地上爬、樹上棲、空中飛，還有肉眼不曾看過者，尙有一度、二度、三度、四度、五度等資質之分，各個應用不同。

在此淺談，若要深入得看你是否有緣，即正信度如何，若是懷疑者，那必定是不得其門而入。因「龍嶾命名術」的釋現，揭開了元神與姓名之間的謎底，使眾生了解天國智慧之浩瀚。

（二）百家姓——點化—元神爲最高指導原則

《一》錢姓：鋒利的兵器，而且一次雙槍，所謂搶錢一族也。需視元神有無兇猛之動能，之前有位政務官名爲「錢復」，一看便知其很能要弄刀劍，且「復」字爲小心翼翼的舞刀弄劍之意，國民黨時代他與宋楚瑜名列爲四大公子，其懂得急流勇退，不至於每況愈下、受人攻擊。

此姓端視本質爲何及合適與否，若將「利刃」給了烏龜恐不相宜，天馬帶刀爲戰馬倒是可以，卻無一片天，反而會橫衝直撞，傷及自己，這「刀」不是那麼好拿，可要具有眞本事才行。

所謂「刀子口豆腐心」，就是鳥類元神者在這個姓氏下之寫照，但還是要看屬於哪一種鳥類，而且「金」爲剛硬，氣重、剛強之質。

《二》鄭姓：「酒」置於架上以祭天，「人」居其下以跪天祈福，所以多爲祖先保佑之意，做事容易畏畏縮縮往內看，但是有酒喝，表示對某一些元神有庇蔭之意，若爲元神弱者即施展不開來。

以曾經轟動一時，桃花事件男主角「鄭余鎭」爲例子，王筱嬋就抓不住他，因爲有「邑」字部首在姓氏中，所以鄭余鎭會往內縮。

《三》孫姓：子孫綿延不斷之意，多帶人氣，前國民黨時代之行政院長「孫運璿」，其為人氣旺之官員，可惜命中安排，被「孫」姓中的「糸」字絆住，總統寶座拱手讓給了李登輝。還得小心「子系」二字之構造，其為「細細棉繩」，所以思緒雜且多、易受牽絆，台灣大哥大的老闆「孫道存」不也是被絆倒，多年心血因而拱手讓人。

若元神為飛鳥者，則受到羈絆，所以孫燕姿並不是很放得開，元神若似金絲雀，在姓名中無樹木可棲，雖紅卻很疲累，舞台上表演得很賣力，極為辛苦。元神本身很受到歌迷疼愛，卻因姓名中無棲息地，奮力而飛，三年之後終於不支，萌生退意。

一方面其名中帶有「燕」字，象徵她須四處奔波，到處做秀，而「姿」字乃不透氣，連打二次哈欠之意，容易疲勞，體力不足。

《四》李姓：果子下垂，豐收也，多生果子，很適合眾多族群，但李樹為枯枝生果，不易老，雖枯猶榮也，很有韌性，李登輝就是典型的老而不認輸者。

中國大陸的副總理，「李鵬」不也是如此？其元神若似三角翼龍，取名為「鵬」，使其展翅高飛，一躍李樹之上，成為二當家，只因江澤民元神若似龍，勝過李鵬之若似恐龍。

《五》周姓：田園之分，內多藏寶，若元神爲雞鴨類，食物吃不完，但容易畫地自限，多所圍住，不得施展。周爲大姓，不適合天空飛行者，鳥入周田變成雞，所以女孩子在選老公前，需了解自己的元神屬性，以預防嫁不好，未嫁之前即可看出婚後狀況。

港星「周潤發」元神若似天馬，故其周家並未留下家產給他，一看元神即知，天馬不適合田中討生活，落地之天馬只能爲一般之家駒，在田地上奔跑，但賦予了他一技之長，加上天馬之質玉樹臨風，自然在影劇圈可闖出一片天空。

《六》蔡姓：「艹」乃草豐，「祭」爲手持酒肉祭天者，多爲祈福之舉，受祖宗保佑者多。蔡萬霖之「國泰事業」集團多，豐收也，雜草之行多爲謹愼，所以國泰人壽作風保守，蔡萬才之「富邦集團」亦是如此，其姪子蔡明忠會取代台灣大哥大之孫道存，取得董事權，細看之下，蔡氏的「手持肉」是很有利之武器，但重點得視元神而定，並非以此斷定之，若元神爲松鼠，缺樹木可棲，那就沒得吃、住。

《七》何姓：人可何，有氣可舒，但屬於「氣」發出之前的聲音，意即一般人說話（可是、可是）之聲，若元神爲不善於說話的鳥、狗，而姓名當中又不能使之開口暢言，或是伶牙俐齒的配字，那鐵定不善言辭，無法當上公司的發言人，但還是具有「人氣」。

例如：何嘉仁之名字就取得很恰當，聚集人氣，「嘉」爲美言，善於說話，而且人氣旺，才能在美語界居於龍頭老大的地位。

《八》吳姓：思其義有二解，口天吳，人舉頭望天，開口頌歌以娛天，又吳乃「舞」也，古人「手持兩把草舞動以娛天」，故吳家有口、有草，很適合各種動物，吃草族群很適合之。名嘴「吳樂天」就是最佳寫照，很會說話，而且自得其樂。電影導演兼作家及主持人「吳念眞」，其元神若似獼猴很會叫，亦是口才一流。名作家兼主持人「吳淡如」，也是將她若似鯉魚的元神之口，在吳姓中發揮得十分透徹。

《九》劉姓：金刀卯劉，這個家族要視其動能而定，若動能強悍者較適合，動能不足者則較不利。「卯」爲鋼盔、面具，這對劉姓家族而言是一大重點，也是關鍵處，端視你爲何種元神。前面論及「劉泰英」，也曾風光一時，馬在人間本就覆蓋著眼罩，反觀另一面即是太固執、勇往直前。

影星「劉德華」元神若似虎，持「刀」代替爪子，其元神動能得以發揮，雖然「金」為煞，但被他的名字「華」給沖淡了，所以才會表現得如此溫和、笑容可掬。

《十》高姓：土堆相疊，高隆之土也，有一片高山之區，但樓高乃危，中間的雙口並非眞口也，下面是地基之意，可別會錯意了！「高」字可不比「有口待舒」的人可「何」。如皇教弟子「高怡」其元神鵪鶉鳥，生活在叢林中，將其放至高山上較不適宜，而「怡」之「厶」多所內縮、無法施展之意，且厶置於外，不比「宏」字厶為內包之精打細算。「高凌風」其元神若似山豬，「高」字則適合其元神，於高台觀望亭上，有山穴可躲，故其才華多所施展。

《十一》藍姓：本意乃染青色的草，其下為「皿」字，一個人屈身而下即為「臣」字，手伸入皿中，故其有草、有手，伸手入皿，一染為藍，再染為青。

歌星「藍心湄」元神若似金魚，有草可吃，除了嘴又多一隻手在「本家姓」當中，故這隻魚善於歌唱，又善於手舞足蹈，而且很耐磨，幸而其名中有水字，才能如魚得水。金魚本食草，雖然外表光鮮很討人喜歡，但其本命中較為辛苦，乃是彎著身子運用天賦的才華。

「心」字爲火屬向，故其脾氣亦火爆，來得快、去得也快。水火本不相容，所以其心臟及身體不太能負荷這兩個強大力量，若「心」字能改爲別的字會較佳，也較不會與其他主持人在言語上發生衝突或是不愉快。

有心字者其實本無心，且多所衝動，火氣上升之故，所以心字不可不愼用。萬一心不在側邊或單獨一字，而是壓在下邊，個性上會憋住壓抑於心中，若無適當之釋放較易傷身。

「皿」字又多爲器皿，所有的氣皆容易憋在其中，一旦用不好會淤結於內成了血，不可不愼。一旦本家姓帶皿字，就要在名字中疏通氣才會順。如「德」字就是最佳代表，因爲小心翼翼仔細盯看，而亦步亦趨，終至氣結於心，致使血管不順暢，皿中多了一塊血成了憋血。

《十二》崔姓：「山隹」也，「隹」爲短尾鳥，高山在上，故崔者多指高大者。巍峨高山適合山居動物，有山需有水、有木較佳。影藝界有位主持人崔麗心，其「麗」字本有兩山壓境之勢，幸好崔之高山夠堅硬，頂得住，所以化開麗字的力量，形成負負得正，而隹爲鳥，她才得以飛越山峰。

《十三》林姓：就如其文字相，木多爲林，可不只是兩棵樹而已，百靈百獸皆來自於林中，適足性非常廣泛，但林中多荊棘，須注意慢步而行。林洋港元神若似大象就很契合，而且富裕、有才華，因元神與先天的姓氏力量相合。密宗林雲大師元神若似果子狸，將元神與「林」姓的力量搭配，使其發揮達至最佳狀況。

《十四》夏姓：乃「蟬之形」，蟲之意，所以姓夏者多所往內看，但要觀其元神，不可以一概全，影劇界名經紀人「夏玉順」，以玉字補其夏字之不足，因為「玉」堅挺耐磨，所以他很會琢磨旗下的藝人。

《十五》潘姓：潘家有田、有水喝，又有爪可拿，若為鳥禽類就是利爪，有得吃、有得用。影星「潘迎紫」，不就是四十歲一朵花，還能參與「神雕俠侶」的演出，甚且紅透半天邊，生活十分富裕。

《十六》梁姓：人跨橋而行，架木為橋，橋木多所荊棘，刺人而傷，故忍也，見刀上有血跡，所以有水、有木、有刀，提醒使用者要小心。所以「梁啓超」其持刀可行，是為善用者。影星「梁詠琪」元神若似魚，得以在水中悠游自在。

《十七》黃姓：「黃田種玉」乃指古文意，多指配玉其身，又「黃」乃假借之意，天之色曰「旦」，地之色曰「黃」，所以黃泉之路乃指地下之意。所以黃家有片地，元神若為豹者四腳著地，有一片良田，不愁吃穿，有家產也，皇教弟子仫堅

（法名）就是一個明顯的例子。影劇界的「黃安」，元神若似穿山甲，本姓中有良田，才會在影劇圈當中闖出一片天。

《十八》邢姓：爲「井阝」組合，引申大家共用一口井當要自律，含有法的意味在，所以引爲法之刀鋸加頸，古時犯人是架在二竿上行刑，故邑字（阝字）又有縮形，這口井要乾、要濕就看你的配字及元神。

「邢峰」元神若似小山豬，這口井在山峰間無水可補助，只能說峰在補山豬的環境，山豬適合在山裡，而草叢則不利於行（夂丰之組合），只是都在山之頂端、山頂上，這口井較難施展，邢峰的演藝事業難免有限，動能不流暢，主持功力不若胡瓜那若似山豬的元神，十口「胡」來得會說話。

《十九》張姓：弓長也取其字義字形，皆是所向無敵，對飛禽而言是展翅高飛，張榮發（若似禿鷹），弓長又有利器。若對群居於樹林中的小動物就不適合，無所助益，水中之物端看其原動力在哪兒。張菲其若似獅子大張口，河東獅吼，很能配合其動能。若爲猴子則無力，兩手空空，無木可棲，無果可食。

《二十》陳姓：耳東陳，東有「旭日東昇」之質，日從「木」後昇起，耳字旁乃指小山丘，非指人的五官之耳。「東」又有另一含意，東西被束住，兩頭不透氣，綁手綁腳，多所束縛。命名時可補利器解其束縛，如皇教弟子陳睿謀（決眞），謀字「言」爲口中含刀，可解束縛。陳姓適用各種元神，但缺水，取名多需加水字邊，以補足其所缺。

《二十一》宋姓：有家有木，很適合金絲雀，但缺口字，而「宋」之「木」乃是屋中棟樑，適合棲居，大室也。所以在職場上若其元神不弱，則可居要職，如宋楚瑜於國民黨時代，爲黨之棟樑、大將，而宋美齡於蔣家的角色扮演上，有家中發號施令之趨勢。

《二十二》戴姓：兩手分物，愈分愈多果子，但多了一把刀「戈」，使其切斷才有得分，所以戴家看似很公平，卻是很殘忍，一把刀切下去分得清清楚楚。如果其元神爲猛獸，身爲父親者會對兒女施展鐵腕，手下不留情。

因爲要分就得切得一乾二淨，有兩隻手外還多了一把刀，但其「共」字使其呈現恭敬的面貌，而掩蓋住其刀下不留情，若其名中有慧字，可會破了共字的溫和外表，但其本性還是具有恭敬之質，當然若其元神爲大型或兇猛動物，自不在話下，則很吃得開。

《二十三》翁姓：鳥頸上之細毛，多懂得施展手腕。女性多會撒嬌受上司照顧有加，此指元神與姓氏契合者，多居上位也。亦以老翁為尊，故取公者，公為老者，做事較老成，於古代是敬老尊賢，翁者知其姓、聽其音，乃指執事之人，「翁大銘」在其留下鬍子之後不就更像了嗎？若是屬於「飛上天之動物」則更適宜。

翁大銘其元神若似金蟾蜍，「銘」字大為輔助，因為「名」乃口月組合，有口咬金，而且元神本命會咬錢，加上「金」為煞，他不愛笑，擺著一張臉，於是看起來更為老成。

《二十四》謝姓：「言」也，要看元神是否用口者，因為言乃「口中含刀」，所以多所直言，能言善道之外需要修口，並非只用其口不用其心，故幫人命名時可考量加上有轉寰的字，但要看元神而配。而「射」字，為箭射出，得當心雙刀在上多為刀劫，謝霆鋒這隻若似白熊就是不懂得修口，且名中同時具有刀劍兩樣武器，以至於傷痕累累，只懂得狩獵卻不懂得藏鋒，所以容易有走下坡的可能，後勢不被看好。

《二十五》巴姓：巴蜀乃指四川，其為天險之區，其環山就像一條蟲包圍著他們，巴蜀之民（四川人）自給自足，要攻打巴蜀也不容易。「巴」字為蟲，此蟲非小蟲，乃張口之大蛇也，十分銳利。

巴字上面的字型，非眼睛也，乃蛇之張牙咬人所呑噬的血跡，一旦你的元神配合得當是非常伶牙俐齒。影劇界的「巴戈」就是靠嘴吃飯的代表，相對其人也如蟲般，格局較小，精打細算，只會往內看，不會往外吐，只管撿門內而不理會門外之事。

《二十六》康姓：「广隶」組合字，其原形爲脫皮的穀物米糠，外型中空，未脫皮前爲充實飽滿，內包米，健康的人就是指身軀五臟六腑充實正常；不健康者，則指內軀空乏不足，也是指「氣」，氣飽滿人就健康，氣虛內空不健康。若爲鳥獸吃禾者，表示有得吃，但康姓者易流於不實，所以要多加注意，主持界藝名「康康」的藝人，就是最佳代表。

《二十七》庹姓：广廿尺，庹姓者很會畫地自限，表面上很活潑，其實內心很會計較，但有利器。本字「度」也，所以伸手延展，上爲兩手臂下爲一隻手，姓庹者很理性，其心中自有一把尺，庹宗康、庹宗華兄弟即是明顯的代表，伸手可吃四方。

《二十八》楊姓：木易楊，有木可居，視元神而定，若爲楊柳枝，這個家則不穩固。水楊乃需靠水而旺，楊柳要茂密必在水邊，這個家才會有韌性，雖垂垂危及，乃隨風飄蕩。

如皇教弟子蘇智嫊，其嫁入楊姓人家即是如此，其元神爲老鷹，適居於山頭、重山峻嶺中，但今日嫁入楊家，鷹棲楊柳，何以安巢。其夫家必令其動盪不安，這個老鷹的巢也隨風飄蕩，楊柳樹乃垂而不折，至少還有個家，以供棲息。

另外木易楊之「易」表示蟲類，蜥蜴的原形，其爲四腳蛇的本字，故從娘家改至楊家老鷹，其手爪還有得伸，有口飯吃，但不是利爪，非用來抓取獵物，而是爬地面、牆壁之用，其施展出來不會很豐收，有得吃而已。

相對要看元神本性爲何，若元神本性爲「獅子」，就較不易受楊姓牽制。對蟲而言，會較施展不開，姓楊的不會很大方，反而是小格局，對妻兒會較自私，但獅子本身很大方，吃不完的會分給其他動物吃，不若狐狸會藏食物，只不過獅子在楊家會很辛苦，需補足其動能，故在名字中要多加些輔助力，此乃天生之格。

《二十九》蘇姓：草頭蘇其實是指「魚吃草」，故姓蘇者要看元神，才能判斷出先天所欠缺，原名蘇潔怡這隻老鷹的本命較爲辛苦，「草」對老鷹實無用武之地。出生後的成長過程必定是很艱辛，因爲沒有一片天可以飛翔，老鷹屬於天空飛行者，落在草地上會飛不起來，其註定童年不順利，年幼喪母，成長過程中缺少母親的照料與關懷，而後透過南無　彌勒天皇爲其改名，已在其名字上補其不足之動能。若是麻雀有草吃可就不同，要看元神而定非以姓氏爲別，在其名字上補個水字則較佳，魚要吃水才會如魚得水。

《三十》葉姓：一葉清風，葉的本意很明白，其世字乃是葉，指草木之葉莖重疊累積，世代子孫才會用世字表示，世與葉同，葉垂而下，茂密但無勁道。皇教弟子葉菁菁元神爲綿羊，有草吃也表示有一技之長，「羊吃草」本命很受父母疼愛，成年後則要靠自己，但其缺山丘可居。

其名又是「菁」字重疊，菁者本是草色，所謂丹青也，爲草生長在砂粒井中，無水可喝，這隻綿羊的草如何旺盛，食糧如何充足，砂粒中尋草，枯井怎會逢源！樹要茂盛也要有水予以輔助，沙漠中怎會有大樹，其先天之格要後天加以輔助，並非所有姓葉者皆如此，端視元神而論各有千秋。有口有水對其較佳，有口可暢言，有水可滋潤，以補其所缺。

《三十一》趙姓：乃「走肖」組合，前面曾提及，元神若似「龍」姓趙成了四足蟲，元神「雉雞」若姓趙走四方，元神爲「馬」若姓趙很會跑，但是肖者骨肉相連肉少，難兩全，姓趙者親情會較淡薄，較難聚集，即使同住在一個屋簷下仍是難以溝通。但有一例外，即是一家人元神屬性相近者就另當別論了，所謂物以類聚，自會破格而出，但仍脫離不了「走」字的動能。

《三十二》簡姓：「竹卷門見月」之組合體，其可不是門內放日，乃是月在天上照入門縫，有「縫裡窺天」之意。取其音意竹簡，乃指木片刻書之意，看書要攤開來看，不是由縫裡讀書，門縫裡看人，心多不開，緊閉家門。

要提醒空中飛行者鴿鳥類，若生在簡家要多警惕，有日月在，自有一片天，但別自鎖，否則鴿子關於籠中內只會窺天，不懂飛行，成了肉鴿任人宰割，實爲無助。

若是山林動物亦然，關在門內多爲動物園之動物，籠中鳥、甕中鱉皆不好受，但有竹可食，要視元神種類，竹適合的元神各有不同，不可全盤而論。但竹簡竹簡要多加揣摩，並非撿了就算了，其中涵義深遠。

姓簡者若是「不用口、不愛叫」的元神會很悶，若爲狗、猴等元神，則會如竹子般直言直語，不假修飾，因爲帶有竹之特性。

《三十三》**鐘姓**：金童鐘，鐘聲不響則已，敲響之下聲若洪鐘，但鐘若不動似石塊、頑石不敲不響。而童字並非兒童，乃「辛字加在里上」，辛爲武器、利刀，要慎用！古時的鐘聲不會很輕亮，皆很暗啞沉重、剛硬。但鐘本爲鍾，唐朝始有鐘氏，後人取其沉重之字而改爲鐘，但鍾指爲酒器，混淆了原形，分支之後祖業各自承擔，姓鍾的就沒有姓鐘的厲害，因爲鐘自有一把刀。

皇教弟子鍾東霖（証行）元神爲馬，馬爲固執本性，受金、石困住無法奔騰，不鞭不動，加上東字之兩頭束住，動能較不易掙開，內心多所掙扎，心中有塊石頭（金、重）壓住了，而石頭壓住及動能兩邊束住，又無利爪可解開束縛，「霖」字爲連續多日雨下不停，這匹馬又被淋得一身濕，天生承接此命，後天又不足，全憑元神、本命慧根在吃飯，若不是馬具有強大身軀，其動能會更弱。

《三十四》**侯姓**：王侯公孫，本富家，侯字中有矢，帶箭銳利，若姓侯元神爲兇猛者擅用利器，如虎添翼。又指爲鵠，乃箭靶有布撐開，人持矢而射之，不可不小心，在人群中也容易當箭靶，不只是你射人，人亦會反射你。

有位名主持人「侯冠群」，因擅於模仿李登輝一炮而紅，比他演戲還吃香，如今他就靠這隻嘴，口中含箭站上政治舞台，口燦蓮花本事不小。但得饒人處且饒人，多給自己一點迴轉空間，否則名字當中帶了兩把刀是很不利的，當心割到自己，人生當中不可多帶刀，刀多鋒利會傷人傷己。

尤其「冠」字帽下手邊的利爪，是很不好的組合常會傷身，姓名中的「侯」字就是利器能言善道，但還是得靠元神，元神若沒這個命，則只會刺傷別人並非口才好。

善用你的姓與名才是修行的利器，並非天生本命有這個質，就恃才而驕、自以爲是，拿來當利器不懂得修口。事有一體兩面，給你這個利器，就是要你藉此悟開，口才好沒有什麼好羨慕，因爲這是每個人天生的功課，否則不會平白無故落在你身上，可別沾沾自喜，這也是考驗心志，端看是否有智慧得以跳脫，不是仗勢著天生口才好以爲無往不利，還是有可能會碰壁，政治舞台不是這麼好修的，口之發言，說得好是美言、嘉話，說不好是醜相、惡言相向、接引業力，何苦呢？

人生中多少是是非非、恩恩怨怨，還不都是因口而起，社會版上新聞多的是一言不合大打出手，惡言相向而尋仇。能修口就修口，但修口要從心起，非表裡不一、心口不合。

婚姻中多所摩擦也皆是由此引起，哭哭啼啼時多反觀一下自己的言行，是不是惡言相向、怒目而視，流再多的眼淚也吞不到肚子裡。名主持人「侯麗芳」，雙肩上扛的重擔是有口難言，就是一個例子。

《三十五》呂姓：雙口其上，上口小，下口大，乃至親骨肉，骨血相連，所謂虎毒不食子，獅子也不吃自己的小孩，除非是入侵者，一旦公獅打敗，新獅王就會吃掉落敗獅王所生的小獅子，不留殘餘，這在物競天擇中是很現實的一面。

善用口者能言善道，金絲雀會唱出優美的歌聲，口字，用對者是善美，悅耳動人，若是九官鳥那可就吵死人了，一張嘴巴呱呱叫則是雜音。呂姓的雙口爲兩個擴音器，視元神而論，狗在呂家就很吃得開，有得叫有得吃，不留家產也有得吃、用，不會辛苦。

呂秀蓮元神若似火雞，靠嘴在政治舞台上榮登高位，可惜未修口，否則她可以坐得更久，善於言論者自己要琢磨，不要傷到人，而斷了自己的後路。

《三十六》田姓：十田而行，四通八達，所以丹田乃氣之行走四通八達，十口非眞口也。古時的田乃以井爲制度，實是眾多田地，多格之田。其十也非十字而言，乃指通路、順暢，不管水田、乾田皆需灌溉，否則枯田無水哪來的農作物，必定是沒得吃。

藝人「田璐璐」，無水灌溉乾旱之田哪來豐收，必定是賺不到錢，無法大紅大紫，又走了四通八達的長路漫漫，苦尋無水，何必呢？路走一遍即好，她名字中有兩個路，負負得正，眞的會走投無路，其路行之艱辛。

姓田者要知元神，老天爺給你一片田地，要耕耘才會豐收，但元神才是重點，若元神是大老鷹、秋蟬者，一片田地對他們而言是毫無用處，老鷹沒有天空翱翔、沒有木可棲，而蟬趴在田裡會被踩死。

《三十七》石姓：高山盤石易墜不穩也，滾落山崖當作石，處境危險，不是一般元神可居住，當心被落石砸到，又頑石不點頭、矢射不透，斷矢而歸，你的另一半若是「石家班」，可別用尖鋒相對的語言刺激他，利口在此會被磨鈍了。

但還得視元神而定，有破格時會使頑石點頭，萬物有陰、陽，一物總是剋一物，沒有所謂天下無敵，有月圓就有月缺，潮水有漲與退，太極也是陰陽兩極，不可自滿，海會枯、石會爛，沒有什麼不可能之事。

人生走到高峰處也總會有跌落的一天，站在金字塔顛峰的強者莫自豪，人的生老病死你是躲也躲不掉。姓石者心中總會有一股壓力存在，如同憋在心中難以開啓，所以滾石不生苔，取名字要加足動能才好。

皇教弟子石蟬甄，其人生之不順遂被定住了，可由名字中看出，肩上扛了大石頭，一步一腳印的行走人生，生活就像被石頭壓住一樣，加上「甄」字，爲製瓦之器，「垔」爲塡塞土入模型再加上「瓦」意，亦如石，兩塊石頭一上一下，難怪她差點走進了鬼門關，而蟬又毫無助力，蟬命脆弱只能活個十多天，而瓦也易碎，所以其身體始終不好，加上其元神爲松鼠，暴露於石頭上，任由老鷹、蛇偷襲，又躲不進土裡，無樹洞可躲，無果可食，需補木字，才得以安身。

元神爲猿猴、犛牛等山險動物，若姓石卻是很能歷練，爬山高手，加以補木、水等所需會更佳。若元神爲狼在山石上又有另一番動能之補足，非一概而論的補木、補水。

《三十八》古姓：十口也，很會說話或很會用口，觀其字知其意，內心世界又很古老、保守，影星「古巨基」就是以口爲業的歌星，因其元神若似哈士奇犬，所以看起來很紳士，他的歌聲不若費玉清元神若似金絲雀般嘹亮、優美，所以姓氏搭配元神即可看出其能發揮多少。

「狗」的十口所用不多，若爲「豺犬」那可不同，又兇又猛，但哈士奇犬很少叫，若是雪地裡的狗另當別論，所以不能一概而論。狗也有溫和不出聲的寵物犬，像拉不拉多犬，歐洲的牧羊犬又大又懶，全身毛茸茸趴在地上懶得動。皇教弟子古淑媛（開慧尊者）就是個例子，十口的麒麟又帶有海鷗之質，所到之處皆其聲音，你要她不說話也難。

《三十九》谷姓：不同於古字，同音字形不同，意思相差十萬八千里，山谷之水流不停，若無水則像枯井般，谷中必泉湧，猿猴才能魚戲水濂洞，有水灌溉之谷是物庶民豐，山谷裡自給自足，各種動物皆可在其中生活。

以前有位演員叫「谷音」，其名字上缺水，且山谷間回聲很大，其在電視上總是大嗓門，絕不可能扮演楚楚可憐的小女生角色，因爲動能接引爲谷之音。

所謂進退維谷，谷深水急、湍流皆在此，不是善於攀爬的元神就得當心，否則陷落山谷一跌不起，若飛鳥倒還無礙，魚兒就得奮力而游，鯉魚躍龍門，鮭魚回家皆由山谷逆游至出生地，這點奧妙你可要多琢磨。

魚多隻腳、長個翅膀不就當飛魚了，當然能逆水而上，以補足其動能。一物有一物的特性，也有其盲點，如果你只看到特性，沒有看到盲點，反而會陷入其中不得自拔，取名之奧妙，非得「龍巃」，或是「龍引」，否則不得其質。

《四十》杜姓：土木，有木有土，斯有水，土木家族要旺其名必加水，因爲水會滋長草，群獸會聚集在水塘邊吃草、喝水，不管兇猛野獸或是溫和小鹿皆有得吃。只不過此木乃指「紅色的梨木」，多生果子，位高山之區，非平地之原，但杜姓莫配鵑字，以避免杜鵑鳥及杜鵑花之質，因為杜鵑鳥是不育子，產卵於其他鳥之巢，讓其他鳥撫育之，杜鵑脆弱，泣血而亡，雖是典故但避而不用為佳。且杜帶土性說話較直。

民國初年上海十里洋場名人「杜月笙」，就是一個很好的例子，他有一片天，竹子又生生不息，有土、有木吃不盡，但元神是另當別論，自有其命運。

《四十一》胡姓：十口月組合，胡瓜、胡雪巖都是靠嘴的名人，胡瓜元神若似山豬，很能發揮其口之長處，很會說話，但要避免本色流露，可惜他不是飛行學校的一員，古月無法照今朝，只有說的本事，而「月」有昏暗微光，不易看清事實的真相，常會亂咬一番，以致出事。紅頂商人「胡雪巖」發揮得更道地，把紅頂商人的本事流露得一覽無遺。

善用你的天質，但若遇到不太開口的元神那就枉然，如牛類尤其「犀牛」，其很少「叫」只會用「撞」的，因之論命時要當心，不知元神不可全盤論之，可是會翻船的，到時別說別人害你溺水，自學不精不可以胡亂扣他人帽子。

元神若為鴿子姓「胡」就很貼切，鴿子愛咕咕叫，十口正好符合其特性，能言善道，適合作公關，乃用口吃飯的人，而且擁有一片天，月亮的天空，與自家人很合，如同皇教弟子胡浸翎(念明尊者)其所表現之特性。而「胡志強」台中市市長，元神若似鬥雞，將十口發揮得很好，嘴很溜，口若懸河。

姓氏巧妙安排不知元神你是不會解開其奧妙，一旦元神現形你會有當頭棒喝，一解迷惑，原來答案在此的感覺，動能線不足是無法巧配元神。

《四十二》邱姓：四方高下面平，本作丘字並未加阝，是清朝時才有此邱字，由原形看字，此非大山，若引水必得良田居所。「邑」字為阝部首居右邊，只是居於山下多有「屈居」之意，所以山丘裡看你怎麼發揮了，搭配得當就可將動能發揮得很好。

如兄弟二人，哥哥邱德育，弟弟邱德良，由哥哥名中一看即知，先天不良後天失調，山丘上光禿禿，什麼都沒有，後天又配個「德」字，意即緩慢直行，兩眼又直直盯著看撞山了，沒有「武器」又沒有「爪」，不會爬山，天乾地燥。「育」象徵著女人產子，羊水液，是污濁之水。「月」乃指倒生子，胎兒出生脫墜母體的形狀，頭向地面。故陷在丘陵中墜地，如何攀越山峰，其一出社會工作即頻頻撞壁。

弟弟之「良」字是單邊獨木橋，但這根橫木跨越不了山丘，成了「不良」，先天的祖先給了子孫一座山丘，但他們不會運用及灌溉，只會傻傻的撞壁。

可惜一般人不懂命名術之含意，落地時的命運，還自以爲名字取得好，長大後方知諸事不順，工作不穩，有一餐沒一餐，怨天尤人。兩兄弟幼年都是受父母庇蔭，吃祖先的山丘，等到成年以後要靠自己力量時，就一片荒涼，若有佛光普照、指引命運將會有所突破。

人誕生落地時的天命，若不經調整，自會去承接一生該有的阻礙力量。有句玩笑話在警惕世人：「十六歲以前生得不漂亮可以怪父母，十六歲以後面目可憎可要怪自己！」

民進黨要員「邱義仁」，其義字爲一隻手抓著一隻羊，表示其在山丘中有得吃，又以羊爲展示，表示自我表現很好，有威嚴、吉祥之意。而「仁」字乃兩根剖開竹子，竹爲空心，上下兩片表示厚度，所以象徵寬厚待人，竹又表示個性說話很直，空心竹難以補實心，但有竹葉有羊吃，邱義仁在山丘上是很吃得開，但仍以元神爲主，元神不對時怎麼配都不搭軋。

《四十三》湯姓：水易，謂之熱水、溫水、極暖之水，而湯冷了就不好喝了，所以水易，蜥蜴不是水中生物，其容易斷尾，蟲類，不易伸展手腳，格局較小，若元神爲食蟲者則有得吃，有水可孕育各種動物，端看你動能在哪，若適水邊之元神則極爲適合。

影星「湯蘭花」人如其藝名，如魚得水，新聞界有個「湯曜明」，他這把日光就照耀得很溫暖，有日月之明與湯水形成一個太極，曜字翟爲「雄雉」，由字面看，雄雉活躍於有水、有日與月之地，適得其所，若補足元神之缺點則更佳。

《四十四》龐姓：其原形並非龍也，乃指尨字，多毛犬，毛犬身形大，石大屋大「广」，犬字在家中很適合，只是毛多、雜務多。若有羽翼者就不能關在家中，無法衝向天，飛騰入雲霄，家禽類適之，有個窩可居，須與元神相配。若爲金絲雀，因爲有人養、疼愛，會有個溫暖的家。若是家犬，身軀龐大多有惰性，懶得移動，故其搭配元神若爲牛，那可有一番精采呢！

影劇界有個「龐祥麟」，由其身形、言談、動作即可看出，絕非如張菲動作迅速，一定是緩緩而行，說話也慢條斯理，沒有尖銳的言語，更不會快人快語，因爲其石大屋大，沒有利口在其中，有羊的溫馴性格，即使生氣也只是小脾氣。

《四十五》常姓：本爲裳，而裳又爲屯草出生之意，乃絲棉布帛，爲束住，姓常者不要給自己的絲線絆倒了，尤其是愛胡思亂想，其動能很容易被束住，其實字面上有「口」有「巾」乃是變體，配元神當下可得看清楚，不可誤用。

姓常在台灣不多，在其他華人區域倒是較多，有個老演員「常楓」，其一生演藝事業是綿延不斷，但多少受到阻礙、絆住，總是位居小配角，賺不了大錢，糊口飯吃而已，也不是大明星，找他簽名的人有限。加上「楓」字內爲蟲字，風動蟲生，實爲悶不透氣，楓樹又爲葉弱之樹，樹葉容易被打落成爲動搖之樹，所謂秋風吹落葉，瀟瀟颯颯，常楓在演藝界的人脈常會使其絆倒。

藝名之絕妙處，所帶力量不可不慎，因爲以藝名行走江湖，眾人對其呼喚皆以藝名爲之，自有接引之力量纏身，就算本命之名非此，但仍具殺傷力。

《四十六》龍姓：龍爲神物，飛騰於空中，潛入雲霄，能細能巨，能長能短，龍字其立非站立，乃象形文字中的「龍帽」，此爲文字之一絕，綜觀「倉頡祖師爺」造字，所有文字形只有龍與鳳，佩戴龍帽、鳳冠，而且非一般帽子。

一看即知爲古代皇帝的高層垂簾帽，用人的眼光，科學角度觀中華文化五千年，當時社會文明還在有巢氏、伏羲氏時期，哪來龍帽可言，但有趣的是古老的社會造字者，會以象形文字表現出，龍爲「戴帽之龍」，鳳有「戴冠之鳳」，龍袍鳳冠在人類的布匹出現前，已在倉頡文字中出現，此乃因倉頡祖師爲天上派下來的使者，作爲黃帝的史官，以天眼造字教化人民，可惜後來文字簡化，已不見其形了。

二十一世紀都有簡化文字的情形發生，可見倉頡造字以來，多失原形，本意所接引的化炁動能還在，而人類卻看不出來。不論用何種簡化字，動能還是跑不掉，這一點就是文字學的奧妙，別以爲它只是拿來當工具，寫字、紀錄及傳遞的溝通之用而已，一旦成爲符號、標誌爲人們所使用，就會產生動能。若命名術以英文撰寫，其意義絕非以中文解釋，因象形文字的變體過程已不相同。

埃及和古老東方的象形文字一模一樣，這點是不容置疑，古老文明中皆暗藏著玄機，隱喻一些天機，可惜世人神性泯滅，不信神只信科技，考古只在「烤」石塊，不懂歷史史蹟的意義，只用肉眼之質判斷，並非使用天眼探究之。

從古至今，人類史上第一次有人教導天眼，即是南無 彌勒天皇，祂是天國的最高指導者，唯有祂才可以教導天眼，貴爲南無 釋迦牟尼佛都不敢教天眼，只敢說天眼境界的事物給人類聽，一如南無 耶穌也是以天眼觀訴說天堂，南無 穆罕默德也是以天眼在訴說神的旨意。

「倉頡造字」更是以「天眼觀」在造字。也因爲這個龍意的浩瀚度，歷代改字型的人沒有人敢隨意去掉龍帽、鳳冠，他們的靈魂深知這是有龍炁存在，甚至肉身想改，靈魂都還會發抖的刻意佈局，使他們避開，不會擅改文字。秦始皇的文字官就是如此，李斯不會笨到去修改，冒犯天國而受永生永世的罪罰。所以「龍」字比「王」字更強更高了！

歌星「龍飄飄」，不就是飄飄一條龍，縱橫歌壇。歌星「龍千玉」，也是閩南語歌唱界的翹首，只是其名字配得不是很好，龍字要搭配得好元神更重要。百靈鳥姓龍那眞有龍鳳之趨，必爲強勢。但龍不能困淺灘，龍是「春分而登天」，「秋分而潛淵」，得善用其力量，龍字有帽、有首、有角、有口、有爪，能屈能伸，配百靈百獸元神，各見千秋。

所以，東方有個 陳金龍，元神爲「金龍」旭日東昇而上。

《四十七》廖姓：广羽組合，广字爲屋大，前面已提過，羽爲羽毛，而羽爲鳥之長毛，爲稠密之髮。要視元神動能的啓發點，元神若爲犬在屋內，表示其很守家，可惜犬在屋內被一些雜毛塞住了，也是選擇性的叫。前警政首長「廖正豪」，元神若似海象，關在屋內潛能無法發展，自然默默下臺。且「正」字為腳步受阻停止不動，沒有補足海象所需的元素、能量，反而處處形成阻礙。

《四十八》白姓：東方為陽光的起點，東方發白，指光亮不夠，尚屬灰暗，微曦之光，又影射為白色，古字為「翹起大拇指的拳頭狀」。姓白者要看其動能從哪裡發起，不能只專注於一方。

俗家姓名為白雅鈴的歷生師父，可看出她天生家裡給的光亮小，對其照顧較少，微亮而已，幸得其元神為鴿子，會隨東方發白的旭日東昇，愈飛愈高，她的一片天一定要與日為伍，才能登天，故其命中註定要在南無　彌勒天皇身邊，實乃因為日為陽，亦為天皇之光。

她一定要代表皇教漸漸升起，愈來愈明，天色也愈來愈亮。第一代宗師非其莫屬，因東方發白微亮的時候，她就出來打天下，清晨的曙光是較辛苦的，但也最為耀眼！

元神若似白熊的白冰冰也是如此，其早年較為辛苦，走唱東瀛還嫁了個日本老公，仍以離婚收場，卻是倒吃甘蔗，漸入佳境。所以白冰冰演藝事業，於回台灣後如日中天。但別忘了旭日東昇也有日落之時，要懂得急流勇退，功德圓滿時該讓新人出頭，要懂得隱退，而不是黯淡無光了還要強出頭，適時的收回光芒，才是最有智慧的做法。

《四十九》易姓：易是四腳蛇，善爬、攀高於石粒、草堆間，動作快，但容易斷尾且又屬小蟲類，格局較小，要視元神才能補足其動能。若是速度快之動物元神如馬，這匹馬就很可觀，會鑽又很小心，但很聰明，可惜其結構字看似日字頭，其實乃蜥蜴類，一字差千里；若爲鳥類助益較少，因爲其爪爲爬行用，非獵物用，善走而已；若元神爲魚類是很滑溜，但其不愛說話，不善言詞，非能言善道者。

若爲果子狸那是利上加利，更滑溜；若爲松鼠元神更會鑽、挖、爬，但要視元神動能的缺失補足食物及力道，不可一概而論，那會誤見杵影以爲蛇。

智慧未開不足以爲取，當你有疑惑看不清時，可請示生命中的天眼導師—南無 聖上無極彌勒天皇，及南無 聖至無上彌勒觀世音皇母的教導。

《五十》江姓：水工流，江大於河，但工字自畫界線，工又爲度量衡工具與量相同，自畫田地，若元神不是天上飛的，而是地上爬之四隻腳兩足類，都會被這個界線框住，也就是內心世界容易有一片牆。江也「彊」也，有水之區，若爲天馬必得辛苦，無一片天可天馬行空，若爲馬亦是不得奔馳，只能淪爲欄中馬，不得志也，馬在馬槽中當家禽養，但有得吃、喝是沒錯，卻是懷才不遇，且與家人不合。

若爲犀牛亦是有得吃喝，有水、有田在工具中畫出疆界，又視線短近，只能看到十五公分，所以都低頭走路，犀牛本身目不明，尤其是黑犀牛，目光淺短，視線之外的只會捕風捉影、亂發脾氣，加上有界線畫地自限，無法脫困。若能在名字上補足鞭策的力量如(攵字)，爲手持鞭，牧牛而行，牛的潛能會發展得更好，而不是躲在山谷中有得吃、有水喝，當然樂不思蜀，起了惰性，沒有鞭打是不會有行動力。

或許人之世俗的眼光看待這很好，犀牛本在山谷間，又有江水又有田可守，不會困苦，改名目的莫不在此，但累劫重修目的不在此，而是在修成佛之路。犀牛不動時像塊木頭躲在山谷裡，反而會身陷其中，雖富裕但鎖在谷中，不是要你修吃好、穿好，那是命中帶來，人人不相同，未必衣食無缺就叫好命。

馬豢養在豬欄當豬養，飽食終日，但任人宰割，無法發揮長奔在野的動能，你認爲那樣好嗎？白痴生在富貴家庭，也是有吃、有住富足一生，至死都不用勞碌，沒有苦惱，因爲他根本毫無感覺，那不是白走一遭。

思名、思姓看元神，命名是輔助動能的發揮，而不是求吃、求住，百家姓氏看你的動能缺失，再由名字中補足，而有一個迴轉的空間，並非一一堵死、撐飽，那就跟養豬一樣，俗話說得好，給你魚吃不如教你釣魚，這就是命名的基本訣竅。

一個看似完美的名字，其實未必眞的符合動能所需，如牛的特性在哪，命名者要先知道，哪一種牛，水牛、犀牛、鬥牛、犛牛、乳牛，各有千秋，所適之環境皆不一。

水牛易陷於土裡，要幫人家犁田，有水斯有牛（水牛）。犀牛愛泥漿但看不清楚，誤把樹木當天敵，卯起勁來橫衝直撞，目不明之下怎麼見日月。牛不鞭怎會前進，命名學廣涵辭意，個中翹楚要廣視而納，非以溫飽爲滿足。

《五十一》馬姓：廣大群眾爲馬氏一族，千里馬難尋，良莠不齊，有劣馬、駑馬、良馬、千里駒，馬之四足善跑，陡坡高崗行走之，但千萬不要將馬當驢騎，那就辜負了一匹好馬。馬會拖曳，健壯者可爲馳騁戰場之戰馬，但其爲草食性無利齒之溫和動物。

但若爲河馬可不同，河馬的嘴張開有四尺寬，其牙齒可穿透鱷魚皮，要看元神而定，若河馬元神又姓馬那必定辛苦了，因爲河馬的動作緩慢，又得像馬一樣快速的前衛，兩者極端常會產生矛盾。

馬英九其元神若似麒麟，兇猛元神屬性，但在馬姓中可發揮其快速的本能，可以鎮壓官員，那把利刀—（九字），古文意爲鐮刀，使其斬草除根，又央苗不斷，吃得馬兒肥肥，不依賴他人，卻將其本性動能全施展開來。

於陳水扁當選爲總統之後，馬英九的元神已轉爲若似龍，爲了護國民黨旗之所須，馬英九需更凶悍的施展龍爪利器，將九鐮刀拿來代替爪子。

《五十二》齊姓：禾麥穗，長得結實齊平吐穗，所以姓齊者很有得吃，但若爲魚兒，缺水，就不合屬性；若遇肉食者，亦是無法發揮，對許多溫和動物群而言是很適合，但是姓齊不可心急，需有耐性，多用心灌溉，不可急著吃，多用口會不利，不若其他姓氏善用利器。

花蓮縣長補選候選人「齊淑英」，從此名可了解其個性較爲急躁，拿了刀箭急於收割，禾穗未熟她就已挑央苗要來播種，那永遠吃不到。「淑」爲箭射出，「英」爲挑央苗播種，田未豐收，又急著翻新。命名時可以加上個廴、辶字邊，使其腳步緩一點。而「連」字並非不好，乃因人而異，用得好時可以鼓掌叫好，用不好是會拖累。

一如「逸」字為狡兔善逃，但加上辶字邊走走停停抓不到兔子，小碎步且膽戰心驚，怕面對所見到的事物，沒有行動力，會閃躲會溜，那就不適用在齊家姓中。配合姓氏、元神，善用文字，才能補足其動能。

《五十三》秦字：為豐收之意，乃兩手持杵舂兩束禾，所以是米粒飽滿充實之禾，並非春天播種，意義大不相同。秦地本指善於產優良稻米之地，用在元神配屬性上是很有得吃，且兩手合力抓。

如影星「秦漢」，有得吃又勤於灌溉，因為「漢」字為黏土旁的水，黃水滾滾的灌溉，他才能在大螢幕上榮居要角，作品豐富，可惜黃水滾滾，濁而不清，是非多，且堇為黏土，行動力弱，與林青霞的一段情也不了了之，各自嫁娶，各育子女。

影劇界又有另一姓秦的藝人－「秦偉」，其在影劇界也頗吃得開，因其元神若似狗，而且是可愛的逗人犬，體型不大，很會叫，吃飽了當然精神十足。可惜名為「偉」字，韋也舛口相背，很傷身而且多所束住，且上下不通，有往內縮之意，「偉」字要善用，要視元神而定，不是朋友怒目相視，就是親友背離，或身體欠安。

姓「秦」者宜守，不宜攻，秦始皇就是不懂得這道理，一片良田才拱手讓人，細思量，文字意味深遠，動能方是重點。

《五十四》郭姓：兩亭相對望中間一口井，意指大丘大城，城外圍廓，多了一個阝字爲邑，即屈居於下之意，姓郭者內心世界較內縮，行動力上沒有姓張者衝動。

「郭富城」元神若似犀牛，也因其在郭家，其莽動的個性較爲內斂，而其城字爲城外休兵合好之意，亦即邑外收兵器，多了「富」字把酒言歡，因爲富字爲酒器又爲財甕。其手中持有武器且豐收，休兵而談合，又上下兩座城，若多加點水草、日月會更佳。

反其角度而看，犀牛在城裡會被圍住了，本性全無，只追求富足而已，沒有發揮他的靈性。「城」字使他成爲帶刀的犀牛，全靠手腳動作取勝，況其元神身形大，眾壓群雄。

藝人「郭子乾」亦是一名靠嘴吃飯的藝人，人較單薄力道有限，從其承接此名字即可看出，他必像個孩子扮演著嘻皮笑臉的角色，「子」字所謂老萊子娛親，即是郭子乾演藝生命的寫照。

但「乾」字較爲不好，日出而曬，草初生乾枯，彎曲而出，才成乙字，有內縮之意。觀其名知其演藝生命，發展有限，多所屈服，因爲有（邑及乙字）其角色限於丑角。

《五十五》苗姓：草田組合，觀字知其意，至少這片田不是枯旱春日田，夏日苗，秋收冬枯。凡初生者爲苗，未結實但有良田，需灌溉，對元神而言，苗姓比黃家好，同樣一片田而言，苗田是利多於黃田，若趙姓元神爲雞要挑夫家，苗姓則不錯。

未婚的女性可要把握住自己元神的特性，挑夫家及丈夫的元神，你的婚姻會不會成爲昏姻，事前即可窺之。好好學習用於商場、職場觀人術上，或尋找有利的搭配夥伴，所謂物以類聚，知其性、避其凶、趨其吉，才不會莽撞的去冒犯別人的短處，背後的刀才能閃得開。

以前有位藝人「苗可秀」，其在演藝圈也曾紅極一時，爲連續幾部強檔好戲之要角。有「田」有「苗」又有「秀」，表豐收，所謂秀者稻禾成熟，穗下垂，有米可吃。

《五十六》譚姓：言西早，其實（西早）合一是指一把火在（覀）下煮，而上爲容器內置滷味，所謂滷味乃味重，鹹也；言又是口中含刀，善於說話但不懂修口，多所直言話鋒過利，而且有一把火在下面燒，燒得覃子又悶又熱，又爲缶蓋所覆。

不是西也不是早，而是滷味罐滷爛，味重，滷得好不好就看那張嘴修得好不好，修得好是美味，口齒留香令人回味；滷不好是又鹹又難吃，加上那把火可是會燒焦悶壞。

港星「譚詠麟」就是善用其口，以優美歌聲取勝，且有水可滅心中火，不至於燜壞了，溫拿五虎就屬他最好命，因爲他較鹹嗎？（覃中有滷味，意能守財）不像「鍾鎮濤」財產被查封宣佈破產。要看元神與命格的安排，並非姓譚的人都守得住財，切記他是有一把火，會一把燒光的，若「譚」姓女子名字不恰當，嫁給姓「林」或「李」等易燃物，鐵定會婚後錢財缺乏。

世間女子婚前要看清楚，若你願吃苦、愛到深處無怨尤，不要婚後才拼命的問爲什麼。姻緣天註定，能悟開其中的枷鎖加以調整，才是眞正運用姓名學，而非因噎廢食，找不到另一半，喜歡的姓氏不合，那又何妨，只要婚前彼此明瞭，看清楚動能，調整配合，知道盲點所在，才是因應之道。

非因姓氏不合於元神就拆散佳偶、有緣人，千萬不可著相，女人生命中的眞命天子乃是天註定，該結婚的還是要走進婚姻中。如同因爲怕當鬼就說我不要做鬼，由不得你，除非你有成佛的決心，往成佛之路前進，才有機會不當鬼，否則你問問歷代祖先，一定沒有一個會興高采烈的回答你「我願意當鬼」！

人生路漫漫長，苦海無垠，任何的富貴榮華都是磨練，不是你該得的莫強求，否則業障錢也拿不住，必會流掉，看清楚自己的本命，天生帶多少就是多少。也莫因父母之引導，要你嫁個有錢人，你就選擇富貴之豪門，門不當戶不對時（元神不適當的姓氏時），是對方有錢非你有錢，反而會做牛、做馬替夫家數錢，又無法放入口袋，更不用提拿錢給親生父母（娘家）。

看清楚自己的元神動能在哪，你非搶錢一族的元神就不要妄想發財，妄想當少奶奶，入豪門是要有其天生的動能才能坐得住；動能不強元神薄弱者，入豪宅只會成爲籠中鳥，天天在那兒擦眼淚，那眞是你的錢嗎？娘家父母只能在籠外爲你哭泣，一毛錢也用不到。

會窮困的人，是天生命格要來磨，要你從窮中悟開，而非妄想因女兒而一步登天，就算有錢給你，你也承接不起，因爲那是業障錢，非你命格該拿的錢，就算拿了聘金、禮金，命格該爲無財者一定會出事，無法承受，不是莫名其妙破財，就是身體機能走下坡，錢財於莫名中流失，凡事莫以財爲是，強求不來。

若你的女兒天生不是這個命，你卻硬要她追求財富，是會害了她的一生，因爲命中本不帶財，進到錢堆，口袋還是會破個洞。時下眾多拜金女，看清自己的命格，莫強求！莫再終日汲汲營營，想釣個金龜子，不是你命中該有的，以自由換金錢，最後被業障錢給鎖住了，動能全失，還不如在外自由飛行，做自己該做的事，有得吃喝用，發展自己的動能，不是更好嗎？

有錢人家是富不過三代，其中業障錢的業力是很重，若要去沾染這個大染缸，到時候婚姻、感情、兒女、身體狀況頻頻，後悔莫及也。

不管有沒有錢，都要懂得自我調整動能，才不會一旦陷入而無法自拔，有錢的人乃本命帶有財庫，沒錢人天生就少帶了，要明白生命中的劇本、動能，才不會陷入人生這個苦海中，一直受到撞擊，老是在問爲什麼，只因你不知自己有幾兩重，不知自己潛能在哪。

如果一隻狗栓在樹邊如何顧家、如何保護主人，一隻牛陷在泥土裡如何耕田，一隻金絲雀少了木無巢可居…等等眾多動能，要明白才能解開。

《五十七》游姓：非游泳也，乃人手執旃旗，旗海飄揚之意，方是旗子，子是人，手持旗幟，浮行於水上之意，水上漂流的影射。有的字，方是刀，要依原形爲定。

因此要看你元神爲哪一種，若獅子在水上漂，那一定無法與家人甜蜜相聚，若猴在游姓出生，必補木，否則與父母緣分較淡薄，因猴子怕水。

若你在名字中用個泰字，是雙手捧水讓水流走，滑之意，這隻猴子會腦筋動得快，較狡猾，水過多，上水下又水，其身體一定不會太強壯，因爲都流光了。但要看哪種元神，若是魚兒可是很好，魚兒水中游，若是飛鳥類，則損益參半。

若以「游盈隆」三個字來看，「盈」爲器皿內置物滿滿，增加的很多，手不斷的放入，密而不透氣，雖有利爪，卻無法施展，很多機會都從身邊漂流而過，抓不到，有懷才不遇之趨。而「隆」字有向上高起、隆起，草不斷的生出之意，「夊」字乃腳跟從後而至，受草阻礙不利於行，他的名字尚欠補足動能之元素，需視元神配之。

《五十八》陶姓：阝匋組合，阝爲阜也，小丘陵地，剛好適合元神若似土撥鼠的陶晶瑩可以居住、靈活運用，所以其天生的環境造就了她。而「匋」爲一個人手持製陶器、罐子，「勹」有不透氣之意，陶罐爲易碎之質，但又包得滿滿，可惜內包的不是米食，亦表示陶姓者其內心世界較脆弱，而且常常憋在心中無法釋放。

陶晶瑩、陶大偉、陶喆都是這一類型的人，看似開朗其實內心掙扎，而陶晶瑩又有個「玉」字，是上包下結，其感情路上很辛苦，都是自己內心在淤結，若非元神若似土撥鼠使她伶牙利嘴，否則她這個人可悶的很呢！並非如外表之光鮮亮麗。

《五十九》蕭姓：風蕭蕭兮易水寒，蕭姓爲「草肅」組合，肅又爲聿，用手職事之意，字型下半部爲水深險惡之處，有如臨深淵、如履薄冰之勢，有內鬥之意，又爲謹慎個性，姓蕭者要配合元神，才能知其所呈現的力量。

「蕭亞軒」其元神若似鷺鷥，居水邊，有水有草，所以她可吃得開，「聿」字爲「手執筆」，表能伸展手腳，姓蕭對她而言，是如魚得水，有爪往水中抓。「蕭萬長」元神若似鱷魚，在深水裡很能戰鬥，又能使用手執事，且戰戰兢兢、小心翼翼，其臉上的笑容亦是很謹慎的笑。

《六十》賴姓：「負」字指用手持貝，但賈利者多刺，「朿」爲可刺人的木芒。皇教有位弟子賴德翰，元神爲虎，配合其姓甚爲得宜，因其手爪皆應用，很會取物，又有芒刺爲遮掩，獵物自然逃不過其手掌心，其深藏不露，又有虎之沉穩，懂得虎視眈眈，臥虎藏龍，善用他的天份，其家中給他的動能，很吃得開，自有一番事業，負乃手中持貝也，貝「錢」也。

而德字爲小心翼翼的走路，十目直盯獵物，用心專注在十目後，而「彳」字爲小步走，這隻老虎相當謹愼，不會衝動，但缺乏魄力，沒有飛速之軀，「翰」字對他助益較少，若不適合住在木芒林中的動物元神則較辛苦。

《六十一》孔姓：乳子依母而吸乳曰孔，看元神而配，多有赤子之心，也較會要小孩子脾氣，有人喜用子字命名，若單個子字者，心智上多較孩子性格，哭笑自如，心胸寬大，帶有母性多包容，但個性不穩定，來得快去得也快，如果元神特性也是屬於這一類型，則相當得宜。

《六十二》文姓：紋理交錯，天羅地網，密密麻麻，文爲字的組合，多字爲文，一篇文章一定要段落分明，多字組合，當然要有一定的手腕，才能佈局做文章，也才能佈下天羅地網，否則雜亂無章，不成文也。影劇界有位藝人「文英」在影劇界屹立不搖，越老越發，「英」爲秧苗，食糧源源不盡。

姓「文」者較姓「羅」者好，姓文者行事較有一定的條理，非大小通吃。如

「文天祥」之正氣凜然，且較細膩小心，做事不會衝動，但爲人較不乾脆，容易自我糾結。「羅福助」之羅網，是不分良窳全納入網中，黑白通吃，易惹上無端之是非。

如歌星「文章」，音十爲章，在作曲、歌唱上表現優異，且較內斂，以實力取勝，相對地，他在演藝事業上的步伐亦相當謹慎。

《六十三》毛姓：毛者多繁雜、囉唆，且密密麻麻，行動力不可一概而論，毛者多密鑽聚。但要視何種元神，如烏龜無毛，要是姓毛，那一定是緩上加緩，若是無毛之魚必不相宜。

毛有溫暖之意，毛皮是相加，不善用時，其補助力就有天壤之別。一如不毛之地，犛牛、白熊、狐狸、兔子姓毛，必與家人相合且小有家產，除非你天生承接的本命有漏財之意，否則多所祖先庇蔭。

《六十四》洪姓：水共組合，乃指大水，水過多，非江水細細流，但共字爲雙手持工具，有拱手向上之意，對上很恭敬之意，意即供給，要自己兩手親自打造，要動才有得吃。一片大水之後，乃貧瘠荒涼，百廢待興，若元神不爲魚或適水性者，恐其在這片大洪水中難有家當，若是會善用者，就得配合屬性加以調整，以利其施展手腳。

《六十五》盧姓：不見廬山眞面目，「盧」乃盛飯器具，多爲竹製品，故其中並非田地，而是器皿，以至於氣血容易憋住，做事不至於衝過頭。新聞界有位主持人名叫「盧秀燕」，秀字指稻穗成熟時下垂，結實飽滿，有食物，又有盛飯器，所以盧秀燕很吃得開，可惜其名字中，無舒通的字眼，加上「燕」爲候鳥，其善於說話，但多所勞碌，更容易憋氣。

《六十六》萬姓：非草也，是一體成形的字，不是組合字，本意「蠍子」，其兩個利螯被演化，簡化爲草字頭，一般人認爲萬者是草字家族，如果元神爲用爪者，則如虎添翼般，但蟲類會較小格局。蠍子爲毒蟲類，多用尾螫人，注射毒液。影星「萬梓良」，其手腳俐落，在演藝界演起狠角色十分傳神，加上「梓」字那把刀夠利，可惜有木無水，缺水灌溉。

如公司名字取爲「萬代福」，蠍子多子多孫，善於繁殖，兵力充足，但看公司的負責人及營運者，本命是否適宜承接，否則反效果，蠍爲歇業，因爲注入毒液於獵物中，一泄而入，命歇也！萬字有好有壞，看你用在哪兒。

《六十七》沈姓：有安眠之意，亦有取水之意，古字中沉爲牛、羊、器具、盾牌類沉入水中，有掉入水中之意，若爲不諳水性之元神則會滅頂，即不能施展才華之意。滅頂爲安眠，長睡不起，適用之元神若爲識水性極差者，命名當下要多所琢磨。如「沈君山」就不怕水來沖，因爲他有一座高山可擋。

《六十八》許姓：言午組合，午爲舂米的杵，言字口中含刀，直言而出，不如語字是爲替人說話，所謂暢所欲言，就是講自己的話，能言善道。皇教弟子「許月華」就是最佳代表，她口才好很會做生意，有午字在，有得吃，又有一片天，有月亮的照耀，加上她是來自天界的兔子，天格高，日月爲天，所以她未嫁之前生活安逸，嫁至洪家後，爲洪家打點一切較爲辛苦，在一片洪水中幸得她有一張口，可以吃四方。

《六十九》施姓：古文爲蛇抬頭怒目攻擊狀，修長蟲形爲施，匜也，後人又影射爲佈施，手持酒瓶倒水入酒皿中曳長之形，爲水酒倒入之拖長，多所能施力。

「施寄青」、「施明德」他們都很能替別人做事，施寄青替婦女團體代勞，施明德替民進黨打先鋒。但是元神各有不同，同姓者動能強弱各異。

《七十》董姓：古象形原爲草童組合，非今之重字，是一種繩索用的草，又細又小，童字爲「辛里」組合，「辛」表示有利器。

影星「董至誠」元神若似松鼠，其又配上三把利刀，一把刀在元神本命中的董字，另兩個爲誠字，「言」是口中含刀，「成」字亦爲手中持兵器，他不若一般的松鼠元神，是伶牙俐嘴的松鼠，會說、會演，舞刀弄劍，元神體型小，卻是持刀自恃，在一片殺戮戰場的演藝圈中不被吃掉，還能與眾多猛獸元神爲伍（武），歸功於他身上的多把刀，他才有這個本事。

《七十一》蔣姓：草將組合，而這個草又是菰草，可以製蓆，所謂蔣菰蒲草也，很有韌性，是一種多纖維多汁草類，又「將」字乃兩手持武器，手中又持有調味之醬，意即可以調和眾將率兵之意，意即帥也。

但這個帥也不好當，需日夜手中持有武器在床上睡，看似很有領導能力，卻苦在心頭，一旦碰上元神爲兇猛型的大型野獸，或善用利器的元神，那不可不謂得之天時地利，但要小心眾多之爭，多所傷人又傷己，此爲用到利器的兇猛元神而言。

「蔣孝武」是蔣家三兄弟中明顯的例子，是三兄弟中最有錢，又最凶悍，跟其兄弟「蔣孝勇」是幾近拔槍相見。若是溫和性食草的元神，在此姓氏上就發揮得沒那麼強烈及兇猛，見字不能只拆一半，需配元神。

《七十二》莊姓：古文字形爲草壯組合，草豐盛之意，士乃（皇王士）象形字，因爲恭敬的坐在地上，個性帶有土性且較土直。

「依元神而論」皇教弟子莊梅玉（擇仁）元神爲魚，可惜莊家無水，有土有草，其本命看來較受琢磨不夠潤滑，行事上無法如魚得水，反而會盤腿屈坐在那。士不若王，王者乃挺身而立直，天大、地大、人大，士多拱手屈坐，有往內縮之意，若其元神用不到這片草地，有土也無奈何，魚就只求一口水，可惜莊梅玉，梅字又多所嚴寒，緣木求魚，不得志也！

玉又容易糾結在心中，其元神本弱，又不懂得鯉魚躍龍門，一個梅字已夠單直，再者木深植土中，無法行動自如，若依山林而棲的元神較佳，若遇水中之質那可是完全無用武之地，鯉魚乃要躍龍門，跑到一堆草、木下做什麼？找玉嗎？玉又不能吃，草原中放一塊玉會被撿走，即使有家產你也用不到，如同玉好看，不能吃。

《七十三》雷姓：雷霆萬鈞，風雷、雨雹是交加，雷乃一堆雲氣迴轉中鼓聲隆隆，未必姓雷就脾氣不好，需視其元神而定，元神眾多，若配以火爆性元神，那可眞是一發不可收拾。以前有位直腸雷射外科醫生「雷子文」，因其子在軍中身亡之事抗爭，不得伸冤，最終乃以自焚收場，標準的火爆個性，這位有名的直腸外科醫生，吃其本命非常得心應手，但用在處理人間事時，反而傷了自己。所謂的倉頡造字，一如元神本命般，不同姓氏，代表不同的環境。

魚類若生在林家、莊家就不妙了，無水無武器。所以命名選字配合姓氏，即是看你天生元神所處的環境。如大象要有草吃，有水喝，姓蔣有草吃，表示有一技之長，有本業，但缺水，其名字中就要補強，千萬別在名中加個煜字，那可會乾枯，最後連草都沒得吃，枯井逢乾旱，可就禍事連連了。

《七十四》陸姓：無石之高平地，加上有個小丘（阜）在一邊，這是一片高起的平原，青康藏高原，多寒峻，犛牛適生存，若是水牛則需補水。西非的大陸平原，多生物，若乾旱之時，動物皆會遷徙，空留一片枯草地。

如革命先烈「陸皓東」，就是名中缺水，所以壯志未酬身先死。有陸斯有土，就適合性而言，元神若為土撥鼠就不怕，其善於土中生活，獅子、老虎、牛、羚等動物也適合這片大陸。

《七十五》葛姓：糾葛分不清，這種草生在深山裡，適用於製作夏天的衣物，為草曷之組合，曷為人提水，但水盡了，故其上口開，為「曰」字非「日」字也，日爲開口向上，爲舒一口氣，依本家姓而言，若姓名中無憋住的字眼，則個性平和，若食草類元神則適宜，但須補水。

《七十六》朱姓

：朱家豪門，朱爲紅心木多作爲高級傢俱，所入之門非官且貴也，有木可棲已不錯，紅心木，其質高貴，乃需看元神而定，配水方能灌溉以利生長。

朱姓觀字知其意，紅心木，眾鳥類，山林動物可棲息。如皇教弟子朱麗瑛（得利法者）的元神白鷺鷥，從其姓中得知，元神鷺鷥有木可居，表其有一技之長，童年不會離鄉背井與父母分離，相對的很受父母的照顧，且繼承家產，只因鷺鷥與木契合。又如朱嫚瑄（擇慧法者）其元神爲松鼠，在這棵木頭上可是很安穩。

而明朝的皇帝「朱元璋」，更是沾盡了富貴之氣，其名「元」爲人之上，「璋」又十分有口才，本爲王者所以才能號召群雄，以改朝換代去元爲明。文字的奧妙你不可以不斟酌，「元」爲出頭，改元朝爲明朝是很有意思，可惜元字單邊無力，國祚最短。而朱元璋其猜忌心重，最後廣殺其功臣而不得民心，自畫界線，明朝爲歷代王朝中疆土最小者。

《七十七》魯姓

：其組合原形爲魚口，並非日字，魚入口中甘美也，有讚美之意，若用在善於用口說話的元神上，是非常得宜，如金絲雀、百靈鳥。若有元神為熊者亦佳，有得吃，魚與熊掌不可兼得在此是不成立。若元神為鷺鷥也很好，只是尚需補水、木，要判別優劣，使用者本身需對元神潛能加以琢磨，才能發揮得恰到好處，不只是文字面，還有對環境動能的了解。

文字只是代表著環境與動能，所以看元神、百家姓，重點乃在於動能，一旦其名字的動能束住了，即表示元神會困住，一如魚在土中，鳥在籠中，狗無口，水牛無水般，其手腳四肢就無法伸展。

《七十八》花姓：草木之花也，又與華字相同，一莖生五瓣之形，有花開下垂之意，若元神為蜂鳥類皆佳，或為食花草之麋鹿，及山羊亦佳，花開有富貴之意。「施寄青」元神若似牡丹花，可惜沒有投胎在花家做其子女，否則不會如今日之辛苦。命名時要補其堅挺的力量，及水的資源，以利其發展。

但花之莖脆，花朵易凋謝，好看之外需補強，但個中施展要由元神屬性及天眼觀命盤為主，千萬不可依樣畫葫蘆，一招行遍天下，那是不足以施展動能，總不能因臻字好有米吃，就普遍施用，那會阿臻滿天下。

《七十九》姚姓：「女兆」組合，兆本為龜殼用火燒熱，裂開的紋路，其象徵著堅硬，卜卦之意，又為燥熱之質，元神為魚者，姓姚多是辛苦，生活會如火中烤般的煎熬，若在名字當中補水是可化解，在文字上要多琢磨。

而水火交加的生活很苦，看似有得吃，卻未必如魚得水，兆為龜殼用火燒熱，所以水加熱為熱水，魚兒多不好生活，需補足跳躍及開口之力，若用冰則佳，冰封下的魚類還是很多。若元神不為魚類，而是鳥類，得小心這把火，其本質就會帶著火爆脾氣，絕無如金絲雀般的溫馴，較不會隱藏，因為火在心中燒，行事作風也大而化之。

《八十》鄧姓：為「登」加「邑」組合，而登為豆在內，表示有食器，解足開道，上車、上乘、上升之意，兩足相背多所背叛之意。視元神而論，多了兩個爪子外撥，又有阝字為邑，表示有城郭可屈，但邑又多為下居、屈縮，會使元神多所內觀，不易衝動，但過於內縮使你兩隻腳足，要走又不走似的，行進間受阻礙，要拿著凳子坐思考一番才會行動。藝人「鄧安寧」，就是這樣的個性，才會在事業上走走停停。

《八十一》包姓：子在母體中，其形多所屈居，故用巳字表示，人包著有不透氣之意，但又有包容之意，受保護之傾向。勹於不同之字有不同解法，視字型而定。如「菊」字乃包米，有得吃，但勻字就不恰當，其中二字爲竹，個性帶竹之特性，名字用「畇」字或「均」字其實是不恰當，因爲裡面包著兩根竹之意，而且凡物均分的意思。

所以影星包姓者可得好好配字，並與元神配合，否則不透氣之下，怎會有人氣，怎會紅呢？除非你元神強過百家姓，來自較高的天界，一般小老百姓元神多屬一、二度空間，則不容易突破這份桎梏。

歌星「包偉銘」就紅不久，而以前主持界有位「包國良」，「國」爲手中持兵器，武器可破包字之格。

《八十二》曹姓：非日字組合，其上爲兩束米，綁住上下開口，而下非日，乃指酒槽，有米在內，但多所束縛，有水但在釀酒中。曹姓者多少受綁手綁腳，無法施展，「曹操」、「曹丕」都無法眞正坐上天子之位，無法眞正的統一，只能做一方之王。

影劇界中的「曹西平」、「曹啓泰」亦是如此，要看元神及配字，需配刀、爪以解開兩束米才有得吃，曹啓泰的「啓」字是單手開小戶門，可惜「泰」字讓他兩手捧水，水從指縫間溜走，人不可太狡猾，不然身邊的榮華富貴，皆會因你的小聰明而流走。

《八十三》關姓：原古象形文字，是以橫木隔放在門上，做爲關閉之意，如影星「關芝琳」，她就是被保護得很好，但門裡門外，看你怎麼看元神，如果元神不是小鳥依人者，在門裏是關不住，會產生叛逆，與家人不合，而且個性很悶。

《八十四》丁姓：有充實壯碩之意，又引申爲釘子，尖刺之意，鳥口如釘是直刺人心，元神若用到口者做武器，那此元神必如釘刺、善言。影劇界有個「丁乃竺」，亦是善於說話。國民黨有個「丁守中」亦是善用其言語。視元神而定，若爲土撥鼠更佳，拿釘子打土，行動更快速。

《八十五》鄒姓：原古文象形文字，爲用手割草，已割好之草，而阝字爲邑，小城郭，意有屈居之下，元神爲馬、羊、牛、大象、草食性動物是很好命，兩手一伸即得食物，但又被包住，及屈居於下，會較平實，不求多、不求名利，很容易滿足，也不容易突破，守成觀念較重，但若元神不是此一類型，就大不同。

《八十六》詹姓：人站在屋頂上自視甚高，而屋內又是分言難合，表示話很多，若不是善用者，未必能得詹家的利器，所謂言多必失，又是在自家裡多言，非對外而言。如果一隻鳥類元神，此鳥在家中一定是主意最多，但多所持內爲己，而引以爲自視頗高，當然崖頂站人多所危險，人當自視其險境莫以爲是，凡事不可太過爲己，所以才要你屋內說話，不要屋外放言，以爲警惕，當然元神若能適應山崖生活者，就可大展其特性。

《八十七》華姓：乃花字之本字，樹葉多而下垂，開花之時謂之華，也是適應多食草性元神，所謂華而不實，意即不踏實，要多灌溉，並非只是一時光采、榮華而已，各位用字要多思考。

《八十八》辛姓：爲利刀，又言人倒立，爲辛苦之意，所謂辛味乃指味道逆鼻而上，所以姓辛者皆需善用，不可持刀自恃，否則辛苦的是自己不是別人。歌星「辛曉琪」其婚姻，就如同刀斬般的心痛，反而利其口在歌唱上一展長才。

《八十九》黎姓：乃黍及手組合，黃米也，有黏性的禾穗，多汁可做酒，有手可收米禾。影星「黎明」這匹若似天馬就很吃得開，不用太辛苦，其家產就夠他吃了。姓黎者元神若爲馬類之食米者，皆有一技之長，元神若爲雞、鵝、麻雀、鴿子等皆有利。

《九十》徐姓：彳余組合，彳字有緩步而行之意，而余乃倒口爲上，又兩手向上持之，做賜予，分的意思。

主持界的大S「徐熙媛」元神若似鴿子，其本身就會呱呱叫，嘮嘮叨叨，一隻口倒掛在上，余字的上半部爲亼，意即口形尖尖向外，符合元神鴿子的本性，故其很會說話，而且和妹妹小S是搶著說，但余者乃八分之意，有分持之意，容易相背吵架。

小S「徐熙娣」元神若似燕，亦是一隻口往外，滔滔不絕，但比較有節制，不會像鴿子咕咕叫個不停，燕子有勞燕分飛之意，感情較不穩定，與黃子佼的那一段情早就可看出，因徐家無木、無水，這隻燕子比較勞碌奔波，其名字上又無快速飛行之羽字及爪子，靠得全是天生元神的徐家之嘴，但又過於小步走，格局有限，難以大紅大紫，加上「熙」字，下爲火，火在心中燒，兩個人是又急又跳。

《九十一》曾姓：分田也，上面的字型即是分田贈物，下面的日字，本爲口字非太陽，詞也舒也，詞意暢達而氣分散。主持人「曾國城」，其元神若似鱷魚，其善用口會咬、會說，不只是能言善道，且善於獵物，又有一片田地。

所以自他出道以來，在演藝界算是用上利口，加上「國」爲拿武器以指示入口之意，手中又多了一件武器，而城字亦是有土有利器，但這隻若似鱷魚缺水，否則利的很，暴露在土堆中的鱺魚不若水中般靈活，即使你口中、手中多持武器，缺水卻難以掩蓋。

要如魚得水需從名字中補字，否則武器再多也不易捕捉獵物，曾字又有分田之意，凡事皆會往內分，較難往外送，不是很大方。

《九十二》金姓：金玉其中、敗絮其外，金者「深藏不露」，埋於土中而不受左右，姓金者多所固執不爲所動，能執大權。若元神較弱者，只會取其冥頑不化之質；若爲強悍者，多所強權，韓國的「金大中」即是一例。

土中兩個點，是土字非王字，上爲屋蓋，第一橫爲地平線，但金又爲剛強，不爲強大元神無法承受之，影星「金城武」元神若似金剛，躲在安全的土洞中，手持兩把武器，蓄勢待發，當然有兩把刷子，加上靈長類善用於手，這隻若似金剛在金家班，可眞是點石成金，口袋飽飽，所以目前依然閃亮耀眼。

因其元神強悍、體型龐大，在演藝圈方能眾壓群雄，否則帥哥那麼多的演藝圈中，唯獨他像金子般閃閃發光，而「城武」爲兩把利器，他左攻影劇、右攻歌唱界，雙手靈活，躲在土洞裡都還是一樣光芒四射。

但金的剛強，若配上美字之溫馴字眼，有破格沖抵的作用，加上元神屬性，自會有不同的格局。命名的世界，無遠弗屆，沒有一定的法則，常常是牽一髮動全身。如「王金平」，金字王字的力量，被平字給簡化，平為舒氣，減緩金字的剛硬。金雖為煞，確是可有可無，將之力量化解，端視使用者要不要這個質。

一如「慧」字，古文原意為「一隻手抓著兩隻掃把」，「心」在下面，把心境上的想法、表情、言語皆一掃而出。若加上莉字，名為「慧莉」，那更是一覽無遺的表現自我。若為「慧欣」，則力量減少，隱藏了慧字的力量，因為欣字的「欠」為不透氣打哈欠，會與慧字相抵消。「慧怡」之名亦是如此，慧字被怡破格，發揮不出力量，空有鐵掃把。

第二章 知己知彼・百戰百勝

第二章 知己知彼，百戰百勝

姓名學的分析，不只是對自己本身動能的修正而已，還可以讓你一目了然、知人善用。在工作環境中的同事、上司、部屬，即使連對手、客戶、廠商，只要一張名片或資料卡，你即可捉住其姓名的特性，也不至於白費口舌，一個十分小氣的人，費盡唇舌最後仍不得其門而入，反而錯失可達成交易的客戶。

聞其姓名知其性，其準確度達一半以上，若再配上元神，那這位客人會不會將口袋中的錢掏出來，你就很清楚了。

若是老闆要指派公關，或有急件要處理，就可以依此方式挑選，否則選了一個會說不會做的人，急事都成了緩事，在你不是很透徹了解一個部屬時，或被外表掩蓋時，即可以此法分析。善於公關的人，未必善於做事與殺價，好看不一定好用，知人善用，工作之推動才會順利。你要選老公，與公婆家相處和諧，教育子女，或與同事和睦相處，你都得知性、知姓，才能作出正確的判斷。

以下就以幾個元神相同，但姓氏不同的組合體，做分析、比較，以提醒命名者，元神相同，命運卻大不同，累劫更是相去甚遠。一如人的眼膜、指紋是不會一樣，豹肩膀上的紋路一律不同，代表著靈魂的獨立性，沒有一個人是如出一轍，也沒有絕對的公式。就如命盤一樣，每個人劇情不相同，如同一間醫院同一時間誕生，即使同姓氏、同性別，命名還是有別，無法套用，只因靈魂是獨立的個體。

壹　元神相同，姓氏不同的舉例

（一）狗之家族

《1》吳忠和：元神為白色的狗。口天吳，所以他很會講話，而且其上有口有草，因為吳字另一本意，為「手中執草愉快的跳舞」，所以這隻白色狗生活上不虞匱乏。

而下又有一「和」字，意即口禾相應，所以這隻白色狗的叫聲是很愉快。但其「忠」字較不適合，因為「中」有全偏右或全偏左而行之，所謂不偏不倚謂之中，其實乃一分為二，自定四方，古文之中字是一根旗子隨風上下飄，一律為左或爲右，絕不會上下左右，所以中者自畫界線，加上心壓在下，隨上方旗幟飄揚，一刀下去很難公平。所謂忠心者，一定忠於某一方，容易偏向一方，一刀下去並非切得那麼剛好。

《2》廖志高：元神亦爲白色的狗，但他沒有一張口，元神是很會叫但會選擇性的叫，合他胃口，才會發揮口才，因爲廖字的「广」把他關在屋內，有雙羽飛不出屋子，反而被羽毛給堵住了。高也非口，乃高台上屋子的地基，而志字「心」在下，「草」在上，所以要補足其動能，同爲白色狗，若要強迫廖志高說話較爲困難，除非他願意開口，屋內的狗只對主人、訪客開口，因爲其動能被鎖住了。

若要選擇此二位做介紹人，吳忠和較適合；若要苦幹實幹、任勞任怨的員工，廖志高一定死守於工作崗位上，忠心的看著老闆交代之事，但要榮昇，恐怕要增加其動能，才能一”躍“而上。

《3》古巨基：元神若似哈士奇犬，但其本家有個古字，十口也，這隻狗就非常會叫，所以其在歌唱界就能吃得開，哈士奇犬具有紳士般的氣息，其特性任勞任怨、傲骨雄風，拖著長長的雪車在冰天雪地裏滑行，所以其勁道上應加其速度，非給一個底座，坐著讓別人拖。

「基」字乃底座之意，而「巨」字又是工具，丈量十方正方的規器，太過一板一眼，所以古巨基本人看起來就是規規矩矩、斯斯文文，不會踰矩的模樣，其名字也把他框住了，都是在吃天生的本能「十口」而已，若要他主持綜藝節目一定很悶，因爲他會用丈量尺在開口，不會踰矩，更不會妙語如珠，反而會直口直言，但這隻哈士奇犬不會兇，不若獅子、麒麟類善用其口捕捉獵物。

《4》施明德：亦是若似哈士奇犬，所以其身形和古巨基相近，其行事作風也是一派紳士，不會誇大其詞，但其口才上不若有口字的犬類，但他很會「拖行」，如同佈施般的爲民進黨作先鋒，拉得長長之後一切歸予別人，因爲「施」字本意有身行如蛇怒目攻擊之意，所以這隻若似哈士奇犬不會叫但會咬人，不若古巨基用其嘴吃飯。

「德」字爲過於專注的看目標，彳字緩步而行，所以民主列車，拖得長長久久，到站後就功成身退，其行事作風也無法激進，具紳士風範，即使抗議也只是溫和行動，因爲有德字在，若要他當發言人，一定很痛苦，因爲他不會花言巧語，也不會巧言令色，更不會直言攻擊，亦不會有肢體衝突，只管任勞任怨而行。

（二）牛之家族

牛的種類非常多，有鬥牛、水牛、犛牛、犀牛、乳牛，在此只略舉一、二個相近者做舉例。

犀牛之家

《1》郭富城：元神若似犀牛，因其本家性郭之阝字，其牛性多所克制，而且手中持武器，善於手舞足蹈，所以從舞蹈界起家，犀牛本悶騷性，只有其外表龐大，眾壓群雄、份量夠，幸其郭家有口井可舒發，才會利於歌唱，又多內屈之性，若要他當主持人，他會思考良久，辭語支支吾吾。

《2》陳麒宇：元神亦為犀牛，但在山頭、林間被束縛住，猛往樹幹撞，除非陳家的「東」樹倒，他不會認輸，卯起勁來，亂撞一番，分不清是土是木，名中缺水，所以不得志，無法發揮犀牛的本性及原動力。

而無角之麟謂之麒，這隻犀牛少了角，怎麼有武器可行，犀牛最佳利器乃那隻犀牛角，可以殺死獅子或獵人，沒有角則任人宰割。「宇」字又是包起來不透氣，上有土一橫擋住，又外加一個屋蓋，這口氣無法長呼，所以容易悶在心裡，卯起勁來亂撞，有氣不懂得抒解，只會淤結於心，容易氣結生病，結在自己體內的小宇宙，而不是舒發於寬廣的宇宙中。

《3》江明裕（成空尊者）：元神亦爲犀牛，其生在江家衣食無虞，表示有一技之長，但又爲「工」字，畫地自限，只在山谷間豐衣足食，亦即躲入谷中不出來，日月雖明但剛強過於明豔，但他卻看不見，山谷裡暗無天日，破了（江明）兩字太極組合之格局，除非鞭策他才會出來，也才能補其目之不明。

犀牛本短視，只能近距離觀看，日月要補其明，但他卻躲入谷中不出來，吃的是本家的慧根，非補足之動能。反而日月同照成了不可能的事，因爲江本畫地自限，加上牛性，不動就是不動，況且犀牛是低頭在走路不抬頭望天，在自我的保護層中，反而無鞭策向前的動能。

一如名中有「秀」字之人，有禾之稻穗以供食，且踏實不好高鶩遠，卻衝勁不足，凡事滿足於現狀安逸的性格，連生命都只是吃得飽就好，生命的動能就如那株稻穗下垂不動，而不知向日而行，所以這隻犀牛是定在山谷中，自我保護層過重，吃天生的本命慧根，沒有武器、鞭子驅使他向前行，這一世本命吃完了，來世還能有這麼多嗎？在山谷中享用不盡？要出來行動，才能累積來世的福份。困在山谷中的犀牛並非好命，畫地自限還自認爲安全，然深陷其中卻不自知。

「江明裕」是隻行動力不夠，需鞭策的犀牛，「陳麒宇」是隻受困莽撞的犀牛，「郭富城」那隻犀牛是小心翼翼、謹慎行事的犀牛。元神雖同為犀牛，但各有其特性，動能及行事作風均不相同。

水牛之家

《1》李熙貞(立信法者)：元神為水牛，「熙」字為燥熱之火，其巳（臣）字為人縮下來，而「貞」字為龜殼燒熱的裂痕，水牛無水滋潤，火將李家之先天環境燒光了，而且是蘊熱於內之火，所以其臉上常紅紅的，其心火頗大，故深陷其中無法行進。其本身皆是內懲之火、性燥熱，所以燥性食物應少吃，身體因虛火旺而造成虛胖，非眞正的肥胖。水牛喜歡似水柔情，上司用人若能根據元神之特性，必能知人善用。

有幸南無 彌勒天皇將其業力拔渡，為新命盤注入了新的動能，過去的李熙貞已消逝，已是全新的「李愷罄」了。而其元神已轉變，不再是火燒牛身，元神已不是水牛，當然不需望水救火了。

犛牛之家

《1》陳睿謀（決真）：元神為麋鹿轉犛牛，「謀」字為口甘之言，所以這棵樹結的果實美味、甘甜，加上木之延伸，生生不息，所以能暢所欲言、能言善道。可惜是困在山谷裡，犛牛應在高原上，具勇敢、耐力佳的特性，雖然山谷暢通為深遠之處，但谷中犛牛較辛苦，其深明之智較難周到。

要將陳家的束縛「東」字解開，就全靠謀字那把刀，言即口中含刀，所以他可代表發言，但不可領隊，因為其沿著山谷而行，非站在高原向下俯視。

（三）老鷹之家

《1》王永慶：元神若似巨鷹，有雙爪施展，且專心注視獵物，切中目標準確無誤，一生費盡心力，雖富貴但苦在心頭上。其為鷹王之格，必居龍頭，但用心計較，燥熱之質，使其身體無法圓潤，燥火攻心，故骨瘦如柴，食物再營養、美味，他也胖不起來。此老鷹是替他人捕捉獵物，為子孫奠定根基，為事業開疆闢土，然其辛勞非外人所能體會。

《2》張榮發：元神若似老鷹，有兩把火照明因而眼光獨到，有箭代爪，不須事必躬親，凡事長遠遙控。以後起之秀的姿態在企業界享有盛名，造就立榮航空、長榮海運、長榮航空等事業。鷹具有堅毅的性格，凡是他想要的必能手到擒來，加上長袖善舞的手腕，化不可能為可能。有弓就要有箭射出，箭要有動能才能發射。此鷹的速度，就如矢一般的快速，且具有精準的決斷力，方能活躍於海峽兩岸。

《3》蘇潔怡：元神亦為老鷹，可惜「怡」字分為心台，厶字本是對外會畏縮，所以這隻老鷹爪子收起來了，怎麼會有食物吃呢？加上「潔」字有結束之意，為「水刀糸」組合，刀在身，糸為繩索在下，潔字本就傷身，老鷹被繩子綁住，當然在台上縮起來，無法向外抒發，心亦內縮，等人拿刀（潔之刀）來割，所以身帶刀劫，身體不佳，一隻生病的老鷹怎能振翅高飛？唯有改名一途方能自在翱翔。

元神相同姓名相異，則命運大不同，由姓名中知其人之身心發展與動能。你還能不省思自己名中的含意嗎？若其中蘊含傷身之字眼，則不利於動能的展現，甚者百病侵擾。如李玟潔（立蓮）元神麻雀，潔字傷身，玟為糸，二糸為雙網，鳥類在天羅地網中任人宰割。

什麼樣的字好，什麼樣的字不好呢？該如何看？如何知人善用？以下列出一些常見該避免的部首，提供讀者檢視名字之參考。

貳 無法伸張正義之字

先從部首談起，有許多部首象徵著困境，不利於行之意，故選字、用字上須多所忌諱。如同選擇環境一樣，孟母爲何要三遷，就是要選一個好的環境，讓孩子浸淫在其中。取名亦是如此，天天在呼喊，眾口鑠金，如同環境一樣，不只是肉身感受，元神靈性亦在其中。須知人之動能取決於靈魂中的元神動能，動能不對時，當然肉身就無法操作了。

例如：洪泳富，解其名時即知，大洪水到來，你還能在水中游泳嗎？而富字古文爲酒瓶，在水中浮浮沉沉，加上他元神非適水性的動物，只有過著載沉載浮的生活，做任何事都不穩定、無可支撐。取名的長輩本意要爲子孫留下永遠的財富，卻忽略掉人生中的隱喻，結果卻是在水中浮沉，永遠的水中游。所以取名不能只看文字表面之假象，否則會弄巧成拙。

字有一體兩面，要視元神動能加以配合，不是不能用，是要看你如何搭配元神的動能，用得好與不好差異甚大。後面我們還有如何取名，及取名字應注意的事項，在此略提有缺點的字，卻又廣爲坊間留傳使用者。

《一》甕中用不得，憋氣於心的字很多，略提其沾邊。

「能」字原形爲「鱉」，所以命硬，凡事憋住，非眞的能者，古文意以爲鱉很能忍耐，故能者多有能耐，才取鱉形，但忍耐久了會得內傷、氣結。

「皿」字，字型中帶血者不少，如「盈」字，看似虧轉盈，但又放過多，不透氣，凡事塞得滿，此字存在是會抓破皿字出血的，所以盈雖爲滿，但不透氣，上蓋緊緊是會悶死的。

所以「游盈隆」三字盈已滿了，隆又凸起，全部向上塞，又無疏通之氣，又不均衡，這個器皿會爆開，當然屢選不上花蓮縣長，遇到「謝深山」必定輸，名字中早已透露著訊息，對手的名字、元神早已悄悄告訴你誰會贏。

「德」字亦如此，小心翼翼的行走，緊盯目標才下手，是小心謹愼又爲用心看待，凡是用心的一體兩面是勞心勞力，相對會往內憋氣，而且心爲火，在心火交加下，會憋出血來。「溫」字、「孟」字、「盟」字、「盛」字亦然，爲容易往內憋氣之字，不易舒發，相對的傷身，這些字不要用。一如「無敵CD」，英業達的副董事長—溫世仁，因高血壓五十五歲過世。

《二》你家我家事不相干。

公私分明之字「私」，厶也私也，凡事斟酌打量後而行，多所精打細算，又有內私、外私之別，「厶」字在外，多無法伸展，及手肘內曲無法伸直，做事較往內看，常有未成形的意味，一如蟲子般軟而不強，所以第一個字爲強字。

「強」字爲許多人喜好而且善用，但其本意爲「米中的小黑蟲」，是一隻米蟲，眞遇事一點都不強，所謂強出頭者，所以厶字在外爲一條蟲。

「弘」字亦是厶在外，不內包，所以做事過於謹慎，瞄了半天箭還不射出，空留遺恨，厶字又有肱，手肘彎曲伸不直之意，難以擴大。

「怡」字亦是厶字在外者，縮在高台上，畏畏縮縮，未必眞是心曠神怡，反而有掙脫不開之意。

「能」字亦是，「鱉頭縮住」若爲厶字包在內者，與厶字在外是不一樣，如閦字只尋自我的感覺，不管他人之感受，套一句話說「只要我喜歡有什麼不可以」這種小孩多會氣死父母。

你或許會想孩子精打細算，有什麼不好呢？是啊！等他用在父母身上時，你就有苦頭吃了，或許你還會說這是謹慎行事呀！但小心過頭，是無法成就大事，要有大格局、大成就，手腳得要張開，手肘肱縮在那兒綁手綁腳，並非謹慎之意，斟酌過重之人，是不易有捨身菩薩行，更不可能做出一番大事業。

「宏」字更是一般人的最愛，比厶字更實在，很注重家的感覺，凡事不符合他的感受者一律排斥在外，其強烈性比厶字在外者多，「宀」乃屋深，手肘往內彎，凡事往屋裡放，只因其心覺得屋內空闊，故需伸手向外拿一些往內堆，所以其手肘伸出去是很小心的收回，不外漏，因爲他想塞滿才有安全感。

所以人家說手肘向內不向外，有帶這厶字在門內者，其行事作風精打細算，看字是一體兩面，其做事謹慎，但太重視細節不大方、不灑脫。

「閎」字亦如此，要視元神配之，配不好是家中一條小蟲，「雄」字亦然，厷爲肱本字，手肘彎曲了，這隻鳥被束住了怎麼飛，鳥被手夾住了，如何當英雄，有志也難伸，凡事也只會爲自己打算。「俊」字亦然，少用之。但雄字之人不是小氣而是手不易伸直，且工作上難以伸展，所以別一竿子打翻一船人，畢竟他還帶有一點英雄氣慨。

《三》四面塗白，蒼茫送葬，「亞」字莫用，古形亞為「家中有人過世，圍起白布」，空塗四壁，一片哀淒，又有人背凸起不相合之意。所以陳亞力之名不吉，家中空空，且無力可施，又兩頭束住，娶了老婆也是無助。所以「惡」「堊」字皆不吉利，為守喪三年。

《四》「宜」字莫用，宜的字型字義皆不佳，並非眞如本字音之宜佳，乃是宜通俎，有「待宰」之意，所以入墓穴中。宜字看起來很像中國人的墓碑及祖先牌位，俎上肉，是好不到哪兒去，因為這塊肉是要用來祭祀，宀內有示，但省了示只將肉放入切肉板上，有組俎之意，所以字中有「且」字者當心，身體會不佳。但得依原形看字，而非秦始皇統一之後的字為主，自小篆起已看不清字型之原有的形狀。

「誼」字為一般人所喜好，但不宜用也。如病未發時，你是未知其動能，還沾沾自喜，不知身子骨早已暗藏玄機，早佈下有害的潛藏因子。

《五》「金」字不是人人可承受，金字乃剛強，所謂金剛不壞，無所不摧，所帶之氣太過堅硬，不是強悍元神之軀，不可承受，多少煞重使愛掌權。但金字又為廣大群眾所喜愛，世間人哪個不求財、求金，當然長輩在下一代出生時多喻為金孫、金子，無不希望這個新生命，如金子般閃閃發光，但要扶金者須知其重量及所窺視者。

「翁大銘」其元神爲金蟾蜍，故其強勢可突破，所謂蟾蜍咬金，所以他承擔得起。「劉爾金」則網不住這塊金子，當然其演藝事業也會石沉大海了。

「金」多所煞衝，又引人側目，所謂錢不露白，翁大銘雖少年得志，但晚年漸走下坡，也不如其表面。所謂金玉其外敗絮其中，金字還是少用，人的運勢有高低，健康亦然，沒有哪個身子骨承受這股力道時，會走得更快，拖金下水，除非你練就玄宇功法，則是另當別論。

《六》「舛」字不宜，有相背意，但世人不明瞭，多所偏好，舛又有夕ㄐ相背，意即兩足相背行，會有背離不相合之意，影歌星「王傑」不也經歷了離婚，跟父母不合，等相背離之事。

「傑」字一般人皆喜好，以爲英雄豪傑之意，但英雄多苦難，音與「劫」，「結」相同，要當豪傑者一定要與眾人逆道而行，故傑字少用，舜、舞字亦是。而最多舛字首推「韋氏家族」，「緯」、「偉」、「暐」，只要有韋字在其中者皆不順暢，表示上爲脛中爲口下，亦爲反向走之足脛，所以斷層，支氣管較不好，身體也會差。

所以「蔣緯國」與蔣氏家族相處並不融洽，且與老蔣總統處不好，而被冰凍了起來，無法站上政治舞台。

兩足相背而行的字，對元神而言是很不利，你願意你的小孩一落地即註定身體不好，將來行事不順，與家人不合嗎？人際關係不良嗎？

至此你該能理解，「舛」字組合眾多，自己的不順，原來是先天有此動能存在，須剷除才會順暢。如同喉嚨裡卡了一根刺，不知道要拔開，卻直喊痛不知痛因也惘然。舛為足相背，人生要順暢，兩腳要同向而行，否則就定在那兒，如如不動，如同行屍走肉。

《七》豕眘一家，看似美好之字卻暗藏玄機，「家」字人人愛，取名為家字者不少，但家為屋中豢養之豬，飛行在天之元神若為籠中鳥，不是從此受困，如何大鵬展翅，如何鷹揚在天，以大鳥性格不得志時是會悶死，況且四足類的猛獸元神，若為人疼愛之小小鳥兒金絲雀，也不願被當豕養，所以家是桎梏，多所不順。

「豕」字用在姓名上還眞不少，如豪字，「豪」字非英豪也，乃取其原形為豪豬，毛銳尖刺之箭豬，故取其豬聲高長為豪，所謂嚎啕大哭。以此類推，「壕」字亦不佳。

另有一字爲常用之豖字，「毅」字，看似美好，形音皆順人耳目，可惜暗藏殺機，「毅」乃豬即將被殺，怒目、髮衝，而「殳」字爲人手持刀棍，即將殺豬，所以不得志者堅決的要將豬殺死，稱之爲毅力。所以普遍叫好之字，實爲不利，用在元神爲四腳之獸類上更爲不利。

《八》夕陽之落將入夢也，有夕之字很多，所以「夕」字不宜也，如「夢」字，眾多女孩子愛取其字。如夢似幻，目不明也，天昏地暗，也有日落黃昏之意，所以「胡茵夢」才會有那一段年少輕狂的婚姻，看不清事實，又快速的進入婚姻中的夕陽，一段早夭的婚姻。

「汐」字也不好，日落水中昏暗不明，如同潮汐，起起伏伏的人生，多不順暢。「夏文汐」此名字即不理想，因爲兩個夕不可能，爲何呢？兩個月亮是不可能同時存在的。

《九》花名不取，因爲花易凋零，生命短暫，容易苦在心裏口難開，櫻花的櫻一如「徐貴櫻」，「櫻」爲頸中裝飾品，故其婚姻只能充當人家的一朵花。蘭者亦然，「曹蘭」，其感情諸多不順，臨門一腳，避居日本，以退婚了之；蘭者多所自私，只撿門內，不理門外。眾多花字在此略提，以花爲名者多所承擔家庭。

《十》字旁要小心用，用不好會走走停停，做事猶豫無法向前行進。「遙」「達」「道」「逸」「進」「逢」「連」「通」「迪」等多為一般人喜用之字，但要看原形，不可以一概全，所以辶字旁要善用，不能依其表面草率用之。

如「逸」字就是辶兔組合，狡兔善逃，人在後面荊棘中走走停停是捉不到牠，所以安逸，逸也逃失，但配字時可以補其不足，如「逸翎」之羽往上飛，即破逸之格反助其一臂之力。

「進」字則不然，進乃鳥不飛，用爪在前跳，並非眞的進步、前進。

「運」即眞的包著車子慢拖慢行。

「達」字即行道互不相阻，羊在橋上相通皆停下互讓，慢慢而行，羊字在古代有美字之引申，故各行其道即是引為美喻，(大羊辶)乃達之組合帶有羊性格，又走走停停難以到達，若與敬合用則為兩隻羊，做媽媽的就不好管教這個孩子。

《十二》「秋」字不要用，因為「禾火」，燒光了也脆弱，又言喻秋為蟋蟀的形聲，但亦為脆弱之意，且秋有蕭瑟淒涼的感覺，國人多喜用此字，阿秋滿街跑，難怪有那麼多悲情。但元神若強過此字時，所受傷害略減，如「李艷秋」是元神及艷字補足其動能。

《十二》「夏」及「蟬」不要用，因爲都是蟬形，代表命脆，身體不佳，除非本家姓無法改，否則「單」字就已不好，不論是「禪」或「蟬」字皆不佳。「王筱嬋」的際運不就是如此，螢幕上的她總是不順暢，只是閃耀一下即下台，無法持久，蟬不也十來天就走完了人生舞台。

《十三》「易」、「萬」、「禹」字要小心用，視元神而定，非一般人可使用，易爲「蜥蜴四腳蛇」，萬爲「蠍子」，禹爲「蜈蚣」，乃陰面之字陽氣不足，雖爲多足蟲手腳靈活，但寧以用其他字取代。

《十四》「巴」字爲蛇，蜀字爲蛇蟲，當你要用蟲、蛇類等，得當心其屬性與元神是否搭配，且蟲類本不佳之種類，少用爲妙，多所屈居型態，除非是本家姓，則需用名字來補不足。

《十五》「玄」字在內的字也不要用，因爲玄代表未成形的胚胎，有屈居在內之意，而玄又有多種搭配，如弦、而幺字亦同，故幼字乃指未成熟者，「慈」字亦是多所屈居於心中。

《十六》夊（ㄙㄨㄟ）字，有行動緩慢之意，注意其與夂不同，不可誤用，夊例字如「瓊」、「俊」、「愛」、「淩」要慎用，而夂（ㄓˇ）字乃指由後向前與夊不同，一點小差異意思就天差地遠，文字有鋒、隆等字則大不同。

《十七》「尸」字在內不要用，如「展」、「妮」、「居」、「尹」、「屝」等，尸表人躺下，頭在上，如「展」字引用為鴻圖大展，多為後人假借使用之字，然展原意為在尸字下原地打轉，如何展開手腳，本為屍體展開，後人竟誤用引以為發展，多為後人假借使用之字。

《十八》「艮」，有不聽從及較量之意，如「郎」字更有與朋友相較量，怒目相視之意，但郎又多了一個阝字旁為邑，屈居於下，除非你元神龐大，否則一番爭吵後，用此字者多居下風。

《十九》「赤」字不用，因為火大嗎？看是赫赫有名，卻是燥熱上身，不利任何元神。

《二十》「玉」字旁要善用，否則容易淤結於心中。

《二十一》「貞」字少用，命硬也，剛強之質。

《二十二》奇、乙等單邊字，力道不足，孤邊無力。

《二十三》「糸」字旁在內的字，要視元神動能而配，並非一概不可用，因為其牽涉所及爲繩索、網子，一如「紅」、「潔」、「紋」這些字都會網到自己，尤其元神爲小型動物，或有翅膀者，就會有如枷鎖般的在生命中束住，不管哪一方面，都會呈現施展不開。如果是大型動物元神，就較不受限制，但也別得意，再怎麼厲害的元神，還是得當心，小心被自己的繩索絆倒了。

《二十四》「心」字要善用，用不好時心是一把火，如惠字，心在田下，老是沒有衝勁，不會即刻行動，總是考慮再三，而且心田不開，將許多事情壓在心裡，久了心火內燒，是會憋出氣來。所以心在下面者，體型無法肥胖，因爲下面有把火在燒，總是壓抑著，所以「思」字不用。須看心上那個字爲何，再定奪其殺傷力，如「德」、「志」、「惠」。但心在一旁者則不受影響，如愷、悅則心曠神怡。

《二十五》「分」字少用，不論「紛」、「芬」、「棻」，女命帶芬者，個性上屬外剛內柔形，多勞心勞力，家庭方面皆多自己一肩挑起，因爲這把刀切在相背的八字上，雖利但傷己身。女命帶刀，多不利，雖伶牙利嘴，卻是內心沉重。女性用芬字不可勝數，你願見自己的掌上明珠受此之苦嗎？

《二十六》「麗」字不用，鹿上肩頭兩座山，如何擔得起？除非有破格，如走上修行之路，或是名字中有剛強之字，但其質一樣存在。有麗字女性，非常辛苦，不論已婚、未婚或身爲媽媽者，都如同一肩挑兩擔，小時候受父母庇佑較不易感受，一旦成年要自己去挑擔子時最明顯，你何時放下擔子呢？就在把「麗」拿下後開始學習放下擔子，去看看名喚「麗華」、「麗紅」、「麗葉」、「麗娟」者在婚後皆肩挑重擔，但前後配字若有破格補助之字，即有補強承擔的作用如「麗馨」、「麗玲」，玲及馨稍有破麗之格。

《二十七》愼用「門」字，用不好是會閉關自守，如「嫻」字那會使人的心扉深鎖。如「蘭」字，只顧自家內，不理會門外事，「閔」、「闔」等皆要善用，偏偏國人喜好依據表面形象之用字，未追根究底，使子孫多受束縛。

《二十八》「東」字不用，受束縛之字，上下兩口綁住了不通，雖旭日東昇，但在環境上易受困，除非有修行者，可不受此字之限制。

《二十九》善用「木」字邊，視元神與字義，不能亂配，好壞差距十萬八千里，一如章，本是美好的發聲，有章字表口才好，但若加木字旁成了樟，那這隻嘴就如木音般僵直了，無法善用其口了，喪失了本意。

《三十》「風」字不用，風乃蟲字配，有蟲本小格局，較易受困，不適用於人名上，如「嵐」字一山在其上本已沉重，加上不透氣之蟲屈居，要出頭天可難也。

《三十一》「莫」字不用，有夕陽西沉之意，但姓氏另論。

《三十二》「乃」字不用，氣不出、不透，但要注意原形，不可表面視之，否則容易會錯意，如秀字就不是乃，而是稻穗成熟垂了下來。

《三十三》有阝邑字，爲屈居於下，如郤、邵、郁、郡、酈要謹慎用之。

《三十四》「兆」字在內之字少用之，如姚皆是火熱之字，如元神爲適水性者，名中有此字爲剛強之兆，若再加上個火字形或金字形，此命一定燥熱於心中。

《三十五》「瓦」字在內之字也少用，如「甄」字爲塞滿土的製瓦器，如瓴、甌。

《三十六》「臣」字在內要愼用，因臣有屈居、下跪之意，如「賢」字，要當一位忠臣，一定是恭敬的拱手下跪在皇帝面前，若用在生活上則有束住之意。

《三十七》過於剛強字不用，雷、電類，用在人身上不妥當，太過強硬。

《三十八》「柔」字不用，會傷身，看似陰柔其實是舉矛相向，非柔情似水，男生可不要被字音給騙了。

《三十九》「曉」字不用，土堆不穩，搖搖欲墜，很辛苦的，又天方微明，破曉時分即出發，即使肉身平常生活不是如此，但無形中很勞累，如同一崗位之工作，有曉字之人均較同仁辛苦。

《四十》「育」字、「毓」字要慎用，有婦女生子之姿勢，屈居，小兒頭倒栽之字。

《四十一》「雪」、「霜」要慎用之，有些元神不耐寒，冰天雪地是活不下去的。

《四十二》「刀」字旁要善用，同於邑字，如印、卸、邵、卿，雖然「卿」字表面是好字，卻很辛苦，吃飯要屈居而食，這口飯吃得很辛苦。如「蘇慧卿」醫生，其賺錢容易，卻是天天屈居在診療室做同樣的動作，看似賺錢，卻如同機器般，雖有得吃卻是吃得很辛苦。

本篇的用意，是要讓眾生知道，一個符號即代表一種磁場引力。字面的用意，並非表面化的意義，但要避開一些看似美意，卻又綁手綁腳的動能。如同從小與父母相處，住在一起久了磁場、頻率相近，氣息相通，母子自然相像，就是這個道理。一旦結婚後，夫妻同住，住久了氣息相通愈來愈有夫妻臉，就算外形有差距，但站在一起，外人很明顯的可以感受到，這是一對夫妻。

透過名字的呼喚，其音波、磁場就和你相近，每天使用次數頻繁如掛號等候、銀行領存款、戶政單位或帳單上，公司、學校、家人、鄰居、郵差等，數不盡的使用單位，在替你建立，運轉你這個名字，還能不善用嗎？名片一遞出去，馬上形成另一個對你呼喚的磁場，尤其是從商之人，更是不可不愼。

相較於前面所提之百家姓，只是姓名學的入門，並非眞正的命名重點，要如何命名呢？後面會提到三個重點，即所謂的三接日月光者。本書引領您了解的不只一次改名而已，還可以助你觀察四周的人，如何應對，知人善用，而非一味鑽研字義。

公司名與運籌帷幄者的姓名、元神有重大關係，尋找工作、與上司相處、調單位時，都有相當大的影響。即使公職人員，依然影響甚巨，連部門名稱都會直接牽動，所以不可不愼重，否則在職場上舉步難行。

尤其公職人員，不比一般的私營機構可以隨意更換崗位，爲了保住公家鐵飯碗，眞想換個位子，還得等待升遷或調單位，並非心想就會事成，甚至來了新主管，你都可從其元神、姓名中知其行事作風，避免適應不良，惹上無妄之災。許多學校換了新校長後，主管全換人，若在原崗位者恐如坐針氈，不好施展，這時罩子（眼睛）要是不夠亮，還用舊有之慣性，那鐵定吃悶虧。

這一本「龍巘命名術」就是姓名的捷徑，知己知彼、百戰百勝，若要開車上路，先得研究地圖，了解以何途徑可到達目的地，陌生的區域盲目亂闖，是費時又費力。爬山並非一定要沿山谷而行，橫跨山谷的橋樑，總會早一步達到目的，困難與危險性亦會減到最低。

所以知其名即能知其性，名字中已傳達了訊息，可知對方的性格、作風，亦可從名中了解與其人相處之道。如「朱元璋」的名字就已透露了，他是王者之音的意思。個人元神不同，不可依樣畫葫蘆，同姓朱者再取名元璋，就已沒那個動能及機會了。

如同「洪秀全」，當時有滿清執政的背景，他才能出來號召太平天國，名字中一看即知，他沒機會了，因爲「全」字爲「王藏在家裏」，所以不可能榮登王位，加上「秀」字保守，只會用自己人。

他善用農民，乃禾字加穗，秀爲稻禾成熟，可惜一番洪水來襲，全軍覆沒，稻穗全沒了，這個洪水又是來自海外－洋人，可見洪水之大，其不滅頂才怪。洪秀全能佔領十八省，卻敗在洋人的配合，不然憑滿清力量是不夠的，洪秀全自己不看清楚其所缺之動能，當然落得兵敗如山倒。字裏玄機，早就透露著，他是不可能成爲帝王。

若有兄弟三人要分家產，或執掌企業部門，也可由此看出，誰能執掌，誰手腕靈活，在執行上有魄力。

中信金控的「辜濂松」，就可以放心的將中信金控的財務，交予其女婿「陳俊哲」，因爲哲字乃以斤（斧），斬斷亂草，又快又利，加上「折口」之口本爲古字心，乃「智」之意，用心在折草，這個人會大刀闊斧，割所當割才能得辜濂松的心，就連十三位董事出席，都是陳俊哲出面，可見這把刀在辜家是很利。

「辜仲諒」，就沒有陳俊哲的快、狠，辜仲諒這人比較正直、忠信、高潔，因爲「諒」字乃人在高丘上，說話沒有那麼銳利，雖有言及辜字，但其言京乃爲人講信，所以刀不會砍得那麼重，「仲」乃中之意，行事一板一眼，不若陳俊哲那把刀較內向，較維護自家。若有權位之爭時，不可派辜仲諒出面，因爲他不會那麼斤斤計較，是有所爲而爲。

你若身爲公司運籌帷幄的主管，更應懂得命名、派人術，將使你得心應手，不能任用大而化之的人爲倉管，那會一團亂，也不能用不善言詞的員工爲公關，公司運作就無法順利，若要公司長久經營、財源廣進，知人善任方爲不二法門。

參 深思熟慮，進一方

終身大事—婚姻，許多女子夢想著婚姻的殿堂，有如白雪公主與白馬王子般，過著幸福快樂的日子。然而常是事與願違，有人在暗夜裡哭泣，有人默默承受生活重擔，雖有幸福快樂者，但畢竟少數。一個新的家庭有著不同的成員，新嫁娘如何適應此環境，如何與先生、公婆、姑嫂、妯娌相處融洽呢？而夫家一方又如何與此一新成員相處呢？

婚姻就如同走入叢林一樣，你無法得知哪個角落藏了什麼動物，會傷你嗎？還是溫和，或者被你吃定了。誰甘願被吃，這是一場物競天擇的大環境，別以爲門外才有競爭，門裏、門外皆相同。

這個引介雖指著女性婚姻而言，但對廣大群眾是個借鏡，可以舉一反三而應用。工作可以換，環境可以離開，下班後多所不相干，其利害關係沒有家的那道門來得沉重、難以擺脫。

一個婚姻的建構，要更換變動所帶來的傷痛會較慘重，別以為離婚就不痛，所謂婚姻是一道牆，一座墳墓，是不懂得生命眞諦之人所說出來的形容詞，不管你是門裡門外皆該想清楚、說明白，而非所謂的宿命，婚了昏了，敷衍了事如此過一生。

所謂知姓知性，是入門內（結婚後）所該做的功課，總不能天眞的以為人生是太平，結婚了事，安逸其中，須知很多動能束縛皆是婚後才呈現。不管你是家庭主婦，溫馴的小女人，或是被包養的小姨太，還是凶悍的老婆大人，都得了解婚姻是你的功課，你要好好做功課，去了解門內的每個人性格（元神）、姓名（動能傾向），才能駕馭自如，而非反被駕馭者。

亦能知子知性的教育兒女，熟能生巧的孝敬公婆，清楚的摸清老公性格，而非日夜在那獨守空閨，埋怨天、埋怨地，埋怨婚姻不好，公婆對你不好，老公多情，或者兒女忤逆。

你要讓自己脫困，擺脫婚姻的包袱，使生活更快樂、自在，知己知彼才能所向皆捷。知性（元神性格、環境），所謂性之相近，心所嚮往，想努力賺錢的人就有一股驅動力，不是經濟壓力者就是野心家，若是你的先生是那種野心勃勃，集權力威望於一身之人，你又該如何自處，還能用小女人心態，日日夜夜要他陪你談情說愛嗎？那是不可能的。

如果你的老公是那種溫和多禮、好學不倦、深思熟慮，你怎可以要他出去做公關，張牙舞爪獵物、賺錢、當富翁，那他一定很痛苦。權、錢乃大部分人所愛，但有的人就是生性平淡、知足，不在乎紅塵俗事，你卻強求他爲五斗米折腰日日奔波，只爲錦囊袋上身，錢財滿貫，那也是強人所難。

許多女性只會沉迷於戀愛、婚姻的憧憬而不自知，一旦婚後還在自我陶醉，不了解自己身處的環境，或許你會說，現在多是小家庭，夫妻二人哪有什麼公婆、姑嫂、伯叔之類的叢林環境，錯也！

你的枕邊人就是頭號人物了，再加上你的肚中即將出生的小傢伙，就是第二號人物，單這兩項，就夠你傷透腦筋、手足無措了，還有什麼比這個更困擾你，有太平思維的人會認爲「沒有啊！我的小孩很乖啊！我的老公很準時下班，錢都交給我啊！而且薪水飽滿，豐衣足食，我守在家裏帶小孩無憂無慮啊！」

是嗎？眞有如此美滿幸福的神話故事嗎？眞有白雪公主的話，你問她，她一定會告訴你無聊死了，早知道留在森林裡就好！

世上絕無這種無事一身輕的婚姻，沒有所謂的安分守己知足者，即使最無野心的家庭主婦，在家中帶孩子，都會有如困獸籠般想一衝而出，眞的無怨無悔在家帶小孩嗎？還是天天與自己的親生骨肉在拔河呢？只有你自己心知肚明。連最無事一身輕的老阿媽，都還要煩惱下一餐吃什麼，子孫有無順利，老伴身體不好，腰酸背痛、睡不著等眾多事情，你還能無事一身輕嗎？難也！

我們身處的宇宙大空間就是物競天擇，連陰間之路回歸後，還是物競天擇，無一可逃脫，連鬼都在物競天擇，沒有肉身它都還是不可能無事一身輕，你還能放任自己傻呼呼的撞來撞去嗎？

以下我們就來介紹幾個女性婚嫁的姓氏、元神作爲例子。

《一》元神爲河馬的女性又姓馬（馬雅珍—精慈尊者）嫁入張家（張明堂—瑞

德尊者），夫婿元神爲猴子，那這隻河馬入張家，替張家張羅一切，所幸河馬嘴大吃四方，但替人張嘴的事可不容易，極爲辛苦，一家子的口都要由她來準備，幸好河馬體型較大，元神可以鎮壓群獸類，可惜少了一口水，否則她就不用如此辛勞了。

張家較無家產，全靠白手起家，而其名字中又無家產、無儲糧，且在烈日明豔下照耀，甚爲所苦，而且其名中又有「堂」字，其尙字表示他很大公無私，有東西會分給家人，尤其是照顧兄弟、家裏的人更爲明顯。

從其名可知，她要替大家擔當，因爲無水、無木、無草，有屋也要分給別人，眞難爲這個女性了，河馬要背猴子過河，任重而道遠。

《二》元神爲孔雀的潘逸鸞（仁慧尊者），嫁給元神犀牛的江明裕（成空尊者），萬物眞是配得好好的，犀牛喜歡不動，孔雀就張開七彩羽毛逗犀牛，他才會行動。

孔雀原在潘家，茶來伸手，飯來張口，好命的不得了，但嫁了江家後爪子不見了（釆爲獸足跡之意），但幸有水喝有田居，但又被畫地自限，因爲江之工爲矩具，這隻孔雀入江家後就較不自由，得照顧孩子、家庭，心力都不若在潘家的好命，動能被關起來。

所以雙姓者要自知，冠夫姓時，如「張林」兩字複姓者，要背兩個祖業，而張姓會較具影響，所以蔣方良女士入了蔣家，就沒有辦法來去十方界，豐衣足食，不用自己辛苦去耕耘了，但得膽戰心驚的過日子，十分勞心。

《三》朱小姐元神為松鼠，嫁給黃先生元神為豹，就得勞動了，原本安居樹上的松鼠要落地了，因為黃田乃無樹可居，所以這隻松鼠就得做牛做馬的犁田，處理一切大小事，而豹本在土地上奔跑，故其有家產在，只是盡其元神的本能而已，反而松鼠要替他把守這一片田地，無法在樹上安居樂業，此乃婚嫁的姓氏，即可看出婚後誰承擔較多。

但其仍有一片田可吃，因為由夫家的姓名上看出，他們不會老而無居，而且這隻豹子也不會花心多情，因為他姓黃不姓王，豹子在土地上是要追趕獵物，只會盡心盡力的賺錢養家，不會東張西望尋找其他母豹，因為他落在黃土上，不是做王的豹。

若是姓「王」，男性又為兇猛性元神，那感情上一定多情，因為王者多情妻妾多，如王又曾（力霸創辦人）有四妻妾，王永慶（台塑創辦人）有三妻妾，但若為女性兇猛性元神又姓王，則感情不順，如王菲、王筱嬋，雖有婚姻紀錄，但多以離婚收場。立法院王金平院長，亦是有二位夫人，因名中平有舒發氣息作用，故其未展現王者嚴肅的容貌。

並非天下姓王的男性皆多情，還是得視元神而定，例如皇教有弟子王先生，其元神爲狗，就很照顧家，因爲狗很忠心，不像豹子、鷹王一般四處獵食，尤其他是來自較高的空間，非一度、二度的元神，其太太姓蕭元神爲鴛鴦，二人十分相配，因爲鴛鴦也愛家，加上一個忠心的老公，狗與鴛鴦是絕配。

你還想了解你的另一半及你的孩子嗎？他適合做什麼？千萬不要拿豬當老虎，也不要把禿鷹當雞養。了解其動能，補足其不足者，給他一個適當代號（名字），名喚久了，磁波透過天天的運轉，會環繞在其身旁，使其動能增強。

後面我們將有更精采的內容，教導如何命名及說文解字，這裡只是個開端引介百家姓，至於如何看出一個人有野心否，是敏感型還是遲鈍型，是平淡甘之如飴的人，還是斤斤計較者，要如何以柔克剛，如何聰明不外漏，深思而不內斂，精明能幹而不聲勢奪人，用人用名就在下一篇見分曉。

傳奇的龍嶷命名術

說文解字篇

【二】說文解字篇

命名要好看、好聽、耳順之外，還要補不足的動能，才能伸展手腳，如同雙手被綁住，一定要有武器解開，才能自由活動。所謂名好，命不好之人，乃是指其表象字義優美，卻不懂得造字原則，在字裡行間給束住了，此乃命名之人不懂文字本意而誤用。**需知倉頡造字乃是用天眼接引天界力量，每個字都含有其背後力量。**

例如，白冰冰的女兒白曉燕被槍擊犯陳進興殺害，即可看出進興兩個字是表象字。老一輩總以爲「興」如文字面表象之旺，有起昇的作用，而忽略了倉頡造字的最原始接引的本意及力量。

中國文字歷經多次簡化，從象形、甲骨文、金文、大篆、小篆、隸書、楷書、繁體字、簡體字，早已變形而失其本意，看不出最初的力量。溯及源頭，天上釋下文字乃接引著原始之動能。

興：乃四隻手各據一方，四隻手肘勾結在一起，共同舉起，引申做同心協力之意，若是一隻手牽絆住，另外三隻手一定是舉不上來。

進：爲鳥不飛用走的，伸爪前進，那一定不正常也不順暢。若其元神爲非溫和型，此手一伸出，即爲多爪向獵物，當然成爲魔爪了，加上其根性及祖業，其動能全束住了，只能伸爪向外。

並非每個進興皆如此，端視其元神而定。若元神是魚，頂多人間生活較苦、無水悠游、吃食，但不會爲非作歹。因爲魚用不到爪子，且魚較滑，不會往自取滅亡的方向前進。

故「進興」二字，在老一輩眼中認爲有進取興旺之意，然實質卻綁手綁腳，因四隻手勾在一起難以行動。尤其是猛獸型元神，靠速度獵殺獵物者，難以施展，反而四足逆行，命運乖舛。故興字不宜用於命名上。

看似美美的字，卻是綁手綁腳者甚多。

威：本爲肅殺之氣，女子性柔見了起懼怕之心，故有「畏」之意。威脅的「威」也是威武的「威」。影星若取了威字者，大都不會太長久，仍須視元神及字面的組合，不可以一概全。

如章字爲十音，而璋、樟之特性不同，接引之氣亦不同。樟，雖是「木音十」

組合，卻是木頭之音，反失了音的特質，所以用字不可不慎。

泰：有「國泰民安」「否極泰來」，「福泰」、「泰山」、「康泰」等好字眼，因此廣用於名字上。一如劉泰英、陳泰銘（國巨電子），他們沉浸於「泰山在上」之功成名就，卻忽略了泰有另一字義，乃君子泰而不驕，否則將如泰字之本意，雙手捧水，滑溜而去，慘遭淘汰。

劉泰英不就忘了此字含有滑之意，爲人過於滑溜，也會因此滑跤、破財，如流水般消逝，加上其元神若似爲馬，只懂得衝，不懂得懸崖勒馬。當然這一跤已是冥冥中註定，於名字中早已透露，早晚要破財。

國巨電子的陳泰銘，也是人在福中不知福，野心勃勃的擴展其事業版圖，與其「成大學長」陳盛沺（聲寶的董事長）拆台，奪聲寶大權。其名字中的「銘」字煞氣過重，加上泰有破財及滑跤之意，因而註定手腕強悍的陳泰銘會滑一跤，致使投資數十億的銀根在聲寶中要抽掉，到嘴的肉飛走了。

這些例子是在提醒大家，表面涵義很好的字，乃是暗藏玄機，會如原形字義適時的出現，讓你防不勝防。或許你還在康泰當中，不知水何時會流走，須當心謹慎，慎防到手的江山一夕間易主。中國人喜愛比喻「遇水則發」，然水流走，財破了。

美美的字，常會引人入陷阱，冥頑不化的人，常會自據山頭引爲傲，殊不知，君子乃勝不驕敗不餒，小人卻是驕而「泰」。

第一章

如何善用先天給予與後天補助

第一章　如何善用先天給予與後天補助

前面所提及之百家姓及元神，均說明了先天條件較難改變，透過修行將累劫業力解開，才有機會轉動元神。而姓氏，千古不變，今生所用非累世擁有。活在這一世，當然這一世的先天環境，即是你落地時的父母，其表現在姓氏上，已給予暗喻，只是一般人不了解，也不會注意，此乃生命中劇本之巧妙安排。

例如，仁德法者，俗名江德能，元神爲天馬，由江姓看父母，是充分給予飲食、照顧，有水有田，但「工」字是劃地自限的工具（江者疆也），表其父母有一範圍供其居住、吃喝。若是一般的馬兒元神，可能是安居樂業，守在圍欄裡乖乖的吃喝，順著人間世俗方式在過日子。

天馬爲天界之元神，來自較高的空間，當然無法適應「家駒」的生活模式。那一對翅膀不時的想飛，偏偏江水向下流，與騰雲駕霧的飛馬是相逆而行，無法契合。無論其父母多麼用心教，江德能就像一匹野馬般無法安居籠中，躍躍欲試，依然會產生叛逆之心。

就算他乖乖聽話，還是會憋在心中。其名為德能，氣憋住之意，憋久了自然見血光。而且還會双憋，一為「德」字皿之憋，一為能字原形為熊。你能想像，其內心之煎熬嗎？

名字是落地時個人之生命劇本，自然顯現於名字中，註定其性格與累劫。看似父母百裡挑一，確是冥冥之中自然接引。為何有些人替兒女取名會算了又算，換了好幾位算命師才選定，即是此故。

坊間之音數、筆劃、八字算命法，從未有人可以看出元神本質及動能，唯有龍巘命名術，才能發現眞本質，與看清人的本性、天格，方能破繭而出。該天馬行空者，給予一片天空以利飛行。缺水、土、木者，補足其所需，否則元神只能以其天生具有之力量，在人間做困獸之鬥。

（一）補不足之動能

人有天生之本業、天格，落地後受人間的環境影響，元神動能之展現受先天與後天之左右。

一般人在不順利時，皆說運氣不好；而順利時，自是洋洋得意，而不會思索姓名是否有所缺陷，得意之時自會藐視及摒棄一切警訊。殊不知，姓名影響人之巨，不可以等閒視之。

累劫路上的業障是不分貧窮富貴，若想以改名來改運氣的思維須修正，人生下來就是要歷經生老病死，人生路漫漫長，每天皆要呼吸、吃飯、喝水、睡覺。連喝水都有嗆到的時候，你還能用運氣在看這一切嗎？累劫業力不撥開，還能有好運氣嗎？

作夢也是不分尊卑、貧富，常有一覺起來惡夢驚心，嚇得一身冷汗之經驗。這個夢境，一般人不會在意，只當作一場夢，從不正視，而夢境是一種警告與提示。

名字中的動能如同夢境一般，看不到、摸不到，卻無時無刻環繞在你身旁，給予提示。若改名只是一味的想求好運，則失之狹隘，求好心切固然沒錯，但回歸神佛天國，才是眞正朝撥雲見日之途前進。吃素、修禪之人，一心嚮往西方極樂世界；而信仰上帝、口唸阿門、手持十字架之人，不也是爲追尋回天國的腳步嗎？

信仰者無不爲求消除累劫路上所帶之雜質，但命盤中的累劫業，會不時浮現，須有動能加以輔助，方能去蕪存菁，以純潔之靈踏上天國之路。且行走於人生大道上，才有能力時時拔除業力，剷除路上的絆腳石，使災難得以降低。

但切記，此爲輔助力量，亦即補充動能，猶如一支槍、一把刀、戰鬥武器，當在人生路上累劫業浮現時，有一對翅膀可飛越河海，有武器可剔除路上的障礙物，這才是輔助之力量。而不是幫你釣魚，給你魚吃，吃了一餐，還有下一餐。能天天靠別人幫助嗎？幫得了一時，也幫不了一世。

況且人有累世、累劫，帶了多少障礙物在靈魂上，用過多少名字、姓氏。那些姓氏名字，都是過去的環境動能，今生今世是看不到、用不到也無須知道，因爲都過去了。如同童年，在父母呵護下成長，但總要長大，學會走路、吃飯，學會面對自己的人生，父母是不可能呵護你一輩子的。

運氣，人生過程中的跌跌撞撞，實是累劫使然，端視動能是否足以超越累劫中的障礙，一旦累劫註定會承接到一個綁手綁腳的名字，且無人指點如何補足不足之動能，則會有漂浮不定、不得志，且四處碰壁之感，抑鬱一生，然名字中早已透露訊息。

人生路上，每個人元神不同，像兇猛、強大的元神較出風頭、重壓群雄，此乃其累世所修，故能出類拔萃，天生的動能，先天的元神是可透過體悟修行而改變。若元神爲一隻小猴子，也不必埋怨，因元神較小，其動能無法與兇猛性元神比擬，透過元神轉換亦可成龍，成大型動物。莫以人間的權力、金錢爲目標，財帛宮是個人先天修行的累積，每個人所帶多少皆不同，羨慕眼光別放在上面，再有錢也用不完，總統也會換人做，布希他不可能永久站在那個崗位上。

帝王之家最長也不過數百年，沒有一個王朝可以永生永世，更何況中華民族短短五千年就更換了多少王朝。帝王也要承受環境中所帶來的爭鬥，權威的帝王其子女必有較勁爭寵不和諧的狀況。唐朝李世民手弒親兄弟，及乾隆的心狠手辣，生於帝王之家看似富貴榮華，然權力慾望卻爲其惹來殺生之禍，這即是生在帝王家所要承受的考驗。

蔣經國的三個兒子，不也明裏來、暗裏鬥，蔣孝武與蔣孝勇，不也怒目相向。累劫已於名字上顯現，爲人父母者能不爲子女打算嗎？爲孩子拔除業力，及補足動能。

東森、力霸集團，王令麟、王令台兄弟倆，不也兄弟鬩牆，從名字上皆可感受到，亞太電訊不也積極想與東森一拼天下嗎？

「亞太」之版圖規模有限，以「亞太」字面意義，是想稱霸亞洲，可惜亞本字乃是家徒四壁、空蕩蕩，又有惡運連連之意，其公司的動能早已被設定，如何強大呢？亞字要視行業別配公司名，不可一概而論。

人生路上兩個方面，一進一退，不往上就往下，沒有所謂居中、剛剛好。家庭主婦會說「我什麼都沒做，哪來的進與退。」錯也！身體機能退化，青春歲月的流失，甚且太陽之東昇西落，非你我所能控制。時光分秒消逝，累劫業力一一浮現，即使是退休人員，領著退休金過著安逸的生活，也要面對即將浮現的老病死，生理機能失調、老化、病變。

每一個靈魂（元神）與生俱來的劇本，就如東起西落的太陽月亮一樣，早晚會浮現，沒有所謂的「我不要」。所謂命中帶到，削骨也削不離，只有眞眞切切的面對，靈魂手持武器準備戰鬥，那才是最正確的。病魔不算累劫嗎？意外不算累劫嗎？人生中的一點一滴都是。天生的環境動能不足時，就是要補其不足，才有能力面對。

例如，黃捆陸元神豹子，其本家爲黃，故其黃田種玉，這隻豹子天生有一片田、一片土，與家人關係密合，而且可以在田間奔跑，表示不會餓著。捆，爲手困，其本字爲「禾口」，拿繩子將禾束住，所以他會爲了吃而困住，在這片田地上不停的奔跑。

陸，爲阜坴組合，阜爲山丘，坴爲土上之屋子，而且不只一間，會有很多房子，他會爲了這些土地上的房子忙個不停，像是被捆住一般，爲了禾而束住在「陸」上的房子。

因其家族爲從事建築業，以建屋、售屋爲主，與其人間的生活事業吻合，在其未遇南無　彌勒佛陀之前，不斷的被這些房子束住，身體機能亦捆住。豹子奔跑不停，一定從腳部先出問題，來皇教之前，經中西醫各種療法，仍無法治癒。

名字的顯現，不只在工作上，還有健康、環境、心境及行事作風等，並可更深入的看清此人之心地是否良善、心機是否深沉。龍巖命名術將爲您解開文字中的玄機，善用文字之特性，將能透徹洞悉人性，方可見其名知其性。

你還能埋怨運氣不好嗎？要補運嗎？眞正的補運，是在你明心見性的運用。凡是透過本命名術而改名者，建議有空能練玄宇功及每天恭請

南無　聖上無極彌勒天皇

南無　聖至無上彌勒觀世音皇母

教導　弟子○○○啓發動能

並行三跪九拜禮

此乃建議非強迫行之，在於個人的智慧觀與選擇。但心境上一定要誠心誠意，不可以有邪念或不尊敬的舉動，神佛是與你有ＤＮＡ連結，一絲一毫的思維神佛皆知，莫以爲神不知鬼不覺就起心動念。

皇教的弟子皆知，天耳天眼無時無刻不在接收神佛的訊息，最明顯的例子爲智開師父。她在剃度前，一次上完洗手間，想隨手往南無 彌勒天皇肉身使用的毛巾一擦，念頭才一動，手未伸出，天耳平時不開的她，突然聽到一句「大膽」如雷貫耳，她嚇得跑出來，向南無 彌勒天皇肉身道歉。

這個故事是告訴你，沒有什麼叫神不知、鬼不覺，更沒有天知地知你知我知的秘密，連業力都知，還有什麼秘密？

人的結構體之神奇，一如雁鴨飛行的路線年年都一樣，歷經千百年而不變，牠們也無地圖可以看，卻可準確的到達目的地，此乃累劫的ＤＮＡ密碼的傳遞。萬物皆如此，業力亦是如此，不可等閒視之。

人還能用運氣在衡量人生路上的遭遇嗎？沒有什麼大小、富貴之分，只有明瞭這條路上要怎麼走才是對的！只有運用對的輔助力量才能過關斬將，否則人人路線不同、佈局不同，無法以一法過萬關。

有人會以「我在某某團體修行」、「我有佛光普照！」「神會保護我！」，問題是哪有這麼好的事，躲在神光之下就可避一切災難，因有「神光護體嗎？」，那還留你做人幹嘛，直接把你接回去就好！問題是你身上的業力，還是會把你拉下來，因爲雜質未除盡，神佛也無奈。

走在這一世的生命劇本中，要看清楚一切，明白自我的動能，才會踏實的往前進，否則陷在困境裡，動能不足，實在無法發展，更甭提左右逢源。

廣達的林百里，在年輕時不也摔了一大跤，窮的向朋友借一百萬才翻身，並不是凡事順利，事事如意。人生的背後還是有凶險，尤其每逢双或十就會有田土的問題。要超越百里外設廠可得當心土地上的問題，及地主（大陸官方）的協調，弄不好是會破財、損土。

運氣是要靠自己操縱，一夜致富的人也要當心，天上掉下來的財富，就是在考驗你，並非眞運氣，沒有憑空承受的福氣。

有位泰勞在台灣買樂透成了億萬富翁，家鄉的親人得知後，竟有村人拿其在泰國的父母、親人生命威脅，問其「要錢還是要命」，這就考驗著他的智慧，放得開與否。**人性的考驗常在喜極後出現，在財富與親情，道德與物慾之間抉擇，乃赤裸裸揭開人性最不願觸及的一面。**

生命中有多少富貴，就承接多少；不義之財乃業障錢，怎麼來就怎麼流失。改運不是求財，而是能順利的得到命盤中應得之錢財，不被惡業劫走。否則人人皆來改運，人人皆爲富翁，誰要工作？而富翁就不生病嗎？沒有意外嗎？李登輝的兒子不也英年早逝，辜振甫的兒子不也病故，父親再富有也挽不回孩子的生命缺失。

改名就是要將會發生的災難動能降低，給予靈性動能或武器對抗及超越，大化小、小化無。不保證不會發生，只是擦身而過不會受傷害，因爲生命劇本已定，只有加強補助。天生下來被綁手綁腳的，爲你解開，這條路還是靠自己去走，但有天界最高的神隨時在側護佑著你，至少你的靈魂不會在半路上被偷走（發生意外死亡），該有的錢財不會流失。

但若經南無　彌勒天皇肉身拔渡後，業力的呈現力量會較弱，一如車禍只會擦破皮小損傷，而不致斷手、斷腳、開刀等嚴重傷害。生命中該有的體悟還是要有，因肉身還在！神佛不可能把你應有的全剝奪。不然全來求神拜佛，天下太平，警察也沒事做，也不會有醫生，更不會有死亡，人口爆滿，地球不就提早爆炸！

造物者何以造人、安排劇情，自有其道理，不可能全替你撥除，連南無 耶穌都得釘上十字架，才能渡得了眾生，南無 釋迦牟尼佛也是苦行後而悟開。生命的劇本，一定是有體悟，靈性才會掙開，否則不會有生老病死，直接將你轉到另一度空間就好了，何必費心勞力的安排劇本！

世間沒有什麼叫好運與否，只有過得了關、過不了關，劫有沒有打開，沒有解開繼續束住。要看改名這檔事，是沒有包生孩子的，意即不保證從此無事一身輕，亦不保證不會碰到難題，只是助你更有力，勇闖難關。

肉身更健康，但不保證不會老。肉身一場，也不過是暫時借用，再富貴王永慶也是歲月摧折，不敵身體的衰老。富貴無法永留，除非靈性的修習，否則肉體沒了，只好以鬼之身步上幽冥之路，繼續輪迴！

（二）心法唯識，慣性要改

知己知性，明瞭自己先天的動能後，了解先天之優缺點，才不至於在慣性裡打轉，只因名字只是輔助，慣性在自己的身上。

別以爲修行就是保護傘，躲在宗教名下，眞可避開業力嗎？業力是靠自己去解開，而生命之光—宇宙最高神佛的輔助，幫你拔除累劫之雜質，助你解開束縛（這些束縛會妨礙人世間生活），不至於被劫財劫命，並補足路上之必需品。

何以有些人天生姓氏與元神相背，該水裡游，卻給個土，那也表示此人天生的個性較爲土直。例如皇教一位莊姓弟子，其元神爲魚，卻生在莊家，代表其個性較執著，缺乏水的圓潤，行事作風較直，其姓氏與元神相背離，無法如魚得水。知姓氏與元神之關係，了解所賦予之特性，方能據以補動能之不足。

一旦改了名後，束縛及阻礙解開，補助動能運轉，但姓氏的慣性還在，將之放開，才能與輔助的動能相輔相成。因爲姓氏無法更改，一如累劫在身上，無法改還是會發生、呈現，但浮現時已無殺傷力。

再舉一例，力霸集團的王又曾，王姓則表其慣性，屬霸氣、專權。但其元神若似紅鶴十分聰敏機靈，懂得靠政商手腕發展。其口才一流，做起生意來是一把罩的紅頂商人，紅鶴是愈成熟顏色愈火紅，故其火性加上姓氏王的霸氣，則是其慣性所在，放不下掌權的習性。

從十八歲辛苦到七十七歲，始終大權在握，王者人皆畏懼，人人不敢親近。

紅鶴本性優閒，適度的放手人生將更自在。一如魚要得水般，不該附著於土上成泥魚，所以人的慣性可從本姓中讀得。

爲什麼要講慣性，人（肉身）都有慣性，元神也有慣性，若兩者相背，生活處境上一定如同拔河，若再加上名字的束縛，那眞的無法施展。不信可問問王永慶、王又曾、王金平，這三王，他們的內心世界，並非外表所展現，只因被環境束縛住了。

人的獸性與慣性都要改，才不會有太多的爲什麼想不通。人往往看不清自己的缺點，尤其是慣性，更是改不了，常會否認自己有這些毛病，但這些慣性時常阻礙著我們前進，不只是人際關係、判斷力，甚至影響著我們難以擺脫人性思維，因爲慣性用於人，而非歸神之路、成佛之道所需，貪嗔癡則是人性最佳的寫照。

慣性之所以會在姓氏上呈現，一如祖先，不存在於有質體中，肉眼看不見的，那麼虛無飄渺。故人往往難以自覺其自身的缺點，甚且有人提醒時，還會忠言逆耳，惹來不悅。事實上，人只不過用一世，百年後，所有的忠言逆耳都已隨塵歸塵、土歸土，這一世的慣性依然存在，甚至帶在身上不斷的糾纏。

你寧可得罪「人」，也不願得罪神，人的百年身會過去，如有機會可渡他人，使其這一世能擺脫慣性的糾結，得罪人有什麼關係！慣性不是神要用的，乃是人在用。人莫不可不看清自我的慣性，這才是重點，其有如隱藏性基因，不痛不癢，不會呈現病狀、疼痛，卻是常讓你在人生的路上因此碰壁、跌跤。

慣性隱藏在人的習性中，元神亦有的慣性（獸性），這一點是人最無法看透，也是姓名學中最難的部份。人的慣性是最難改的一部份，在提醒他人時，要一針見血卻不傷人，是很不容易做到的。常會說了，聽懂了，又忘了，不到三分鐘慣性又起，而不自覺。

曾幾何時，我們可以坦然於心，接受人家的指正缺點時，再來問慣性吧！這個功課最不容易，也最重要，名可改，姓不可改的道理就在此。

一如姓李的元神為牛者，其牛性是很勤勞，刻苦耐勞，但李姓乃有枯木生子的特性，撐過頭了，要恰到好處，不要死撐，那會把自己累死。枯木生子意即放不下身段，不懂得拿捏，有強出頭的慣性，牛本溫和，死撐到底會累壞元神，牛雖然要做，但也不必硬拖，該放下就放下，沒有什麼好硬撐的。

（三）知己知彼百戰百勝，了解元神的優缺

提到這麼多的姓氏命名，均和元神脫不了關係，慣性亦與元神相關聯。因此在了解生命的劇本後，一定要對自我元神的特性，給予掌握，知其優缺點，加以改正與運用，方能將動能發揮得淋漓盡致。

明明是小鳥依人的特性，卻要硬擠上廝殺的舞台，那鐵定辛苦。若爲緩慢之元神，卻要其在街頭喊話，那一定是哈欠連連。適才適性，才是了解元神的特性。如一個元神爲魚，名字中一定要有水，若是剛強之字過多，表面字形佳，無水滋潤就是不合適魚。

沒有野心的人，硬推上家族龍頭位子，那會害了他被周遭小人吃定，殘害而不自知，辜濂松的兒子就是此種典型。

元神的特性可以反映在個人的體型、外貌、行爲、言談、習慣上。

如果子女的元神爲「猴子」，就不要強求其有厚實的肩膀，與高大壯碩的身材，其在人間無法大紅大紫甚或榮登龍頭寶座。元神爲猴子之人有削尖的臉形，吃不胖的體型，瘦瘦長長，一雙巧手，適合做中間人才。

「猿」「猴」是兩種相異特質，所以別看錯，猴拿來當猿養，其特質相差甚多，單看身材就不一樣，若希望猴子有猿類之身材，而加以食補與運動，恐無法達到預期的理想。

如果有兩個小孩，一爲牛一爲馬，教育方式則不同，不能以一法教萬物，牛較被動，教育上須較費心，馬則只需引導。對元神爲馬的小孩，不可大呼小叫、嚴詞厲罰，那是沒用，馬甚爲固執，非以引導方式不可，做父母教導此種小孩，不可用一條鞭法。相對的，元神特性運用在與部屬派任上，定能知人善用，發揮最大之效能。

馬之元神特性，以逼迫方式將適得其反，而鼓勵對他才是良方，尤其是一匹脫韁野馬，難以照料，要駕馭、馴服，並非輕易能掌控。高明的馴馬師，一定是採柔軟姿態，才能馴服野馬。

至此當可明白適才適性的道理，天下沒有一法渡眾生的，取名亦如此。「沒有一個名字套在不同人身上，動能會一樣」，姓氏相同，祖先牌位不同，父母更是不同，即使兄弟，元神也不相同。

就算同一父母、元神相同，但個人累劫也不同，雙胞胎都無相同的累劫，更何況是兄弟。相同的只是祖業、共業，意即天生下來的環境，父母給予的照顧，元神不同時，所展現當然大不相同。

元神相同，姓氏相同，父母相同，但出生前後次序不同

皇教執行長的兩個兒子，張家偉、張家豪，元神皆爲禿鷹，特性卻不相同，一個會多算一點、畏縮，一個較豪放，行事較爲激進。同是禿鷹，身材、面貌相似，且動能也相近，共同點都是較固執，一旦想要得到或做到的事，會一直往前進，如同獵物在前，目標鎖定，不達目的絕不退縮，基本動能相同。

但「天生劇本的束縛」，出現在其落地時所承接的名字上，張家豪，禿鷹被關在家裡飛不高，豪有豕的特性，自認爲毛硬堅挺，凡事皆不怕，只能在家中勇往直衝，家人易受波及，胸中有一股豪氣無法舒發，因此父母在教導上須費盡心力。故其天生元神該展翅高飛，沒有天空可自由翱翔，內心則無法開放。

另外張家偉，亦是被關在家裡，較畏縮，這隻禿鷹似家禽，不像家豪，用撞的，但二者的動能都沒解開，不可自由發揮。鷹在天上、高山上、樹林裡，就不在家裡，鷹在家爲雞。鷹始終想展翅高飛，要讓他銳利雙眼、尖銳的嘴爪施展出來，才是眞正開發其潛能。禿鷹是很有野心的，出社會後不會甘於平凡，但解開束縛，才能使其眼明、爪利。

同父母、同時辰生的雙胞胎，元神不同

由蔣氏家族的旁支，章孝嚴、章孝慈，就可看出，一個口才好，善於外交，一個是溫文內斂，深思好學。

第二章 字裡論乾坤

第二章　字裡論乾坤

（一）江邊無水自取之

許多人名字、姓氏裡缺乏水，而偏偏元神及姓名裡皆是乾枯一片，無法上通下達，故可補水在內之字，以輔其所缺。有水之字甚多，不必拘泥在水自邊，如「霖」字也是水字邊，在用字非一律被形象所困，字裡含水者多，在此大略舉字簡介，作爲引導「要會舉一反三」而非一一套用，因爲人各有命，元神大不相同。若相同的元神、姓氏，也有其累劫不同，需配合天眼觀命盤，才是補足動能最大原則。

（1）「池」：用盥器盛水，有水停留之意，流動的水才是活水，停水不動，爲池。名爲「德池」者，越憋越悶，因爲德爲緊盯不放，池又不流通。名爲「金池」者，個性剛毅不退讓，萬一元神爲老鷹，就只有「金」之兇悍卻無一片天可飛。元神若爲錦鯉魚則尙可，有如魚得水之義，卻是不溫和。

入。

質。

（2）「汀」：水岸平地，容易淹水，丁有堅硬之質，因爲丁爲釘子可以直入。

（3）「汎」：通泛字，水凡之意，漂浮、隨波逐流，無主見，凡有不透氣之質。

（4）「汛」：水快速的流過，卂有疾飛之意，鳥的翅膀都看不到。

（5）「汪」：爲草木茂盛，非王也，引申爲水深廣大。

（6）「決」：用手掘地使水流向他處，有引流之用，手有器具。

（7）「沌」：屯爲草木初生，象徵水緩緩流。

（8）「汰」：瀑布溪澗聲，水大聲。

（9）「沛」：有水有草之地。巿有草出之意，城垣圍繞買賣之地，但腳步停止受城垣所困，因巿之最上點腳入城中，巿像一條布巾綁繞額頭。

（10）「汶」：水紋交錯，細流繁多。喻有手腕，但多爲繁雜，要條理分明，否則多所困住自己，文乃網子細紋交錯。

（11）「汾」：八刀，有一分爲二之意，水爲助力，多所乾脆、直接，不論芬或玢。

(12)「沁」：心爲火，水火相衝。

(13)「沅」：元爲人之上乃「首」字，有開始的意味，水之源頭。

(14)「汨」：ㄇ一ˋ省冥爲日，有太陽下沉之意。

(15)「沂」：ㄧˊ斤爲斧，武器。

(16)「治」：台字，上爲小蟲內縮，口在下，遇人喜悅，笑口常開，但又留於口內，無法外放。故凡事會先替自己想。如名爲「國治」，其個性就會悶，因爲國字之對外之質受治所破。若名爲「國城」就完全不同，外向、善於對外。

(17)「河」：水可聲。氣要發出之前的口音。表泥沙淤積，泥水聲可可。說話較不順暢。如名爲「李錦河」，此人說話較不順暢，口才不佳，內心剛強且悶。若名爲「吳廣河」，有土有水，此人口才較佳，個性也溫和，較有財庫，配合元神更佳。

(18)「泉」：水源，從穴中往下流，非白字之義。如「李慶泉」之名，則個性溫和不善於說話，因爲無口可發言，且慶字多勞心勞力。若是「嘉泉」之名則善於說話，話若泉水滔滔不絕。

（19）「沉」：有相益增長，水為滋長之意。

（20）「波」：水的表面，有外露之意，無法深入。

（21）「泄」：一丶，世為樹葉茂密，水過多之意，世為葉之本字。

（22）「泊」：ㄅㄛˊ舟靠岸，非白字，乃指小舟，被繩子牽住了。

（23）「泳」：人在水中游，浮於水。永為水的分流、支派。若名為「江泳福」，此人必定辛苦，一生在水中游泳，浮浮沉沉，不得安定，也表示需要勞碌至老年。但是配字有一絕"負負得正"，「泳慶」之名就是一個代表，因為慶之勞心勞力，泳之奮力游泳，所以得平。如李連杰，就是因為連劫，負負得正，運勢大發。

（24）「泱」：一ㄤ，人挑著秧苗源源不絕。故泱又為雲氣聚集上升，泱又與英古字相通。而央為中，人在中間，不偏不倚，所以英乃有此特質。英為剛強，要替人挑央苗才有得吃，日復一日不停的挑。

（25）「沴」：ㄌ一丶彡為細細羽毛，不利水行。㐱又為細密之毛，多為雛鳥之意，注重小節。故珍字有幼鳥之含意，純眞一面，撒起嬌來就像個小孩子。

(26)「泯」：ㄇㄧㄣˇ民有草木萌芽，又被水淹滅，民又有人行向下容易受打壓。如「建民」之名，建爲小心翼翼，而民又易受打壓，如有升遷的機會，總是輪不到他。如「爲民」則較建民差，因「爲」字是大象之質，身軀龐大緩慢行事，無法在工作上執事之意。但江澤民，則爲破格，其元神若似龍，凶悍之質勝過民字，且澤字有緊迫盯人之目字在，容易憋住產生血液方面疾病，確有強勢之用。

(27)「泠」：ㄌㄧㄥˊ令爲三面聚合，人集眾，古令與命爲一字，合爲命令，口在上，人在下。ㄗ者爲人屈居於下，以口發號司令。亼爲倒三口，有令者乃有口才能吃飯，若配金字邊，多所煞氣，金爲剛強，常會因口而傷。若配水者無法發號司令。掌旗的人要懂得屈居，而不是想當王，所以多所勞心。圓山飯店創辦人之一孔令偉，只要一出現員工皆禁聲不敢多言，因爲他代蔣宋美齡發言管理。可惜偉字，破令字之格，權力到後來就萎縮，且身體也不佳。

(28)「泓」：弓厶水組合，厶字有手肘彎起來伸展不開之意，而弘又爲箭射出後所留下弓弦之震動聲，但厶又爲看得很謹愼之後才行動，射出，意即瞄了很久以後才行動，所以泓又爲水深宏大。如「家弘」之名，不易伸展手腳，個性溫和不帶攻擊特性。如「康弘」之名，爲人也溫和，卻無法大紅大紫。

（29）「泔」：淘米之水，汁味多美給予家禽家畜飲用，但字音不美ㄍㄢ與ㄏㄢˋ，皆有不雅之意。

（30）「泗」：四古文爲口鼻相連，氣息相通，引申爲息之意，鼻內之液噴出爲泗。如果元神爲魚類，水中物，用此字會缺水而不足，常遭挫折。如「泗玉」之名，加上玉爲剛強之質，玉在心中磨，內心常會覺得很苦，如重石壓在胸膛，缺氧無法舒暢。若姓江或洪則有破格之用，若姓姚則更辛苦，姚爲火燥剛硬之質。

（31）「沱」：江水另外流出，它有虫長而彎曲之意，畏縮向內看之意。

（32）「泫」：ㄒㄩㄢˋ玄有胚胎未成熟之意。所以水流由穴中小出。用此名之人多所壓抑、無法伸展。如名爲「志泫」，則更壓抑，因爲志爲心壓在下，弦又爲有弓拉不直、射不出，手腳不易伸展，工作上不易推展，業務發展有限。

（33）「泑」：一ㄡˇ幼者乃指人之筋小、力道不足，而ㄠ又有不成形胚胎。如名爲「幼貞」者，個性剛強不易退讓，內心世界容易有一把無名火在悶燒，做事不易成功。若爲「幼珍」則比較好一點，但珍有錙銖必較之特質，而幼字會造成生意經營上的不順暢。

（34）「沭」：ㄕㄨˋ朮本爲黍的大穗中莖直兩葉垂下，表示成熟了可釀酒，有黍粘之水。

（35）「泝」：ㄙㄨˋ表示屋內持盾牌，有忤逆之意，故逆水而行。拒水之下而往上行。

（36）「洋」：水羊，乃指羊獲水洗，有美喻，引申爲宏大之水，美好的用羊爲引喻。但羊爲溫馴任人宰割，有羊角但不敢發火之個性，即使有一點小火，也不長久，很快就散去。王文洋就是一個典型的代表。歌星「殷正洋」其個性溫和，可惜「正」字，有腳部停止無法前進之意，殷正洋的演藝事業，無法如其他歌星般的歷久不衰。

（37）「洪」：水共組合，共乃雙手合持供具，所以廿八爲拱，指二十人攜手合力，所以共拱供相通，四手向上則是恭恭敬敬，「拱」手之「供」給也。但大水來臨稱爲洪，所以合眾河流之水，共水爲洪。若是名爲「洪文楝」則有洪水凍結不流通，身體容易不好。名爲「洪秀柱」則有財庫且有強勢之格，因爲秀爲米糧，表安逸、生活不虞匱乏，主爲火把，燈中火主。

（38）「洲」：水中沙洲，可居之地，用此字之人要視元神適不適水性。若名爲「楊穎洲」則很有財庫，且楊爲近水之質，生在水邊很適宜穎字有禾字在，爲米糧之意。但元神還爲第一考量，並非人人均適合用此名，一如不是人人取名爲李登輝，皆可當總統。

（39）「津」：聿爲執筆之手，有毛筆之裝飾品，稱爲晶，做美悅之欣賞，故在渡口稱爲津，津有渡濟世人之意，即所謂指點迷津者，會拿筆讀書者的特質。若名爲「慧津」者，善於讀書，但慧字有個性直接，不隱藏。名爲「美津」則大不相同，美爲大隻羊，羊有合群、溫順之意，但津有羊群中執首之意。

（40）「派」：乃指水的支流很多，有廣布人「脈」之意，但音不美，有諧音。

（41）「洞」：水同組合，同爲眾口合一，冂爲重複，非屋內，有合會一處之意，故洞有眾水合一，水勢疾流而下之意。

（42）「洒」：ㄒㄧˇ、ㄙㄚˇ水西聲，西有卷鳥歸巢之原形，有洗滌及夕陽西下之意。

（43）「洛」：ㄌㄨㄛˋ各爲兩者不相合爲各。夂爲腳由外向內行止於門口，指向於內，人的腳步從後起，無法起步，多所阻礙。心口不相合，言行無法一致，各說各話。

（44）「洄」：水旋轉、漩渦、水深處。此字之使用要視元神而定。

（45）「洎」：ㄐㄧˋ自指鼻子全形，但又引申為肉汁、鼻水。自為人之臉上面的鼻子，主呼吸。

（46）「洵」：旬為人手中持卜卦用之物，意即勹包著，有包日之意，一旬為十天，所以平均十日為旬，省去了勻之意為旬，所以水包不住，日也包不住。

（47）「洧」：ㄨㄟˇ手中持肉，又有手伸出。若為郁則不佳。

（48）「洸」：ㄍㄨㄤ、ㄏㄨㄤˇ水中的浮光，水反射之光。

（49）「洹」：ㄏㄨㄢˊ、ㄩㄢˊ亘有宛轉營求，水在兩岸之間，表示行程可靠岸，中間非日解，乃水流宛轉，若加木之桓則佳。

（50）「浩」：ㄏㄠˋ上告下水，告為牛加口，乃牛不能說話，用牛角碰人以告訴，有通知之意，又為舌頭的延伸，有口出氣發音發聲，所以「告訴」有堅硬之意，所謂公告意示不能改，通告、佈告皆非常肯定堅定之意，所以水告聲有大水來之，所告之的意思，取名為此多帶牛性，態度強硬。

（51）「海」：水每組合，每有眾多子女出自母體，即草茂盛長出之意，有美之意，引申為容納、接納各水流，每有逢貴人之意。但海字就太大愛了，雜匯一番，黑白皆收，故有海派之意。

（52）「浪」：水良，良為獨木橋，所以乘風破浪，浪不穩，橋就斷了。

（53）「浮」：有水孚組合，孚乃一隻手在上，關愛著幼子，為不穩、飄浮之意。

（54）「浙」：ㄓㄜˋ拿斧頭斬草為折，但用水折之，多為曲折，有刀有斧不用卻用水來折，多此一舉。

（55）「浦」：ㄆㄨˇ甫為菜田，有水灌溉的菜田，又有美男子之意。名為「仁浦」者，其性格帶竹之特性，空心而直言，但有一片田園可耕種，需視其姓氏及元神是否凶悍，若帶刀爪者，則有利伸展，若姓張，那就沒得伸張，若姓氏中含有口之結構，表口才佳。

（56）「涓」：ㄐㄩㄢ水肙組合，肙本為小蟲，加上水為小流水，但肙字有屈居之意，用此內心多少結在一起，撐不開。若名字為「雅涓」、「雅娟」者，雅為利嘴，可補足涓、娟之不足。若名字為「惠娟」則反向更內縮、壓抑，行動力緩慢。若爲「慧娟」則勝一籌，替娟字補足動能，原本畏縮不進之質，一掃而空。

（57）「涔」：ㄘㄣˊ水岑，岑又爲山高而少，而「今」又是口中含物倒口型，有含而不吐之意，上又有山壓著，所以岑字在名當中有壓力，但今字是有口在向外，這點可別忽略。如名爲「佩涔」者，個性則溫文有理，話說得不順暢，且工作及感情上不順利。

（58）「浚」：ㄐㄩㄣˋ有取出積水之意，ㄙ又有手肘彎曲伸張不開，夋又有逡，兩腳走路不順暢，表示取水需不斷。如名爲「方俊」其婚姻、事業上多跌跌撞撞，但方爲一把刀，至少有些對外的能力，但要視其元神潛能，若爲魚類，就不夠潤滑，顯得過於單直，不懂得轉彎。

（59）「浣」：ㄨㄢˇ、ㄏㄨㄢˇ有洗去衣垢之意，但水完組合，完又爲宀元組合，表示家裏有首長，元爲人頭，所以家庭圓滿，人體完整，但人頭在屋內，無法出頭天，所以浣雪冤獄乃要替人出頭天。

（60）「涂」：與余姓接近，只是多了個水，余乃倒口，雙手向上分持之意。若元神屬水中物者，很適宜，若屬於善於用口發聲之鳥類、猿類、狗類，則是很會說話。

（61）「涼」：人在高丘上，有寒意。適合在高丘上的動物元神，方適宜用此字，若爲魚類或松鼠類，則不適宜。牛類或山豬類倒可以。

（62）「深」：水罙組合，乃洞穴內舉火照明，非眞木字，水火相沖，平衡之，故無味、平淡之意。如名爲「深山」則有一動能產生，山高水深，難怪謝深山會在花蓮之選戰贏游盈隆，一方面是元神使然，但並非每一次謝深山皆會贏，若碰上元神較強者，還是會敗北。

（63）「淡」：水火相沖，薄味。如名爲「吳淡如」吳家已有口在出聲音，若不屬於會叫之元神則無所助益，淡字有水有火相衝合，意即一陰一陽，加上女口，有順著別人之意說話，很會做人，且有雙口在發言。難怪她會從搖筆桿躍上螢光幕當起主持人。

（64）「清」：砂粒井逢水，草兒茂盛，月字非月亮乃是井，而上土非土，乃指草生出，水如藍天，清亮潔明。若名爲「清雲」此人則較飄浮不定，個性較一葉清風，屬不注重權力、慾望的人，天馬行空的思維居多。清有一乾二淨兩袖清風之意，如「吳清泉」之名，此人很會說話，但不會爭權奪利。

（65）「添」：水忝組合，表示有益處，因忝本是黃米適於釀酒，但水不夠時，加水使其增加、滿足。有此字者衣食較豐厚，如名爲「添元」。若名爲「添火」則不佳，原有的一片禾田，被一把火燒光，反成了破格。

(66)「淨」：水爭組合，爭表兩手相爭一物，上爲爪下爲手，爭一瓢水。

(67)「淋」：有水灌溉，眾木不絕，所以水田上而下，故雨林。

(68)「淵」：兩岸中間的旋轉水，水流最深處，魚類適合。

(69)「涵」：水函組合，函本爲箭袋，器物包著，袋中有箭，其口不出，多所包容。涵之音與寒同，配字宜當心，弄不好會有諧音，如「語涵」音同於「雨寒」那就不好。且袋中有箭藏而不發，形同虛設，若名爲「雅涵」牙齒含而不開，如何獵食。

(70)「涸」：水固組合，而固乃口古，四面防堵，而其古字非十口，乃指堅實。

(71)「淮」：水隹，乃水鳥，短尾之鳥稱隹，鳥飛在水面上。

(72)「淪」：水侖組合，侖爲書冊集在一起，上爲倒口亼下爲冊，竹簡書遇水會全毀了，泡水書。

（73）「淅」：ㄒㄧ拿斧頭砍木頭，順水送出去。

（74）「淇」：水其多帶桃花，其本是兩手持簸揚米，下爲土，用竹編的揚米簸箕取水，水米會漏光。

（75）「淳」：ㄔㄨㄣˊ城郭邊的外圍水，享爲外圍的小亭相對，中間爲井，水豐富饒。讓人有依靠，有食財。

（76）「淙」：ㄘㄨㄥˊ水宗組合，宗乃在屋內祭拜祖先，多有廟宇味道，水環繞著廟宇，漏水的祖祠是不利後代子孫。

（77）「淼」：ㄇㄧㄠˇ大水，水過多，一望無際，要視元神而用。

（78）「淄」：ㄗ水甾組合，甾本指水多擁塞，淹水之田無法耕種。

（79）「淩」：ㄌㄧㄥˊ水夌組合，夌本爲超越，有超出高峰之意，夊爲一腳在前，一腳在後，由後而至，而上面土字非眞土，不可誤用，淩又爲大人的腳步由後向前行要跨越水面。

（80）「淖」：水卓組合，卓爲七日十組合，七有反入，爲飯匕之意，匕是器具，又爲兩指（大拇指與食指撐開），反相而爲匕。十爲中央與四方，上有日在，有一比高下之意。所以卓字加水，有濕土水泥之意。

（81）「淀」：ㄉㄧㄢˋ水定組合，定為宀疋組，而宀為屋內，疋為足跡停止，有在屋內停下來及水中淺行之意，難以行走。

（82）「淶」：水來組合，來為麥，與禾為稻不同，麥之莖強，葉穗下垂有直硬，故用三鋒之芒束，大麥較堅挺，「禾、秀」較軟，其莖下垂，麥夏天結實，秋種夏收，有芒刺的植物、粗食，與麥字同。如名為「王淶」者，安逸踏實，不必煩惱金錢上的問題。

（83）「游」：人手持旗幟，飄蕩之意，元神為水中物者姓游佳，必得父母疼愛，若元神為土地上奔馳者，姓江或游者就無父母緣。

（84）「渡」：手持器具在屋內丈量，雙手臂共量之長度，眾手故用廿表示，以表示衡量眾人之法，要引人過水，故叫渡、濟。

（85）「港」：水巷組合，巷為共巳組，巳有彎著身子屈居而行，共有眾手合力拱手而上，故港字有恭敬、屈身而行，不是大行大進，所以船行入港是引小道而入，非航行於大道。

（86）「湖」：水胡組合，胡字，十口月，用對元神是很會講話，故引申爲湖面廣大。如「汪笨湖」，十足會說話，且一點都不笨，因爲竹本有根深紮，有竹林可棲，加上王者之風，難怪他的節目會紅遍南台灣。

（87）「湧」：水勇組合，勇爲手持武器，故勇字加力，所以勇加水，故凶猛，如潮水般湧上，所以勇武，容易相鬥。蔣孝武、蔣孝勇兩兄弟意見相左，加上甬爲鐘柄，可見硬如鐘般不敲不響，鐵頭一個，而マ爲小蟲，不好出頭，故有勇無謀。

（88）「渙」：水奐組合，奐爲兩手加敻字解，有緩步而行之意，取爲奐字者，多所恭恭敬敬，水慢慢流匯聚成河。以前有位行政院長李煥，其脾氣溫和，因爲慢慢燒，鬱熱在心中。

（89）「渝」：水中行舟。要視元神而配此字，水中物倒可以，陸上物不適宜，近水而棲之水鳥尚可。

（90）「湍」：水耑組合，耑字上爲出下爲而，上爲草初出，下爲而，乃下垂之髫鬚，水的急流處，上下相逆，故湍水。

（91）「湘」：用眼睛測量木之尺度，爲相，所以適用心看之後木頭才可用，又有水助之運木。但目光緊盯著不放，會憋住形成筋骨僵硬。

如名爲「湘」者，一定瘦瘦不圓潤，因爲名中有雙目，緊盯不放，身體上多所筋硬不柔軟，容易氣結。如名爲「湘如」者，個性上比懷湘好一些，較會做人，此乃如字有順人口意，所做之協調。如果元神爲大草原上之動物，那這個木字的湘則不適用，反而礙手礙腳，無法伸展手腳。

(92)「湮」：水西土組合，西爲倦鳥歸巢，夕陽落入土中、水中，有沉沒之意。如歌星「于台煙」於歌壇上並未太久，煙與湮只是部首的水火配不同。一樣帶有西土之質，夕陽西下，漸漸西沉。

(93)「渲」：爲水宣組合，而宣又爲宀亘組，宀爲屋內，亘爲兩岸之間的迴轉空間，這湍水在屋內流，空間廣大，要視天眼命盤中，個人的特性加以輔助，若是脾氣不好之人，可以用「宀」屋子罩住緩和，使其有一個廣大空間迴轉，而後慢慢的流，渲洩出去，非一口氣爆炸，乃細水長流。

但同爲水質的字，於名字上不可太多，那會帶水過量。如名「游渲萍」，則心中無大志，不凶悍，而且油會流光而一片平坦，諧音同「油宣平」。諧音也是帶有不好的意味。

（94）「湄」：水眉組合，眉毛生於眼睛之上，象徵著草生在岸邊，水邊之草當然茂盛，且以四目緊盯著。屬於謹愼行事之用字，但盯久身體容易憋氣，筋骨血壓不順暢。

（95）「湲」：ㄩㄢˊ兩手相接引，上下相引，非兩手相爭，用水接引。爰字有兩隻利爪，表示可以伸展手腳，不論媛或湲，皆可助元神伸展手腳。元神的手腳一定要掙開，才能面對戰鬥。如「淑媛」就是有雙爪，才華洋溢。

（96）「源」：水原，厂爲崖邊，出水處。此字爲有利元神環境之配字，但要配合前後之字，配不好時如「泰源」泰有捧水之意，但捧不好是漏財，且爲水源頭漏水。如名爲「添源」又嫌水質過多，軟弱無力，但有食財。

（97）「溪」：水爪幺大組合，彎彎曲曲未成形爲「幺」，而奚字爲手持繩索綁罪犯，故大爲人，非眞大也。

（98）「溶」：水宀谷組合，屋內放山谷，表示很大，用水爲大，乃盛水之勢，要視元神受得了這些水與否。

（99）「滋」：玆爲細繩密密麻麻的綁在一起，草木眾多，有水生木故爲好，但太密雜會絆住自己。所謂慈心者皆心如細繩綁住。

（100）「滔」：水舀組合，舀爲手入臼中，探穴取物，不斷以手撥臼中米，不停轉動。水舀，表水震動不停，有手有米有水，配字看元神而定。

（101）「溢」：爲裝水的器皿過多而流出，水裝不住了，膨脹整個器皿，會撐不住而裂開，皿加一撇爲血，故皿憋久了見血，就不是水了，實非益處。

（102）「滄」：水倉組合，倉爲倒口亼，省食的倉，其下之口非口乃地基，所以口中塞食糧爲倉，其口在上之倒亼中，非下之口也。

（103）「溥」：ㄆㄨˇ水尃組合，尃爲手持器具在菜田裡耕作，又有水灌溉，當心菜田淹水，泡菜也。

（104）「溯」：朔有由暗轉明之意，乃初一之開始，所以屰爲人顛倒型，由外而入，由頭撞地，不順之意，所以水朔乃逆流。

（105）「滎」：一ㄥˊ、ㄒ一ㄥˊ熒水組合，把水代替屋下之火，熒爲屋下之小火，小燭光，所以屋內之水，必極小，燈小水小，微弱之字，瑩瑩皆不佳。

（106）「滃」：ㄨㄥˇ翁爲鳥頸邊細小之羽毛，有密集而浮鬆，水氣密集而浮鬆爲水蒸氣，羽翼不堅強，難以飛越水面，只能飄浮。

（107）「漂」：ㄌㄧˋ西水木，西為夕陽西下的鳥巢，架在木上、水邊。

（108）「滂」：ㄆㄤ水旁組合，旁為人持耕具「耒」之形，加水耕田，有助力，肯做雖辛苦但會收成。

（109）「漢」：古文為水堇組合，為黏土之地，黃色之土，又有堇之意，黏土不適耕種，非良田也。如名為「漢強」者一點也不強，反而有受環境困住，掙不開之意，一如黏土黏住。強有縮住之質，無法抵抗外力。

（110）「滬」：ㄈㄨˇ、ㄏㄨˋ水戶邑組合，小門小戶的人家，窩在裡面，有屈居之意，所以滬水乃最尾端。

（111）「滿」：為一器具，注入之後平滿而蓋，容易盈溢，水注入易外溢，𡙇為平，超越之後為溢，又滿又要平不容易，但缶內充足容易外漏，即所謂的易招損。若名字為「滿玉」本身有財食，但又因滿而溢出，加上單「玉」字，在心中磨，生活會有如重石壓於胸中。

（112）「演」：水寅組合，有宀在表屋內，而其原形為箭進入，兩夾住箭，持箭小心拘束之意，有嚴謹之意，箭在空氣中快速，水箭易受阻偏離目標。

（113）「澈」：水育攵組合，頭伸入水中可看清水中世界，育爲女人生子，子頭著地，有見底之意，而攵爲手持武器之意，育爲幼子未長成，多所彎曲，不成熟。

（114）「漂」：水票組合，票爲西示組合，此非眞示，原型爲火字上升，火飛揚，非祭祀之示也，亦不是竹片之示。西在此非單爲西，省去了左右兩隻手，其原爲雙手取鳥巢之意，而漂爲火花四散在水面上，鳥窩漂走了，沒得吃了。

（115）「漆」：乃有汁之木，可做樹脂。

（116）「漫」：水曼組合，上之日非眞日，而罒爲眼睛，又爲手，上爲物體蓋住了，眼當然看不清楚，所以心也就慢慢來，而手在下有撥弄眼睛之意，使其看得見，有引導冒犯之意，所以蔓、慢、漫，視元神用之，水曼，水多的看不清楚。

（117）「漱」：原形爲「潄」，乃持一捆木材束住，在水中行再由後腳向前，不利行走，夊爲腳從後而至向前行，不利行走。

（118）「漩」：水旋組合，指持旌旗之人爲了招募士卒，當定足於一地不斷的轉動旗幟以招人群，所以定足以旋旗，方爲旗幟，定爲定足不動，而非其他方字，不可一併而解，若單爲方字指爲耕具，「耒」之形，非旋字之方爲旗，此點需注意原形。

（119）「漳」：章水，爲水之音，章爲音十，水的音不若玉之清脆，較沉。「樟」木之章較暗啞之音，木音不響亮，較直之言像木頭，故不善於發言，水之音混濁、不宏亮。

（120）「潔」：本爲水絜，而絜爲痲束，爲使其整齊故用刀切齊，以刀刻物，以繩綁物，有劫數之意。潔字對身體並不好，若配「伶」字，令雖有口可發號施令之用，較強勢，但外力入侵，不是用口就可以抵擋，本身帶刀劫，又受捆綁，如何伸展手腳，抵抗入侵者。一旦元神爲鳥類更是手無抵抗力，任外力網住侵蝕靈體。

（121）「潤」：王在門裏，無法躍居群雄之上，所以這個王動能發射不了，沒有霸氣，有的也只對自己門內之人。

（122）「澄」：登爲兩足向外撥，有相背之意，下爲兩手拱出食器，有登升之意，但水就無法停留在空中，只能撥水澄清。

（123）「澍」：ㄕㄨˋ樹字本字無木字旁，爲鼓加手持物器，使之站立，所以封、樹同意以手執物使之站立，必用力與又（手）同，故手持木棍爲寸，壴爲鼓之意，鼓乃上爲裝飾「非土」，而中口爲鼓面，下爲支架，但水是不易站立，只有水鼓聲，要使植物立起來，加水灌溉使其生長，爲使其生長臨時加水，爲即時雨。

（124）「潞」：水路組合，路乃各足而行，各又有止於門口，各爲夂口組合，夂有由後向前舉步，到了門口就停了，有各自行路之意，所以路各自走，水路就不易行，足無法快速行走。

（125）「濃」：農字上爲田在中間，兩手在外，表耕田，而辰字表見星辰日始出即辛苦工作，上面兩隻手，下面又兩隻手，超出負荷的工作，使盡力，所以做農夫。但有一片田可耕，辰者晨也，爲兩隻手一早起來剝蛤蠣，加水於田，露更濃。

（126）「濁」：爲水蜀組合，蜀爲蠶蟲形，上爲目下爲身軀，蟲身曲形，爲菜中蟲，比喻有雜質，若爲人名，多不開朗。

（127）「澤」：水睪組合，上爲目下爲羊，用眼線，餘光緊盯不放，所以羊在內，用此字者，其多具羊性，羊不若牛，牛性僵直要鞭打，羊性多隱於內，一樣具有獸性，卻隱藏於內不具爆發性，較溫馴，剛強於內，有水吃之羊，有目盯之羊，澤有豐富之意，沼澤多叢生，萬物聚集。但目之緊迫釘人，會造成身體筋骨僵硬。

（128）「澳」：水奧組合，宀爲屋內，釆爲獸之足跡，廾爲兩手拱起，所以奧者爲屋內隱蔽處，所以其中間不是米，若爲米表有存糧，豐餘，但爲釆字，在家中有爪子有雙手，又有水，奧本有隱蔽，加水有深入之意。

（129）「濂」：水广兼組合，兼有手持二禾並立，乃兩者兼得之意。又广爲屋內，有水有米禾，在屋內是有餘吃得開。故「辜濂松」名字佳，但並非適用所有元神，一旦是土撥鼠則不利，遭水淹。

（130）「澧」：ㄌㄧˇ豊爲食器中盛滿食物，又有水喝。

（131）「濟」：ㄐㄧˋ水齊組合，齊爲稻禾吐穗，發爲整齊之意，加水灌溉，所以普濟用之。

（132）「濤」：水壽組合，壽字上爲草長出，下爲田已犁過，有溝有埂，凹凹凸凸，引以爲長久。寸乃手中持器具，故有手有田，草禾可長，加水灌溉。乃要耕種才有得吃，但爲良田，水在彎曲、凹凸之區會引起大波、撞擊，故爲濤，聲音大。主持人李濤其嗓門也不小，用此字需舉一反三。

（133）「澦」：水預組合，予爲以手推環，兩環相交，物物相授，而單「頁」字爲有頭髮綁在上面，頁之上部爲頭，八爲人的腳屈跪著，故在首之下。而「頁」有其他配字，則表出人頭地之意。

（134）「濯」：ㄓㄨㄛˊ把羽毛放入水中。

（135）「濱」：水賓組合，賓乃宀止貝組合，有客人的腳步到來「止」字，主人拿貝表示迎接，歡迎貴客來臨。宀爲家，有家有錢，但腳步留在家中，錢較留於屋內，有水有錢，但踏不出去，有內藏停止之意。

（136）「濘」：ㄋㄧㄥˋ水寧，本爲泥淖，又有皿在，心在屋內、器皿上容易憋氣在身。

（137）「濬」：ㄐㄩㄣˋ有四通八達水暢流，由山谷中源頭流出源源不絕，下面之目爲深明，在山谷裏看得一清二楚。

（138）「濛」：水蒙組合，蒙有草覆蓋住豕之意，表示菟絲草纏繞，又有水灌溉，草又密又麻，遮掩得很好，不易看透本性。

（139）「濡」：ㄖㄨˊ水需組合，而需字，本是雨下不進，受「而」字之鬍鬚所抵擋住，所以需要水，但鬚有長緩之意，行事老成。

（140）「濰」：ㄨㄟˊ水維組合，維字乃糸隹組合，糸爲繩索，隹爲短尾鳥，被綁住的鳥無法飛行，有水也解不開。

（141）「濮」：ㄆㄨˊ水僕組合，而僕字爲辛人組合，乃指罪人手持糞棄物，有卑賤之意，下面爲兩隻手，中間爲辛刀，指罪人，上爲糞棄物。

（142）「瀅」：一ㄥˊ熒乃小燭光，照著屋內之玉色，灰暗不明，而玉本作三塊玉由中間打洞貫穿，容易糾結在心中相壓抑，玉在心中剛硬。女生名單字玉，感情波折看不清，身心多爲辛苦，尤其是家庭、婚姻方面，年少時受父母保護不易顯現，一旦適婚期後多所顯現。玉字旁視其配字邊而有所不同。如名爲「炳瑩」者，個性過於剛強，且感情之路較不順暢。

（143）「濼」：ㄌㄨㄛˋ水樂組合，樂爲弦樂器，其幺爲弦有內縮之義。白爲手指，白有東方發白，木爲木架，水邊彈琴，歡愉之聲。但當心幺字爲繩，需視元神配字。

（144）「濿」：ㄌ一ˋ水厂萬組合，厂爲崖邊，萬爲蠍子，萬字之草非眞草，乃指蠍之兩大螯。

(145)「瀝」：水厂禾止組合，水崖邊的稻米，腳步所到之處皆有米禾可食，有二禾即米多也，但腳步象徵「止」有多停滯不進，米糧止於止。

(146)「瀕」：ㄆㄧㄣˊ水步頁組合，步有上下兩足，中間一橫為水，人遇水，屈跪在那，用頭頻頻蹙眉，考慮要不要前進，兩腳相背裹足不前，又加水，那更是涉水難行。

(147)「瀛」：ㄧㄥˊ丮字為舟，左字為能之原形，所以其上原為厶字，所以鱉為能，適水性，善浮於水中，所以能瀛。而鱉又有憋之意，所以瀛也盈也，皆有個皿字會憋住，氣無法相通順暢，水中善游者為瀛，為瀛之人多所為己思考。

(148)「瀟」：草水手淵之組合，手巧也，有處事慎重，因為淵為兩岸中間的深水迴旋處，多為不易行，片爿為兩岸，中間一橫為水深處，水已深又加水，但聿ㄩˋ為執筆之手，其行事戰戰兢兢，非真瀟灑也。

(149)「瀚」：ㄏㄢˋ羽毛異常之大，長而有勁，而 卓 為日初出，光芒四射，有直進之意，草木向上長，又有水灌溉。

(150)「瀧」：ㄕㄨㄤ、ㄌㄨㄥˊ水中之龍，若隱若現，龍要翱翔，水中為鮫。

（151）「聶」：ㄕㄜˋ為水聶組合，三耳相貼，乃眾耳竊聽私語聲不大，無法遠播，水聶，聲音不大。

（152）「灑」：水麗組合，而麗字有兩兩相附而行，因鹿膽小，必比肩而行，麗為兩座山，上為雲霞遮日，加鹿以表明麗字，鹿為假借，故要美麗者必施力，辛苦也，一座山已是沉重，肩挑二山，小鹿何擔，必定無力，灑水而過，山未能移，要美好要美麗一定得用力。

（153）「灝」：ㄏㄠˋ水景頁組合，京為人站在高丘上觀日出，而日光高懸普照萬物，故可見「景」色，而頁為人屈跪在上看風景，多此一舉，有山有水本為美景，只是人多此一舉屈身而跪。

（154）「黨」：ㄉㄤˇ為水尚黑組合，黑有炎火燒物所冒出之煙灰，火熏之色，下為炎火，上為煙囪，而尚字為八冂口組合，八有分物，冂為屋宇，口為物品，屋內一片漆黑，如何說話，分給別人居住，一定是分不平，烈火上升，熏得一片好意不明不白，雖有水滅火，但仍是失色，煙霧茫茫，屋內焦黑，為分物而搶。

（155）「灞」：水霸組合，月亮被雨、草物遮住了，月光初生的微亮光線，把黑暗照明，而未照明之前的晦暗面，黑體稱為霸，月不明為霸。看似有皮革實非眞皮，雨水遮月已夠不明，再加水更難以見月。

（156）「灨」：ㄍㄨㄥˋ、ㄍㄢˋ水贛組合，本字爲兩足相背而行，下爲貝，爲分錢而相背，其實非貢字。

（157）「灤」：ㄌㄨㄢˊ水欒組合，欒有木似欄圍住，有凍結之意，左右兩邊絲線纏繞密實，雖口中含刀，亦切不完。

（二）火中之木數不完

常見的火字不多，能用的木字也不多，在眾多文字裡，如何擷木取火，對命名者是一個大考驗，用的不好會有反向意思，火與木是會燃燒，木中放火，一定燒光，火中加木是添火也，旺火，不也是燒光光。以下我們就來看一些目不明、火不旺的字。

◇木木相剋，不靈活

木深入土中不會移動，較木訥單直，但不會使壞。

（1）「杜」：爲棠木，梨之意，尚木，表示分配的得宜，尚有「八」分「屋」

予別人，所以其果實願分給別人食物。但屬於接枝梨，要假藉一手，尚為公平之分，不藏私。

（2）「村」：原為邑屯組合，屯為初生芽之草，而邑為小城外，屈居於下，村又叫邨，村邨同一字。

（3）「杉」：木頭上多細毛，彡為細毛，所以杉木葉如針小，取名為杉木不夠堅挺，雜細過多，視元神而配。

（4）「杓」：ㄅㄧㄠ，勺有柄在下，取物在上，中間有實物，匕則顛倒，中空無物。

（5）「枝」：木支組合，支有手取樹枝，又為手，木生別枝，有延伸擴大之意。名為「秀枝」者，個性安逸不多求，有食財，且有一技之長，對外交際手腕頗靈活，但不會乖乖受人宰割，是會反擊的個性。

（6）「枚」：ㄇㄟˊ，攵為手執單木，所以枚木無枝，只有樹幹，無法盛大，攵只能小擊而已。但有玫字較善於對外不退縮，可惜有諧音「沒」。

（7）「松」：公為平分，八為背，相反之解，口為此字厶之原型，非一般的私字，是公平分物，此口為官古字，在宮中平分求公正，松有挺拔正大，不畏寒冷酷夏，不掉葉，較堅硬之質，很有適應力，長久生存。所以用字不只看結構，還有整體象徵。但名爲柏松就不佳，因爲木頭質過多，名爲「景松」也不佳，因有「緊鬆」之諧音，緊了之後又鬆掉。

（8）「析」：斧頭爲斤，砍木之字，破木之意。

（9）「杭」：木亢組合，亢有居高之意，亢爲人頭形，下爲頸部，由木做成之舟高居水上，故爲杭又通航。

（10）「杼」：ㄓㄨˋ用手推，乃在推經緯線才能成一匹布，即梭子，木器。

（11）「杲」：ㄍㄠˇ日升至木上，一片通明，與明相通，可惜音不美。

（12）「枘」：ㄖㄨㄟˋ在木中打洞，爲一打孔器，有納入之意。

（13）「某」：甘甜美味，上爲口，但適合口中味道之果，乃是合適的味道，產甘美之果的樹木。

（14）「柿」：ㄕˋ市乃城垣包圍，因買賣而引出聲音，市集，人行至此腳步停止，有止之意。柿子爲紅色果。

（15）「相」：有省視之意，用目測量，所以目光很準才能當宰相，相者善於察言觀色。

（16）「柱」：主要的木頭，主爲束木爲燭、火炷，燈中火主，不是熒之小燭火，但木之火炬，在此是助燃，非居之木，所以屋內之柱子，身負重責。

（17）「柄」：丙爲製物器，炳有光熱於外，燒於內，丙屬火，若爲木丙乃是居後之處，稱丙。刀柄，丙字爲剛強之字，煞重。

（18）「柳」：柳樹喜潮濕，喜生水邊，垂落，楊枝短硬柳枝軟，隨風飄。而卯又爲鋼盔，以虛入盈之意，卯爲面具。

（19）「柏」：柏爲陰木，所有的木皆向陽，唯有柏獨向西長。白有東方發白之意，天方微亮，意即天剛亮就得開始工作，但柏有強勁韌性，歷風霜而摧，所以長青，但這個長青很辛苦，由東方發白開始跟到日落向西，勤勤勞勞、長長久久。

（20）「柔」：非眞柔也，矛在上，有木曲直可當武器，尖銳、剛強，所以百鍊而化爲繞指柔，並非眞柔，而是矛頭向外，所以其剛強不讓。女性用此字，其內心必剛硬不屈，所謂劍必以柔砥之。

（21）「柒」：同漆，木名，多汁，可作爲樹脂。

（22）「柁」：ㄉㄨㄛˇ、ㄉㄨㄛˋ它爲曲蟲，彎彎曲曲，垂尾而長，放入木中爲蛙蟲，非眞掌柁者。

（23）「柙」：ㄒㄧㄚˊ甲有出生，破而出，所披戴的盔甲，又引以爲龜甲，硬殼爲甲，而木甲爲困獸之檻，所以柙字有堅硬之質。

（24）「枸」：ㄐㄩˇ句字爲ㄐ口，有糾纏之意，口之閉止，加木於上，此木更盤根錯節。

（25）「枳」：只字有含於口有區分之別，下八爲分，上口未出加上木，更會猶豫不決，枳木不可食也，味苦不甘。

（26）「柰」：木示組合，此種水果可以拿來祭祖，爲良果，蘋果爲柰果，珍品之果。

（27）「柘」：ㄓㄜˋ木石組合，木如石堅硬，柘木勁老堅硬可爲弓。

（28）「柢」：木之根部，氐爲本，根深入地下。

（29）「枻」：ㄧˋ世爲葉之本字，木葉茂盛，但木如葉薄爲枻，無力之木。

（30）「枲」：ㄒㄧˇ台木組合，厶爲蟲形伸不直，下爲口，只能開口微笑不能出聲，木不直爲麻，木不實，麻有二種一稱枲一稱苴。

（31）「格」：只來到門口稱各，上夂爲腳止，各有互不相聽之言，木幹挺直，各長各的，木長樣子，互不相讓，止有腳步跨不出。

（32）「桑」：三又爲眾手所採之木，有多手腳。

（33）「根」：艮爲目在上而腳在下，但根有目相視而互不順從之意，所以木根交錯，屈而不從，所以艮有背叛之意，易被人背叛，也會背叛別人，會與父母家人不合，口角多。

（34）「桃」：木兆組合，兆有卜卦預知之意，視其象而知桃熟否，火熱的心，桃花之多。所以桃之夭夭，灼灼其華，脾氣不太好。

（35）「桐」：眾口合一叫同，有重覆說話而相合，但桐木爲空心木，內空洞，木之口無聲，上下相通，桐有好逸之意。

（36）「桂」：木圭組合，可做藥之木。圭爲瑞玉信物，古代封侯封土，所以守其土爲圭，土土重疊，圭又有卜卦之用，桂花所以一小朵一小朵，乃取其土與土一小堆，因爲圭爲量器，六粟爲一圭，有土有木，爲良木。

（37）「栗」：西木組合，西爲鳥巢，又有太陽西下含意，垂下之木受鳥巢之壓力，爲栗之假借引用，栗子外殼多刺，葉多針。

（38）「桀」：兩人在木上相背而坐，有分離、被殺，懸而木之上，所以桀傲不遜之人乃易與群眾相背，舛有兩足相背而行，引申不順。

（39）「桔」：吉有士口之意，士爲品學兼優者，爲善口，吉善之言，但加木爲木訥之口，但仍爲善良之口。

（40）「桎」：至爲鳥由天上朝下飛著地，飛至地面上吃食。有木不棲，飛至地上恐遭人捉。

（41）「桄」：光有四射之意，但木橫於前，有礙光芒。

（42）「栩」：ㄒㄩˇ栩字較剛強之字，木羽，木頭做的翅膀，不好飛，所以栩栩如生，做得跟眞的一樣。

（43）「桁」：ㄏㄥˊ行有十字路口之意，木頭放在十字路口不易行，所以橫樑也。

（44）「械」：兩隻手持有平頭戟（兵器），但是木頭做非眞兵器，有警告作用。戒，持戈警備，防備之心。

(45)「梧」：吾爲口五，有自稱之意，口一只說我自己，五爲數字居中故用ㄨ交錯以表之，所以吾字較中庸，但難免有綁住自己想不開時，總會怪自己，所以這個口不善言，而梧桐樹爲鳳凰所棲之木，有大樹之美。「王令梧」這個名字即有令之口補其不足，且是王者之令，但其元神若爲水中物者則缺水，內心會煎熬不已。

(46)「梅」：每爲草盛出，枝幹挺葉秀，枝葉繁盛，梅本爲楠木，每有包容、眾出之意，梅甘適口，梅花又有堅忍不拔不畏寒之意，但梅花生在寒冷之環境較辛苦。

(47)「梓」：ㄗˇ辛刀爲宰犯人，或宰豕之刀，木匠之刀稱梓，但梓木爲好材料，直挺、細長。

(48)「梃」：ㄊㄧㄥˇ廷爲朝中內平地，人挺直，而廴小步而行，人如木頭挺直難行，勁直不屈之個性。

(49)「梢」：肖爲骨肉相似，肉少，樹之末梢。

(50)「植」：直字目十，眼直盯，多數人所注視，雖隱匿還是會被發現，是正視非斜視，又如木般單直。歷史上曹植就沒有他哥哥曹丕的狡獪，曹植較正派，做人不彎曲。

（51）「棋」：通棊，奕棋為遊戲，其有手持簸揚米，下為土。土木之合，有手勤工作，下棋手腦並用，但其木條交錯，有縱橫所行，如佈棋局，要善用之。但若元神是水中物則要補帶水之字，如「淂棋」。若名中有破棋之字就要小心，如「進棋」進有走走停停猶豫不決之意，且進為鳥之不飛用單腳跳，破了手腦並用之棋。

（52）「棉」：布帛之絮，紡線織布之木棉，多飄如絮，但棉木多刺，帛也，巾巨，無紋彩，素也，長幅為巾，多捆自己。如素字，為草木茂盛下垂，中間的幺為細白絹絲，潔白的絹絲，命多糾纏，又白白承擔許多責任，綿帛本素色，幼年不易顯現，二十五歲後多見之。

（53）「楝」：東西兩頭束住開口為東，加上木之質全凍住不動，所以才能當棟樑，雖然東有日出於東，昇高於木之後，可惜被束住了。

（54）「森」：多木高茂密，高聳入天，有肅穆森嚴之面貌。

（55）「林」：平土有木，叢木叫林，參差不齊，草木叢生，所謂林林種種表眾多雜生。

（56）「棹」：ㄓㄠˋ卓爲七日十組合，七爲反入，十爲中央與四方，上有日在，一比高下，但加木之後，爲舟之槳，長木槳。

（57）「渠」：巨爲人手持十字工具，用以量方正，矩之用，人工挖掘之地儲放水，用木圍起，聚水之木，矩有規矩四正的特性，爲人一板一眼，多用自己角度在衡量別人。

（58）「棣」：ㄉㄧˋ、ㄊㄧˋ、ㄉㄞˋ隶用手持帚掃地，清木之落葉。

（59）「棚」：朋爲古文鳳飛群鳥而從，故呼朋引伴，但用木交叉爲朋，此鳥不易飛，棚中困住了，編眾木而交朋友，成了鳥籠。

（60）「楮」：ㄔㄨˇ者爲黍，黍粒眾多適口，加木爲殼皮之木，可製紙，紙錢爲楮。

（61）「棱」：夌爲兩腳登高，一前一後，有登高嚴峻之用，加木爲不方不圓。

(62)「椀」：宛爲宀夗組合，有屈居於屋內之意，巳爲人縮著，夕爲夕陽西下，不得伸展，所以宛者多夗，怨也，木宛爲小盂、小木碗，屈居在內。

(63)「棨」：攵爲手持小棍，戶爲小戶人家，開啓小門的木頭。

(64)「棼」：林分組合，分有八刀，八相背，一刀切開，相背而去，二木爲林，分木之本，一屋分二爲棼。

(65)「棐」：ㄈㄟˇ非爲鳥快速疾飛，不見翅膀，但卡在木頭裡怎麼飛！

(66)「業」：上爲懸鐘之飾，中間爲鐘磬，下爲木架，爲大木架。

(67)「極」：亟爲人站立在天地之間，後有一隻手在追，而驚恐呼叫，前爲口，在狹道中被追之急迫，加木有凍結之意，迫不急待。

(68)「楚」：乃在叢林、荊棘的腳步中，受傷而血跡斑斑。

(69)「楷」：ㄎㄞˇ皆爲人人互相比較高低，下爲口非爲白，用口相對，只爲合一，所以加木之，拿木相比，互鬥不屈直不相讓。

(70)「楊」：水性植物，楊短而硬，柳軟而垂長，楊柳易長易長，楊柳則隨風飄蕩，所以其名要加水輔助，水楊才會軟而有韌性。楊葉短，柳葉長，揚起者曰楊，下垂者曰柳，楊所飛者為花，柳所飛者為絮，而楊有茂盛之意，所以加水之水楊似柳飄垂，楊柳可藏鳥。但易字為蜥蜴原形，須加以配合而看，視元神而論。

（71）「楨」：貞本身已夠剛，為火燒龜殼之裂紋，卜卦用，質地硬又熱，加上木質，為剛強之木，堅挺。

（72）「榆」：ㄩˊ俞本水上之舟，而中空挖開成舟型之木，必大，所以榆木大又挺，多生寒地，而俞之上亼有匯合之意，集水。

（73）「楹」：盈為器皿置物滿滿不透氣，容易憋住而爆，木滿之木，結實不中空，但不透氣。

（74）「楝」：ㄌㄧㄢˋ柬為八柬，八為分開，把柬縛打開，分別揀開之意，加以選擇，把柬木解開為揀，楝木結子可以洗衣服。

（75）「楓」：風字為虫凡組合，凡為乃字中梗一横，不透氣，蟲被包著不透氣，風動之時蟲生，意即蟲破繭而出，所以透氣，流動。楓樹易落葉，與蟲一樣脆弱，易受風打落，人取其名有不透氣，屈居之意，雖幹粗，但葉弱。所以風俗乃指一地特有蘊含之慣性。

（76）「楠」：南爲酒漿或裝米之容器，上爲蓋，下爲容器，中間有紋路，而楠木爲長梅之樹，樹大不凋，字較剛強。

（77）「椽」：ㄔㄨㄢˊ彖上爲豬頭「彑」，下爲豬身「豕」，圍豬之木，豬欄也，所以用在屋頂上承受瓦片之木。

（78）「楔」：ㄒㄧㄝˋ契之上部爲刀刻竹，爲契約，有刀劫之意，下爲人，人持刀刻竹，加木爲記事之木簡，楔木爲木片，塡縫。

（79）「椹」：ㄓㄣ砍木之具，甚爲匕首之口，但口向上，並非如字面之其，不可誤解，匕本口向下，勺乃口向上，匕中空無物，杓中實而有物，匕口向上砍木，視元神而配用。

（80）「楂」：ㄓㄚ、ㄔㄚˊ查爲木且，用以阻擋通行的木頭，且有神主、墓碑之意，乃方正、正直的木門，用此之人身體較不利。

（81）「楦」：宣字表有寬廣空間，適合迴轉，但楦木乃是置於鞋內之木模，使鞋子平直不皺。

（82）「椷」：ㄏㄢˊ、ㄐㄧㄢ咸有斧頭之傷，有切咬之意思，用來夾住東西的木頭爲篋。

(83)「槐」：ㄏㄨㄞˊ木鬼，人死後爲幽靈、鬼，多變，槐木顏色多種，有多變之個性。

(84)「榕」：容爲宀谷表屋谷皆可承受，谷本表爲盛，表示屋內很能放東西，所以木容乃大樹寬宏，樹下可坐很多人，但容本爲盛字，可放很多東西器皿，雖包容但仍會憋住，何是木頭之容，承受有限。

(85)「榴」：ㄌㄧㄡˊ留爲酉之意，酉是酒器，裝水在田裡，水停於此，所以有止留之意，木留爲石榴，水果，有腳步停留之意，但果豐田庶。

(86)「榛」：ㄓㄣ秦爲雙手束二禾，最中間爲午，意即雙手持杵舂米、豐收，秦加木爲榛木似禾叢生，榛果可食。

(87)「橰」ㄍㄠ木皋，而皋字爲白本，白爲日之初光。本爲木根，草木之根，野草得日光，形容沼澤邊，又爲汲水的器具，但本爲根交錯盤結，需注意。

(88)「榭」：射有弓矢張開持在手裡，有牽強之意，加上木又太撐，台上之木屋。

（89）「樓」：婁爲上雙手中玄下女，即女人居屋中，女人屈居著，玄有縮著無法伸直之意，雙手抓住女人，所以樓爲女人居屋中，此屋架木重疊在上。

（90）「模」：莫爲夕陽西沉入草中，加木爲之，是摹仿夕沉草中，夕陽落入木之後一樣。

（91）「樣」：木羕組合，羊爲溫馴，但有角，溫於外任人宰割，心中有小火，下爲永字，水脈分支流暢，加木字，有水有羊有木。

（92）「樸」：菐字有人持廢棄物，屈卑之人，加木爲素木，注意不可以外型誤之，業與菐相近，但實後人改進之形非其原形，有一撇差之千里之意，需愼重，不可未解其眞原形而亂用。

（93）「樹」：用手施力以扶之使其挺立，得以成樹立，中爲鼓右爲手施力，樹有立直，木之質。

（94）「横」：爲黃字，木在地下爲横木，受阻，有土但不直立，且不暢通。

（95）「橡」：象爲大象之原形，如大象般的大樹，象有吃草，戲水之質，且身軀大而緩，但性溫和，木象較不活潑。

（96）「樺」：ㄏㄨㄚˊ、ㄏㄨㄚˋ木之葉多，下垂，華本花葉下垂，有木支撐，單華一字無木爲弱。名爲「浔樺」者，元神爲長頸鹿者佳。

（97）「樽」：雙手持酒，祭祀或款待客人，木製之酒器。

（98）「橕」：尙加攴，有家中堂內的分支，尙有分屋，攴爲手持枝幹敲擊，堂中木爲柱。

（99）「橈」：木不直，曲木，堯爲土堆不穩。

（100）「樾」：越爲拿著兵器走路，有行軍、捍衛疆土之意，越木乃兩樹相交多陰涼。

（101）「檢」：僉爲口向外爲亼，下爲眾人之意，集眾人之口合一，以示贊同，有集合音同之意，加木較直，視元神性格配字。

（102）「檀」：亶爲穀倉，爲多穀之處，非旦字，其爲米多的可見，加木爲木香之多，所以檀木很香。

（103）「檜」：會字爲口向外亼字，有好米包在其中，下爲氣可透，上下相合之意，器物相合周密，但爲木做之器，所以檜木爲良木，有松柏之質合一，但爲木之質，如木之單直。

（104）「檣」：嗇字上爲草木障蔽，人在其下，不出聲，故口爲人包住，用木加之，爲以木蔽之，用草加之以草蔽之，牆則用半片木頭蔽之，爲木牆。

（105）「檠」：ㄑㄧㄥˊ敬爲手拿木枝捉一隻羊，上非草爲羊角，羊叫不出來，所以口包住，被逮之羊，所以恭恭敬敬。亦即手持羊敬奉向上，所以慎重，用木頭圍起來爲木匣，有一絲不苟之意，苟有慎言、謹慎。

（106）「櫂」：ㄓㄠˋ有木可居，有翅膀可助飛越，元神若爲水中物者，配帶水之字才佳，因水可灌溉，滋潤木字。

（107）「櫛」：節有竹即之組合，即爲人跪著飲食，左爲食器，卩爲人屈跪，有慎言、節食，不太過分，如竹有纏束，所以節簡，木節乃理髮之器，疏的爲梳，密的爲櫛。

（108）「櫬」：ㄔㄣˋ，親字爲辛加見，見爲人形張目，辛爲刀，古刑刀，而辛多刺也，引申爲荊棘，看到多刺爲親人，所以親密者彼此愈無距離看得愈清楚，連身上的刺都不遮掩，但加木爲親人之本，「棺」放屍體之木頭。

脆弱之質。

（109）「櫻」：嬰爲女人持貝當頸飾，所以木櫻乃裝飾之花，無法當主要者，

（110）「權」：雚爲水鳥，善於注視及鳴叫，是一種猛鳥，所以上兩口爲眼，上艹非草也，乃其毛，下爲短尾鳥身，以木頭來誘視、掌控，此爲黃英木，所謂一朝執權在手，乃是持木令者，可管事，命令，但需水字以利其鳥，視元神用之。

◇火火相剋

火字不可多用，善用之，用不對時是引火上身，自取其辱。

（1）「炙」：𡕒爲灼肉，火上肉，所以膾炙人口。

（2）「爲」：大象形，非眞火，象中肯，步伐慢，喜水。

（3）「炳」：國人喜用之，但丙爲置物器，火丙乃內熱外明，此名之人身體不佳。

（4）「炮」：毛炙肉，包爲未成胚胎置於內，不去毛之肉而烤之，有內縮屈下之意，做事不易伸展，炮烙爲酷刑。

（5）「炬」：原形爲草巨，束草而燒，蘆葦之草合一有加大，原形非火字，

應爲苣，是後人改炬，用此字者有被綁不開。

（6）「烔」：同爲光芒，爲火光、光耀。

（7）「炷」：火柱未燒盡之前，爲燈之意。

（8）「烈」：火列，火猛，歹爲餘骨，用刀剔肉骨爲列，有分離之意，再用火燒毀，骨肉被分離，又有刀劫，火在燒，心哪會開。如「楊烈」即是一個身體不佳的名字，楊家木頭被劈開燒光。

（9）「烝」：丞字爲人在陷阱中，有雙手救之，和烝之丞不相同，烝爲丞之不相同，烝爲之丞爲禾入鼎盂中，雙手以進，火氣上騰。

（10）「焉」：爲鳥形，非火非馬，黃色的鳥。

（11）「烽」：夂有由後腳向前先行，人行走跨越草堆，草茂密有逆行之意，烽爲遇事舉火以警告。

（12）「烯」：希字爲女子用布巾纏繞，但此布巾葛巾，少見，所以上㐅爲網巾，下巾爲布巾，但火希爲火的顏色。

（13）「無」：非火在下，乃一人手持兩氂草舞之慶豐收，本爲跳舞娛樂之意。

（14）「然」：犬月火組合，燒狗肉以祭天。

（15）「焙」：咅字有人之背離、反對之意，上下兩相背，其原爲丕字，有不之意，兩口不願重疊，但焙乃烘之意，烘之以乾。

（16）「炎」：眾火齊聚，火花。

（17）「焜」：昆字，太陽下兩人在較量高低，加火更炎熱，火光之大。

（18）「煙」：有瀰漫不易見，垔爲鳥巢塞滿，夕陽沉沒解，有土束住有火悶燒。

（19）「照」：日召火，召爲召人來援救，口乃穴陷中，兩手相招呼，本爲呼喚之手，非手刀，昭爲日明，以光及人，照爲燃火放光明。

（20）「煥」：奐有拱手敬奉，⺈爲洞穴大而長遠，煥爲火光廣大之意，照明之遠，但有火皆小心用之。

（21）「煌」：皇乃天大地大人大，王者戴皇冠，煌爲盛大的光。視元神，火不可亂用。

(22)「煦」：句字人不透氣，口止於此，有口難言，有日有火在照在燒，溫度愈燒愈熱，非眞溫煦。

(23)「煜」：ㄩˋ昱表非站立，爲蟲翼上有網膜包住，等太陽出來，有包不透氣，等待日光的滋養，煜乃等日光照耀。看字不只看字面，還要看結構，看組配，包著不透氣之下火熱照耀，不就鬱結在心。

(24)「煒」：盛熱，韋有兩足相背而行，上下不通，會燜著，韋字表氣管不通，支氣管容易發炎，鼻子容易過敏。

(25)「煬」：一ㄤˋ火烤的蜥蜴，易爲蜥蜴。

(26)「煢」：ㄑㄩㄥˊ𤇾字爲小燭光，卂爲鳥飛快之意，翅膀看不出只看得見鳥身形，但在屋內之小燭光如何快飛，只能繞著飛不出去。

(27)「熙」：人屈跪著下有火燒烤，很乾燥，所以臣字爲屈跪著，兩頰發紅火熱，內心的火常燒得憤怒羞愧。

(28)「熊」：能爲鱉之原形，下爲火在烤，雖然熊字本身不搭上火字，而其字型會取自熊之外形，但用字要多方考量。

（29）「熏」：火烟由窗上跑出來，下爲火，上爲窗形及烟。

（30）「熄」：息乃指心由鼻冒出，自爲鼻形，心火由鼻冒出，噴火了。

（31）「焭」：指屋內小燭光。

（32）「熅」：ㄩㄣ昷字囚皿，人包住了困住了，又有血，憋久了一把火是會燒光，憋火易見血，做事易憋住。

（33）「熠」：習字爲雙翅日日振翅高飛，加火爲火光閃爍不停。有諧音爲「息」停止之義。

（34）「熨」：小門小戶內的祭祀，加上寸爲手持武器，下爲一把火，尉與熨同，手持熨斗之火由上往下按。

（35）「燕」：爲燕子的原形，下火爲鳥尾，中口爲燕身體，左右爲兩翅，上爲口；燕北春、南秋，南北紛飛，吃昆蟲，爪銳，喜用泥築巢於屋樑上，燕需水泥木，其勞苦分飛亦如火上燒。張小燕即是代表。

（36）「燉」：敦字之享爲裝黍的祭器皿，攵爲手持杓形敲器皿，表示有得吃，豐厚，加火爲火盛，火厚熾艷。

（37）「營」：𤇾爲小燭光，其呂非骨，乃指宮字，爲屋內省燈。

（38）「燦」：歺爲骨肉分離之殘骨，又一隻手下爲米，左爲火，表示有明潔，生活不缺，粲本爲精米，用火煮米，但小心煮焦了。

（39）「燠」：奧爲穴裏獸足兩手深入，下面大爲雙手，釆爲獸足深入洞穴，宀爲洞穴、屋內，燠表火熱在中間。

（40）「爨」：ㄘㄨㄢˋ、ㄗㄨㄢ爲竈（灶）下有火，雙手持肉在上煮物，有坎之意。爨字雖雙手煮物，但有不好之意，不只是火而已，用字者要多深思，況且興字本有四手綁在一起，共同向上舉之意，不得不小心，雖合力，但有牽絆，一旦一手不合，四手不得合舉，反而困住了。

（三）走走停停又迂迴

在此要提及的乃指辶字組合體，辶之原形爲人走路至十字路口，猶豫不進，愈行還退，有緩不進行之意。

(1)「迅」：ㄒㄩㄣˋ爲鳥類飛得很快，只見身形不見翅膀，但加了辶字邊，成爲要加速走路，但走走又停停，雖快也猶豫不決。

(2)「巡」：巛爲河川之水，由上下流入，走走又停停四處巡視，這個水不是流得很快，是細慢之行。

(3)「迂」：ㄩ于本身有氣上不來被地面給擋住，加上辶字邊更有走走停停躲避之意。

(4)「池」：ㄔˊ也爲挖掘之水池，停水處，此水又走走停停，流不出去，困頓之水。

(5)「迎」：卯爲盔甲迎人，善於僞裝，躲在面具之後，心已掩蓋住了，加上辶字邊，其行徑更是小心翼翼、慢慢來。

(6)「近」：斤爲斧頭，爲了砍木乃有勇猛之意，但貼近木頭之勢又得舉步猶豫，靠近了才切得下去，不能亂揮。

(7)「返」：反爲一隻手在內，上爲崖邊，爲了行走而倒轉過來，走在崖邊，無法行進，手推欲前，腳步又猶豫不前。

（8）「迒」：ㄏㄤˊ亢為人在高地上引頸而望，欲行還止。

（9）「迫」：白為一大清早，東方發白就得出發，時間壓得很緊，使其內心要走不走很不好受。

（10）「迪」：由為一種裝酒的器具，拿酒在前敬人作為引導，走走停停四處敬酒，要看元神來配此字，配得好是領導者，行為海派，配不好是礙於飛行。

（11）「迺」：ㄋㄞˇ西為鳥巢，有夕陽西下倦鳥歸巢之意，但鳥巢被拖著走，不就喪國了，飛飛停停能回得了家嗎？

（12）「通」：甬為鐘之柄，鐘為不敲不響，其柄在上懸掛處，所以マ字為小蟲似的，不好出頭，拖著鐘走，走走停停，其取甬乃因涌字無所阻擋，因鐘硬，其性格也較固執。

（13）「逢」：「夊」為由後向前行，遇草茂密不利於行，故腳受逆而行，丰為草茂盛，故辶字邊走走停停，兩相逆迎。

（14）「進」：隹為短尾鳥之意，鳥本該飛行，卻不飛，用跳用走的，伸爪向前，所以為進，可見不利於行，有此字者做事不會很爽快。

全盤。

（15）「逸」：兔也狡兔善逃，所以人在其後遇到荊棘走走停停追不上，善於閃躲所以安逸，做事也會慢慢來，視元神及姓氏配字組合而定，不可以一字義拆全盤。

（16）「週」：周本為田地，四周包起來，劃分好的田地，意即寶物內藏，不外露，故走走停停來回巡視，循環不已。

（17）「逵」ㄎㄨㄟˊ無石之山高平之地，上為兩屋相疊，表示眾屋之多，但要爬山得走走停停、喘息。

（18）「道」：首為人睜大眼，舉頭向前行，謹慎行路。

（19）「達」：幸為羊大、肥美，但要給人吃又捨不得，走走停停，做事較慢，會在內心吶喊，不反抗，卻十分不願意。

（20）「運」：一軍隊車子用拖著走，且冖有包住之意不利於車行。

（21）「遇」：禺為猴子原形，猴子不在樹上爬，在地上走走停停。

（22）「過」：咼為骨肉相離之殘骨意。

（23）「遠」：袁字上非眞土，乃指衣領口，本為長衣之意，拖長了衣服而行，故走走停停，拖得長長遠遠。

(24)「遙」：䍃為肉罐，用以盛肉之瓦器，為醃肉之器皿，放得久久儲存，可以吃得久久，故拖得長長，有遙遠之意，但較辛苦，要等很久才有得吃。

(25)「適」：古文之適並無辶字邊，本為帝口，用花蒂之形假借為帝王之意，有口向上，上為花胚，下為界線，為王者號令天下之口，所以眾人前往，本辶字邊，所以「胡適」之口莘莘學子嚮往之。

(26)「遵」：酋為酒器，下為兩手拱舉之，小心翼翼的舉酒跟隨敬酒，故為遵從。

(27)「遷」：西為鳥巢，此大非真大，乃兩手舉起，巳為人屈居在下、搬家、慢慢來，所以為遷移。

(28)「選」：㔾㔾為兩人屈居而下在挑揀物品，其共為手交叉，要的留在中間，不要的丟棄在外，小心翼翼的挑，故用辶字邊。

(29)「遲」：日隹組合，鳥欲飛向天，但無法前進，只能用跳。

(30)「遹」：凵矛為尖銳武器，冏為洞穴，有穿刺之意，這根矛器，要瞄很久才納入。

（31）「還」：睘眼睛張得大大的看著衣服，慢慢穿入，所以還原。

（32）「邁」：萬字為蠍子原形，這隻蠍子走得很慢，要夾不夾的猶豫不決，所以年紀老邁。

（四）建步在行，欲還天

廴字為小心翼翼而行，步緩而行，與辶字旁不同，一個是走走停停未必小步而行，一個為小步行進，所以一撇之差，差很遠。

（1）「建」：聿為執筆寫字，廴為小心行事，執筆小心翼翼的記事。

（2）「廷」：此字為人站在土上，居天地之間，挺立而行，方正之地，小步朝中而行，人撐得滿辛苦，但很有責任。

（3）「延」：𤴓為腳足定止不前，故小足欲行，腳又不動，所以延長。

（五）氣不順，言不暢

（1）「可」：口中含聲，欲出還吞，氣要舒出之前的聲音，所以「可是、可是」的運用，單邊之字，說話不流暢不夠穩。

（2）「史」：下為手，上為中，以手執中記事，但執中不易，容易偏一邊，一刀剖下通常不易居中。

（3）「右」：手在上口在下，手口齊發，略有偏激，靠右不中庸。

（4）「司」：其原形為上下為手，中間為絲，兩手理絲，多所纏繞，外圍非為蓋形。

（5）「吉」：士口組合，士為拱手而坐，下為土，此口為恭敬之口，不出惡言，所以稱吉。為人也端莊，拱手而行。

（6）「名」：夕字為月，月下人人以口相對，難以辨識，會一頭栽進去。

（7）「各」：夂為腳步行至門口，無法進入，所以各行其道。

（8）「向」：為人所居之屋口，窗戶，口在屋內，多所壓抑。

（9）「后」：為人橫在上，上半部為替君王發號施令者，施令四方之口。

（10）「君」：人正面拱手而坐，其口在後，發號施令，其口非利口，乃居高在上而發言，較恭敬行事。君王不好當，只能由其主動給人，不可由別人向他要求。若名爲「怡君」此君爲怡所破格，怡爲畏縮，不是強者之君，反爲弱君。

（11）「吳」：人仰頭向天，手持草擺動，作歌舞昇平之狀，有娛樂豐收之口，並非利口傷人之口。

（12）「呈」：口壬，盛物入器，求精準、恰到好處，平準之意，上爲平口非眞利口。

（13）「邑」：人屈居而跪，亦指區域外的小村。

（14）「吝」：口文組合，乃天羅地網的施展，所以其口善於佈網，滴水不漏所以吝嗇。

（15）「吟」：今爲口中含物，「亼」上口向外，會說但又不吐不快，因爲口中有物梗著，才會稱爲呻吟。

（16）「杏」：木口組合，口中之言如木直，非善於發號施令之口，多所直言之人。

（17）「告」：牛口組合，口中之言如牛之角般剛硬。

(18)「吾」：口中之言如中庸之語，一至十的居中爲五，取一和十交叉爲五，所以中庸，善於佈局，但得當心被自己所困。

(19)「呂」：爲脊椎骨相連，雙口而言不均合，但其與家人父母較親近，以元神爲主，不同元神會有破格之勢。

(20)「周」：爲田地之劃格，有守物之意，下爲口，需守口，謹言愼行，所以周密。

(21)「味」：未爲樹之末梢，其爲樹梢。

(22)「咨」：欠爲口之出氣，所以「哈欠哈欠」，打哈欠二次所以氣逗留不出，多所憋著。不善於口，所以諮詢於他人。

(23)「品」：三口三人，所以人口相通，眾人之解，較公平之口，不爲己、不自私。

(24)「咪」：羊的叫聲，口米有得吃。

(25)「哈」：口合之言，亼爲向外之口，眾口之合，張口舒氣。

（26）「員」：鼎口之圓，所以其口多所容納，說話較圓滑，不利口傷人，又可存放。

（27）「哲」：斤為斧頭，寸非手也，乃指草，以斤斬草，快刀俐落，做事迅速，其下為心，非真口，多用心在折斬物品，所以想得清楚說得明白。但心多所壓抑，不是很容易把心思展現。

（28）「唸」：今為口中含物，向外說話，心又在下面，並不能直言直語，所以碎碎唸。

（29）「唫」：口中含金，牙關緊，不能直言，金為煞，其言多為剛強之話語。

（30）「善」：羊下雙言組合，羊有任人宰割、不滿於心，卻無力反抗之意，不表現於外，卻不服於心。下言字，為口中含刀，雙刀宰羊，羊只好從善如流，其口雖利，但施展無力。

（31）「喜」：上為鼓，乃鼓音、樂音，快樂之口。

（32）「單」：為蟬之原形，蟬有大呼小叫的性格，多所脆弱之身體。

（33）「喻」：口俞爲水上行舟，口出愉快。諭字有雙口，善於說話。

（34）「喬」：夭高組合，居高而屈，無法挺直，其口非眞口也。

（35）「喧」：宣爲屋內迴轉空間大，但加口，爲大聲嚷嚷。

（36）「嗣」：司爲雙手理絲，冊爲書冊，用手捆書，讀出書音，多爲繁雜，綑綁之言。

（37）「嚴」：厂爲崖上，雙口在上，大呼小叫。敢字爲雙手相執以箝其口，有爭取之意，所以嚴有不可侵犯之個性，會壓抑別人的口，自己卻大呼小叫。

（六）一手遮天，比天高

（1）「又」：爲單手，是從手臂開始延伸至手掌、手臂、手指，利爪，手掌靈活有力。力霸集團「王又曾」爲最佳代表。

（2）「友」：二人交友，雙手合握，上𠂇爲手，下又爲手，彼此攜手同進，爲人溫和。

（3）「叔」：原形爲人持弓矢欲射之狀，箭已上弓之形，爲人直言直語，一發即射，不會拐彎抹角。

（4）「叡」：ㄖㄨㄟˋ睿爲山谷中深明，又爲手，在山谷中伸展手腳自如，豐衣足食。視元神是否適合山谷之居，不是一面倒，以爲字佳皆取之，那會落入陷阱而不自知。

（5）「叢」：取自有無執物，在叢林裡取物，上半部草木叢生聚集、匯合，用手取之。

（七）手以伸屈

（1）「手」：爲指掌之形，不若又之有力，只有手掌五指攤開。

（2）「承」：人雙手相合，屈居以接收信物，爲人謹愼肅敬。

（3）「扭」：手拗之形爲丑，手中持物，有相攬之意，若加金則煞，手握不開。

（4）「扶」：夫爲男子束髮之形，下大爲天大、地大、人大，上一橫爲束髮加冠，以示成年，爲人丈夫，而另一隻手持樹枝爲攴以輔佐之，所以爲扶。

（5）「抑」：ㄧˋ爲人屈居，一隻爪子抑之、按住，不得伸張。

（6）「折」：爲斧頭砍斷草，非手字也，此提手旁爲誤寫之字，一刀切得乾乾淨淨。

（7）「招」：召有招人求援，人陷穴中呼救，雙手將人救出。又有以酒招待客人，以口呼喚之意，以言招人，手招口呼。

（8）「拓」：以手推石，多辛苦。人之個性又如頑石般，不易點化。

（9）「拳」：手指緊握之意，屈手不張開，有打鬥意味。

（10）「拱」：合手於胸前以示敬意。

（11）「振」：辰爲東方未明，星辰尚在，一大清早起身，雙手勤工作剖蛤肉，有食物，很勤勞，做事很認眞，此字帶三隻爪。「辜振甫」爲最佳代表。

（12）「掬」：ㄐㄩˊ勹米有儲存，豐食用手持米有增加米糧之意，爲人踏實。

（13）「揚」：其字形已改變很多，本爲一手托舉物品高高在上，上爲日，下爲植物朝日生長而出，有爽朗、明顯易見之意。

（14）「撫」：乃用手使之安穩，無爲舞，雙手持草跳舞，有愉悅慶豐收之意。

（15）「擇」：上爲目，下爲羊、草。用手用眼緊盯著羊群在挑選，盯久了容易憋氣、見血光。

（16）「操」：眾口合一爲品，下非木，乃手執武器爲寸，把持著爲操，控制眾人之口，完全掌握。

（八）攴手攴字以取天意

攴音ㄆㄨ手持樹枝，小小的敲，與寸不同，寸爲手持武器，較凶悍。

（1）「放」：此處方爲人形，非旗幟，手拿竹枝將人趕走，爲遠放。

（2）「政」：政爲腳足停止立正不動，用手持物推之，使之前進所以不正。

（3）「故」：十口爲古，加手持武器，有強迫出其口。

（4）「效」：交字爲人交叉雙腿而立，要使雙腿相合，有模仿之意。而攵字爲手持武器對外。

（5）「教」：左邊孝字爲子承接長者之教導，所以孝順，加攵字爲受長者教導。其帶子字，個性上如同孩子般，忽喜忽泣，來得快去得也快，但其上之耂原形爲爻，多所綑綁。

（6）「啓」：用手打開小門小戶，使其口能開。

（7）「敏」：每字爲眾草盛出，眾子女出自母體，眾所從之。攵爲一隻手在旁敲擊，催促其加速，所以敏捷，生長之快速，說話不會溫吞，不易屈服之個性，有主見，不亂附和。

（8）「敖」：左邊爲草長出頭，其手持武器，加速其茂盛，所以有敖字之人，其說話速度不會太慢。元神若爲善用其口者更加，若配到慵懶之元神則不同，但要出頭得熬上一段時間。

（9）「敢」：兩手相爭，以抑其口，其字形已完全變形，現今文字已看不出。

（10）「敦」：手持杓子在敲置黍稷之器具，有豐厚之意，吳敦義爲最佳代表。

（11）「敞」：尚字爲八冂口組合，有以物分人之胸膛，用一隻手掃除一切障礙物，使之更開敞。爲人公平不偏私。

（12）「敬」：上爲羊字，下爲人包住其口，使其叫不出聲，一手持羊，以示恭敬，雖爲敬意，實爲內憋，怨在心裡不敢表白，羊也不願意任人宰割，可惜無力反抗。

（13）「整」：一個人被束住了定止足不動，雖有攵之手，但也無奈，因其上之束住及正字皆爲不動之意。所以整人就是要使一個人入圈套內受束縛。

（14）「斆」：ㄒㄩㄝˊ其中間爲爻，表示纏繞、交叉，兩手在外，所以下面「冖」爲罩住學子，子爲不成熟之個性，手用絲綁多爲纏繞。

（九）愛在心中，口難開

（1）「心」：心爲主動脈所在，若遇事則心跳加速、火氣上升，故心爲火，脾氣不好。

（2）「志」：其上爲士非眞士，而是止字，爲腳步行至止，心在其下，多所壓抑，心志止於此，不得伸張。心在下者其行動力如其心被壓住一般。

（3）「忠」：中字爲一刀切下，無法居中，多所偏差，才能堅定的效忠一方，中字本為旗幟受風吹，一定偏向一方，上下之旗無法一個向左一個向右，一定歸於同一方。所以思想上多會集向一方，其心在下也會受影響集於一方，無法中庸。

（4）「念」：今為口向外，但口中含物無法一吐為快，其心又壓在下，心口更難以發揮，只能碎碎唸。

（5）「思」：田非眞田也，乃指腦蓋骨，心要與腦相合才有智慧，要思考，心要壓抑著才會思考。所以心思，乃指行動力放慢，在內思考，但會憋著。

（6）「怡」：原來字形並無口字，心在厶之下，而此厶為緊縮之意，心被緊縮著，凡事多所斟酌，不會一箭即發。若配慧字可破怡字之畏縮，因為慧字有兩隻鐵掃把較強勢。

（7）「恒」：原形心在旦之下，心在土下，又被烈日高照，烈日當空，心又無法出。

（8）「恩」：因為木受包圍難以伸張，非眞大字，加上心在下困住了，所以心不得以上昇。

（9）「恕」：如字乃口令一出，女必從令，所以如其意，乃追隨之口，非命令之口，其心又壓在其下，必受壓抑，行動力不來自本身。「李恕權」的權字就不好發揮，受恕字破格。

（10）「恒」：其原形並無心字，不可誤用，古文之恒爲月之上弦，衡於兩端，有從容如常，但月下看人多所不明。

（11）「恭」：上爲合手合力，拱手向上、共同出力，下爲心壓著，所以恭恭敬敬，要同心合力，所以必須壓下個人的心思，以同手同力而出，心多所約束，不會產生偏激的行徑、言語。

（12）「息」：自爲鼻形，心在鼻息以下，心氣自鼻而出爲喘息，內心之氣不好出。

（13）「悅」：兌爲人口開，人笑所以口開以八爲分離，背離之意，此處兄本爲人說話，非兄弟之兄。古象形文之悅其實爲說字，並無心在，是後人強加上去，悅字是利口，刀在口上，口中含刀爲己說話所以喜悅。

（14）「悠」：攸爲人手持杖行於水中，步伐緩慢，順水性而行，故水行攸攸，而其心壓在下，才能緊盯水面渡水，而不會亂跑亂跳，行水之人必憂心忡忡。

（15）「悌」：弟字爲弋弓束組合，弋爲手持木樁，以束弓，有綁束不施展，心在其側有受約束之意，心被綁住了，所以孝悌。

（16）「惠」：上半部爲收絲的器具，紡車之形，上下有物貫穿，所以小心謹愼，也有妨礙不能通行之意。其心在下，更不能快行，上有絲往下纏，有心壓抑著，行動力較弱。不若專字有一隻手在推動紡線之輪，惠字其心多所壓抑。

（17）「情」：青字爲砂粒井邊之草，所以草之顏色爲青。感情乃心中枯井，需要滋潤，才能長得出草來。所以清字比情字佳，因爲已有水灌溉了，所以心不需要滋潤時，才會清心寡慾。

（18）「惜」：昔爲日落水中，不見天日，所以叫往昔。其「廿」非手，乃指水波紋、洪水。心不見天日，又被水淹，欲哭不怕無淚。昔字諧音息，停止之意。如「昔奇」之名，單腳走路，又不見天日。

（19）「意」：音心組合，音乃口中含刀多爲己言，心被口壓，言不從心，非眞意。以己之心在揣摩他人之言。

（20）「愚」：禺爲猴字原形，但其手腳伸展無法從力從心。所以人大智若愚，把心藏起來了。個性帶猴性，叫毛躁不安。

（21）「想」：相字爲用眼睛衡量，拿捏尺度，才對木頭下手，用心在衡量尺度，心目相合，才會動手。凡事會多想一下才動手，但心爲火，憋久了會燜燒，行動力較弱。

（22）「感」：咸字斧頭所傷之口，所以才感傷，有心在下之字多所壓抑。

（23）「愈」：俞爲水上行舟，合眾水而順流，但心壓在其下就不會太愉快。

（24）「愫」：素爲白帛布繩，密密麻麻，其心被綁住了，所以爲情愫。用此字之人，生活環境多爲綁手綁腳，施展不開，容易被環境所困。

（25）「愷」：心豈組合，豈爲軍中的樂聲，有戰勝還軍之鼓樂。其豈字非山豆之組合，其山非眞山，其鼓之飾文，中間爲鼓，下爲木架，愷爲心中舒暢之意。

（26）「慈」：茲爲草絲眾多，細多繁雜，由扶弱之意，故爲慈，心被細絲糾纏，因爲慈愛，大小皆放在心中關懷。

（27）「慧」：草迅速快捷的長出，有茂盛豐富之意，又像掃帚，中間之ヨ爲手持掃帚，掃除障礙物、雜念。心不被覆蓋，有智慧、敏捷。有此字之人不會隱藏心情、表情、言語皆表露無遺，但一掃而空，不會憋在內心，但容易掃到別人。

（28）「慰」：尉字持火以平物，如同熨斗。而「示」非祭祀，要物如屍之尸平所以用尸字。「寸」爲手持物，所以慰本字爲熨，要其服服貼貼，所以不能有私心在上，心才會壓在下面，用此字之人環境不利其發展，心不開。大同公司「林蔚山」即是一個代表，個性畏縮，除非上下配字有破格。名爲「慰慈」諧音「畏遲」有畏縮緩不開之意。

（29）「懇」：上爲豕之原形，非豸，豤爲豕吃食。艮爲睜大眼怒目相視，山豬用牙齒互相對峙，一心一意相對，心與怒目相合。

（30）「懋」：林中藏矛，有力、強壯、林木茂盛，用心在使用矛，不用力氣，所以勉力之意。心對準，矛自會射中目標，心在下多所緊盯而後發。心壓下的字未必皆不好。

（31）「懷」：褱字有竊物藏在衣服裡而離去之意，而其中之物是見不得人，所以目加之其中，雙目緊盯不願失去，其心也隨著目光而膽戰心驚，要拿在懷裡可不容易。有此字者筋骨多緊繃不開。

（32）「懿」：壹字爲壺形，上蓋住，藏而不洩，氣不散。次字爲連打二次哈欠，同於氣不通、不順暢，其心在下多所鬱結、隱藏，爲人較會自我約束。

（33）「戀」：左右爲絲線不斷，所以愛戀，其中言乃口中含刀，多爲己言，不斷爲己之心所言，思念不斷，多所縈繞。

（十）人和爲貴，望青天

（1）「今」：倒口亽對外，口中含物，含而不吐，氣有留滯不進之意，無法與強勢之人對抗。

（2）「仁」：其二字爲竹之中空，竹厚之意，如竹之無心。也表示其性格如竹字般挺直、寒冬不凋零，其葉對立而生。

（3）「介」：人穿皮革、皮衣，爲古代戰士，個性較爲強悍。蔣介石爲一代表。

（4）「化」：兩個人一正一反，反覆之意，容易受背離。

（5）「什」：十人相連彼此信任。

（6）「仕」：人士組合，士較恭敬，拱手而坐，不隨便發言。

（7）「仙」：原形爲僊非山形，乃後人改變其原形，兩手取鳥巢，兩手舉起，人屈居在下，人高高的升上去遷移，升天稱爲仙。

（8）「代」：弋爲木枝，人的背後有木枝在敲打，橫豎在其行進間。

（9）「仟」：千字本指人的身體，人的身上橫了一根木頭，再加一個人字旁，在人群中較爲特殊，人與人之間橫了一根木頭，表示不易親近，被人牽著走。

（10）「令」：亽上爲倒口，下爲人屈居著，口在人的上面，這個口就代人發號施令，並非替自己講話，乃集合眾人之口。有令可發，眾人聽之。

（11）「以」：在象形文中只有一個厶字，表示凡事先替自己琢磨打算，不會伸直有彎彎曲曲的性格。

（12）「仔」：人子組合，子的個性不成熟，脾氣來得快去得也快，個性不穩定。

（13）「仰」：其原古文爲以手按住人，使其伏下，有此字者在大環境中易受打壓，但其手亦不願屈居會亂抓，不易合群。

（14）「仲」：中爲上下兩旗同偏一邊，個性上會較偏激，但爲人較正直、中肯。辜仲諒即爲代表。

（15）「休」：人在木下倚靠，倚木而休息，腳步停止，但有木庇蔭。視元神而配此字。

（16）「任」：壬爲人直立在天地之間，個性較挺直不屈，較能承受壓力，有責任。

（17）「伊」：尹字有以手執筆，上下貫通，雜事多之意，伊爲人群中手在管事，繁雜多而手忙。

（18）「伍」：五爲居中，對事較中庸不偏倚，但其上下交叉受綑綁，容易在人群中被絆住。

（19）「合」：二合之口，乃集二口相同，上爲亼口下爲倒口，口對口相答應，彼此合其意。此口較溫和，非伶牙俐嘴。

（20）「企」：人站立著，止足不動，而蹺起一隻腳來，有舉足而望之意。上爲人非屋形，不可誤判。

（21）「伯」：本無人字旁，只有單白一字，其字形與白意相通，有手握筆、翹起大拇指之意，但相對會較辛苦。一大清早，東方發白就要開始工作，若元神不適此字則表辛苦，但有勤勞之意。

（22）「伸」：非其田字，人直立不屈，但又受左右兩手束住，但單一字中最原始爲閃電之形，像雲中有閃電，有電爲剛，個性如火，身體也不佳。

（23）「佐」：佐爲手在上，工在下，有工作、執筆，用手輔助，較有貴人相輔，左字善於工作，但不多言。

（24）「佑」：手在上，手無法應對處理之時，用口出聲，手口相合，個性上較偏激，會以口相應。

（25）「何」：人肩背著工具要去種田，有重物負荷在身，喘息不止，氣不通暢，只能「可是、可是」得上氣不接下氣。

（26）「作」：人手持木枝在工作，往前行進，個性較積極。王作榮即爲代表。

（27）「伶」：有被人玩弄意味，持他人之令，善於說人喜愛之言語。

（28）「伽」：加爲以口施力，肌肉易緊繃，在人群中，口語相加，多話，有美言亦有惡言。

（29）「佇」：ㄓㄨˋ人長時間停留，宁爲中空存物，上下各有一柱子以防禦被取走，行事作風較保守，不會亂花錢。

（30）「佣」：用字原形爲干戈並舉，在人群中可以牟利。

（31）「佗」：它字爲虫形，人背著物品如虫之屈著。

（32）「佳」：圭字爲信物玉，又爲封國土，規劃封土的界線，土地縱橫交錯，個性也較僵直。

（33）「佩」：凡巾組合，凡爲乃中一物，乃有不透氣，中包一物，加上巾，巾爲摺疊得好好之下垂布條，用來覆蓋物品。下垂寶物，人用此字條理分明，含有寶物之財，但個性較溫和，因「凡」之不透氣，爲人理性、不衝動。

（34）「使」：其字義與史同，爲手執中，但乃有所偏不易居中，行事較正直，與中同，但較有力道。

（35）「侍」：寺爲上止下手，手腳止於此地，寺爲廟宇，人不能伸展手腳爲侍，一切只能承受。

（36）「供」：眾手拱合，多人協力。

（37）「依」：人穿衣，親附於身，較會保護自己。

（38）「舍」：余加口，余本爲口向外，雙手向上分物品，其下又爲一口，二口相對應，分物爲平，爲人平和。

（39）「佰」：百爲鼻形，百人鼻息相通。用頭思考，出頭之意。「伍佰」爲最佳代表。

（40）「侖」：集合書冊，井然有序，善於研究讀書，但單邊爲弱，需輔以其他字形爲佳。

（41）「佼」：人交叉站立，交有互合之意，在人群中善於與人投合。如黃子佼。

（42）「侑」：手持肉與人相對，表示親近。

（43）「侔」：厶較會爲自己考量，行動力較緩，不會衝動。但牛爲角對外，脾氣倔，在人群中易與人僵持。

（44）「侶」：呂爲脊椎相連，善於與人聯繫。

（45）「侯」：箭靶，箭的集中處，其矢爲箭，有箭有布，在人群中善於捕捉。

（46）「俊」：厶爲先替自己思量一番，下面爲後腳往前踏，不利於行。中爲八分，有背離之意，在人群中是不懂得與人相處。

（47）「保」：其原形爲手在上，抱著孩子，而子有個性不成熟的一面，情緒起伏易發易收，哭笑鬧皆像個孩子般。

（48）「俠」：夾有一大人之下，側面二人相向輔助，有人輔佐之意，做事較主動。

（49）「信」：言爲口中含刀，其象形原文非人在側，乃戈在側，以刀在旁，要人口吐眞言，雙刀在握，利口利手。

（50）「俐」：利以刀割禾，表豐收，但在人群中，爲己而用力較不正大光明，小聰明很多，很俐落敏捷。

(51)「修」：攵爲手持物體以敲擊，下爲彡爲細毛刷拭之意，人字旁爲後人所加，本爲清除塵垢之意，爲人爽快，但又被細毛所捆住。

(52)「俸」：奉爲兩手拱合持物，有承接意味，本無人字旁，爲後人所加上去，有官祿意味。

(53)「倍」：人口刀組合，人的背離，刀口不合，非口中含刀之言。

(54)「倉」：爲米糧存放處，下非口，乃基地高起，爲防蟲、防雨。

(55)「倚」：奇爲人單腳而行，氣不順暢，有人靠近，作爲倚靠、依附之意。

(56)「倖」：幸爲羊角被綁，待宰之羊，人牽羊將宰之，帶有羊之性，任人宰割，其羊角又被綑綁，不自由之羊，會咩咩叫，會亂竄發羊脾氣。如「幸好」之名。

(57)「倫」：在人群中條理分明，善於做順序，對長輩有禮。

(58)「倘」：尚爲公平分物，在人群中是很公正。

（59）「倩」：青字草色，但枯井丹砂，草木茂密，人的臉色青青，不善於協調，不得志。

（60）「倪」：人兒組合，在人群中被保護寵愛。

（61）「偉」：韋有相背，兩足逆行，個性較特立獨行，身體上氣管較差。

（62）「健」：在人群中，小步行事，一點一滴的行使、灌注，聿為手中執筆，緩慢建立，健康也是日積月累，行事保守。如周華健。

（63）「偵」：貞為火燒龜殼之裂紋，在人群中卜卦、問事，以明眞相，貞火為烈，龜殼為硬，個性較剛強。

（64）「脩」：攵為手，月為肉，手持物割肉成一條一條，可以長久儲存，元神為肉食性適此字，若為小鳥類則不恰當。

（65）「偃」：匸為藏匿，將女人及太陽都藏起來，人在外守著，有看不到倒臥之意，不透氣息。

（66）「偌」：若字為人舉手、跪足，雙手理散髮，其上非為草字，別誤判，較屈居，但雙手靈活，有順從他人的個性，在人群之中較溫和。

（67）「舒」：舍夫爲原形，有夫扶助，有雙口相應合。舍爲余加口，故上下兩口相應合，中間分物得物。其予非眞予，乃一人在側相扶，所以舒坦。

（68）「備」：其原形無人字旁，爲裝箭的器具，儲藏武器以備用，眾箭未發，倒插之矢，矢乃殺人之物，所以要謹防，免得傷人傷己。

（69）「傑」：舛爲雙足相背而行，踏在鳥巢上、樹上，有堅挺個性，特立獨行，諧音劫、結。

（70）「傳」：專爲紡線之車軸，下爲寸字，爲用手推進使之轉動。在人群中傳送，如「趙傳」在歌唱界有一席之地。

（71）「會」：下非眞日，乃指一器物之上下蓋相合，穀物在其中，中間的字型爲米糧。周密而合、吃穿不愁，善於人和，個性踏實。

（72）「僅」：堇爲黏土，人在黏土上不利行，人的力量至此爲止。

（73）「僉」：ㄑㄧㄢ多數人的意見相同，上口爲高呼以示人相從，上爲合口向外。

（74）「僑」：喬爲高而曲、不直，居高於人群中不合群。

(75)「僕」：犯人手持廢棄物屈居而行，雜事特多。字中含辛刀，以示罪人，但有刀有手，手腳俐落。

(76)「僧」：曾為八分田，八有背離、分田之意，背離人群為僧。

(77)「儀」：義字上為羊，下為一手持戈以展現自我。羊有任人宰割之個性，雖不滿，亦無法反抗，只有羊角動一動，也傷不了人。持戈會較自我保護，刀顯露於外。

(78)「億」：意為音在上心在下，有以己之心察別人之言。

(79)「優」：上為臉，中間為心，下為腳步逆行，所以緩步而行，憂心忡忡。

(80)「償」：賞字為八分物於屋內，下為貝，即分得財物，但加上人字旁，則分錢給人為償，賞字較公平，坦蕩蕩的個性，但人有分之意，背離。

(81)「龢」：ㄏㄜˊ龠為樂器，有禾豐收，用音樂慶豐收。

（十一）人之形

(1)「兀」：人的頭形。

（2）「元」：人之上，亦爲人頭，但有高上、開始之意。

（3）「允」：人點頭的樣子，表示許可、守信，但單字較無邊可以依靠，點頭向人，很會做人，個性緩和，但看不清楚事實。

（4）「充」：爲小孩子的身體日漸成長。

（5）「先」：腳步在前，有前進之勢，但疾步而行，個性較急。

（6）「光」：持火燭在上，以示光明，人屈居於下，火在上，照亮前方，但不得伸張。

（7）「兆」：爲龜殼燒裂之紋，有火熱堅硬之質，在心中磨。如「姚」字即爲代表，用在人身上，要補字以破姚字之格。

（8）「克」：人戴盔甲，可以負重擔，但不會以眞心見人，多所隱藏。

（9）「免」：爲兔子逃脫之意，善於躲藏。

（10）「堯」：物不平穩，上面土多而高，個性上多不穩定，環境中多動盪。

（11）「兢」：二人頭戴重物，互相較勁，即身著盔甲在比賽，個性剛強好鬥，有鐵甲武士的身段。

（十二）禾以爲貴，有食之

（1）「秀」：乃指稻穗成熟時下垂，飽滿、豐收。有此字之人做事亦如稻穗的結實、踏實、不好高騖遠，行事作風保守，在金錢上不會亂花，安逸。

（2）「和」：口禾相應，有順從之意，象徵著禾穗自然順垂，其實非眞口。在環境中較低調，不會高張，懂得與人應和。但其口很懂調和說話，不是伶牙俐嘴之口。

（3）「委」：禾在上，女在下，女子從米食之威，屈居於下，所以尾隨在後，爲五斗米折腰。

（4）「秋」：火禾組合，秋收之後一把火將稻草燒光，但秋又像蟋蟀之形，啾啾叫，秋字的使用者較辛苦，於環境中較不利，個性又帶火光。

（5）「程」：呈爲盛物入器，平之意，恰到好處，丈量米之斗器，個性溫和不與人爭長短，較恰到好處，輕重緩急自分明。

（6）「稚」：隹爲短尾鳥，此禾屬於未成熟期，吃不到米，短小之禾苗。

（7）「稔」：禾念，穀實成熟，好米，今爲口中含物，好米才可以含在口中，美食，但心在下，有吐不出氣之意，米雖好卻梗住在口中，心不透氣。

（8）「稜」：夌爲跨足而出，向上爬，這個禾長在高地上不易採收。

（9）「稽」：尤爲手要上升受礙於一橫，旨爲一手持物美食入口，表示要吃美食、好米受阻，流連不去。

（10）「黎」：爲多汁的黍米用刀取之，有刀利器，有禾豐收。

（11）「稷」：人在田中耕作，夊爲舉步困難，八爲分、背，使力氣以翻起田土。

（12）「積」：責爲束木芒，刺多，以求還錢，下爲貝，只因木芒有刺會傷人，又綑綁在一起，如束傷人，所以聚米以還債。用此字之人多所困住，且個性帶刺，環境撐不開，愈至成年愈明顯，年少受父母庇佑看不出來。

（13）「穆」：稻穗下垂，其細碎之鬚鬚隨風飄飄，和順之勢。

（14）「穩」：上爲爪子下爲手，中間一物隔住，其心也隱密，爲了求心安，所以用爪抓米以隱藏之。

（15）「穰」：曰尢、曰尢爲脫穀之米。襄字爲有土有手，解衣而耕以力事田，有土有米，又使力在耕種，表勤勞之人，但一體兩面，爲吃而辛苦播種。其口非眞口，乃指田畝已耕好之形狀，田疇之意。

（十三）春天不開花，納米熟

（1）「春」：上爲草木初長，一隻手在下推，其日爲屯之意，草木初長，名字有春者，皆需人家推一把，較依賴，此時物不豐，一切皆在生長中。

（2）「秦」：上爲雙手持杵、舂米，下爲禾，表示豐收，米穀結實，兩手合力而伸，表示有利器，在生活上、衣食上不缺乏。

（3）「泰」：水在手中溜去，利滑、順暢，但水流完了破財。有手腕，但捧水要小心翼翼，才留得住財物。

（4）「臻」：至爲鳥由天上飛至地下喙米，所獲頗豐。

（十四）竹家字上一把捉

（1）「筆」：聿爲執筆書寫，加竹在上表材質，竹有不凋零耐寒力、挺直之個性。

（2）「筑」：左「工」爲竹尺，凡爲弦樂器，形似古箏，有這個工字在，行事上較一板一眼，但手腳靈活，有木有竹生生不息，多才多藝。

（3）「筌」：實爲「全」字，全爲王之寶物藏得很隱密，其下爲玉，又引爲美玉，但竹編的藏物器，爲魚籠，必須完整無缺，才能捕得佳魚，在竹林中受宗教保護。

（4）「篤」：竹馬，無法快速奔跑，但馬欲奔不成，受牽絆，行步緩慢，四足落地踏實，如藝人「何篤霖」。

（十五）絲綢纏身，一度難

（1）「糸」：幺字本身爲半糸，形如胚胎未完成之前屈捲在一起，若爲糸則細絲，絲繁多，有此字形在其中者，多所雜事絆住。

（2）「紀」：合許多絲爲一束，原形爲一束繩子，結實有力不會小器，有約束所以叫紀律。

（3）「約」：人的手足被繩索縛住了。

（4）「紅」：工字爲工具畫界線用，加上糸線，自圍，個性上較會保護自己，不外露，但雜事在身會較多，容易絆住。

（5）「純」：其原形屯，加上糸字，屯爲初生之草木，但在此爲一疋布，束布之，爲束住之形象，草木出生一定破種子而出。初芽一定是一小束。

（6）「素」：爲潔白之絲。諧音如同「束」縛、「束」住。

（7）「紋」：各種絲之上的紋路，錯綜複雜。

（8）「細」：原形並非田字，而是小孩子的腦蓋骨囟門，未會合時，有微細、纖小之象徵，如細絲之微。

（9）「終」：繩子的尾端打結。

（10）「紫」：此爲腳步至止停住，匕爲人之反形，背向腳趾，下有絲繩綁住，不利於行。

（11）「綺」：單腳行路又遇絲繩阻擋。

（12）「綦」：竹器受繩索牽絆。

（13）「緞」：段左邊爲草木初生，下爲根深入、根粗，而殳爲手持長杖，敲打出生之物品，加糸爲一段一段的布。

（14）「緹」：是字上爲射物之靶，下爲靶之柄用手持之，爲瞄準器，正、直而射出，但被線纏住了不好瞄準。

（15）「縉」：晉爲兩隻鳥由上往下飛至地上，如日至大地之意，但加上絲則不利，變成自投羅網。

（十六）寶蓋頭上，字不清

（1）「冖」：冂一爲蒙蓋的布巾，有覆蓋之意。

（2）「冠」：上爲帽子，下爲頭（元字），寸爲手持束繩打結，有寸及又、攵、攴等字在內，皆表有利於手腳施展，表示操作對外，較不退縮，但其左右配字會影響其格局，施有力與否。冠又爲高高在上，但看不清。

（3）「軍」：爲合眾車兵馬，兵車包合了。

（十七）屋穴不分皆進出

（1）「宀」：四面有牆壁，上有覆蓋著，爲深入之形。

（2）「宇」：在家中指揮執事者，爲人較謹慎。

（3）「宏」：手肘彎著在屋內，表示屋大深遠，做事會多考量，慢慢延伸。自肘腕臂慢慢伸展開，行事較謹慎保守，多思考一下，精打細算，較爲自己著想。

（4）「富」：畐字爲酒瓶，置於宀屋內，表示豐收、滿滿，家藏頗豐，但藏匿之酒較不現於外，也相對滴水不漏。

（5）「寒」：在覆蓋之下，草向上長，但下面爲冰，所以墊上草以取暖，冰草不利生長。

（6）「寓」：禺爲猴子關在屋內，不是長久之計，不自由。

（7）「寇」：人在屋內受外人入侵持武器搶劫，元爲人頭，攴爲外入者手持武器，並且放一把火在屋上，個性較帶火字，但行事作風較強勢，看不清楚事實。

（8）「甯」：心在屋內，且下方有戈干持之，不好發展，容易壓抑。

（9）「實」：貫爲錢貝串起來，表示錢多。貫穿其心，有壓抑之意。硬物之貫穿如同寶玉般剛煞、硬。有屋可居是不錯，但要視何種元神，不能一概關之，猴子就不適合。

（10）「憲」：罒爲目字有緊盯、憋住之勢，心目相應和，心火會上升，加上

「宀」屋內蓋住。如主持人「吳宗憲」。

（11）「謇」：言藏於屋內，會口吃、羞澀，中間爲取草蓋冰，不利於居。

（12）「騫」：馬縮在屋內，個性內縮。

（13）「寶」：玉藏於屋內之罐子，層層保護，且過於擔心，雖有錢仍不大方，深藏在屋內，個性不大方，且有貝在，質硬，表個性較不易屈服。

（十八）翩翩飛羽枝上頭

（1）「羽」：指長而有力的羽翅，若爲鳥類之元神有加強之作用。

（2）「翕」：丅一、鳥要飛行之前會先合起羽毛，而後振翅高飛，有蓄勢待發之質。

（3）「翌」：一、立有人站在地上，身體不移動，表示展翅不飛被定住了。

（4）「翎」：令爲「亼」倒口對外，替人施號之口，但需屈居於下，此口之言如飛翅般又強又有力。若用在元神爲魚、袋鼠類就不適合此字。

（5）「習」：下爲白，表示其日日振翅高飛，很勤勞。一大早東方發白就出發，直到日落，飛的次數很多。習諧音息，有消逝之涵意。

（6）「翔」：帶有羊性，很溫和，但小有脾氣，不是要遠飛之鳥，是尋找落地之鳥，翔爲在空中盤旋，不會壯志高飛。

（7）「翱」：一大早，就要起來飛行，星辰未落東方尚有微光之時就得起來飛，較勤勞，但不悠閒，從早做到晚。

（8）「翡」：展翅高飛，速度很快，個性較爲積極。非爲飛得極快，不見翅膀。

（9）「翟」：ㄉㄧˊ、ㄓㄞˊ爲公雉雞，毛長華麗，不善飛行，很會走，嘴爪很利。如「翟翬」善以口賺錢。

（10）「翩」：扁爲小戶人家內善於讀書，而書簡之薄如羽毛之輕，讀書也快。

（11）「翮」：鬲爲罐子，拖著瓶子不好飛。

（12）「耀」：光爲一人在下舉起火把，光照四方，又帶著翟之性格善走，光照得其羽毛更艷麗，而雉雞又把光芒帶至四方，光芒四射。

（十九）羊之守內，不對外

（1）「羊」：性格合群不會亂撞，雖有羊角，但不若牛角之莽撞，常會在內心咩咩叫、碎碎唸，溫馴、勢弱、不敢表態，雖有小脾氣，但不致傷人。

（2）「美」：其性格如羊之溫馴，但羊頭上有小角，因而有小脾氣。如名字爲「美秀」，個性溫和、踏實，不會爲錢傷腦筋，屬安穩之名。若名爲「美英」個性亦溫和，但英有替人挑秧苗，來去往返挑不停，英有內剛之質。若名爲「美華」除非姓氏上有武器，否則多爲家庭辛苦。

（3）「羚」：令爲善於發號施令者，但帶羊性更屈居，只是其羊角性格較明顯，比較會叫，口會與人相爭，但不會強過其他令字輩，爭完了頂多一肚子氣。

（4）「群」：君字爲拱手在前，恭敬之姿，其口善言，會集眾人之言，善於號召，但帶羊性有小脾氣，不致利口傷人，行事不易衝動。如「李立群」。

（二十）金重沉沉，剛煞之

（1）「金」：金剛不壞，乃剛強之物，置於名中、堅硬、個性強勢。與人爭辯之時，如金屬般之冷酷表情會表露無遺。金部配任何字，其字形皆受金部影響，帶不退讓之質。

但會有破格而出如錫字，錫爲易熔之金屬，外表及對外就沒那麼剛硬。組合字面上亦有破格如「金平」，有平在舒氣，不會過於顯現金之剛強，此乃配字之破格處，需注意否則會自我陷入而不解。其性格、心性、身體也會受這剛硬之氣影響，金屬冷酷之質，雖埋在土裡歷久不壞。但金又爲強勢掌權之質，所以「金城武」獨領風騷。

（2）「鈴」：令字本有發號施令之質，加上金之質，其部屬可得小心，若不照其指令，他可會板起臉來跟你撐到底，雖受傷也在所不惜。

（3）「鈺」：山玉字穿心，三塊打孔穿洞而貫，質地堅硬，已夠苦在心頭，又加上剛強之金，這顆石頭眞是頑石。

（4）「銀」：艮字本爲怒目相見互不相讓，加上剛強之質，非得頭破血流不可，艮又爲易受背離之質。

（5）「銘」：夕字爲月亮，光線不明看不清楚，只會用口鬥，加上金質其口爲強硬之言。

（6）「𦉪」：冏爲半山腰上，獵人張網以捕鳥，所以覆蓋住，山被蓋住不明顯，金質覆在其中堅硬。

（二十一）相反之形

（1）「匕」：反入之形。

（2）「北」：兩人相背心相異，與舛同，個性上較特立獨行。

（二十二）鳥之展翅高飛而行

（1）「隹」：短尾之鳥，如鶴、鵝、雉、雞、鷺鷥

（2）「雀」：雀鳥不遠飛，常棲息在人住的附近，喜歡跳躍、捕捉蟲、穀，吱吱叫。

（3）「雄」：厷爲腕肘臂都屈在一起打不開，表示手長，做事較會慢慢延伸，手不打開如何捉鳥。雖然這隻鳥很有力如同手臂之粗，但就是不能展開、無法施力，於環境中施展較無力感，不若宏字在屋裡精打細算。

（4）「雅」：牙爲利齒，爲食而張，鳥類張口即爲啄食，名字中有雅字，一

如鳥啄直直啄下去，不會閃躲避患，不會畏縮，伶牙俐齒。

（二十三）大雨不來，直直落

看字是一體三面，非單邊解釋，一如行事看大局，非著於小事。此乃命名學的重點，沒有十全十美。如同人即有生，必定有死，只是過程中的病痛、意外要剔除，把方向調整，漏財的幫其補洞，綁手綁腳的爲其解開束縛，此世帶有多少福報自有多少財富，不是要幫您成爲富翁，而是幫您取回應有的福報。

若不屬於本身質能的字，再好再美，用了也發揮不了力量。取名用字乃因人而異，看元神、百家姓而配，非一切皆模仿，一招打天下，人人皆套用，那鐵定有中彈的時候。鳥類不適合天羅地網，會絆住自己手腳之質，強勢元神方適合佈網。

（1）「雪」：ㄋ爲手是利爪，拿掃帚掃開雪片，上爲凝結的雨水一片片，流不動，容易沉積。名中有雪之人，個性、表情、言語也會如彗星般一掃而出，來得快去得也快，表露無遺，但積雪掃起來較用力。

（2）「雲」：水氣凝結重疊成捲曲狀，飄浮在空中，聚雲則有水，個性上較漂浮天馬行空，若名字配其他字形、元神又不一樣，有破格之勢。所以看名不單看字，就整體而言，需姓氏、元神、上下字音頻整體合一。如素雲就不佳。

（3）「雯」：此字之雨為雲之本體，其下之文乃帶有紋理交錯，善於分析事理懂得佈局。文為段落條理分明，單字不為文，單句不成文，文乃集合數段之文才得以成章，雖字密密麻麻卻不紊亂，言之有物方為文。文能掩飾，如同天上雲彩可以遮日月，為和緩而不猛烈之意。有文者其屬理性主義者，但雜事繁多，善於佈局，但當心被自己的網子絆住，若加部首得當心。

（4）「霖」：久雨不停。

（5）「霜」：原形為霜露凝結使木剝落。

（6）「霞」：叚為一個人有多餘之物借給另一邊。所以「又」為手來借，但上「マ」字為屈居之勢，上方的雨為雲氣，多餘的雲氣在夕陽西下之時叫霞。

（7）「露」：上方之雨字為地面上升之水蒸氣，附著在草木上，下面有個開口接收，非真由天上雲雨之下降，有快速冷卻之意。

（二十四）芳草碧連天

（1）「芊」：草多、茂盛，諧音為牽，注意配字是否有不好之諧音。

（2）「花」：乃指花瓣與蒂，脆弱之質。
（3）「芳」：方爲人持耕具，耒之形，要耕作，方內剛之質，可補質弱之人，有收穫但卻需勞力。
（4）「芝」：之爲人之腳往前行走，又爲草長出，草木初生。
（5）「芹」：斤爲斧，利器。凡名字中有武器者，行事作風不會畏縮，善於對外，若其元神爲草食性，則很有得吃，自己割草食之。如「季芹」就很外向。
（6）「芙」：夫爲成熟果子，束髮之形，表示有貴人，有依靠。
（7）「芸」：云乃飄在空中，個性不喜受拘束，漂浮不定。
（8）「芷」：腳步至此停止，不易推向前。
（9）「芩」：善於說話，但不能暢言，若遇上高手，一定會如口中含物梗住了。
（10）「英」：人挑苗入田中，草源源不絕，得辛苦不停的耕作，剛強之字。如「鳳英」爲兩個剛強之質，生活上較受煎熬，名中剛強之質不可太多，一字即可。

行。

（11）「若」：人屈跪雙手向上束髮之原形，做事較有條理，但辛苦得屈跪而

（12）「苦」：古字乃十口，善言。如「苦苓」就很會說話。

（13）「苗」：田中幼禾，多受人照顧，但有草豐富。

（14）「茂」：戊爲持兵器，善於對外，有豐盛草可食之，剛強之字。

（15）「苑」：巳人屈居之姿勢，夕陽西下，雖有草食之，但心多所鬱結。

（16）「苓」：令爲人發號之口，善言，有草而食，視元神配之。

（17）「苡」：彎曲不直之草，不利生長。

（18）「草」：早爲日在草之上，草茂盛，受日照撫育。

（19）「茲」：幺爲未形成之胚胎有屈居之形，又像絲線密而多，有此字者多所雜事絆住。

（20）「茜」：西爲夕陽西下，倦鳥歸巢，加上草爲太陽落入草叢中，在成年之後，工作上或身體上會隨時間漸走下坡。

(21)「荷」：何字人爲肩負耕具要去耕作，有負荷而喘不過氣來。有草視元神而配，有工具表有一技之長。

(22)「莓」：每爲草出生茂密、豐富，又有母性，眾子由母出之質，但諧音「沒」。

(23)「莉」：禾有刀割，持刀相向，爲人外向不內縮，很有得吃，較剛強。如「何莉秀」、「潘莉莉」、「陳莎莉」之類的名字。

(24)「莎」：少水，草的灌溉不豐富。「陳莎莉」之名可惜諧音沙礫，破了莉之格。

(25)「華」：花之本字，開花、花瓣下垂，軟而無法撐久，花乃不結實、脆弱，若配字有破格即可化弱爲強。「劉德華」即爲代表，劉姓有刀，可補其「華」字之質。

(26)「菊」：勹爲包住，米包在內爲米倉，表示很紮實，人間生活有得吃食，如葉菊蘭。

(27)「菲」：非爲飛得很快不見翅膀，行動迅速，直接表白，如「王菲」。

(28)「菁」：青草長在砂粒井邊，枯井不逢水如何茂盛，身體或事業會出問題，除非名中補水。如「李珮菁」。

(29)「萍」：平爲氣舒出平緩，如水加於草上順暢。

(30)「萌」：明爲日月共照，較剛，個性上不柔軟，照得這片草熱烘烘。

(31)「萁」：其字中間有兩隻手，可以拔草、好進食，若爲鳥類或草食類較受用，其下有土，雖爲竹器但紋理交錯、條理分明，有根基。

(32)「棻」：芬爲一刀剖出一分爲二，分別得很清楚，所以八分不相連，砍木砍草是很俐落，言行須委婉，爲人爽快、直接。要視元神及配字。

(33)「菀」：宀爲覆蓋住，巳爲屈居在下，多所困住，不好伸展，夕爲太陽西下，昏暗不明，環境及行事上較不利。

(34)「堇」：爲黏土之質，不利行動。

(35)「萬」：無草，乃蠍子之形，螯尾利刺，很有手腕。如「蔡萬霖」「蔡萬才」「陳萬水」。

（36）「葉」：原形爲世木，葉多不挺，容易受風吹而落，非枝幹之堅實。所以枝葉垂葉雜而不堅，在環境中也較弱。

（37）「葳」：威字爲男子持武器剛猛煞氣，使女子見了畏懼，雖有刀可割草，但過於剛強。

（38）「夢」：罒爲目緊盯著，容易憋氣，而且冖覆蓋住，下爲夕，昏暗不明，不容易明辨是非。

（39）「蓋」：盍爲有蓋子覆蓋之器皿，容易憋住，加上草覆蓋住，氣不通暢。

（40）「蒼」：倉字爲儲存米糧之處所，下爲基台，非口字，在人間生活不會太差，米倉之意，但配字要對，若爲草食性則佳。

（41）「蒲」：甫爲菜田，有水灌溉、充足，衣食豐富。

（42）「蓁」：爲雙手持杵舂米，有得吃食，草也茂盛。

（43）「薇」：微字爲一個人躲在山丘下小步的行走，攵爲手持葉子輕輕的敲、趨進，但彳爲小步行進，這個草長得很慢，但善於對外，有個攵在是較利施展。用此字行事謹愼，但需背負一些力量，上有山頭壓著。如「周丹薇」。

（44）「薛」：辛爲刀，持刀對眾人，治理眾人。不過辛刀乃指處罰罪人之刀，有刀者不會退縮，行事較利以對外，不會小媳婦姿態。有草吃是利於吃草之動物元神。

（45）「蔓」：愛原形爲上「夊」字，行走不順利，與既字同，像吃東西飽滿不透氣。而「冖」字覆蓋在心上，其下之「夊」字本無，乃後人加上，所以因愛而行走不順，內心世界容易壓抑，行事不順，上之爪非爪，乃腳徑不順。名字有此字之人不易表態，工作上也較容易受阻，環境中也不容易跨步行走。

（46）「藝」：原形爲一人手執木種入土裡，原始之字無「云」字乃後人加入。有此字之人手巧靈活，有木有土，視元神的搭配，個性上也積極。

（47）「藩」：潘字爲有田有水，有爪字，釆爲獸之足跡，所以草也茂盛，也是適合對外的個性，在人間較能伸展。

（48）「蘭」：柬字有八加束之意，有分門別類加以選擇之意，但八可將其束縛解開，可惜被門包住了，只撿門內不撿門外，也有受困之意，及分別門內外之個性。如「曹蘭」。

（二十五）高山壓境難出頭

（1）「山」：此字很明顯是山峰高聳入天，峰峰相連之岳。用此字在名字上之人，其環境如同在山裡面。

（2）「岑」：山在其上壓得喘不過氣來，其下之今字爲口中含物說話不順暢，不能平緩吐氣，還要背一座山。用此字之人，在環境中如背山而行之不順暢。

（3）「岳」：大山，山高谷深。

（4）「岱」：弋有木枝之意，代則有趨使人向前行進，爬山之意，拄著枴杖爬山前進，有助力，有樹枝可用總比兩手空空者好，爲人較默默耕耘韌性強。配合元神用字。

（5）「岩」：山邊之石，隨時會掉落，懸崖邊不是人人可居，看元神是否住得起此環境，崖邊總是難行，尤其是馬總會衝過頭，不適用此字，因懸崖不易勒馬。

（6）「豈」：非眞山乃是軍樂器，凱旋歸來奏勝樂所敲之鼓形，上爲鼓飾品非山，中爲鼓，下爲鼓架。有愉快之心情。

（7）「峰」：夊爲兩腳行進由後而至，非前腳先行，丰爲草盛，行路之中草多阻礙，所以兩腳走得不順暢，爬上高山較費力氣。相對的用在人身上時，也會接引相同的力量，容易出現駝背現象。

（8）「崇」：其原形爲宗在上，山在下。宗爲宀屋內，示爲竹片在祭祀，卜卦用的器具，祭祖祈福之意。而示爲地中、地下流動之氣，指地神及祖先，非天上之神佛，所以用宀以包著，有愼終追遠之意，把祖先放在山之上，及行事上較懂得長幼尊卑、輩分之禮，但其接引的是地下之力，非天上之力，不是剛強之氣，這座山是背陽之山面，相對身上的力量會去接引地力較多，多受祖先保佑之力。

（9）「崑」：此爲兩人在較勁，人形的反面，上有日照，爲更明顯的比高下，而山壓其上，更有一較長短之意，比誰較早到達山頂，個性上倔強不屈服，不易放下身段與人融合。山壓在其上是比得很辛苦，常常是自找苦吃。此爲剛強之字。

（二十六）明日之光在照耀

（1）「日」：日爲恆星，光芒四射，剛強之質。

（2）「旦」：日在土上，初現之光，清晨日初，有開始之意。太陽已升起了，非東方發白之微光。有上升之趨勢，前進積極。

（3）「旨」：非眞口，乃手持美食入口中，其下爲口，甘口之意，所發之言較爲美言，在人間也較有得吃及發展。但單字無邊較薄弱。

（4）「旭」：日九組合，日初昇放光明直至夕陽沉下去。但九爲一個極數，屈居難伸，一至九總要突破才能至十，又像手肘形狀及鐮刀狀，若單爲九字較有力，但加上日字有推不開、無法突破，九已極大數，要突破太陽較難，已昇至極點，所以九個太陽是不可能的事，徒手捉日會撲空。

（5）「明」：爲剛強之質，雖然日月爲哺育萬物的光明，但日月同照太強烈，過於艷明灼照。

（6）「昌」：日出於上，人聲鼎沸，所說之話較光明面，上爲日，下非日，乃指口，人說話，氣順暢，所說出的話如太陽般溫煦，不會惡言相向。但要配元神、姓氏及前後字，如果「明」加上「昌」就太剛了，三光照灼熱過頭，腦筋不清楚。

（7）「昏」：日落之時，氏乃指根下垂至土地之意，有盤根交錯之意。所以結婚之昏，就是會考驗人的理性，及如何整理這些交錯的家務事。

（8）「旺」：其王字乃指草木出生，下為土及根，非王者之王，意即日光照耀的很調和，使草木接受哺育茁壯。

（9）「昇」：日升而出，下為兩手拱上天，表示這個人有一技之長。

（10）「旻」：象形字之旻字乃日在文之中，表示這個光芒是交錯著，萬物接受哺育，不是艷陽高照，乃是秋高氣爽，而秋日乃是豐收季節，有豐衣足食之意。

（11）「昕」：斤為斧，日未出之前全部灰暗不明，明暗之間如同斧頭斬木一般，一剎那間黑暗中放光芒，但帶斧之質，日下持斧表辛苦。

（12）「星」：上之日非眞日，其原形為繁星點點繞木而生，生為草木之生長，萬物所受之光為星光，較弱。但有木在其下堅挺著，此字不剛、較柔。

（13）「昴」：其上之日非眞日，乃星光，卯爲盔甲，星光下不明還戴面具，多此一舉，看不清楚事實。

（14）「昱」：原形爲虫被網膜包住不透氣，旁邊又有太陽在照射，悶燒。

（15）「晨」：原形爲一大清早雙手剝物以食，本無日字只有辰字，天未亮即起來工作，重視時間之人，但要配字及元神，配得好則佳，配不得宜只有微光，如晨光。

（16）「智」：非眞日，其原形爲一箭在上射出故爲矢，其口如箭之舒暢而出，下爲曰非日，爲氣之舒適，所以箭射得出，口說得舒暢，所以得智慧，但得迂迴之後才得舒暢。

（17）「晴」：此日非眞日，乃指月亮，雨下至晚上才停止，隔天日出才得以照見萬物，草木得以叢生，雨至夜停方能見星光。其青非眞青，乃指草木之生長，並非砂粒井，需小心字面陷阱，千萬不要以一概全，那會曲解了倉頡造字原意，隱藏了所接引的自然界力量。

（18）「晶」：天之精華爲日，地之精華爲月，晶爲星光，聚合之力，光亮且有力量。

（二十七）同肉不相連

（1）「育」：去爲女人生子，倒子之頭而出，不順之生，忽然而降。原形爲一個女人在上，小孩頭朝下在其下，所以此字有不順暢之意，女人生子乃受割肉之痛。

（2）「勝」：非肉字，乃舟在其側，爲防其漏水所以使力，兩手伸出使其止住，力之上乃爲上止下雙手之原形。此字是一體兩面，若遇元神較強者則不被絆住，弱勢元神者較不利。

（3）「滕」：其月爲舟，順水而流，雙手在撥，水多奔騰。

（4）「騰」：舟破雙手止水，以馬代替，個性很急。

（二十八）土在人在

（1）「土」：地生眾物，下面一橫爲地上，十爲萬物之生長，但帶土性直，不柔和。

（2）「在」：原形爲才，象徵著草木初生，有莖、枝幹、葉的形狀，下爲土之意，有根基、茁壯。

（3）「均」：勻爲人形，竹包在內，其二爲竹之空心，公平之分，但帶有竹之個性「直」，又有土性。

（4）「坤」：坤爲雷電，極猛，個性較衝動，會因一時的喜好而爲，加上土，個性較直。

（5）「城」：其土非眞土，其土原形爲城廓，「成」爲手持武器捍衛城廓，善於對外。有城市有水井，有居住之屋。

（6）「基」：土其組合，其爲盛物之器，有雙手，又有土做其地基，四平八穩。

（7）「堅」：臣爲臣子屈居恭敬之形，其又爲手，下爲土字，堅硬剛強之質，帶有土直之性，但有手有爪有土，需視元神而定，善於對外。

（8）「塑」：其原形爲土素組合，捏土、挺物，因綑綁而有形帶土性，但繁雜之事多。

（9）「增」：原形爲二臣在其左，臣爲人屈居之形，又爲二缶，二臣受封進食，臣子爲封侯封土，故累增重疊，但爲人恭敬，因臣子面對君王皆以跪拜之姿，但是有得吃，有土則個性較直。

（10）「墐」：原形爲穴堇心字，心被屋子蓋住了，屋內又有黏土（黏土爲堇之原形），出不了門，心又不開。此字不利於人之動能。

（二十九）玉在身邊如王者

（1）「玉」：三玉連貫之形，天地人三形貫通，所以引以爲王字。玉有堅硬之質，放在心中多所折磨，因其心被打洞中空。單字爲玉者，婚後生活上有如受玉在心中磨。

（2）「玟」：文爲條理分明，善於佈局有手腕，加王者更是高明，個性不會衝動行事，但也要小心別陷入自己所設下的網。

（3）「玫」：「攵」手持樹枝有刺，引申爲玫瑰，其手有刺，王者之手更有力，個性積極外向，屬剛強之字。

（4）「珊」：冊爲繩子穿過竹片，長短不齊，所以其性格不穩定，環境變異較大。

(5)「璧」：辟為辛刀乃指殺人犯之刀，故執法後成屍體即「尸」字，王者之法更強烈，雖然有刀，嘴利，但不是好的境界。

(6)「環」：上為目，眼睛睜得大大的在看衣服裡所藏之寶物，因緊盯而憋氣，較神經質。

(7)「璨」：歺為骨肉，又為手，下為米，有米有肉，又有手伸張，精米之食，尤其是王者之米更是高級，在人間生活不缺又積極外向，但其上下配字會有破格，需注意不可以單字做評斷，尤其元神才是占最大因素。

(三十) 米之精糧非擇之

(1)「粟」：原形非西之意乃雙手持黍，黍多水汁，豐收之意，有手持之，積極行事。對元神適合性較廣，但水中之質輔助力道沒有食米之質來得強。

(2)「粵」：米包在其內，以米倉之意，下為氣之舒暢，長氣之流通，有謹慎行事，不是一口氣哈出，絕非英雄氣短，乃多思考，發言緩緩而行。

(三十一) 八分未必一定分

(1)「八」：一左一右不相連，有分別之意。八九之意有久而不返之意，所以用刀來分，要九還原八，不至於一發不復返。

（2）「公」：其下之厶非眞厶，乃指口，古字宮。平分物品爲公，爲人中肯，不偏頗，有包容力。

（3）「分」：刀八組合，使物相別相背，各自爲一，個性爽朗不會拖拖拉拉，但一刀兩斷屬於理性主義，只是用刀之力須拿捏，否則傷人也傷己，要修練個性上的直快，藏鋒才會愉快。

（4）「典」：最初原形爲雙手持書簡，書簡穿繩一高一低，個性及環境都較不穩定，但有雙手在運用表有一技之長，手靈巧。

（5）「釜」：原形非金非刀器，乃指炊具，其下爲鑵字，瓦鑵上爲一個人的手在拿取蓋子，表示用此名者，其手腳靈活有一技之長，生活上無憂於衣食。

（6）「兼」：原形爲一手持兩束稻米，豐收之意。若配其他部首字形則佳，如濂、謙。濂爲在屋內執事，外有水來輔助。若配上元神、姓氏、配字，乃會眞的如魚得水。

（7）「異」：田共組合，共乃兩手在下舉手取物，上之田非眞田乃指鳥巢，雙手將鳥巢取走，使之與木分離。所以物之分開為異，但其手腳靈活，用在人名上與公司名上有很大差異。

（8）「與」：上兩手下兩手，物品傳遞授與，賜予之意。表示和諧、恭敬之性格，且雙手向上，承接物品，表個性積極。

（9）「龔」：此字形乃上為龍，下為共，共為雙手，拱手向上，有奉上之意，龍為天上物非人間用，有能屈能伸、隨意變化之特質。所以龍之左上方之「立」非站立，乃龍之皇冠、龍帽。

倉頡造字及歷代文字改革，從來不敢擅自將龍帽摘取，此乃人類的靈魂知道龍之強大，為萬物元神的最高指導，所以倉頡一開始絕對是遵從龍的指導，一定奉天國的旨意在造字，以藉大自然的力量行使在文字上，所以任何的文字都是萬物、生靈及自然的組合。

拆開來看，最原始的力量都來自大自然，接引著大自然的力量。一如你求神拜佛般接引著神佛的力量、磁場，只是來源不同吧！是一度、二度、三度還是天界的力量，各有束縛。

（三十二）登上山丘

（1）「阜」：阜爲往上爬上山丘，有土之質，視元神及字形組合。

（2）「陞」：升字爲量米之器，下之十爲柄，上爲斗之形狀，用以取米。所以十合爲一升，十升爲一斗。表示取米之器有食糧，但沿土丘漸進而上。若元神需補土性或四腳著地踏實形用此字佳。

（3）「陽」：此易非其他易字之形，「暘」字之易爲蜥蜴，而「陽」字之易爲日在上，下爲氣之舒暢往土上揚。有太陽高照萬物得以滋長、舒展。「揚」字之易爲日之上氣在下舒，與陽相同。

（4）「隅」：禺爲猴子，手腳靈活在爬山。

（5）「隆」：夂爲腳步行進，由後向前，土地隆起，行路不順暢，但阝爲山丘，需視元神配字。

（6）「隋」：用手取肉，此肉爲腐肉，零星不完整之肉，用手行之較積極，但非好的環境。

（7）「際」：上面字為用手取肉祭天，此肉在上為較佳之境界，為人亦積極，有專業，且受祖先保佑，行事較謹慎。

（三十三）亠部非頭，原形為要

（1）「玄」：像絲形狀，微小，而幺又有未成形胚胎之意，有撐不開的力量存在，配任何部首皆受影響。

（2）「亦」：人正面直立，兩手下垂，悠遊自在。需視元神配字，若為「奕」則佳，若為「弈」則平平，因為弈兩人才能行之，無法一人獨大。而奕字則一人獨大，不受拘束。

（3）「交」：兩腳相交，與人相會合，需視配字而定，無法單字形之。有利有弊，懂得與人協調，但多有絆手絆腳之情況。

（4）「享、亨」：原形皆相同，食物置於其中，有進宗廟祭祀之意。與郭字不同，郭之享為城廓外之小亭，中間有口井，兩亭相對。享字表豐衣足食。

（5）「京」：高丘之亭子，挑高而望，視元神而居此地，若為犛牛則佳，若不配其他字形力道不夠。名字需有高有低形成一個氣流，不能全部居高或全部向下。如同姓林又配木字邊之名字，此人行事不靈活，個性單直，因爲木字乃深入土中不會移動之特性，所以個性較木訥。所以單一個京字不會不好也不會特佳，要視命名者對元神的了解及配字能力。

（6）「亮」：原形爲「高」加上「人」，爲人所見之遠，不會短視近利，所做之決定較長久。新光家族吳東亮即是如此，思緒較明確，理性主義者。

（7）「卒」：爲替人洗衣、染衣者，其身上之顏色屬污穢者深濁之色，屬於被奴役者。若配其他部首字義，多受影響。

（8）「夜」：有月入人之腋下，昏暗不明。

（9）「率」：其中間爲幺字，絲繩網之意，下爲竹竿。所以用此字之人多受困，且綁手綁腳，不好施展。用在人名與用在公司名不同，一如怡之厶用在人則不好伸張，但用在公司名上則有保守穩健作風。

（10）「商」：其原形爲章與冏組合，有口居於內，屬沉默之質，不誇張、浮華，謹言慎行之人，但很有二把刷子。

（三十四）冫字爲冰之凍結形

（1）「冰」：原形爲冫，水堅硬凝結寒冷，視元神而用之，白冰冰元神若似北極白熊，很適合其環境。

（2）「冶」：其原形爲冰山溶化之水，有融合之意，非厶之原形，別誤用。

（3）「冷」：令爲古代君王所傳達有不可抗拒之意，加上亼口向上，善於發號施令，其口令如冰之堅硬森嚴，不可冒犯。

（4）「馮」：冰上行馬不利於行，過於猛烈不利煞車。

（三十五）几部，端視主體之意

（1）「凡」：乃中夾一橫，有不透氣之質，中間橫一物更無法透氣。

（2）「凰」：皇爲人之至尊，人大天大地大，人君爲王，戴皇冠故爲皇，其外形几本無，只有單一個皇字，屬剛強之字。

（3）「鳳」：原形爲鳳凰戴鳳冠，其几字爲后冠，鳳爲天上物，剛強之質。

（4）「凱」：原形爲鼓，爲勝利還軍，敲鼓以示慶祝，有歡愉之意。本無几字在旁，與愷同。

(三十六)刀為利器，運用須得宜

(1)「別」：刀在割骨肉，表有利器，及有得吃食，但含有分解之意。

(2)「利」：刀割禾，豐收。為人積極外向，如莉字亦是如此。

(3)「剛」：岡為網子，撒在半山腰上，刀有斷網之質，山腰多直峻之地，所以強而有力，帶山與刀之質，其野心不小。

(4)「創」：其左非倉字，乃兩個十字，像是刀入盔甲之裂痕，血肉迸出。表此刀之大，所下之力重，屬大刀闊斧、強勁有力的行事風格。

(5)「釗」：刀的金屬聲，要視元神配金字，若屬溫和型動物元神，加上配字、姓氏，那就有使不上力，憑空畫刀之質。如「初釗仁」姓名之組合，初為縫衣人，有仔細之質，仁為竹空心，直而忠厚，所以其刀只能拿來削竹子、當縫衣針，無法流通氣息，過於單直。加上元神無力，非凶猛型，此金刀只能藏而不用，傷身而不對外，煞在內不在外。非所有帶金之質皆會流露在外，但剛煞之質跑不掉，只差隱性或顯性。

(6)「劍」：僉為亼口向外，下為眾人之口，集合多數人聲音，表示有志一同。而劍之原形非刀，乃金僉組合，表人帶兵隊，前爲王公將相所以佩劍，後爲兵卒只有一般兵器。這金屬乃強而有力，善於口才，集眾人之力，金有掌權之質，名中有劍之人，若搭配得當則力量龐大；配不好則剛煞之質。

（三十七）以力行事，多辛勤

（1）「力」：像人形之臂膀，因爲用力而拉筋，緊繃。

（2）「功」：工爲矩形，用以畫界線，有凡事必符合其界定者之意味，容易與人劃一道界線，加上用力之至，個性上多緊繃不易放鬆，較勞力。

（3）「助」：且爲祖先有俎上肉祭祀之意，其形又像墓碑、神主牌位，接引不利的力量，與宜字相近。其下爲一隻手，非力字，表示較積極行事不退縮，但需配上下字及元神才能發揮，不能以單字視之，因爲元神即姓氏會有破字之格局，無法以一概全，解名字之時要環顧全局，不能以一字定全部。

（4）「勁」：巠爲地下水，具有向前衝之質，其力非眞力，古文爲弓形，象徵要撐開。下之工非眞工，乃土字。有土有水，此字需視元神而定。

（5）「勇」：原形爲手持械，氣勢旺盛以對敵人，猛力之質非力字在內，是一隻手向外，善於對外。

（6）「動」：原形爲田東組合，完全無力字，農人耕種乃是日出而作，故旭日東昇，有勤勞之質，踏實在田裡耕作，有一片田可食，但東又束住之質，字有一體兩面，好的一面乃指辛勞耕作，而有收穫，另一面會被束於田中。

（7）「勢」：原形爲執組合，並無力在內，乃人持木種入土中，其左邊字草木自土裡長出，有雙手靈活，草木生長之意。若元神爲草食性居木形更佳，善於對外，個性積極。

（8）「勤」：堇爲黏土，施力於黏土上，當然肌肉容易緊繃，得全力以赴，無法輕鬆取得。不利於人之字，但公司行號則另當別論。

（三十八）框住寶物，框住個性

（1）「匡」：匚王組合，只草木亂生，雜出不一，所以用一個匚字使其一致，匚有藏物之意，較一板一眼，重規矩。宋太祖趙匡胤，加上胤字，八幺肉組合，其行事手腕相當嚴厲，且骨肉分明，才會有杯酒釋兵權之典故。

（2）「區」：眾多物品、器具藏而不露，行事保守。

(三十九)一橫一豎天與地

(1)「十」：古文爲一豎，直立，天地間站立，較單直，有合的意味。

(2)「卉」：眾草盛出，適合食草性族群，但配其部首較佳。

(3)「直」：目光直盯前面而視之，十目乃眾人之眼，盯久了會憋氣，爲人謹慎、小心，血壓容易升高，不易放鬆。

(4)「南」：容器，盛米酒，表豐富。故華南銀行在金融界佔有一席之地，表有財庫。

(5)「博」：寸爲手持木枝，甫爲菜田，十爲菜田廣大，表示人間生活有一片田地，若能在名字上配以水質則更加。爲人較積極工作，至少有一片田地。但視元神是否合適。

(四十)屈居而行爲吃食

(1)「卸」：原形爲卩午組合，卩爲人屈居之形，午爲舂米的杵，表示有食糧，名字上若再配以禾、菊或秀之類字則佳，表有財庫，不會白白出力在吃米。

(2)「卿」：王侯卿相在君王宴客時，兩人相對就食之狀態，此時乃豐富之財，但較辛苦，需屈居而食。

（四十一）崖邊險惡，因物而異

（1）「厚」：乃享字相反，表示由上賜予下享用，有得吃食，所以厚愛。但其上爲厂，指崖邊，表示環境較險惡難行。

（2）「原」：水出自崖邊，泉爲水源之出處，故源源不絕，有飲之不絕，生活較安逸。

（3）「雁」：人隹組合，指雁鴨合群，能守秩序，但雁鳥爲候鳥，南北紛飛較辛苦，且鴨性較硬。善飛、耐勞。

（4）「厲」：萬爲蠍子，帶有生生不息之質，蠍子子孫眾多，且手腕俐落，螯尾皆會刺人，生在崖邊的蠍子更犀利。

（四十二）口部之意因內字形而異

（1）「因」：一般人多配草字爲茵，但因原形爲人躺臥於蓆之形，人穩而臥，不利於行，有停止之意，動能不佳。

（2）「圃」：原形與甫相同，爲菜田之意，有一片田地，食之安逸。

（3）「國」：戈口組合，有人民群眾之組織，表示其善於說話、對外。

（4）「圍」：口四繞而不透氣，動能無所發展。

（5）「圓」：口員組合，員乃鼎口之圓，有鼎乃有貨物可裝，有財庫但不透氣，較無法施展。

（6）「圖」：規劃事物但欲求萬全有所艱困。

（四十三）女子之行

（1）「奴」：又爲一隻手夾著女子，女子不斷用手操勞，雖有手腕但不是爲己。

（2）「如」：口出之命令，女子必服從，其口非自身之言，且女字多有膝伏而坐之形，只能順應別人的聲音。

（3）「妃」：己爲屈居之畏縮形，加上女字亦是，動能兩邊都施展不開。

（4）「妞」：丑爲人拳形，表示此女子手中持物，用手將線弄斷，有爲所欲爲，愈難以馬上行事之意，行事強而有力。

（5）「妹」：未爲樹枝之末梢，有木有樹，若爲鳥類元神則佳，如張惠妹。

（6）「姍」：眾多女子用此名，但冊爲起起伏伏不穩定之質。

（7）「妮」：此字女子亦多見，尸爲屍體，人之身體，用匕首剃髮爲尼，但尸爲不動之質，有匕首也不佳，雖然有利器向外，但其動能不易施展。

（8）「姿」：欠爲哈欠，氣方出而連二次的哈欠，表示不透氣，氣之逗留，難以出頭。

（9）「姫」：臣爲屈居之勢，女子屈居並低頭向下。

（10）「娜」：原形爲女厄組合，厄有狹隘行不通及屈居之形，單門單戶，較兩全其美，厄爲屈居，厂爲懸崖。

（11）「娥」：我爲斧兵器，女子持斧頭，表其善於表達自己，外向形，但女子爲屈居形。

（12）「婉」：此名亦多見，多爲屈居不得施展被覆蓋之動能，配女部首，更爲屈居，但能有女子柔媚之質，若是草字之菀，則被覆蓋得更嚴重。

（13）「媢」：眉飛色舞，善於取悅於人，且眼目之明，行事理性，可惜配女字邊，有屈居之意，若爲水字邊則佳。

（14）「娩」：囟爲兔頭，比爲鹿身，兔鹿相近質，但有相較量之意，有比美匹敵之意。

（15）「嫣」：焉爲黃色大鳥善飛，尾長，帶有大鳥之質，但受女字邊影響。

（16）「婂」：常爲純字之原形，有草木初生之質，但有絲線捆在內，而巾爲善於分辨，理性，但有女字邊之質。

（17）「嬌」：乃居高而曲，所以驕傲。加上女字旁，則不利伸展。

（18）「嬪」：ㄆㄧㄣˊ，此賓與單字賓不同，而是屋內女子屈居以服侍客人，有止在下表客人腳步至，有屋覆蓋，屈居於內。

（四十四）赤子之心

（1）「季」：禾加子之組合，有幼苗尚未成熟，加以照顧，亦表示其帶有孩子一般的純眞個性。但有禾在表示有一定的食糧，需視元神而配。

（2）「學」：兩手在左右扶持，中間之爻以做約束，冖爲覆蓋，表示看不清楚，有子在表示有孩童的純眞。

（四十五）尸同屍，不利伸展

（1）「居」：其尸之下非古字，原形爲一人手張開，直立於地上，屋下棲身之地，但有尸字形則不佳，爲躺臥之軀，不利施展動能，且人立而不動，動能不佳。

（2）「展」：尸在上，人在尸之下原地打轉，忽屈忽伸有不適應環境的意思。

（3）「屛」：并爲二人並立，同向而行，有順從之意，其上有尸不利伸展。

（四十六）工之器，以定規矩

（1）「工」：施工之器具，行事要求合乎其標準，用以畫界線，量方正之形，較一板一眼不圓潤。

（2）「巧」：丂氣之舒出，表示用此名者，屬個性坦然，氣舒自如，不會憋在內心中，但較注意自己的感覺標準，與人相處有一定界線，不是聚財的字形。

（3）「巫」：冂玉手組合，其左右之兩人非人也，乃雙手持玉，表示用此字者，有一技之長，個性外向，不是內向畏縮形，較不透氣的個性，有玉在其中會較受折磨。玉本爲美，但質地堅硬，玉在心中磨，當然內心會有一股莫名壓力，因元神而有強與不強之分別，但都屬內剛形，若硬和其鬥，他即使外在環境表面輸，但內心永遠不屈服。

（四十七）恭敬有禮之形

（1）「布」：上面字形爲手持武器，下爲巾，整理得有條有理，善於對外。

（2）「希」：字形上方爲交錯紋理，若爲強勢形元神則善於佈局，受網羅機會較少，但若爲弱小元神則易受困，巾者條理分明。

（3）「帥」：巾阜組合，有山丘在其左側，緩緩上升爬行，若屬適土性元神則佳，「巾」理性主義者，不會衝過頭，條理分明，個性上不會有猛烈之舉動。

（4）「師」：爲臣形，非阜形，行事作風保守、恭敬。臣者屈居身而拱手之形。

（四十八）瑣碎紛雜難理清

（1）「影」：原形爲景字，登高山觀日出，有適與不適之元神區別，若名字及姓氏中已含有高地之質，則不要再用此字。

（2）「彩」：上爲一隻爪子，下爲木及果實，有擷取果實之意，表豐衣足食。但右邊爲彡，細毛之多，雜事多，但在人間生活上表示有伸展空間。

（四十九）思之長遠，謹慎而行

（1）「征」：彳爲小步行走，正爲腳步停止，正直而立，行事及動能較緩，小心翼翼。

（2）「律」：聿爲手執筆，掌握得很好，善於讀書，彳有小步行事、仔細推敲、抽絲剝繭。不適合從事業務工作，但配字及元神上會有破格。

（3）「徠」：來爲麥，表示有財，人間生活不致貧窮，較踏實而且堅挺之質，彳會使其小心行事。

（4）「復」：上面字形爲盛食物的器具，下爲夊，而不利於行，來往頻繁爲食物而張羅，但有一定的財物在，只是行事作風上較保守緩進。以前有位歌星「李建復」即是這個典型。

（5）「徹」：原形爲手鬲組合，鬲表示食器蓋好穩穩的，一隻手在側欲取食，表有一技之長，且有財庫，此爲特殊字形，不看原形是拆不開。

（6）「衡」：角大行之組合，行爲十字路，人的步伐會趨緩慢而猶豫不決，會有徐步疾趨之特質，角爲尖銳之質，牛角橫於路口，不利於行，個性兩極化。

（五十）解部首之意

字形的拆解，除非有特殊字，否則一般的解字皆由部首讀取，再由已了解之字根去組合，方能讀出，其所接引之大自然的力量屬於何種性質。

造字的原理，皆藉萬物生靈及大自然的力量，所以字根爲象徵的形態，不外乎山川雷電、鳥獸百靈、動物及自然生態、人的感官身軀，所以對部首要有充分的了解，雖然有些字並未如部首所釋現，一定要看初始的形態才能解開，否則形變後字體，其原形已被掩蓋，難以看出端倪。如字面爲火實爲獸足，非帶火之質。

此處論及之說文解字，只提供一些基礎概念，可讓學習者去發揮，最重要的是天眼境界中的老師，一旦你有解不開，無法靈活運用並舉一反三時，別忘了最貼切的老師南無　聖上無極彌勒天皇，及南無　聖至無上彌勒觀世音皇母，隨時可以請示教導，當你正信度愈夠時功能會愈靈活；愈猶豫不決時，如同行走在十字路口會「當機」無法行進。

切記，文字只是表象，動能才是眞理，不可以著在文字象，因爲一個字的好壞，皆在使用者的匹配，及元神的補足，要看前後，絕不可以斷章取義。在此的部首介紹，就是怕使用者會著相，所以再三提醒，切記切記。

（1）「龜」部：水中物，甲殼堅硬，會憋住。

（2）「龍」部：天上之物，非人間物，能屈能伸，凶猛性元神，能細能巨，能短能長，春分升天，秋分潛臥。

（3）「齒」部：上爲止部，帶有腳步不移動之質，下爲張口見齒之形，伶牙俐齒，見物開咬。

（4）「鼎」部：三足兩耳用以炊食，表示食器，財庫之質。

（5）「鹿」部：食草性，溫順，聽覺、嗅覺敏銳，很會走，但有兩隻角會有一點小脾氣。
（6）「鬲」部：烹飪器具，三足而立，完全的象形字。
（7）「鬥」部：兩人面對面伸出雙手在打架。
（8）「馬」部：溫和善走，草食性，若受驚嚇則舉足而踢，往前直衝，不知剎車，奔馳而去，做事有「馬上」行事之急性。須與元神相配合，若元神為溫吞緩慢之性質，會形成拉距，交擊在內心。
（9）「食」部：倒口亼為上，善於說話，下為食器。
（10）「風」部：風動才會生，所以風字為密不通風，內有虫之屈形，虫由風而化，實不透風，憋住。嵐字即是借用此意。
（11）「頁」部：人屈跪者，頭向前。
（12）「音」部：口中含辛刀，辛刀為處罰犯人之刀，所以利口。
（13）「韋」部：二物相違之形狀，與舛同，相背、不順暢，身體亦會不佳。
（14）「革」部：左右兩手在剝皮之形，中間為獸角、牛的足和尾，表個性也帶牛角性格，質硬，而手利。

（15）「草」部：上爲草木之成長，中間爲日，下爲氣之舒平。

（16）「尙」部：以物分人，上面字形爲八，乃分物，下口爲物，表示中肯，不會斤斤計較，所以「堂」字更明顯，連家產都願與人共享。

（17）「非」部：鳥飛得很快，以致看不見翅膀，行事速度求快。

（18）「靑」部：丹爲石頭砂粒之井，草生在此井邊，缺水。

（19）「隹」部：短尾鳥。

（20）「門」部：二戶相對，門裡多受困。

（21）「里」部：田土，土直而立，個性土直。

（22）「釆」部：獸足形，利爪，伸手得食。

（23）「酉」部：酒器。

（24）「辰」部：東方發白，天微亮即起來工作，兩手剝蛤肉形，雖然肉身並未如字面一大早起床，但象徵個性不會拖拉，需勤勞工作才有得吃食，但不會餓著。

（25）「辛」部：曲刀，行使在有罪之人身上，爲利刀。

（26）「足」部：人之足在下，膝止不動之行，足止不行。

（27）「走」部：人的手搖搖擺擺，搖手投足以進，屈足而行，下爲止字。

（28）「赤」部：大火。

（29）「貝」部：兩貝打開之形，質硬、堅實。

（30）「豸」部：長脊猛獸形。

（31）「豕」部：豬形。

（32）「豆」部：食肉器皿，上有蓋。

（33）「谷」部：上爲半水字形，下爲出水口，牛羊馬群滋養在山谷間，谷的容量大，無水之處爲谷，有水爲谿。兩山低窪處之水道，進退維谷。

（34）「言」部：口中含刀，直言而出，爲己說話。

（35）「見」部：人張目而視。

（36）「襾」部：夕陽西下倦鳥歸巢，鳥之巢穴。
（37）「襾」部：ㄧㄚˋ有覆蓋之意。
（38）「衣」部：衣襟在上，左右覆蓋，以物蔽體。
（39）「虫」部：頭向上身曲形，無椎可挺直。
（40）「虍」部：ㄏㄨ乃虎形，所以「虔」爲虎走得很穩。
（41）「艮」部：ㄍㄣˋ爲怒目相視，與人較量。但良字則爲獨木橋非此意。
（42）「臼」部：舂米器，內凹形。
（43）「臣」部：人俯伏而目豎，屈服之形，呈跪拜拱手，兩腿束住。
（44）「聿」部：執筆書寫。
（45）「耒」部：ㄌㄟˇ曲木形耕具。
（46）「羊」部：羊溫馴，大吉羊稱祥，受豢養，其角短不利於戰鬥，祭拜皆以羊不以牛爲主，所謂「羊丑」乃持羊貢獻，所以稱羞，美好的食物叫珍饈。

(47)「糸」部：線的兩股相糾結，束絲形。

(48)「立」部：人正立不移之形，沒有動能。

(49)「罒」「目」部：此兩部首字形、字義常交叉互換使用，如罜字，看似為罒字，實為目字。

(50)「疒」部：其左邊為牀字，省木為爿，人臥病在牀之形，剖木中分為牀。

(51)「又」部：為手形，攴為手持樹枝，殳為手持長杖兵器，攵亦為手持樹枝，有此在內之明顯字形，皆表手很能伸，積極伸展不畏懼的個性。

(52)「爪」、「爫」、「釆」部：亦為利爪，同於又部之意，善於採擷，善於身手施展。

(53)「夂ㄓˇ」、「夊ㄙㄨㄟ」、「止」、「疋」、「舛」、「韋」部：皆有不利於行，如正字，下為止，即腳足停止不動。

(54)「卩」、「邑」、「臣」部：皆有曲束形，有好有缺，看元神的動能而定，沒有絕對性。

第三章

名之將取欲看動能

第二章　名之將取欲看動能

水的流動要有高有低，否則將形成一灘死水，靜止不動，相對人的名字亦如水之流動，一定要形成動力才能運轉，只是動能呈現，並不只是日高水低，像方與圓也是一個太極之式。張姓之「弓」配智之「矢」也是良好的搭配，動能的展現不要太狹隘，可多角度觀之。

因為我們的靈魂是活的，如同氣場，一定要呈一個蛋形在流通，否則會氣滯不通。為什麼有些人會莫名的疼痛，即是這個原因—氣結，再高明的醫學也解決不了。

相對練玄宇功，也就是在打通這些氣結的地方，並解救靈魂，相信練過玄宇功的人都知道，那種通體舒暢的感覺，是你睡一百個小時也無法補足的能量。

因為玄宇功乃在解開我們肉體上的束縛，雖名為氣功，實為生命中最重要解開ＤＮＡ密碼的元素。

換個角度看，肉體受地球牽制，人在三度空間始終跳脫不開三度空間的壓制，地球的萬物生靈，即使連一顆小石子、小細胞、小蟲子皆受此影響，只因你活在地球，故你此生之姓名，乃此世所使用，會隨著今生的累劫，在你落地時接引而來，生命基因缺少什麼，或與什麼相糾纏，自然會與那種萬物相接引，而在姓名中自然而然的呈現。

於是有了種種不同的性格呈現，個性、行事風格等，皆在姓名中悄悄的透露，因爲什麼質能就會接引什麼姓名，除非經高人指點，將束縛在身上的雜質拔除，才能解開姓名的綑綁。姓名中最重要的是動能，如同太極一般，使之生生不息的旋轉。

如「陳水扁」，「陳」乃旭日東昇，爲高之象徵，「水」乃向下流，順勢而下，一高一低之組合，使其龍之本質飛躍在天。雖出於寒門，始終一路攀升，加上陳家的一片天（旭日東昇），所以飛龍在天，符合元神的動能，又在名字中有流動力，故其不論在哪一界道皆能成爲佼佼者。

這是取名的第一個重點，要把生命動能解開，而不是取一些風花雪月表面美美的文字，或吉祥如意的名字。如同老一輩的都喜歡取一些安逸形名字，如添財、進源、秀菊、美秀、平和、富順等，使用這些名字的人，皆會過著安穩踏實的生活（元神、姓氏暫且不論），經濟上不虞匱乏，也不會有大風大浪，但就是缺乏動能，其人生如同水上行舟，不知前進，忘了生命的眞諦，過於安逸。

就如守在米倉旁一樣，天天只吃一個口味，食之無味，相對遇到狀況發生時，就會無法招架，如同一灘止水無法流動，任人倒入染料，抗體比較不夠。

人的生老病死中，病就是那缸染料，安逸的人沒有流通排除的能力。三度空間對二度空間的壓制，就是讓你不痛不癢，毫無危機意識，爾後再咬你一口，等到你因病被逼時，才會有推進力，那又何苦！能在孩子落地時爲其解開束縛，在年輕時替自己突破障礙，不是更好嗎？何苦多走一遭，痛心疾首之後才在吶喊。如同預防重於治療，能及早避免與防範未然，切莫等事情發生才後悔莫及。

別以爲身體上的病才是病，心病不是病，生活中多少柴米油鹽醬醋茶的問題，皆是莫名的束縛。許多人常說「我的運氣眞背」，先分析自己的名字即可知，是否適合投資，或可託付重任予此人。

如一個人名字中三字皆是木時，可知此人木訥不具野心，心耿直，如「陳柏松」之名，市面上頗多，也表此人不會侵占他人財產，屬不動之質。因木乃植於地不會移動，較單直，陳也帶木之質，且多所束縛，這樣的人缺乏潤滑，名中最好補其元神所缺，有木需有水有日有土，這樣萬物才能滋長。

（二）太極之勢

先看元神，如同鳥類，愛歌唱之質的小小鳥兒，用於姓「呂」與姓「洪」，元神若相同，但取名時就無法一一套用。

姓「呂」的鳥兒已有口在舒發，卻不見高山水長。姓「洪」則無口可舒氣，但有一灘洪水，所以要補其高點及張口歌唱之質。姓「洪」者其名可使用「悅翎」，而姓「呂」者則無法依樣畫葫蘆。若為「呂悅翎」則缺一個能動的武器，同元神還是無法共用同一個名字。只因生命元素不同，因呂為雙口，悅又為開口，本已有口何須多此一舉，所以不適用。

因為洪為水，水向下流，翎為展翅高飛，所以一上一下形成太極，動能流通。對一隻會唱歌的鳥兒而言，自主能力較佳，而且鳥兒張口即吃食，表示在人間可自食其力，賺取其應有之財富。

如「林洋港」名中就是水過多，有林有水，卻無上昇之質，其層級有限，無法更上一層樓，且這片森林水過多，還好其元神若似大象，愛戲水，若元神為天馬，則載浮載沉，生活不穩定。動能不流暢時，到了一個極點就會受阻礙，無法突破，如同水一直往下流，若無法蒸發向上，不斷循環，怎會流通？造物者，冥冥中早已安排，這一點人們始終悟不開。

（二）響亮之外要好聽

名字的音頻也要順口，不要有諧音，如「書偉」之名，輸在尾巴，輸了又萎縮了。身體當然不佳，尤其成年後要靠自己去行動時將更明顯。二十五歲之前在父母的庇佑之下都是茶來伸手、飯來張口，不須靠自己的力氣時較不明顯。

一如「偉成」乃眾多人取此名，若姓周，其閩南語之諧音有「做不成」之意，當然身體不佳，自小體弱多病，不易成長。若等到成年才改名，木已成舟，能改的只有後半段，生命在渾渾噩噩中已渡過數載，人生不能重來，若能及早改正，解開束縛，才不用在事後補強，事倍功半。有如樹苗於幼小時已扶正，就不會長得歪七扭八。

（三）鬆綁之力

有束縛的字不要用，尤其是針對人名，如糸字旁，不是強大元神者，於生活上活動力上多受糾纏，尤其是女孩子，於成年後更明顯。

如「素雲」爲常見之名字，女子用此名於婚後多辛苦，做父母的只能照顧子女前半生，後半輩子就得靠她自己。嫁入夫家後，父母只能說「嫁出去的女兒潑出去的水」撒手不管，就算要插手也無能爲力。尤其是鳥類元神者更爲明顯，因爲元神能力較弱，不若強悍之元神，可破繭而出。

如「麗」字，名喚「麗華」者滿街都是，其感情及婚姻之路，多要承擔家庭重任，不管儷、麗者皆相同。如麗紅、麗卿、麗娜，這些配字皆薄弱，動能補足力不夠。

麗已是二山壓頂，若加上華，花弱無力，如何扛起兩座山，若是配上剛強之字，如馨則會破格而出，因馨爲（殳香声）之組合有強勢之格，其所展現的力量爲香，有黍米可食甘口，表示其人生路上不會落入貧窮。而（殳）爲手持兵器，強悍之姿，善於對外，而（声）爲鼓磬綁吊著，磬爲堅硬之質，故能頂住麗之兩山，但本質上還是帶有兩山壓肩之質。

命名、解名要多注意前後相配，動能是會互相影響。如金爲剛，但加美爲羊之順從，則破了金之剛強，名叫「美金」的人，就不會是一臉煞氣。要鬆綁的不只是字面上的配名，還要注意姓氏上的綑綁。如「陳」姓，有東束住，在姓名上就要配上一個利器，如又、寸、攵、刂、言、戈等工具，以解困。

如「陳睿謀」其名字中有言字，言爲（辛刀口）組合，恰巧可將「陳」家之束縛解開，他以能說善道之口才，在職場上受到老闆的重用。至少他在人間道上有一定的領域及收入，有刀砍木，不至於匱乏。

有木有土之時，別忘了要補個水，因爲這是大自然的生存元素，道家常講的五行金木水火土，是取之於大自然的結構與元神相同，只是人類不了解其眞正的本源，而以經驗法則在拼湊，碰巧矇對了則認爲應驗。

因八字只是去頭去尾，取中間質，無一完整性，沒有辦法看出整個大局，有時候恰巧累劫的束縛在此，正巧應驗，但還是無法透視整個元神、靈魂，況且靈性會保護自己、會僞裝，甚且累劫業力會覆蓋在外，不用龍嬡命名術是無法去蕪存菁，無法拔開雜質。**南無　彌勒天皇的拔渡業力是最重要的一個環節。**

金木水火土取之於大自然用之於大自然，元神也要適應這個大自然，但也不是每一種元神皆需有水之字，只要能解元神之束縛，配合元神之手腳伸展，輔助動能即是最佳。

另一個束縛在姓名學中，即是對元神的環境，及功能特性加以配合，如魚一定要得水，給個木字，鐵定是木魚，僵硬不柔軟，配上土則過於乾涸，魚缺水時則會蹦蹦跳，難以呼吸，當然其身上的水氣也不易排出、凡事不順利，會淤積在內成爲廢水，況且大自然中，萬物的滋長，最好有木、草、土、日，但還要依元神的種類及姓氏相配合，而不是一一套用。

如宋楚瑜的太太陳萬水，動能看似不錯，「陳」爲阜，乃山丘地緩緩高昇，雖然有東之束縛，又旭日東昇於木之後。「萬」爲蠍子，較陰寒之質，螫利尾刺，東字的上下束口，早被剪開了，且手腕高明（蔡萬霖、蔡萬才亦如此）。

「水」爲順勢而流，低下之勢，能柔能剛，水刀爲剛，又有日與之相對合，水蒸發而後上昇成水蒸氣，聚集成雲，形成一個循環，意即太極之勢，自然循環，所以你看她的氣色絕對比連方瑀佳，而且外形圓潤，她本身所接引之質就很流通，即使面臨壓力，她仍泰然自若、迎刃而解。

雖然「陳萬水」這個名字是剛強之質，表面上沒有美美的字，且萬字較不是正面性的動物，但依動能及束縛力而言是個不錯之名，若萬字用其他有利器之字取代會更佳。此名只是個例子，作爲解說之用，不可一一套用，況且字中含水之質的字頗多，各位要善用。

替元神找個最佳環境，尤其是新生兒，能在他落地之時，爲其解開累劫的雜質及束縛，使他走在生命中已安排的劇本中，就不會那麼辛苦，跌跌撞撞後才在問為什麼，本該有的財富才不至於被劫財，也不會莫名接引一些無妄的災禍。

在成長過程中去避開一些雜質，不要等到雜質已發生了，木已成舟，再改名則無法挽回已失去的一切。如內臟已割除、手已斷、身體之機能喪失、已中風四肢無法自由活動，希望透過改名把中風的身體治好，將已斷的神經接上，只是緣木求魚罷了！

已發生之雜質定要拔除，日後的阻礙當然要移開，才會使你得以伸展手腳，才有能力賺取該得之福份。透過南無 彌勒天皇拔渡，撥開並掃除生命中的巨大障礙物，將大事化小，小事化無，經歷生命中之劇本。改名並非讓你一輩子什麼事都不用體悟，在人生的道路依然會有小坑洞、小石子，需要看清楚，將你的腳抬起來跨過去，才能從生活中得到智慧。

就如麗紅或麗華，她們的感情、婚姻、家庭責任一定是由其承擔，若能在婚前避開，解開束縛之力量，婚後自然就不必如此辛苦的一肩挑起全家重擔。若已婚者，還是要解開束縛力，才會有力量挑起家計。並非已發生之事就無法可解，可從姓名中補其所缺之質能。

如同遇強盜被綑綁住了，若沒有救援，解開繩索，你的靈性就被綁在那兒，肉身無法感受靈性的受困，但無形中肉身就會呈現處處不順利，一肩挑起兩擔之重責，今生不解來世還是帶著，此與累劫所帶之質有關係，意指累劫早已接引此力量，所以在今生的名字中呈現，提醒你、暗示你，也是靈性在求救。否則就像滾雪球一般，累劫帶著，一直累積，何時解開他就何時回歸。

故命名時要注意姓氏上及元神的動能，為最大重點，不經天國的最高引導者，若一般職級或一般人，是無能力透視他人之元神，單憑字面更是無法看出其潛能。

如兩人名字相近，由字面解其性格、動能相近，但實際上體型及工作層級，卻相差甚遠。一為「林慧如」，為某電信業之高級主管，而「林慧怡」只是服務員。兩人年齡相仿，體型差異極大，且能力及財帛上亦相差甚遠，乃因元神不同使然。

林慧怡之元神為水中魚，所以名中並未補給魚所需之生命元素，在森林中的魚，當然沒有適當環境可以發揮魚之潛能。以林慧怡三個字對魚的動能而言，是坐不了主管之位，且慧字之雙手已被怡字給破格。

而林慧如的元神爲大鳥，快狠準，爪子銳利，她就能管得了眾多屬下，加上「慧」有一隻手二枝掃帚，其可橫掃整個辦公室，加上女口，是聽人發號施令的順從之口，所以她懂得說話和與主管相處，也懂得應對，又不會吃虧受人欺侮，鳥在林中，當然適得其所。

其「慧」字是表情與個性皆一樣，直掃無遺，因其元神凶悍，拿掃帚當利爪，元神環境又配在姓名中，故其掃帚之有力，掃得開。由此看來，不知元神，就不知受困的力量，不足的地方，所以一般人只能矇對，矇不對就會中彈下台，自砸招牌，以至於許多算命者，心中老是存著爲什麼，總有無法突破的盲點。

此乃生命的眞相，元神潛能的眞理，不是一般算命師不準，是他們不懂得生命的眞義、動能、靈魂的出處，及物競天擇的原理。想深入了解者可參閱彌勒金剛經、彌勒心經、彌勒蓮觀系列，闡述得十分精闢，是天上難得釋現下來，爲人類開啓智慧的精華。

(四) 最高命名

天國的法名，乃是永生永世之名，若非經由南無 彌勒天皇親賜，是無法取得。亦是個人永生永世適用之法門，若有機緣得賜法名時，可要珍惜，此乃千金難買，代表著你在天國有一席之地，且永生永世與天國連線，所接引的炁場之強，勝過任何空間。

一般人若不經南無　彌勒天皇引導，是無法突破三度空間，因地球外圍有一個三度魔界的魔障籠罩，想突破這一層，單憑肉身是相當困難。當你有幸得天皇親賜法名，可要明心見性的看待自己，莫辜負天皇的一片苦心。珍惜法名，如同靈魂生命，莫因一時的起心動念、情緒而喪失，此乃勝過任何人間之財富、珠寶、鑽石。

肉身會因死亡歸於塵土，金銀珠寶帶不走，唯有法名及天皇開光過之物品，才會與你的靈魂、元神相隨永生。天皇開光之天珠，非一般世俗之人眼中的石頭，其力量是無窮的，乃是注入了龍氣，非一般之質。相對的法名亦是至高無上，永生永世以相隨。

俗名只是此生此世所使用，來世已有不同的名字。你還記得前世叫什麼名字嗎？就算知道也毫無意義，今生你已是不同的身分，身上的代號也不相同，束縛亦不同。你還要生生世世更換不停嗎？最高的龍𡾊命名術在哪？細思量吧！其中涵義頗深。

（五）觀名在望

社會新鮮人，離開校園、找工作，一定以大企業知名上市公司爲考量。常聽到一些初入社會者，才上班幾個月就猛抱怨，公司制度嚴謹、保守，或是剛進去不久，公司即倒閉，或公司債台高築，搖搖欲墜、風聲唳鳴、朝不保夕，隨時有被裁員的可能，如何安穩上班呢？

此時龍巃命名術可成爲參考指標，以下例子，教導讀者如何舉一反三。字是活的，若以動能角度來看，即可靈活運用，若以文字相解釋，則會屢拆屢錯。

適用在人身上的文字，未必適用於公司行號，適用於電子業者，未必適用於銀行業。

以下例子，以供讀者作爲找工作判斷之參考。

（1）燦坤：老闆名亦喚燦坤，所以行事作風很大膽，只要合他胃口的，他會不顧一切的投資下去，其門面、賣場都是大手筆，員工不如台塑般的保守，作風如風雨雷電般的激烈。從「坤」字中即可看出他不是保守派，因坤爲雲層中的閃電，經營電子賣場非常適宜，回饋員工之獎金也很大方，燦坤如閃電般的竄紅。

行事作風相當大膽，他可以不客氣的登報批評宏碁。若個性、作風積極、有衝勁者，進入此公司會如魚得水。

（2）宏碁：老闆施振榮，一看公司名字，即知保守派，不會太揮霍，反而做得長久，基台穩固，不適用於人的（宏）字，用在公司名中則頗佳，因公司的營運，要懂得拿捏，不可衝過頭，資金運用才留得住，一看宏字即知其手肘不會亂伸，會緩緩的往內撿來放，要他拿錢出來會較慢，但一定做得長久，如果你是屬於保守型的人，需要一份穩定的工作，此公司絕對合適。

但宏碁就無法與燦坤合作，因爲兩者的行事作風相背，一個大膽一個保守，燦坤哪受得了躡手躡腳的夥伴。但宏碁就是能坐得穩，財守得住。

（3）統一企業：糸字旁不利於人名，用於公司行號卻很好，因爲線是綿延不絕，而充又爲孩兒持續成長，表示會愈來愈穩健，統一超商在設立初期，不是賠錢硬撐嗎？但現在遍佈全省，街頭巷尾都有其蹤跡，早已成爲你我方便的好鄰居，而爲超商界的龍頭。

（4）台達電子：台亦是往內縮，所以其財物及公司管理上一定很保守，交易條件很嚴格，不會有現金交易，採購一定是層層關卡，一關一關的殺價，貨款票期較長。

由「台」字來看，即可知此公司會守財，所以不重視門面，絕不會像其他公司盡是富麗堂皇的裝潢，員工也要學會保守的心態，不必抱怨薪水調升少，因台字爲內包，財往內鎖住，不會浪費。「達」字爲緩緩而行，表保守，但又是一隻大羊，所以不容易拿出去分給別人吃，卻又很能賺錢，因（羊大）！

社會新鮮人，找工作所要考量的是什麼？公司穩定會賺錢，若保守升遷慢，薪水不會調升太多，則須評估清楚！然而魚與熊掌是不可兼得。

（5）台南紡織：台爲行事保守，但很穩固，南爲有蓋之罐子，表財庫，裝得滿滿，有錢但很保守，若你是滿腦子新觀念，想好好衝刺者，可要細思量。

相對「華南銀行」亦是如此，華字表示眾多花瓣開啓，以迎接客人。南爲聚寶罐，一收而入。華南銀行在銀行界是個老大哥，屹立不搖，而且十分保守，不會亂衝刺。同爲華字輩的「中華商銀」，就無力了，因爲中爲一刀剖爲二，華的花瓣剖開了，加上無聚財之字，經營上恐有瓶頸。

另一個有聚寶盆的爲「富邦銀行」，富爲酒罐，所以錢財廣納，作風亦是保守，邦字用在銀行界表示不會衝過頭，承襲了蔡家風格。其屹立在金融界，不曾傳過金融風暴，反而不斷成長。

中字輩的「中興商銀」，一看即知無力，中為一刀剖下。興為四隻手勾在一起，反而互相絆住，如何拿刀擴展市場，同樣的，經營上恐有合併的命運。

（6）元京：元大與京華合併後之名，元為首，京為高，皆要搶出頭，這家公司內部一定有爭權奪利的情況，且喜歡富麗堂皇的門面，亦流於浪費，最後恐走上拆夥之路，除非調整負責人。

另一方面可由負責人名字中讀出其行事作風，如「鴻海」負責人郭台銘，就是腳踏實地的保守者，其公司門面相當樸實，擺設也不會有高價位的藝術品。

觀負責人與公司之名，即可知你將進入什麼樣的團體、環境中。老闆看員工，是看他的工作能力，員工看公司，是挑其長久性與穩固性。保守的公司會賺錢，不會亂揮霍，經營才會長久，員工也才有保障。

公司命名的方式與人的命名方式不同，需依負責人及行業別而定。不同的行業別有不同之動能，同為台字，台路電子就無法像台達電子一樣賺錢，因為路字乃各走各路，無法聚太多財，即使有也各自為政無法同心，一樣保守卻是兩樣情。

同爲中字輩的中國信託，手中持著三把刀對外，也難怪躍居龍頭地位，且託爲寄，當然客戶的錢會源源不絕的流入。

在此強調，命名一定以元神爲主，元神強時，可破名字中的束縛；元神弱者，較難脫離天羅地網，一樣的工作環境，一個工作努力、才華洋溢，且在工作崗位上表現優秀的人，卻在升遷的過程中，莫名的輸給一個各方面表現略爲遜色的同事。一般人認知，應是表現優秀之人榮升，然而若以元神來看，元神強悍者才能奪得高位。此乃慧根與天生不公平的地方，唯有補足其力量方能超越。

如遠傳電訊的老闆徐旭東，由身材外型即可判斷出，徐旭東屬於大型凶悍性動物元神，加上「遠傳」的公司名，遠有緩緩而行之意，用在人身上並不是很貼切，但用在公司名上卻有保守、不亂投資、謹慎的態度，加上徐旭東的「徐」亦是帶有彳部爲小心行事之格局，所以才能長長久久，與台灣大哥大一拼天下，就是他的小心行事，才能穩健的名列電訊龍頭前三名，而不若孫道存將台灣大哥大，拱手讓給了蔡家。

命名之要點在於動能，如趙少康其元神若似龍，卻無強大之動能，名字中無法形成太極，憑藉的是天生的慧根。若遇到元神比他強的龍，且元神之動能又能在名字中展現，那他一定輸。

所以多年前台北市長一戰，就輸在動能上，因當時陳水扁之元神若似龍，且陳有旭日東昇，及江水向下流，而形成一個太極之勢，才能一躍上青天。兩人於當時勢均力敵，表面上分不出勝負，若仔細由名字中分析，即可見眞章。

切記，不知元神之下，拆名、命名，只有一半會矇對，須有元神顯現之下，才能正確使用力量，不然就得在名中補足所缺的元素、利器與向上的力量，於萬物具備之下，少說也有半數以上可達到目標。

但若想發揮至極點，那就非得龍炁出來引導，才能現眞元神，不經皇天之眼的導引，一般人的眼睛易被靈魂的僞裝給蒙蔽，錯將飛禽當走獸，補錯動能，反而弄巧成拙。

只要你在宇宙彌勒皇學院，超智慧研究學苑學習過，具備五眼八神通之能力，在腦海中自有一本龍巃命名術，不用隨身攜帶，即可隨時參閱，並請教南無彌勒天皇、南無　彌勒觀世音皇母，及南無　倉頡祖師爺之指導，顯現每個字的來源力量，自可了解文字之本意及動能。

（六）行之將復復再生

以下幾個改名的實例，供各位參考。因爲每個人的質、元神並不相同，來自的區域也不同，即使來自於同一度空間，元神亦相同，但靈魂是個體，累劫、慧根也不一樣，且祖先亦不相同。因此造就了個人的命盤，而其最大的共同點，皆在於靈性受困、祖業之干擾，如果將受困的靈性解救出來，靈魂完整了，自然在人間各方面的發展就較爲容易，阻礙也不會那麼多，累劫之路走起來也會更順暢。

以上舉了這麼多的例子，只是就百家姓而言，以下實例可使讀者對本書之精義更加明瞭。在舉例之前，要提醒各位一點，即是，請你先算一算，繁體中文（台灣通行之字形）及簡體中文（中國大陸現行之字形），兩者的筆劃，已有十萬八千里的差距了。

例如：「廈」繁體字爲「廈」，簡體字是「厂」，筆劃該如何算呢？又如「體」繁體字爲「體」，簡體字爲「体」，海峽兩岸在二千年就有此區別了，更何況千百年前的倉頡最初創造字形、甲骨文、大篆、小篆、金文、隸書等，個個區域所使用的象形文字不同，但接引力量卻相同。

你眞要算筆劃時，是要用小篆、大篆、隸書、繁體中文、簡體中文的筆劃呢？還是日文的筆劃？

倉頡的造字是引用大自然的力量，並沒有什麼筆劃可言，一隻鱉你要畫正面或側面皆可，只是力量的呈現、接引而已。

所以「能」在演化的過程中，已看不出鱉形了，但你仔細對照，其匕爲鱉腳，厶爲頭，月爲殼，此鱉爲側面之鱉。

所以看名字，一定要由元神看起，由元神的質能來看，才知接引何種適合的力量，天地間任何的生靈皆與大自然界息息相關。靈魂是能量，自然界也是能量，本是能量在交流，如同呼吸，你要森林浴，還是十字路口車陣中之二氧化碳。這一點是執著於筆劃吉凶之人所悟不開的。排八字、算筆劃，不知其元神，當然也不知其生命本質缺什麼、有什麼束縛？如何補足所缺，解開束縛。若束縛未解開，誤用文字，接引不對的力量，改了半天，並不知文字最原始本意的結構力量，而用了表面好看、好聽，卻不利於元神的力量。如元神爲麻雀，卻用了「文潔」的名字，會飛的被綁住了。以下實例說明了名字之重要性。

（1）解救牢籠裡的靈魂

「李林杰」，其元神為水牛，水牛本該居於水邊、湖邊，缺水的水牛會陷在土裡無法伸展。而「李」為木，林亦為木，杰又為木。木字過多，所以其人之個性就較不圓滑、不靈活。

「杰」字又為一把火在下面燒，而名字中三個字皆帶木，一點小火就燒光了。水牛又無水可灌溉、滅火、滋潤，所以行事上較不見思考及行動力。加上水牛之質與杰之火，水火相沖，當然會不穩定，內心世界如同水火在交戰，容易產生不穩定感。

但主要是在於累劫之質存於命盤及祖先的業力中，其靈性原本受五鬼牽引，氣場屬逆流，由上往下走，所以他常不清楚自己在想什麼，做決定也容易偏差。經由南無 彌勒天皇拔渡後，皇天之眼的轉動，將其五鬼的力量拔開，使其氣場順暢不再逆流。

重要的是其靈性受鐵絲網圍住，表累劫之質在此世會有牢獄、官司之災，也透過南無 彌勒天皇拔渡、釋放之後，將質能重新解開。一個人已三十多歲，哪經得起官司及牢獄之災的折磨，而受折磨的恐非自己一人，甚且拖累家人，待出獄後前途亦爲茫茫未知。

因此，南無 彌勒天皇將其命盤重新啓動，使新名字中水的力量接引進來，而水牛得以活絡於本該有的環境中。

南無 彌勒天皇替其欽點的名字爲「李晨濤」。

濤字的「壽」爲已犁好的田，等待播種，表示福田已幫你佈好了，等待肉身自己去播種。加上濤字的水已引進來了，這匹元神爲水牛的李晨濤，已找到他適合的環境了，最重要的是南無 彌勒天皇的拔渡，將束縛在他身上五鬼的力量清除，才得以承接此一新的力量。若未經拔渡，其原有的質還存在，只會新舊交接，反而水火相沖更爲不利，如同身上已染上紅色，再染上綠色，色彩是愈染愈黑。

而「晨」字的日與濤字的水，可形成一股太極動能，使其生命力展開，且「辰」字爲兩手在剖蛤肉，表示手腳靈活，不再被綁住。

若要算李晨濤的筆劃，是要以何種中國歷代文字爲計算標準呢？其筆劃皆不相同。試問力量會因筆劃不同而改變嗎？如一隻鱉之正面、側面皆是鱉，能用人的視覺角度否定牠，側面看就不叫鱉嗎？若硬要以筆劃之吉凶判定，就如同瞎子摸象，摸到鼻子說大象像鼻子，摸到尾巴說大象像尾巴，並不完整。無法觀人之元神，就是看不到一個人的眞本質，如何爲他命名、解束縛。

業力的拔渡，須在大佛力之下才可行使，靈對靈是一種物競天擇的眞相，沒有誰欠誰，只有弱肉強食之分而已。拔渡只是替你將大石頭拿開，這條路還是要靠你自己去走，路上的小石頭，要靠你自己抬起腳來、跨過去。也就是福田已幫你佈好了，得要靠你雙手去打拚、去播種。

能夠將累劫中的五鬼、官司力量化開，不至於被劫財、劫命，已是得升一度萬生幸了。李林杰，本命用音意有李林劫，此劫乃一把火燒光了，好不容易栽種成功卻付諸一炬，到時候才來怨天尤人已來不及了，其有幸得南無彌勒天皇拔渡，重新引水而入，使其靈性得到滋潤與灌溉，若他能一步一腳印的揮汗耕耘其福田，必能果實累累。

（2）得升一度萬生幸

張正雄（見明法者），從出生說起，其母在懷他之前，即有一個長他六歲的哥哥，於三歲時往生，爾後其母在懷他之前半年流產一次也是男胎，其上皆爲姊姊，直至他落地後，父母才眞正擁有一個兒子。但在過程中，母親亦不斷至宮、廟祈求男胎，故張正雄算是父母祈求而來的兒子。

在臨盆前其母至淡水之婦產科生產，卻出現難產之現象，卻因婦產科配備不足，而轉送至台北某大婦產科剖腹生產，過程中醫生不慎將手術鉗子留置母體，造成血崩，因而又轉往馬偕醫院，住院一個月才得以出院。

小時候的張正雄，是個溫和的小孩，但容易受別人的牽引而沒有主見，常常被鄰居的小朋友引誘，而沉迷於電動玩具。高中聯考因成績不理想而選擇重考，在外住宿離開父母的庇佑，靠自己天生的動能去適應大環境，面對物競天擇。

於是住在補習班宿舍的那段日子，倍受同學欺壓，因其元神弱，無法思考，容易受牽引，最後又被同伴牽引至電玩店，甚至荒廢學業。於是二次聯考成績不甚理想，他只好草草選擇一家五專就讀。

因爲投胎過程，屬於父母祈求而來的靈性，觀其元神爲一度陰間的猴子來投胎，故元神投胎並不完全，靈性不完整一部份尚在陰間，所以靈性較弱，身體也較差，常有呼吸道及鼻竇炎的問題。並且思考及判斷力上容易混淆，不知道自己在做什麼，加上自小在戶外遊玩時，常看到一些其他人看不到的影像，又曾見伯父家門前的門神在活動之景象，然而那個門神非眞正之門神乃是外靈。

於十七歲住進五專宿舍後，總是不時的聽到許多腳步聲，及發生鬼壓床事件。而且周邊的一些同學、朋友更不斷的牽引他去打電動、賭博，莫名中背下了一些債務，他自己也分辨不清楚。

此乃五鬼牽引，家人不明白，只會怪他不學好，其實他的本質不壞，只是容易受牽引而不自知，所以一而再、再而三欠債，惹得家人十分不諒解，甚至後悔生了這個兒子。對他本身而言，是無辜又無奈，也弄不清爲何走上這條賠錢的路。

之後離開宿舍搬回家，每日往返通勤時間將近二百多分鐘，爲了籌學費及更寬裕的零用錢，放學後於牛排店、KTV打工，因此又惹上了不該有的業力，再度欠下十萬元的債務。

在打工期間交了生平第一位女朋友，第一次約會在送女朋友回家的途中，竟在關渡往竹圍的半路上，遭一輛轎車及數輛機車圍堵，被挾持至關渡山上墓園內，遭眾人圍毆，並被扁鑽及刀子刺中數十刀，其左右臉頰亦被毀容，左臉並留下一條十幾公分的疤痕，右臉也留下一道五至六公分的刀疤，大腿、臀部更因扁鑽而留下了深深的傷口。

而對方只撂下一句話：「不准搶我的女朋友。」一場無妄之災，就在生平的第一次約會中，留下了難以抹滅的傷痕。

成年後，他面對了物競天擇的世界，已無法再靠父母庇佑，尤其是這種祈求而來，屬一度陰間的孩子，成長過程多不受祖先庇佑，能活到十六歲都得靠自己面對物競天擇的環境，加上靈性的不完整，體質上容易接引一些鬼魅魍魎之質，即使騎機車出門，也會被女鬼跟上於身旁作怪，其母也常爲此尋找廟宇，請道士爲他化解。

就在退伍後不久，其耳後長了一顆蔥大般的紫色肉瘤，痛得他無法忍受，醫生建議開刀，母親爲他敷草藥，卻總不見消除。在一次因緣際會中遇到南無 彌勒天皇，於天皇靈療後，並勤練一個月的氣功，紫色腫瘤竟完全消失無蹤。

自當兵回來，他在職場上覓得一份穩定的工作。因其不屬於兇猛性元神，只能屈居在辦公室中，但在五鬼的牽引下，並不因多次的災難而消聲匿跡，還是一再的環繞身邊，不時的牽引他，使他做出錯誤的判斷。

一度陰間來的人，某一部份的靈性殘留在陰間，透過殘留的靈性，陰間之質隨時與其肉身連線，故身體會較弱、較差，摸其經脈氣弱且較不飽滿。若不常至道場採氣，其練氣功所蓄之氣，易爲陰寒之氣，非天地罡正之氣，無法使靈性活絡，也因爲靈性較弱，在職場上莫名的被元神凶悍者欺壓。

於是莫名中，他厭惡工作環境，卻又有掙脫不開的感覺，每每有一夜致富的想法，以跳脫上司的壓迫。從其上司名中有「金」帶煞，張正雄的元神當然拼不過，只有默默承受。

在他心中想著如何一夜致富的方法，於是以信用卡預借現金，投入股市與期貨中，當然又是一次的五鬼牽引，在不知不覺中已投入了一百多萬，然期貨遭斷頭，心血、錢財付諸東流。這一跤不只喪失了家人對他的期望，也因之背了滿身的債務。

觀其名「張正雄」，無水、無木，對元神爲猴子的人而言，表示無棲居之地，又無伸展手腳的動能，且「正」下爲止，上爲一表地面，腳步停止，定住於地面上如何行走四方。「雄」之厶表手肘彎曲伸不直，無法對外施展，「隹」爲鳥，手無法伸直如何捉鳥，鳥當然飛了。

加上姓張對猴子元神而言，無法貼近，自然會與父母感情疏遠，即使想親近，莫名中卻有一種無法跨越的隔閡。

幸得天國釋下「龍⿰山意命名術」，經南無 彌勒天皇的拔渡，使得知其命盤中藏了一個小孩子的靈性，原來是他因病過世未投胎之兄長，只因他是獨子，一切的祖業皆藏在其身上呈現。

觀拔渡過程中，見到祖父之祖墳因大樹倒塌而壓毀，雖祖墳之有質體已移開，但祖墳坍塌引起家族中四位長輩連續死亡，顯現在伯父家爲「子孫得血癌」，而顯示於張正雄家則爲「身體之不適」，拔渡的過程中也將此力量化開。

雖然祖墳坍塌事件已事隔十六年，但靈界的力量，並沒有因人爲的表象而有所更動，若非南無 彌勒天皇將其命盤中此一力量化開，將胸中兩股金銀的金屬片化成一灘水，溶化爲一股力量融合在一起，原來祖先爲雙姓皆姓張，但實質上爲ＤＮＡ不相連的血脈，因曾祖父無生育，領養了他的祖母，而招贅祖父亦姓張，因此有了兩股張姓祖先之業力，透過拔渡才解開了這些力量。

改名當天受益的不只他自身，連他的姊姊皆受惠，其大姊因落枕痛了一陣子，始終未好，卻在他改名的當晚，莫名不藥而癒，而二姊肩上也突然放鬆了許多。一個人的名字當中竟隱藏了這麼多力量，命盤不經拔渡是不會顯現。尤其是躲在命盤中的兄長之業力，竟是長久以來站在臥房門口觀看的男子，在這一次的拔渡中得予投胎轉世，歸屬到他該去的空間。

其新名爲「張沅智」。

「智」字上之「矢」爲箭，剛好配其張姓的弓，可發射，終於有掙開向上的力量，「沅」爲水，可以滋潤他乾枯的身軀，圓潤他的個性，使其增長智慧。

且智字上有口，使其可以開口舒發，不再停止不動，智字之「曰」爲氣之舒適，而「沅」又象徵其元神—猿猴，使其元神有智慧，適合生長，且有一馬當先出頭天之意，水爲助力動能，使他具有圓融的智慧。

一個人出生落地後，自然所承接的姓名，竟然隱藏了這麼多的祖業、劫難、自身的業力，不經轉動、解開此事的束縛，是無法承接新的動能，你還能因踢到人生路上的石頭而哇哇叫嗎？是你不明白自己姓名中暗藏的玄機，還不停的問爲什麼。

人生的旅途漫漫長，路上的大小石頭何時會浮現，沒有人會知道，透過修行來轉動，動能是最佳剔除石頭之法，若能遵循南無　聖上無極彌勒天皇，及南無聖至無上彌勒觀世音皇母的指導、拔渡，將會助你一路行走更快速、更順暢，不至於在人生路上發生劫財、劫命之事，而被束縛無法前進。

人生是一條不斷體悟的路，唯有學會張大眼睛，才不會被蒙蔽，更能邁開大步跨越人生路上的石頭。

（3）靈性不完整的例子

一般傳統的中國女性，都希望能傳宗接代，現今的社會大多爲雙薪家庭，大多希望給孩子好的生長環境，以及好的教育，讓他們上各種才藝課程，不希望孩子輸在起跑點上，故養兒育女所需費用不貲。因此許多夫妻，莫不期望能在第一胎就一舉得男。

林昕緯小朋友，上有一位姐姐，其母爲求得一男之傳宗接代的心態下，四處尋求秘方，求神、拜佛所得來的。但祈求來的小朋友，普遍是來自地煞與信眾交換的子弟兵，亦即是來自一度陰間的孩子，並非祖先所派遣下來，因此這種小孩於十六歲前，是靠自己物競天擇而生存下來，其體質較差，不易照顧。

一度陰間來的元神，投胎至二度時，其靈性並不完整，尚殘餘一些在陰間未歸，因此殘留在陰間的靈性，會藉由DNA的相連，將寒氣傳至二度之主靈性，使得肉身之炁顯得薄弱，容易受到侵擾。如此之命格會隨著靈性的投胎，自然而然的承接到不好的名字，此乃累劫冤親債主的推動，什麼樣的命就會去接到什麼力量的文字。

林昕緯是農曆七月出生的小孩，一出生就嚎啕大哭，久久不曾停歇，且臉上長滿痘痘，而胃之幽門不完整，較一般小孩來得嚴重，吐奶情況亦是不斷，直到四個月情況才大爲改善。其發育狀況較一般孩子來得遲緩，上幼稚園三年說話依然不清，於每年農曆七月時，其右肩皆脫臼，因乃農曆七月出生，靈性亦受一度陰間之冤親債主的干擾。

林昕緯帶有「心萎」之意，及內心世界較弱，而「韋」字表氣管差、呼吸道弱，容易感冒。「緯」帶有糸字，表爲繩索，其元神是獅子，當獅子受繩子綁住了，自然掙脫不開。

他的母親曾爲他改一新名字爲「林濬祺」，但未經拔渡其舊有雜質依然存在，而新舊的質能夾雜，雜質未能去除，靈性未歸位，身上的毛病並未改善。

何其有幸得遇南無　聖上無極彌勒天皇，釋現一生機給世人，爲其拔除業力，並將命盤重新調整。調整過程中，皇天之眼爲其拔除許多靈性的干擾，南無　彌勒觀世音皇母並將其靈性，由一度接引至二度，使其靈性完整，並在額頭點上聖火誌。

此乃「得升一度萬生幸」，憑此世的修煉，要使一度之靈性全歸於二度，是極不容易的事，若非「得遇彌勒」，就不會有如此之榮幸。

南無 彌勒天皇欽賜名字爲「林博瀚」。

自從改名之後，其原先之缺點皆不見，口齒變清晰，個性也從被動變爲主動，原本每個月發作的支氣管炎也不再發，身體變得更健康，反應更快。他目前僅八歲，業力的拔除使他在未來路上，得以走得更順暢，此乃千金難買、累劫難逢。

做父母的給子女最佳的禮物莫過於此，萬般帶不走，唯有業隨身，共業、累劫束縛在命盤中，而不完整的靈性，又得以調整，此乃歷千百劫難遭遇，此世得以減少阻礙，走向命盤中應有的劇本。

靈性的調整，配合環境賦予元神應有的能量，才是龍巖命名術最佳指導原則，重點還是要經南無 彌勒天皇的大佛力，替眾生拔渡、解除身上的束縛。

（4）拯救黑暗中的靈魂

有些小孩之成長過程較緩慢，在某些方面明顯的落後同年齡的小孩，林郁蓉即是最佳的實證。

林郁蓉小朋友出生時，其體重較一般嬰兒輕了許多，體型也較小，雖不是早產兒，但於出生後就明顯的不好帶、胃口差、常吐奶、抵抗力差。以一般中西醫判定爲體質較弱、抵抗力差。老一輩總認爲，孩子長大自然就會好，一切順其自然。

可知凡事以後就好，凡事留待以後，從不好好思考當下的生命力，當下沒有改正，以後如何會更好。如同ㄅㄆㄇ基礎沒打好，拼音自然就不易學會；ＡＢＣ沒學好，單字就不易背熟。因此在學習的過程中，進度會落後，升學的道路上也較爲坎坷，甚至進入社會與人競爭時，都有學到用時方恨少之憾。

抱著以後會更好的心態，如同建屋挖地基時，地基沒打好，管線配置及鋼樑架構不完善，待完工後才發現漏水、龜裂等現象，修修補補是既耗時又費力，且所費不貲，何況還不知道是否修得好，到時只會大嘆「早知如此何必當初」。

如同孩子還在孩童時，結構體不完整尚在建構中，及時調整並矯正，才能如大樹般的更茁壯、更挺，而非歪歪斜斜。肉身之結構是受制於靈性，一旦某一方面的靈性受困不完整時，此方面的動能不足，細胞就會呈現緩慢成長。身體的機能，是由無數細胞所構成的，每個細胞內皆有操控他的靈性，一旦靈性不在，自然此方面的機能就會緩慢，停滯不前。

林郁蓉自小在學習方面，即呈現緩慢的現象，其母為此憂心忡忡，甚且至醫院做深入的檢查，答案是「各方面正常，日後再追蹤」。其母也到處詢問，在得知改名可改善她的狀況，因此在八歲時，由一般命名館為其取名為「林禹青」。

但林郁蓉所帶之質並未去除，而新名字諧音為「林淤青」，此諧音為改名時所始料未及的。禹字為多足蟲，蜈蚣之意，較陰不帶陽氣，所接引的是蜈蚣的能量，蜈蚣喜陰濕。她的身上又多了一層力量，舊的未去，新的又來，新舊夾雜。改名林禹青後，其手有如多足蟲般靈活，可是身體的成長並未改變，依然較同年齡的同學矮小，國小四年級看起來就如二年級一般嬌小。

幸得南無　彌勒天皇釋現大佛力，為其拔除業力、調整靈性。在拔除業力的過程中，其靈性被關在一個黑暗的古宅中，天皇與皇母解救其靈性，使她回歸主靈體，且將靈性放在蓮花座上，皇母並在其額上灑聖水為靈性洗滌，使其成長更完整，在此脫去二個名字所帶之不良質能。

南無　聖上無極彌勒天皇欽點「林浔瑋」，意為得遇彌勒證菩提，成長發育之意，且德育兼備。

其元神爲麻雀，此名可使她施展手腳，善於執筆、讀書。林湑瑋在學校念的是音樂班，彈鋼琴已多年，以前練琴所花的時間、精力均較同學來得長，成果與努力卻不成正比。改名之後，其反應力及記譜能力有顯著的進步，身體狀況也有明顯的改善。

這是吃盡補藥，看遍中西名醫，所無法辦到的，靈性完整了，肉身自然會變得更好，成長不受阻礙。人之所以投胎轉世爲人，一定帶有其不完整之質，冤親債主、祖業，隨時在窺視，在適當時機給予意外，推你一把，因此病、意外等等不該有的考驗，就一層層的呈現，牽引著你到處碰壁、去不好的地方、做不該做的事。解開束縛，就是將這一切不好的力量撥開，走自己生命中應有的劇本，使命盤不至於受破壞、偷襲、侵蝕。

世人不知「彌勒」的寶貴，若有幸得遇南無　彌勒天皇之肉身，就該虔誠的放下身段，把握此世機會。而龍巙命名術不會因眾生改名的多或少就不存在，它依然存放在天國的圖書館中，此乃是南無　彌勒天皇的大慈大悲，才得以釋現給眾生的機會。要不要把握在於個人的緣分，此書原本是不被允許公開於世，乃肉身的天皇開金口，此書才得以傳承。「萬聖尊皇心悲憫，萬民皆有一線機，彌勒傳心法，經典代代傳，聖義永留傳。」

（七）你不能有包生兒子的心態

在改完名之後，要切記，天地之間有登記，人間有戶籍，在陰間也有陰籍；因此單憑南無 彌勒天皇拔渡業力、重整命盤、去除命中雜質，並給予適合其命盤之名字，但未在戶籍上更正者，須不斷的喚此新名字，其力量才會進入。因天地人爲一貫相連，若於戶籍上登記其效力將更大。

許多人皆有改名只是去除業力的心態，而不想眞正的更動天地人之間的連貫，以爲除業即可，有無更名並不重要，以人間思維在看待業力。姓名上帶有先天業力之阻礙會束縛著你，可是一個人要突破枷鎖、出人頭地、好運連連時，就會有阻礙產生。因爲有肉眼無法看見的力量，不願你突破重圍、一飛沖天，而百般阻撓，不讓你往好的方向前進。

此時會有人大聲說：「不是已經改名了，業力也拔除了，爲什麼還有業力阻撓呢？」

問題即出在這裡，問此話之人心態上乃以二度思維在看待業力，有著包生兒子的心態。靈療、改名就要保證從此以後沒有業力、一帆風順、不生病…等，意即要求醫生開藥，保證一帖藥可藥到病除永遠不生病。

以人的角度來看，你不會要求醫生「一次治好，永生不生病」。但對業力而言，你以人的思維就會要求「一次除百業，永生無業力，富貴平安活到老」，這種包生兒子的心態。

問題是你肉身還在人間，還有多少歲月要渡過？人間路還未走到盡頭，生命劇本尚在進行，父母、兄弟姊妹、夫妻、子女、朋友等關係，自有其因緣業力，難道天國能將這一層關係收掉嗎？且肉身尚須飲食，食物、水中含有多少細菌，你能否認細菌不是生命嗎？若因此不殺生，而不飲食、喝水，生命能延續下去嗎？若無法活下去，那生命的劇本能完整嗎？

生命劇本有其因緣際會，該發生的還是會發生，該體悟的還是要體悟。南無彌勒佛陀之改名、除業，是收掉生命中不該有的干擾，如劫財、意外等。假若一個人天生帶有的財帛為五百萬，而劇本中本不該有「劫財」，其會偷走你錢財的業力，天國才會收掉它，還原你生命中本有的劇本，靠自己去打拼賺取應得之財帛，而非天國更改你的劇本，於改名之後賜你財富，使你成為億萬富翁。

就壽命而言，天國收掉生命中不該有的意外、劫難，但該體悟的還是會讓你去體悟。如一個人的壽命是七十歲，不會在生命的過程中發生意外，而劫走生命，無法完成此世的任務。假若劇本中應有車關，天國會將其化開，可能由一個死亡車禍，減輕爲小擦傷或車輛損毀，還是讓你有所體悟，思索著行車應注意之安全，及車禍處理時所應有的智識與態度，透過每一次的面對就能增加許多的智慧。

(1) 貼滿符咒的靈性

皇教弟子決眞師兄，其女兒一出生即由南無 彌勒天皇命名，過程中將其阻撓生命劇本之業力收掉時，看見其祖先之牌位上貼滿了符咒，乃因爲祖先以畫符、地理風水爲業，因而在此新生兒出生時，即被貼滿了符咒，在成長之路佈下了阻礙，以肉眼是無法看到此一深層業力，會妨礙其一生的發展。

天國所要收的即是此種業力，並非包你一生沒業力，沒有體悟，沒有劇情，那還要你當人幹嘛！既爲人，就應有人間的體悟，靈性才會掙開、成長、悟透，往更高一度空間行進，不再墜入六道輪迴中，脫離當鬼的軌道。

龍巘命名術的改名，只是給眾生一個機會，千萬不可著在改名之後永無業力的想法上，有包生兒子的心態是不對的！

（2）更名前業力的阻擋

於皇教改名的行列中，有一位小朋友在登記戶籍之前一天，狀況百出，手突然被夾到，但沒事，在夜裡突然發高燒。一般人會認爲，怎麼還有業力？業力不是收掉了！是不是沒效，業力沒收掉的矛盾心態。

此時你就要了解，人活著即有生命中的劇本，而這劇本中的因緣業力，其業力它不願讓你變得更好，讓你掙脫往更高的空間走，就會用各種形式百般阻撓，使你矛盾，讓你不去登記，而變得更好、更有力量。

你想想看那個小朋友名字重新登記前一天，手被夾到，卻沒有破皮、沒腫、沒斷，乃是無形中的潛移默化，將業力大化小、小化無的一個例子，登記之後他變得更有抗體、更有力量，行走生命中應有的安排、面對生命中應有的劇本，他會更強而有力去戰鬥、去茁壯、去體悟，而不至於有大傷亡或太大的意外，無形中的改變，是大化小、小化無，由肉眼觀是無法看透。

一旦你有意外狀況發生，只是小事情、擦破皮而已，你應慶幸躲過一劫，而不是在那兒埋怨，怎麼會跌倒、擦破皮。該感恩天國之力量，對抗生命中原本會受傷、斷手斷腳的業力，使其減輕爲擦破皮，這一點你要知道天國的苦心，該跌倒在劇本中還是會跌倒，但不是斷手斷腳，而是跌倒拍拍身子又站起來，完整的繼續向前行進，此乃生命中劇本之真本意。

千萬別用一除永生無業力的心態看待靈性，那你就太沒有智慧了，既爲人就有人的劇本，就不可期待將人的劇本收掉，那你還能當人嗎？你願意將你的小孩與你的關係收掉嗎？你與兒女、你與父母的關係就是劇本中的劇情之一，還需要收掉嗎？公平嗎？一如你還是人就需要吃飯喝水來維持這個肉身，你要天國把你吃飯喝水的劇情收掉嗎？那肉身如何維持呢？所以走入修行中的劇本是最好的。

舉個例子，皇教的知凡師姐（姚伶潔），曾在夢中夢見自己父親與哥哥發生意外，自此後她便終日心神不寧，唯恐意外發生，遂請示南無　彌勒天皇將此夢中的業力化開，夢中的人、事物，未必是完全顯現在人世間，而一一比對發生。

因爲夢只是一個暗示、隱喻、提示，要肉身注意家中即將發生意外，有業力要呈現，天國的提示不會用一加一等於二的答案告知，天國會由隱喻暗示來提示肉身，要肉身自行去體悟，這個夢境可以說是個暗示作用。

知凡師姐之子是祈求而來的孩子，屬家中靈性較弱、也最爲敏感，可看到天國、靈界的小朋友，但他並未如知凡師姐由皇學院慧眼階段畢業，僅到天眼階段結業。

就天眼功能而言，知凡師姐的兒子比知凡師姐之天眼功能強，卻無法預知自己的事情，由於知凡師姐慧眼畢業，其靈性在較高度空間，可由夢中預知未來可能發生之意外，反而比天眼功能強的兒子，預知能力強。

在業力化開後的幾天，知凡師姐兒子在浴室洗澡突然滑倒，手往後扶洗手台，結果洗手台卻整個垮下來，即將壓到小朋友的同時，小朋友的天眼突然看見，身旁有位穿著白衣的南無 彌勒觀世音皇母出現，將洗手台化開，免於一場劫難，小朋友在此劫難中，只有滑倒卻未受傷，且洗手台落地時卻未爆開。

社會新聞經常報導，洗臉台爆炸，割傷人、壓傷人、斷手斷腳、頭破血流甚至身亡等事件，皆是非常嚴重的意外，這位小朋友卻能全身而退、毫髮無傷，此乃看不見的力量將其大化小、小化無。

因此，透過修行提昇靈性，與天國連線，將會事先予以提示，要你小心並化開業力，當業力呈現的時候，你與業力只是擦身而過，交集卻不糾纏，因爲你已擁有了抗體足以對抗。

所以修行、改名，不要抱有包生兒子的心態，劇情還是會上演，過程已減輕許多，其用意是使你有所體悟，堅定己念，往成佛之路前進。

家

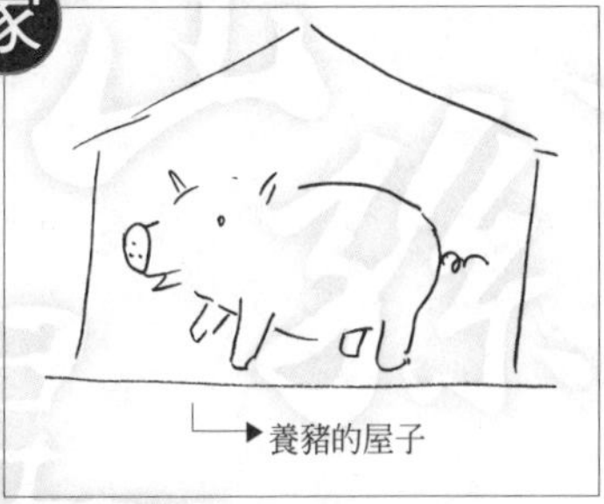
養豬的屋子

慧

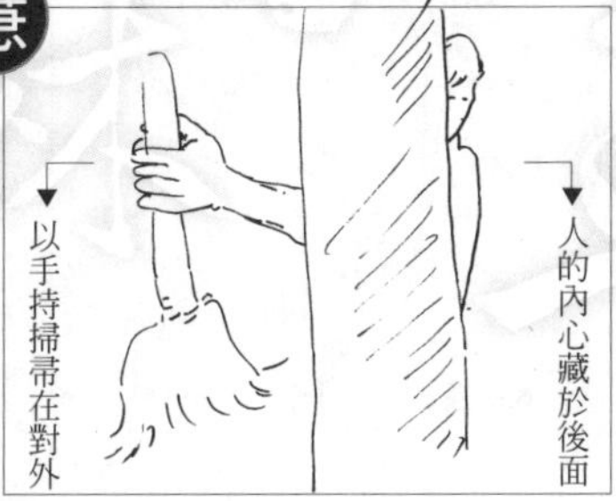
以手持掃帚在對外
人的內心藏於後面

毅

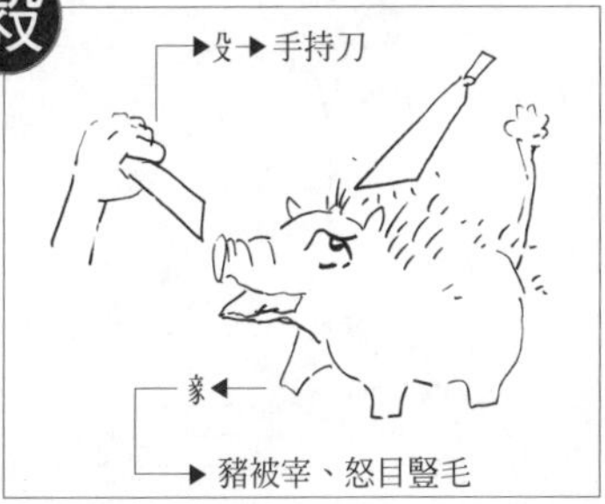
殳
手持刀
豕
豬被宰、怒目豎毛

惠

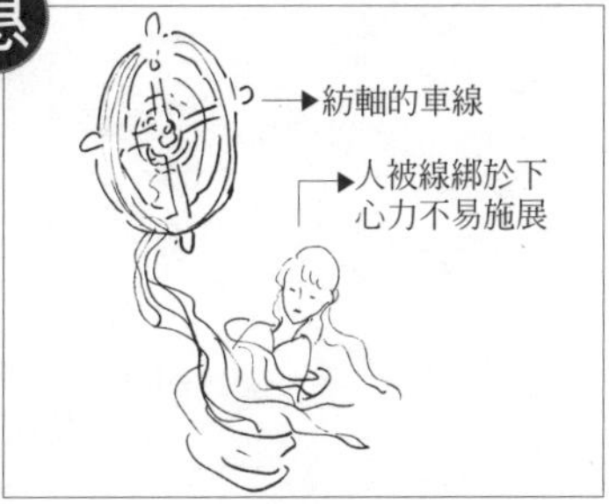
紡軸的車線
人被線綁於下
心力不易施展

麗

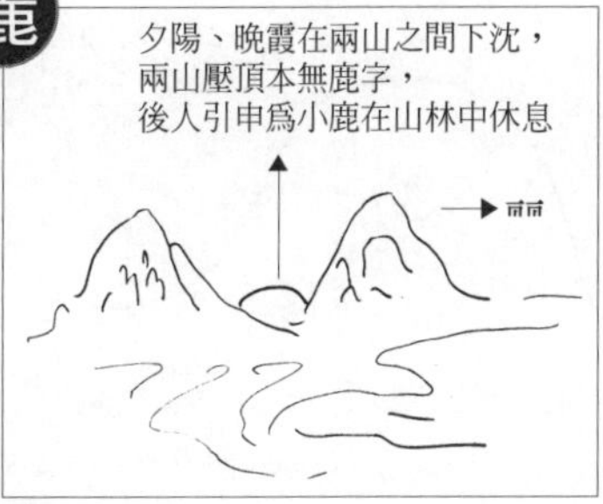
夕陽、晚霞在兩山之間下沈，
兩山壓頂本無鹿字，
後人引申為小鹿在山林中休息
丽

玲

手持令牌
替王者發號施令

音

言

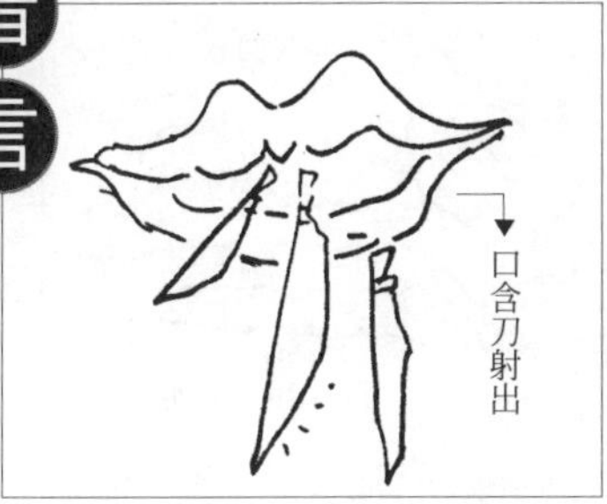
口含刀射出

夕

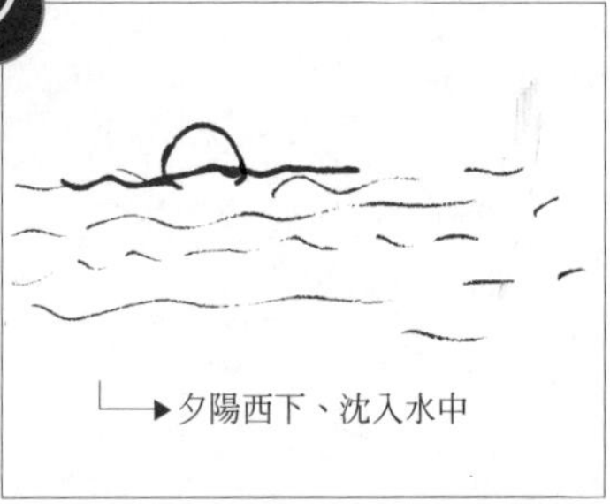
夕陽西下、沈入水中

莉

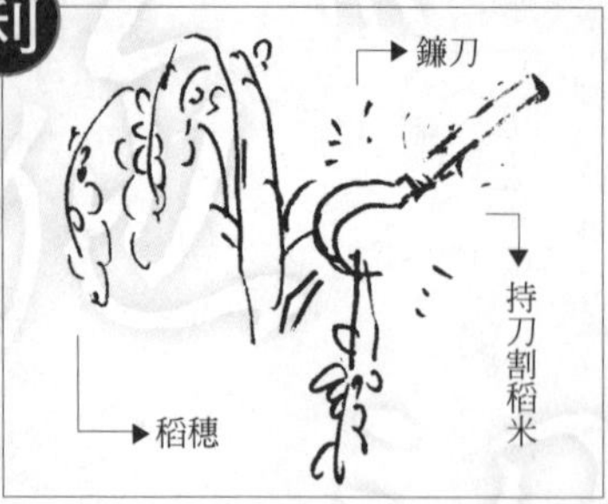
鐮刀
持刀割稻米
稻穗

分

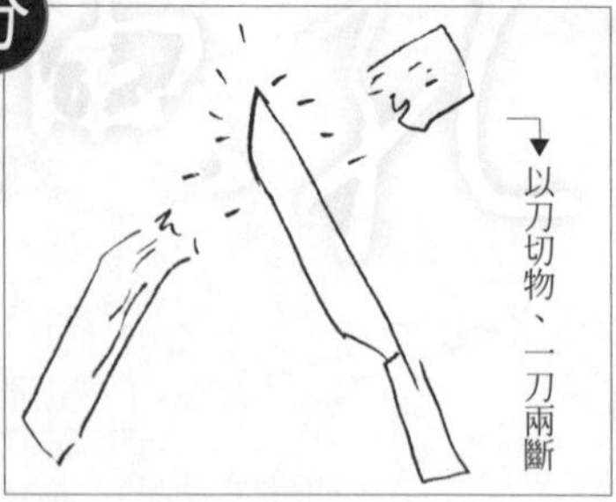
以刀切物、一刀兩斷

古

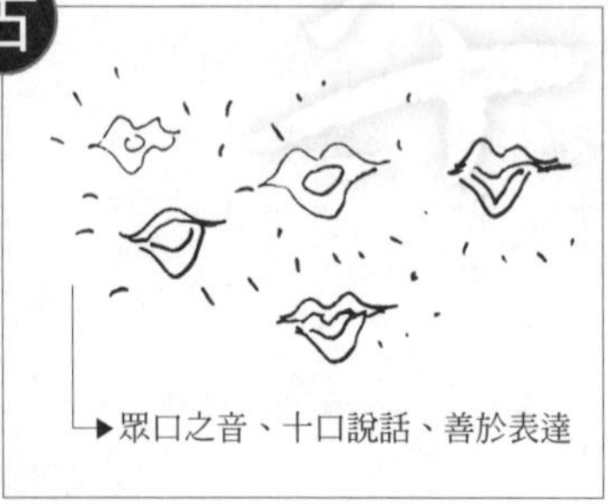
眾口之音、十口說話、善於表達

秀

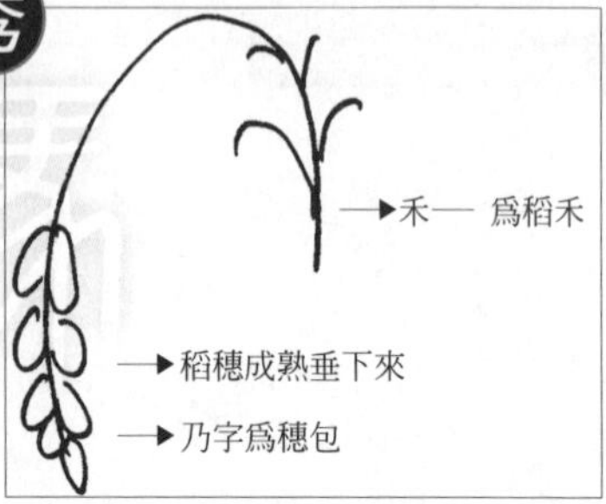
禾— 爲稻禾
稻穗成熟垂下來
乃字爲穗包

朱

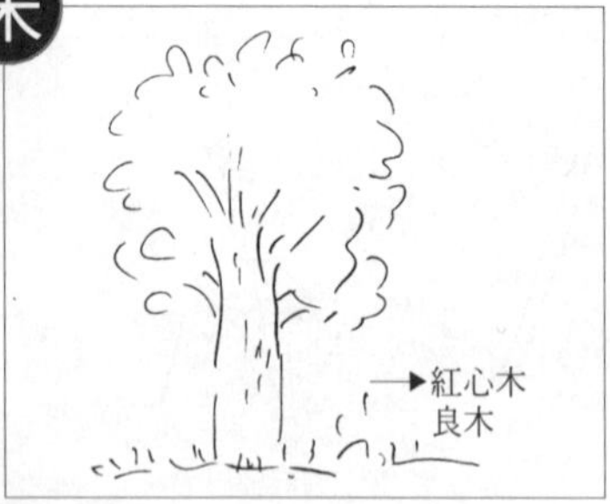
紅心木
良木

風

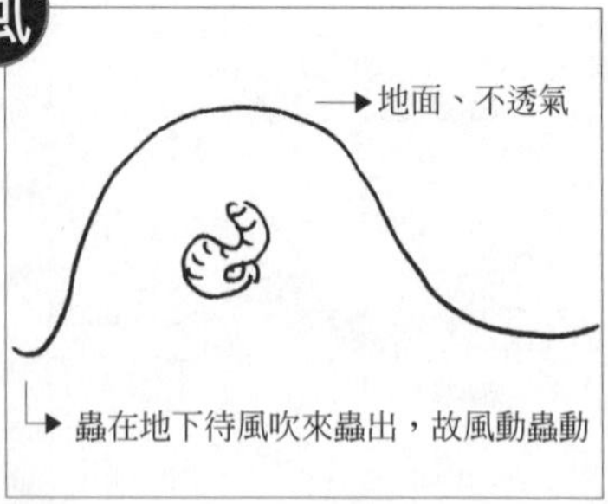
地面、不透氣
蟲在地下待風吹來蟲出，故風動蟲動

能

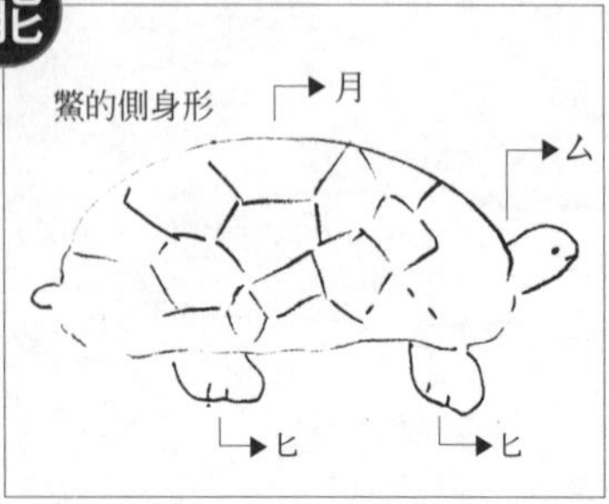
繁的側身形
月
厶
匕
匕

西

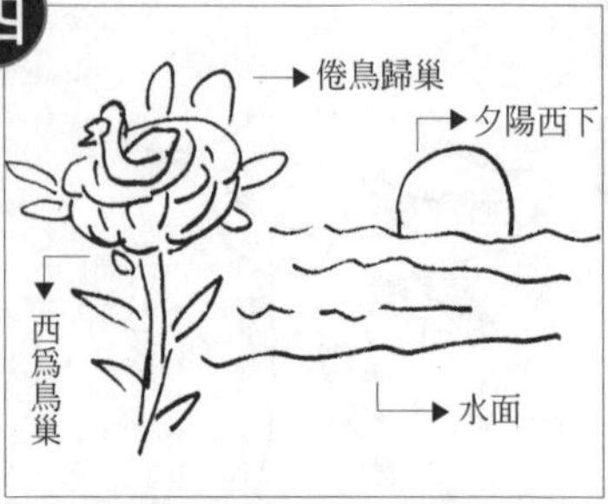
倦鳥歸巢
夕陽西下
西爲鳥巢
水面

周

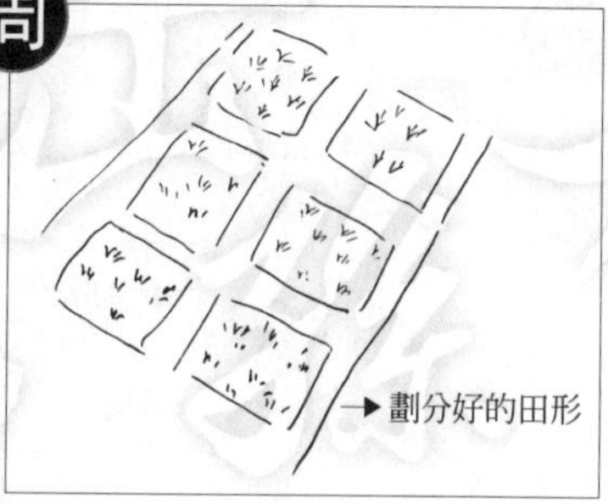
劃分好的田形

陳

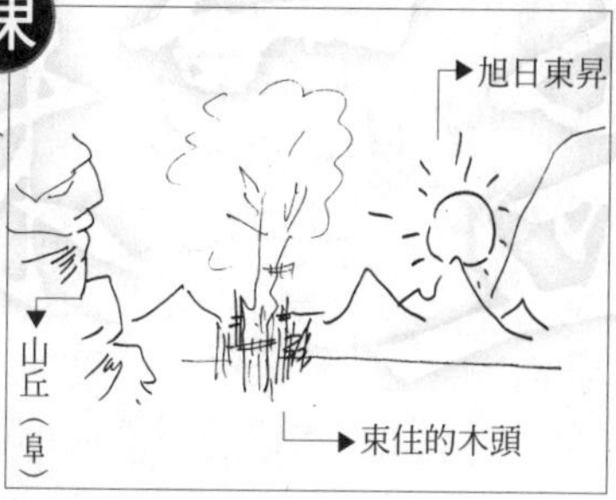
旭日東昇
山丘（阜）
束住的木頭

真

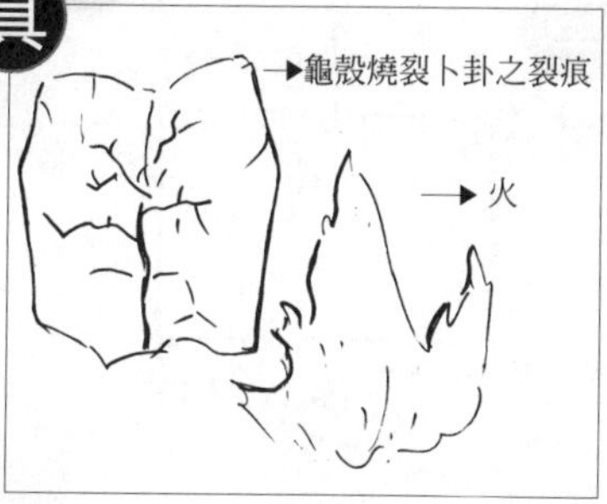
龜殼燒裂卜卦之裂痕
火

美

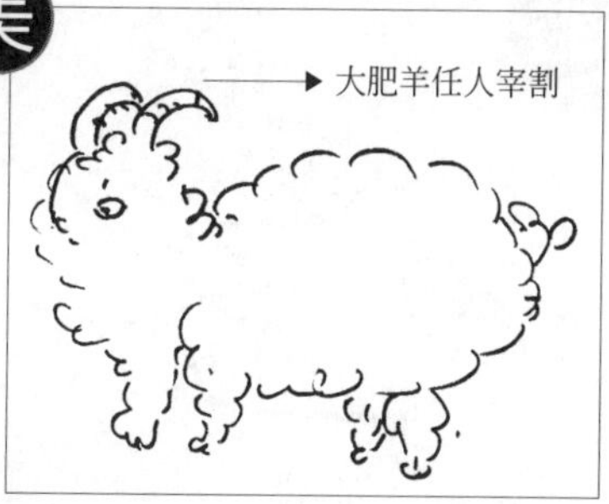
大肥羊任人宰割

菁

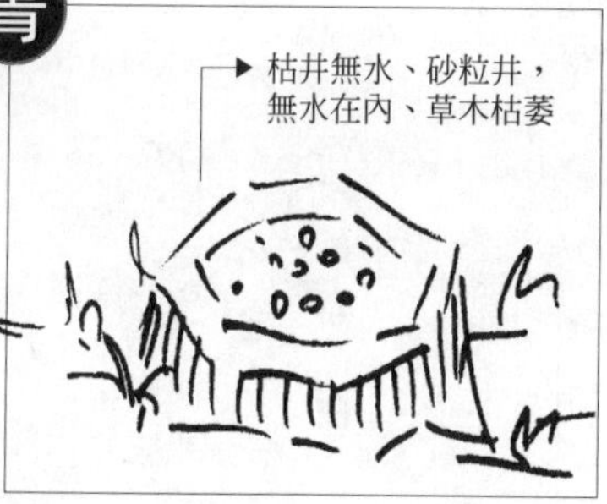
枯井無水、砂粒井，
無水在內、草木枯萎

辶

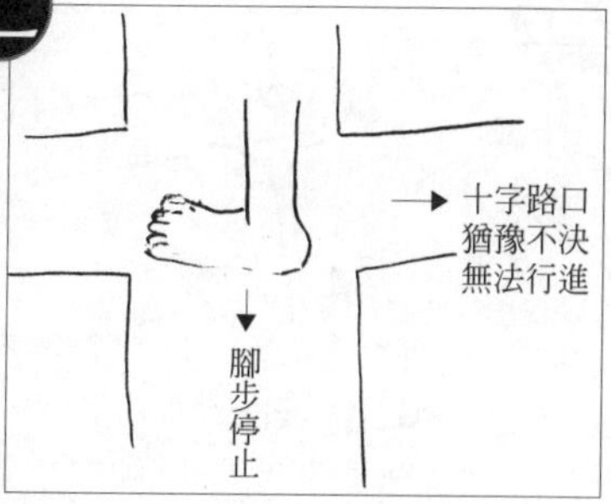
十字路口
猶豫不決
無法行進
腳步停止

失

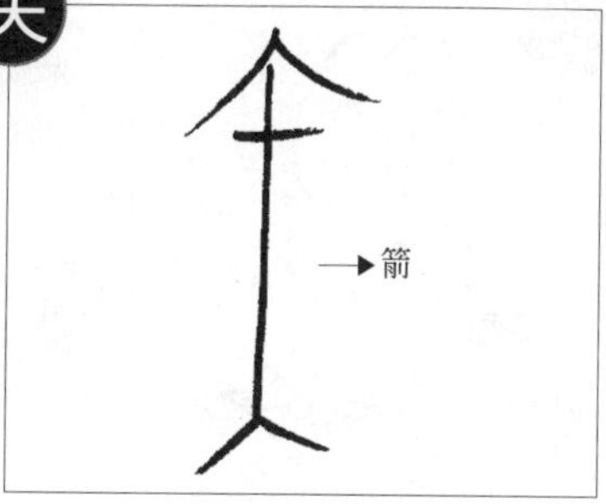
箭

昔

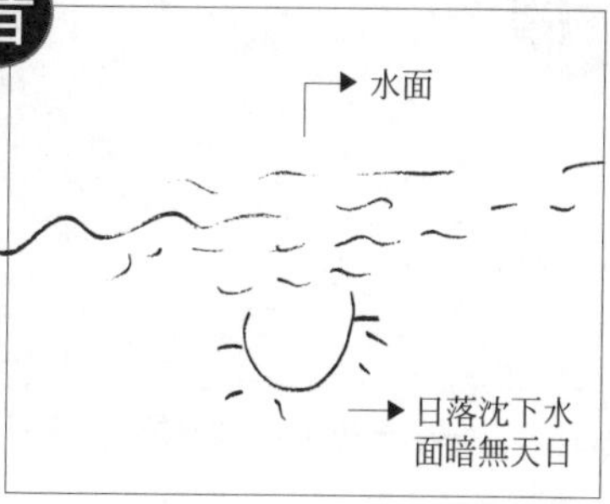
水面
日落沈下水
面暗無天日

覆

鍋子倒置
復爲後人所加注音

電

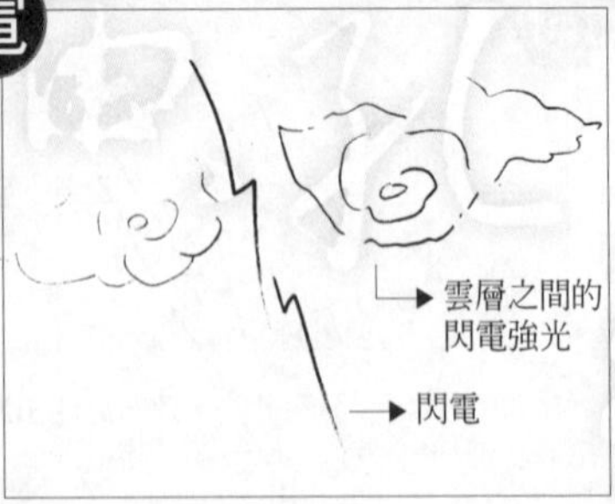
雲層之間的
閃電強光
閃電

溢

盆子水滿溢出

車

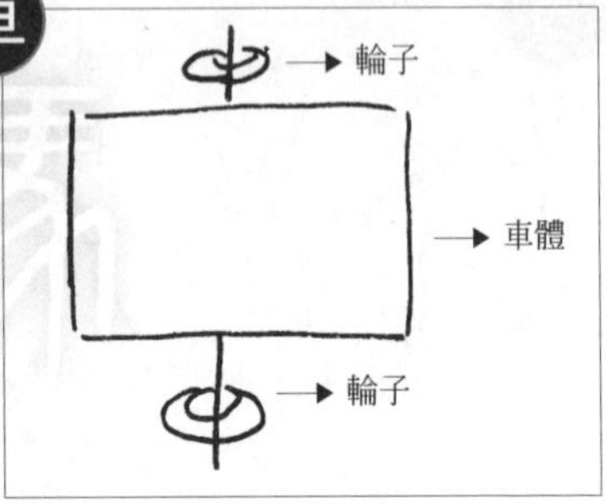
輪子
車體
輪子

盡

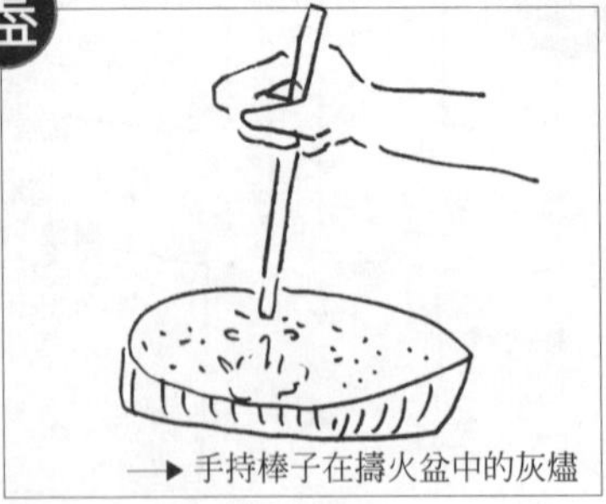
手持棒子在爇火盆中的灰燼

暮

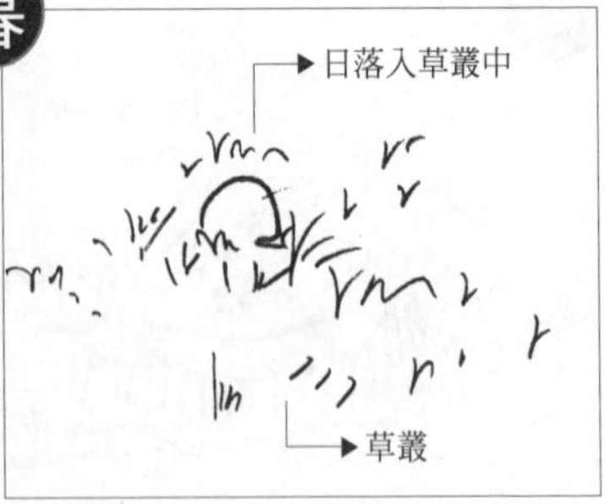
日落入草叢中
草叢

非

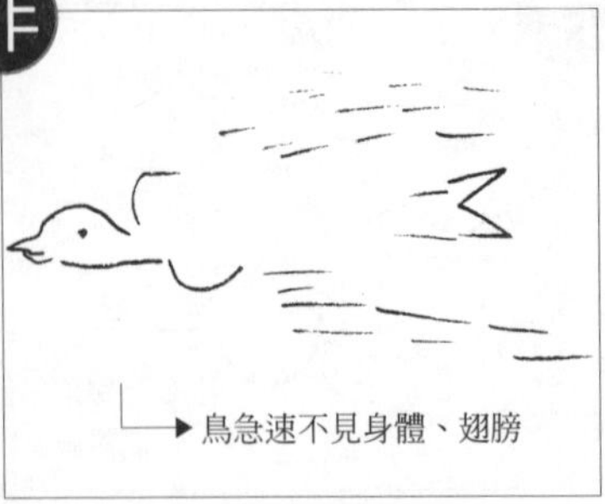
鳥急速不見身體、翅膀

名

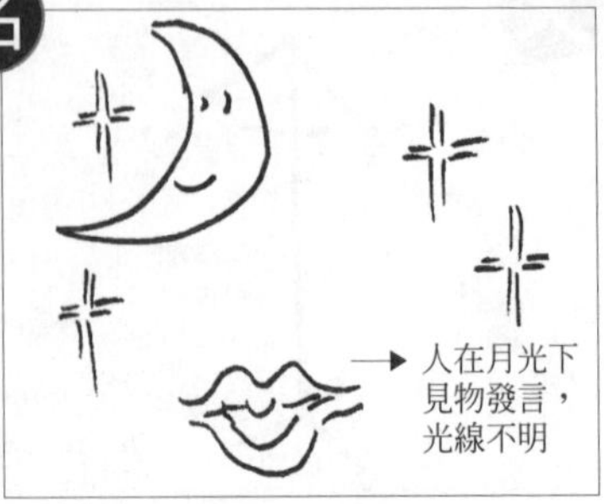
人在月光下
見物發言，
光線不明

羅

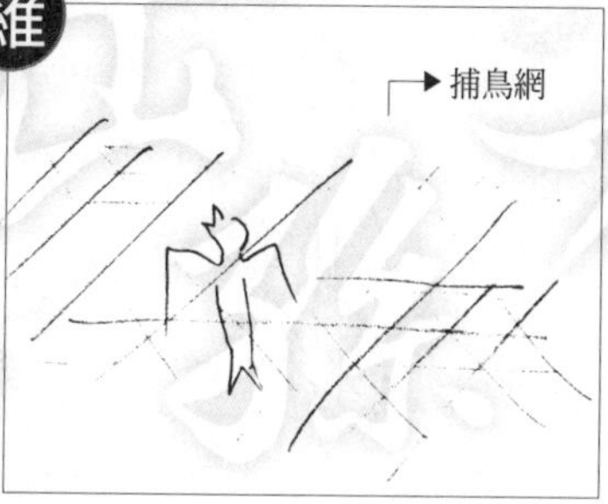
捕鳥網

我

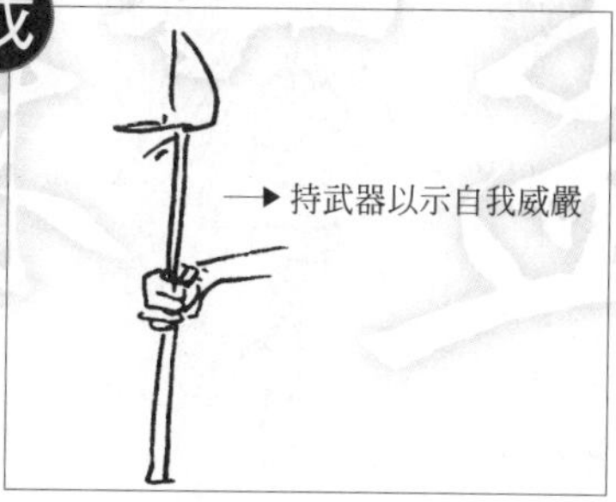
持武器以示自我威嚴

叔

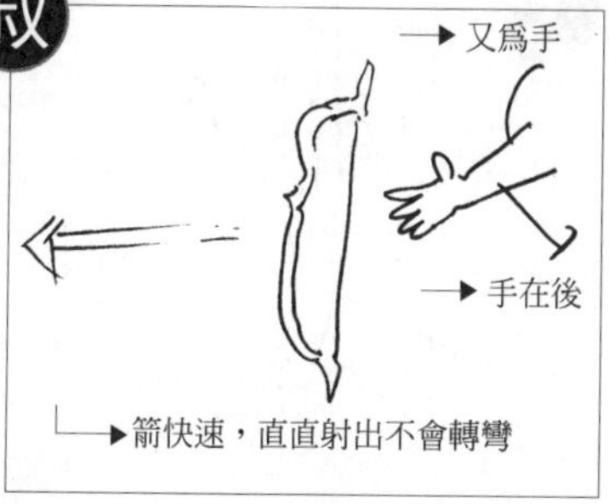
又為手
手在後
箭快速，直直射出不會轉彎

正

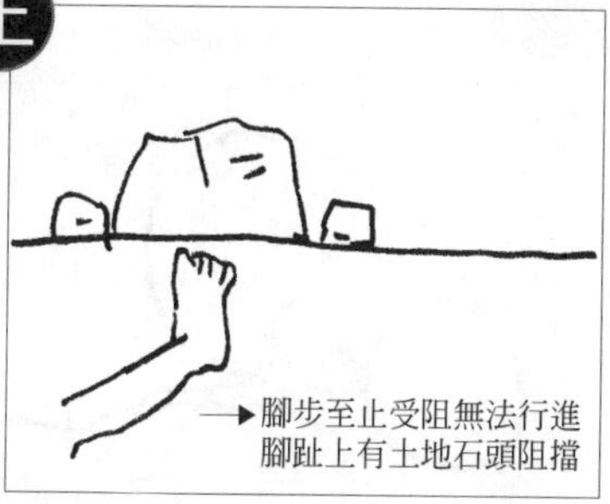
腳步至止受阻無法行進
腳趾上有土地石頭阻擋

臻

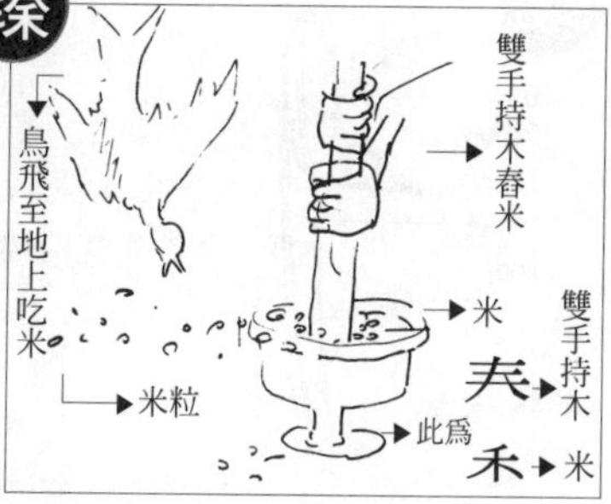
鳥飛至地上吃米
米粒
雙手持木舂米
米
𡗗 雙手持木
此為
禾 米

等

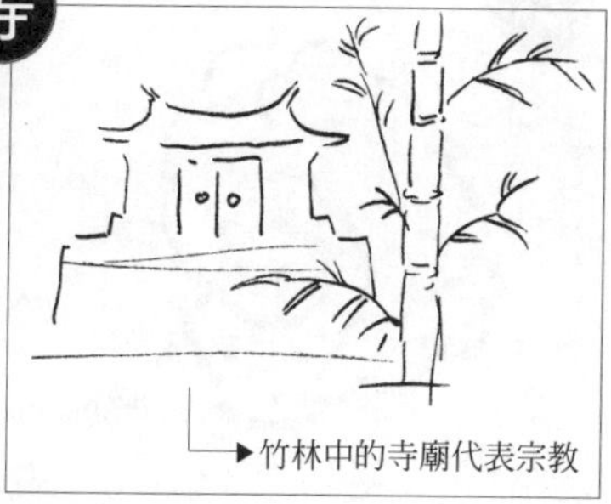
竹林中的寺廟代表宗教

又

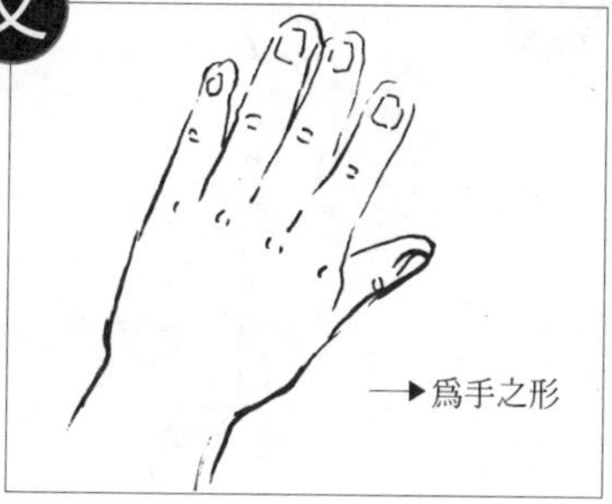
為手之形

可

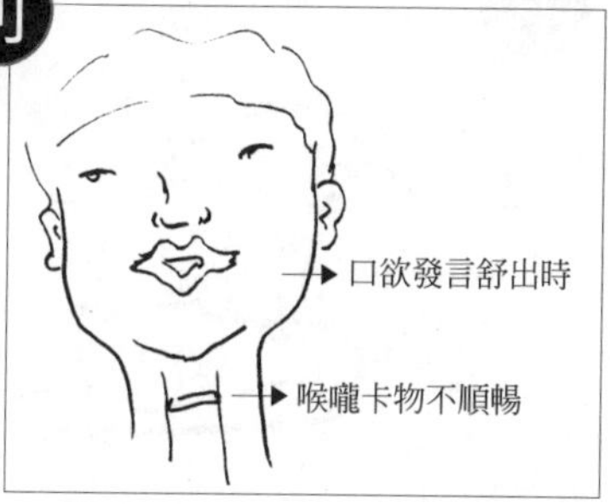
口欲發言舒出時
喉嚨卡物不順暢

司

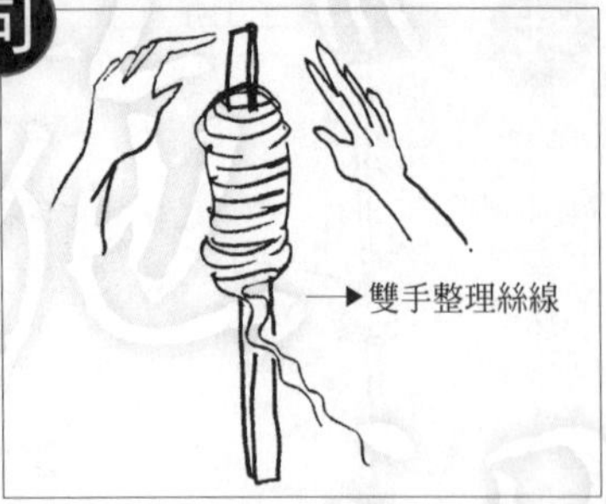
雙手整理絲線

殳

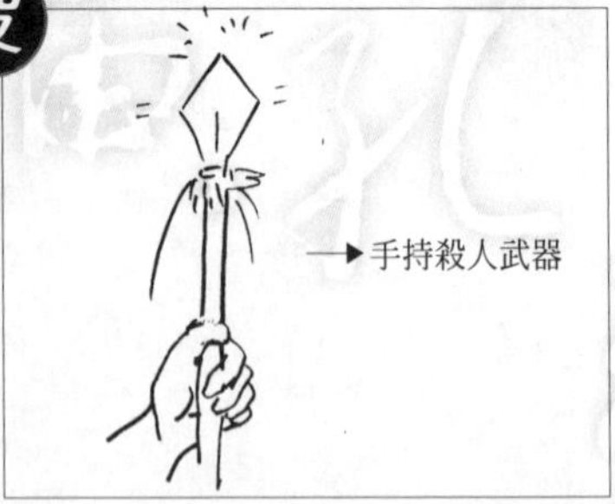
手持殺人武器

幺

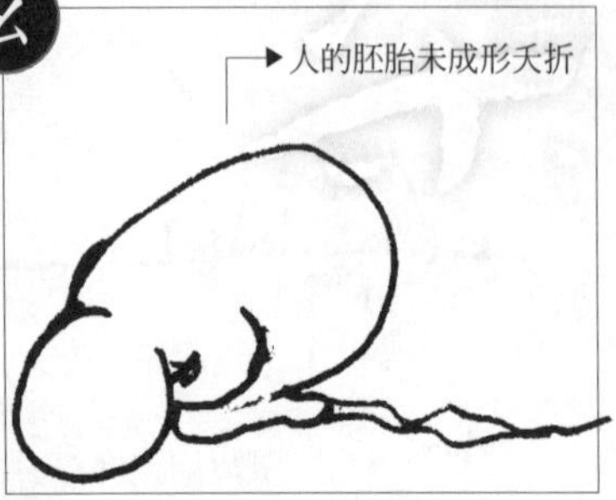
人的胚胎未成形夭折

弋

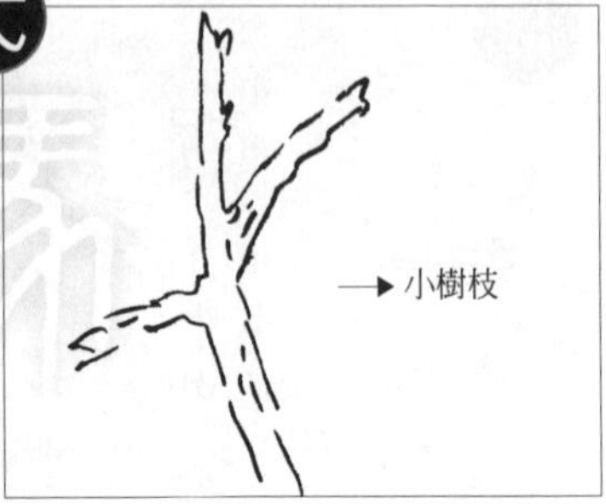
小樹枝

厶

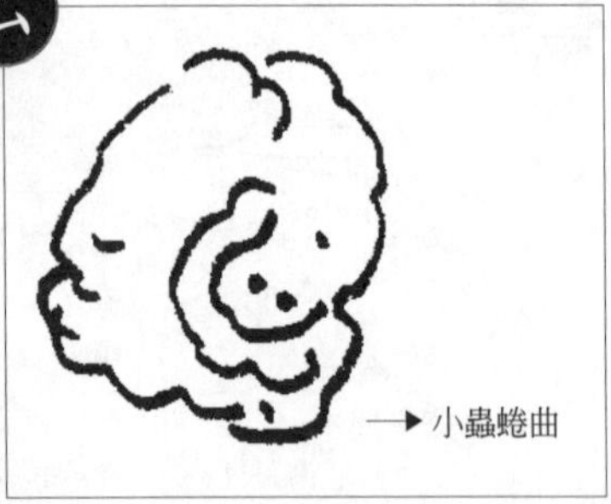
小蟲蜷曲

戈

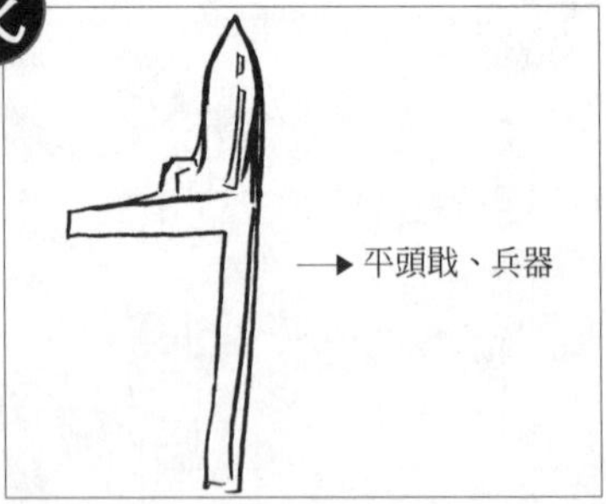
平頭戟、兵器

卩

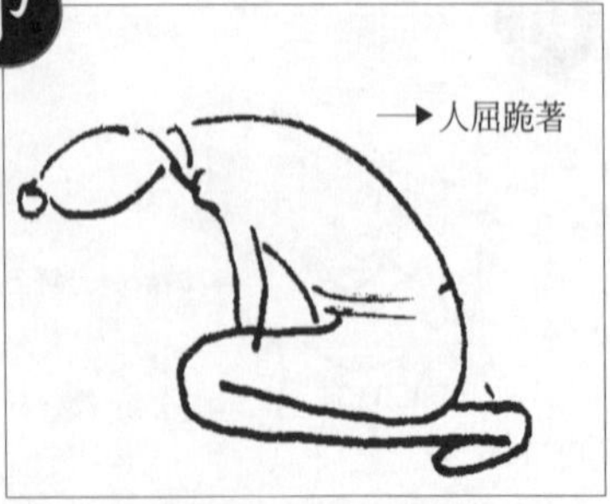
人屈跪著

桀

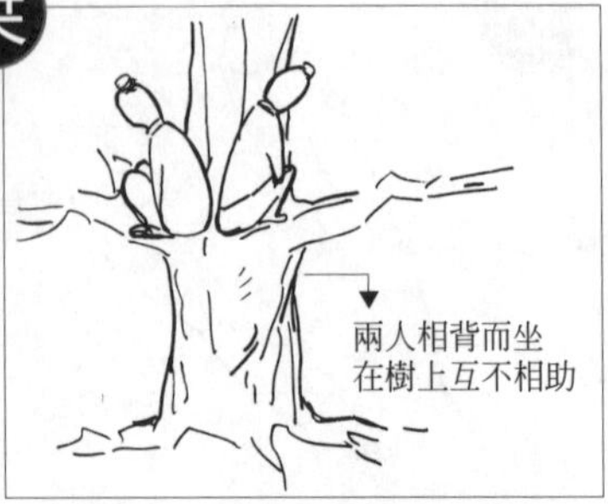
兩人相背而坐
在樹上互不相助

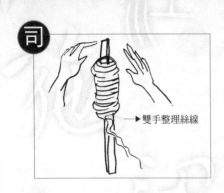

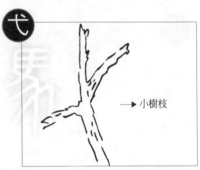

女

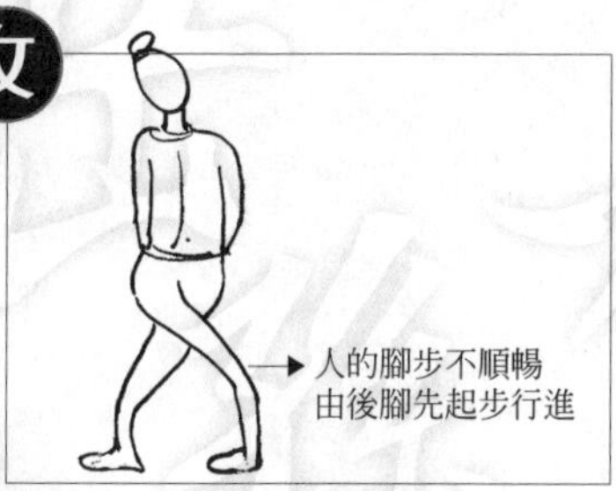
人的腳步不順暢
由後腳先起步行進

宜

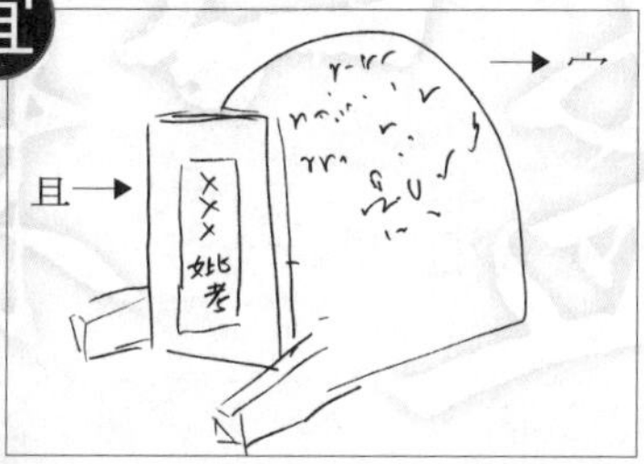
且

比

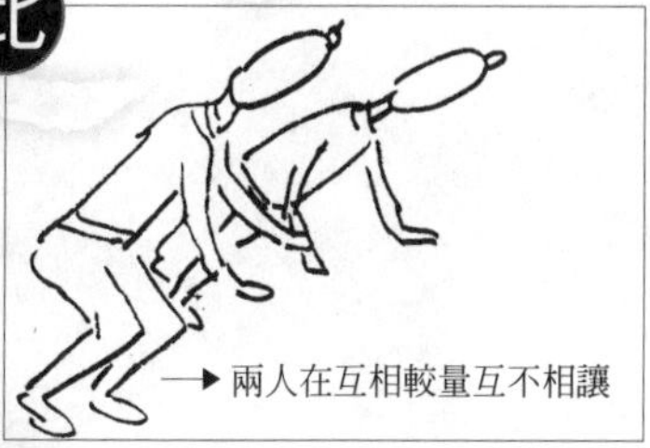
兩人在互相較量互不相讓

邑

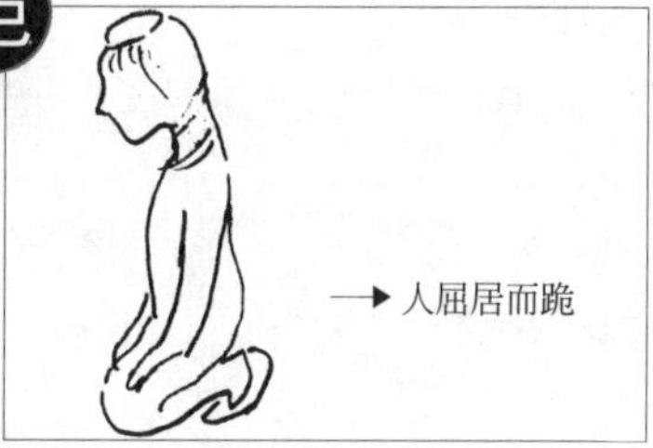
人屈居而跪

止

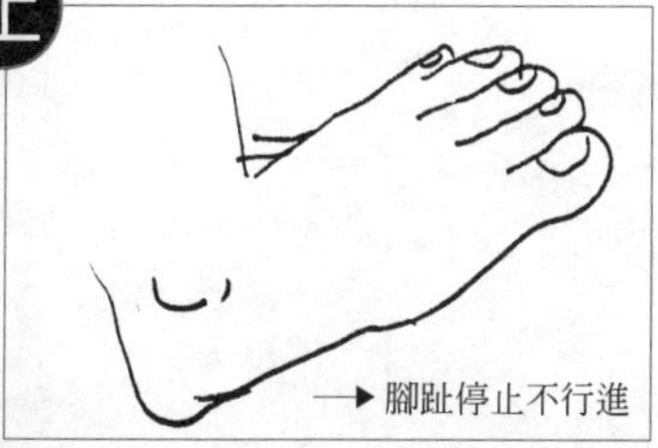
腳趾停止不行進

吳

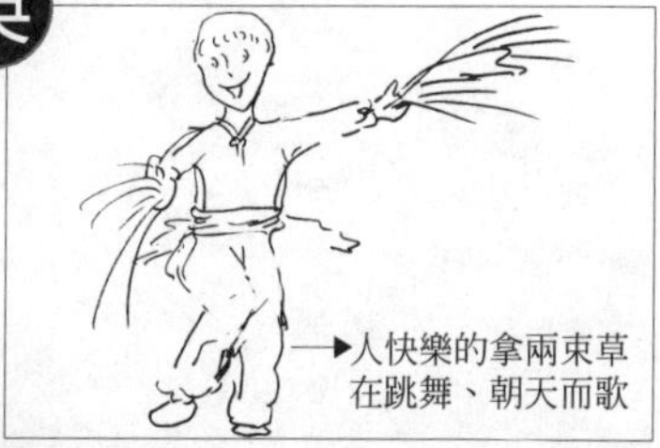
人快樂的拿兩束草
在跳舞、朝天而歌

菀

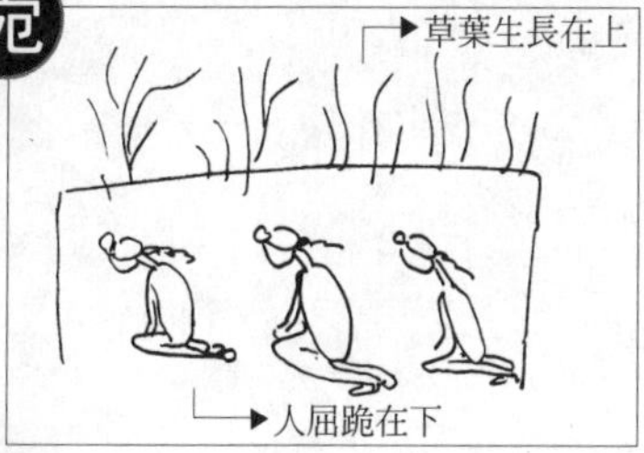
草葉生長在上
人屈跪在下

韋

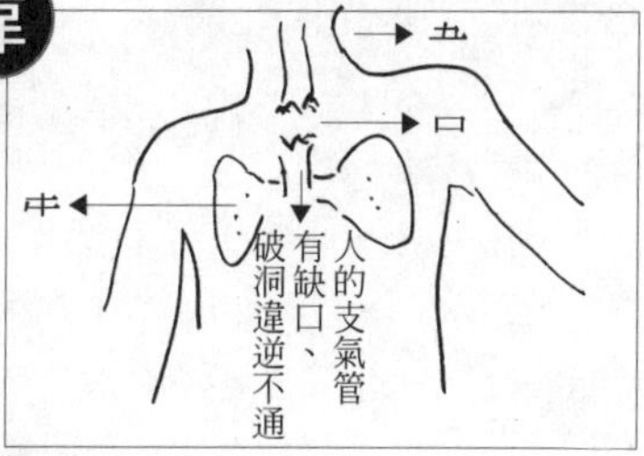
口
人的支氣管有缺口、破洞違逆不通

雄

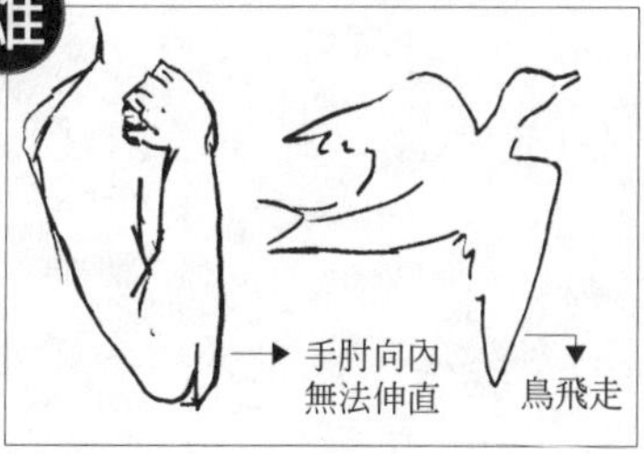
手肘向內
無法伸直
鳥飛走

萬

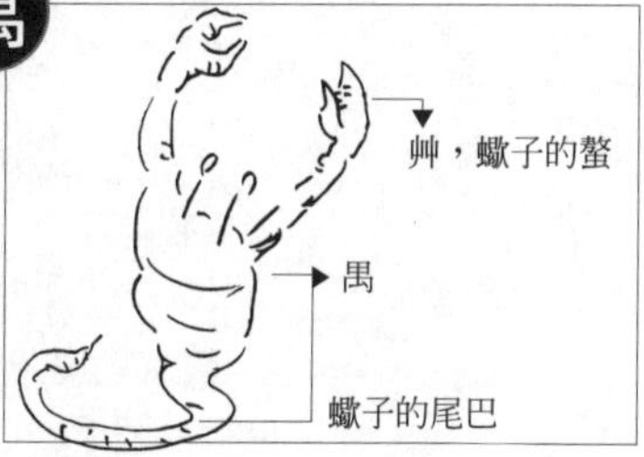
艸，蠍子的螯
禺
蠍子的尾巴

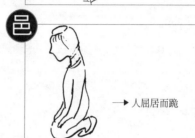

傳奇的龍⿰山意命名術

公司團體篇

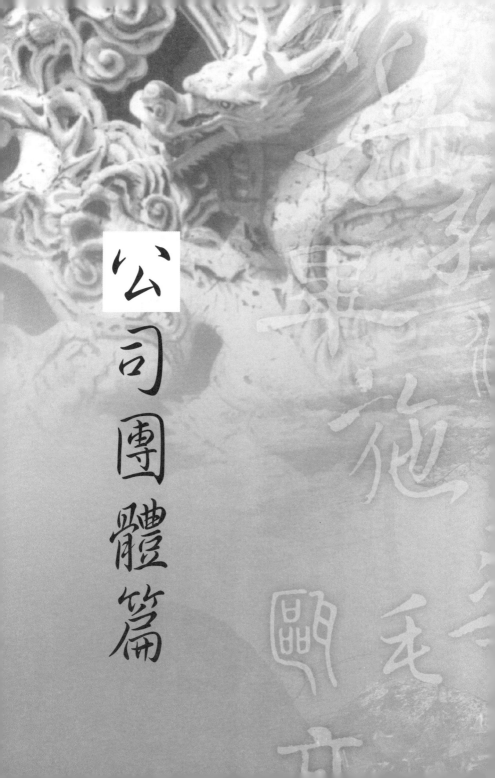

【三】公司團體篇

古今中外多少的商賈行號，皆有行走在人世間的名號，即使一個團體或單位皆有其代號，不同的團體則會出現不同之特質；相對的，同一團體之成員普遍具有相同之特質，亦如在同一染缸中薰染。然而若進入不同磁場，薰染出來的人員則會呈現出不同的氣質、長相。

例如台北市的地政處事務股，（此乃公家單位的單位代號），曾有位劉先生在採購的位置上達五六年之久，身型始終骨瘦如柴，且生活、工作上緊湊繁忙。其單位名爲「地政處」，諧音爲「地震處」，當然要處理地震的事務，要替地震後採買物品的位置不好坐，所以餘震連連，弄得上氣不接下氣，自會骨瘦如柴。

加上其元神並非兇悍性或大型的動物元神，且名字上並無任何有助力的力量，在地震處當然辛苦，如坐針氈。兩年前他終於如願以償請調成功，轉調至「選委會」，不到一年的時間，身材隨即發福。

由「選委會」的單位名稱可看出來，選字爲巽辶組合，辶有走走停停之意，有選舉活動才需要行動，一年內也辦不了幾場選舉，沒有選舉活動時，則爲停下來喘氣的階段，所以這個單位絕非如地政處的地震頻繁，加上巽爲兩個人蹲下來挑東西，委爲禾女組合，禾有稻禾、食糧之意，當然此單位對劉先生而言較得心應手，元神使然，自會心寬體胖，不發福也難。

公教人員對工作環境之依賴程度，勝過一般公司行號的人員，十之八九的公教人員一輩子不會離開公家單位，直至退休，此乃公教人員的特性與束縛，除了請調之外無法自由尋找工作崗位，且面對未知的新單位，對自身一點把握都沒有，只有碰運氣了。

這一點對吃公家飯的人而言，是一種無奈，就算了解即將面對的單位，但進入後，局勢絕非在外圍所看的表面現象，由於元神使然，一旦你的元神不適合此單位，若請調成功，進入新單位後，會有一種後悔莫及的痛苦。常聽轉調新單位之公務員埋怨道：「早知道留在原單位，不要請調了！」

對吃公家飯的人而言，調單位並非每次都能成功，且一個位子坐上去有的人可能十年如一日，不曾更換過，因此你是否曾思量，鐵飯碗對你的影響，你的元神適合嗎？還是十年如一日的埋怨，而不知眞相！

眞相乃是因材施教，兩個大小齒輪要放在一起才會轉動，如果將其中一個小齒輪移至其他的地方未必適合，且無法發揮轉動的功能，唯有在齒輪密合，適合之處才能配合大齒輪而發揮功能，知人善用才是最佳的方法。

最高智慧的管理者，不是只看齒輪的大小，而是看有無轉動的功能。一個公司團體如同一部機器，每個部位皆有其需要的零件，一輛小客車將近一萬個零件，如果獨立散開，則不叫做汽車。

如果組合起來且每個位置都放對了，大小齒輪都密合，自然能轉動前進，你還能著在表象，只要請一位高明的工程師就好嗎？再高明再有能力的人，還是要有其他人來配合，整個工作才能向前推進，如果其他的齒輪皆不轉動，全靠這個大齒輪帶動，那一定會累死那個大齒輪，且工作效率不高。

仔細看可發覺，有效率的單位一定是採此方式，有些管理者看不清楚事實或人員特性，而無法適才適所，因爲人不比機器，有其狡詐多變的一面會掩飾。如果透過元神及姓名之分析，即使新到任的員工，管理者甚至不必多問，即可知此人適任什麼崗位。

因爲元神動能將一個人之特質顯現得十分鮮明，其特性則表露無遺。所以一般潛在性元神是深藏不露，靈魂狡詐是會僞裝，不讓你看透，如同人心般無法摸透，也難怪有人會大嘆：「知人知面不知心」。此乃元神本性使然，所以你要財務交與財務主管負責，最好先了解其元神，如此才不用提心吊膽或緊迫盯人。

一個公司的命名亦然，知主事者之元神，而後再就其動能行業別命名，不可因字面好、筆劃大吉而任意配用。

經濟部商業司之網站，您可以上網查詢，盡是玄機在其中。同名的公司甚多，有的屹立不搖，有的則不到一年就撤銷登記，閉門大吉。設立一個公司行號，可是所費不貲且耗費心力辛苦建立，不要一開始就已知未來會虧錢、關門大吉，而白費心血，這就與命中帶有劫財之災道理相同，不先把這些雜質去除，是接不到好的店名、公司名。

同樣的「長榮」用在張榮發身上，與他人之「長榮公司」，雖然名字同，但是否能屹立不搖、財源廣進，那就得看元神之動能。因張榮發的元神凶悍，其公司方能成爲商業界的常青樹，且不斷的開拓其版圖。如同好的名字，如何才叫作好呢？適合才叫作好，而非音義吉祥、好聽才是好，一旦不合執事者的元神、本命、行業別，那也是枉然。

同爲「台塑」公司，並非每間都賺錢、屹立不搖，因爲主事者的元神強弱不同，以下我們舉幾個例子引以爲證。

（二）元神與各大企業

【1】星貝達娛樂網股份有限公司

藝人吳宗憲元神若似豺狼，善於攻擊，其在演藝圈、娛樂事業上很懂得窺視，有其野心，故從元神已知其屬性爲兇猛性動物元神，豺狼的速度是非常快，且善於團體圍攻，甚至會用團體的力量來逼退獅子，或其他兇猛性動物元神。

從憲憲家族的組成就可觀出，他直逼若似獅子元神的張菲，用團體圍攻的姿態站穩演藝圈，他的星貝達娛樂網股份有限公司，也爲他賺進了大把的銀子、鈔票，從星貝達三個字可看出其公司之方向、動能。

星爲星空下點點繁星，照耀的草木叢生、生生不息，所以他一定是用團體合作的攻勢，才會明亮，而非一人撐大局、強出頭。所謂眾星拱月，沒有了繁星點點的襯托，就不會顯現月亮的光芒四射，配上若似豺狼的元神，剛好適合他的動能方式，引領群星。

不管是「台視娛樂王」的節目，或「我猜我猜我猜猜猜」、「週日八點檔」、「旗開得勝」等等節目名稱，皆是以此模式走紅，而星字又有諧音為”先“（閩南語發音），「星貝達」又可唸成「先爬到」（台語諧音），貝為錢幣之意，有剛硬之質，為海裏硬殼之軟體動物，所以外剛內柔可見老闆待員工不會太刻薄，只要你了解他的個性、屬性，在這家公司上班的員工，只要不要犯了他的忌諱，碰觸其硬殼部分，要當他團隊的人並不難。

豺狼很大方，有吃不完的獵物，也會分給其他動物吃，一些落單獅子或年老、生病、無力的獅子，反而會跟在狼群後面撿拾殘渣、餘骸，此點乃是豺狼與豹最大的不同點。豹會將獵物拖到樹枝上以防被搶，吃不完的也會留在樹上，等待下一次再食用。

若用元神看一個老闆，元神為豹者與元神為豺狼者，會有很大區別，所以在工作領域上你不要怨聲載道，看清楚事實，你的上司是豺狼還是豹，自見分明。

獅子與豺狼特性相同，都很大方，吃不完的會分給同伴或其他動物吃，但獅子是看個人魅力，豺狼是靠團體行動，如果你捉住了特點，自然走對方向、風格，無往不利，強壯的獅王也會畏懼圍攻的豺狼，即使剛到手的獵物，豺狼也會圍攻獅王，而奪下其辛苦所得，可見這隻豺狼可真正發揮其特性。

許效舜元神若似獅子，所以他走的路線全靠他個人魅力，他一人可獨撐大局，這點與吳宗憲有著明顯的差異，獅子也有團隊圍攻的團隊，但一般而言數量不會龐大，頂多也是二三隻，絕不會有豺狼的大批行動，圍攻之勢。

所以論命、配名看元神是非常重要，尤其是公司之名，一定要看公司的執事者元神爲何，而不是一概取相同的名字。

達字，幸爲大羊，豐美之意，有食材之意，且辶爲慢慢走、慢慢吃，口中的肥羊才不會跑掉，到口的肥肉才不會飛了，仔細小心的行走，有走得長遠之意，也才會「先爬到」（台語發音）星貝達。

吳宗憲的名字有兩個宀，爲屋多之意，也難怪他有許多家可住，且豺狼是以領袖制，也難怪，王者多情，此乃元神的特性，本性所造成，命「公司名」不必算筆劃、配八字，完全以執事者的動能爲主。

算筆劃你會困擾到底要用簡體中文，還是繁體中文呢？要用古文、隸書、小篆嗎？還是甲骨文呢？筆劃皆不同，而且時代不同，字形會變，將來是簡體還是繁體的天下呢？

香港人都沒想到一九九七年後要面對此一問題，更何況未來海峽兩岸的局勢，二百年前康熙字典上的字，在一般通行字典裡找不到，更何況更早的字，早已生變，你還著在筆劃上的吉凶嗎？

何況經濟部的公司執照之登記已不可勝數，不是你算吉凶筆劃剛好，就可以登記了，同名同筆劃的公司甚多，也未必每家皆繁榮興旺、長久，有的在短時間內就草草結束。

同為長榮公司，未必家家皆長久榮華啊！還是有倒閉連連，只因元神動能不了解，而一味的仿效。如長榮企業電子有限公司，在經濟部紀錄不過是兩年半的生存期，此乃執事者的元神動能使然。

【2】台灣積體電路製造股份有限公司，簡稱台積電

董事長張忠謀，其元神若似大海龜，沉穩踏實，緩而慎重行事，任重道遠、刻苦耐勞，可走遠路而不會半途而廢。烏龜是靠嘴在咬東西，一旦他看中的目標咬了是不會放，所以前人多交代小心別被烏龜咬著了，否則非等打雷牠是不會放開，此乃元神的特性。

烏龜怕打雷、怕電擊，所以雷聲隆隆之下牠會衝得快，且龜殼堅硬、壽命很

長，其性格上是很堅硬，如果硬碰硬時他是不會放手。加上謀字，口中含刀爲言，此烏龜是用咬的，不是用爪子逃跑的。

如果元神屬龜者，名字中見其「口」，表示不是一隻縮頭烏龜，而是戰鬥性頗強的龜，且龜性善游泳，能爬行，雖遲鈍卻很耐飢渴。古有「麒鳳龜龍」之稱，表示龜的靈性頗高，但要視何種龜。古有十龜，一爲神龜，二爲靈龜，三爲攝龜，四爲寶龜，五爲文龜，六爲筮龜，七爲山龜，八爲澤龜，九爲水龜，十爲火龜。

龜眼小，口大，體型圓扁，所以張忠謀外型絕非電眼形，但個性踏實堅強，你若是其員工要用小聰明，或在外作出不當行爲，上報或傳回他耳裡，一定是馬上使出殺手鐧，絕不留情，此乃龜之性格。

而台積電爲晶圓廠，龜咬錢，「晶圓」音又爲「金元」，謀字又讓他頭伸出來，口張開，運用智慧、深謀遠慮，行事穩重踏實而不浮華，自成金錢龜。

「台」字爲厶口組合，厶有往內縮，放入口中，所以公司的財務守得住，加上執事者的元神爲大海龜，當然往內咬，雖然台字不適用在人的身上，卻很適合在公司行號上，但還得依行業別及執事者的元神搭配，並非所有人皆適用。

也未必所有行業皆合適，「積」字禾責組合，禾爲稻穗，而責之上爲束綁住稻禾，有聚而生貝（錢）之意，努力耕耘後而豐收，只要雙手肯打拼必定生財。

「灣」字爲水糸言弓之組合，糸有繩索之意，用在人身上動能會被絆住，不適合，用在公司行號上卻是淵遠流長，如同繩子又長又遠不間斷，水有細水長流、滋潤灌溉之意，對元神爲海龜者很適合，海灣邊是水陸兩棲皆宜。

「體」字有豊骨組合，豊爲盛豐厚的祭祀器，是一個儲藏的器皿，表示收藏豐富，骨爲骨肉相連，表示有支撐。

「電」字爲雲層當中的閃電，爲激勵烏龜元神的領導者，快速前進。

「路」字爲足各，足爲烏龜元神的四肢撥動，快速的游出海面，行至世界各地。

而「股份有限公司」爲制式的附加文，不列入其中評論。看似冗長的公司名字，卻暗藏著無數玄機，不知元神者是無法配出好的名字。

公司執事者之元神與公司的興衰有著密切關係，商場上的常勝軍一旦退隱，則由第二代接棒，然而企業家的下一代，未必能守得住長輩、祖先開疆闢土的產業，適合甲的未必適合乙，此乃元神、靈魂不相同之故。

父業不易子傳的道理，多少王謝門前絡繹不絕的人群，如今皆已門前冷落車馬稀。可見富不過三代這句名言，企業家們應好好的引爲警惕，否則在祖墳前哭號，祖先也無法伸手援救。

多少千古魂猶在祖先列位上哭泣，只因金錢名利、權位鬥爭，終究一場空，最後也幫不了靈魂、靈性的受困。黃土堆上的名人一大堆，有的未必轉世投胎，反而是落入地靈、地煞手中，長困其中。

【3】中華商業銀行股份有限公司

王又曾元神若似紅鶴，親手創立了許多事業，活躍於政商界，雖然他手下公司企業不少，有的掛名在各個子弟名下，也在最近他才放下權力一把捉的狀態，退出了中華商銀的董事長之職，所以目前而言此職位仍屬從缺。

若從元神看起，鶴屬於能夠高飛的鳥類，善於鳴叫，「鶴鳴」有不平凡的發言，「鶴立雞群」又有超群絕倫之意，鶴腳長、頸長、嘴尖，身形屬大鳥。王又曾一生中的霸業，頗爲叱吒一時，但隨著年老，頻頻傳給第二代之際，也出現了退出董事長寶座之職，而退居幕後。

從中華商銀，這個名稱我們即可分析出，爲何他不若其他的企業分支來得旺，「中」字有一刀切下去無法剛好，一定會偏向，一邊大一邊小，所以中華民國才會形成台灣兩岸，一邊大一邊小，其實爲中者並無法中立，一定有所偏差。

「華」字本意爲花，花朵脆弱，無力支持，且花兒生命短暫，朝開暮謝者多，能支撐的也沒幾天，不若枝幹的挺且持久，中華民國也才會在草創沒多久就分崩離析，民國三十八年就到台灣，但彼岸的另一邊已不用中華二字了，早已改爲"中國"二字。

「國」爲持兵器備戰，「華」爲花兒，以花當劍軟弱無力，當然銀行業用花來裝錢一定撐不久，因之無力，加上鶴本身食魚、蟲、穀類，且嗜水性，「華」對王又曾一點都無助益，無水、無爪、無武器又無一片天，這對其元神是不佳的環境。

中華商銀會存在，靠的全是王又曾的「根」，但虧久了始終會無力，花兒（華）終究會凋謝，拱手易人。

【4】長榮集團

張榮發元神若似禿鷹，禿鷹眼明爪利，翅膀強勁有力，只要他看中的目標絕不輕易放手，冥頑性算是數一數二，但戰鬥力及意志力相對是十分強勁，不是一般獅子、老虎可以趕走的。

獅子元神的戰鬥力及意志力就是沒有禿鷹來得強，獅子一旦攻擊多次而無成，就會意興闌珊、揚長而去，不再繼續攻擊，但禿鷹可不同，牠會隨伺在側，不達目的誓不罷休，此乃禿鷹本色，意志力堅強。

加上其姓名弓長有箭，因爲「發」字的癸爲矢，箭之意，有兩把弓（張、發），所以這隻禿鷹是雙箭雙爪在發射，眼睛直盯獵物，做人所不做的投資，一個海港的小夥子，可憑其獨到的眼光而創造了長榮王國，富甲天下。

從其名可知其行事之認眞小心，百發百中，此乃元神使然，做人所不敢做，一旦決定絕不更改，加上名字顯露乃是帶箭赴戰場，而長榮海運股份有限公司在未變更董事長前，股票是穩做穩賺的績優股，但執事者、代表人已不是這隻禿鷹了，當然不若張榮發掛名時之光景。

執事者的元神爲最大關鍵，「長」字有長長久久、生生不息，與「統一」的「糸」字一樣，繩索長長久久。「榮」字有火照明，有木當火源，源源不斷的照明，加上禿鷹本目明，自然眼明手快，加上火光照耀，此乃公司名與元神配合得宜之例子。

但張榮發名中缺水，幸好從事海運，所以也外加一筆水給他，無形中有所助益。但名字上的缺水，做事較不圓滑，顯得直言直語。榮字使其看事都很仔細、很小心，像是拿著尺量一般的仔細認眞。

長榮航空也是因爲他在內執事，而有禿鷹凌空飛翔之姿，但其所配的公司負責人名稱，還是佔有很大的影響力，要視其子張國政的元神而論，所以長榮航空前幾年的虧錢不是沒有道理。

因爲「政」字爲正攵組合，正字爲止在下一在上，要走出來卻受上面的一面土地給阻擋了，停止不動，立正如何而行，幸得有攵字，爲手持鞭以推之向前，但總會走走停停，要不是有其父親在後偵查，明眼下決定，哪來今日的局面。

立榮航空就沒有長榮航空來得好，因爲「立」爲個人站立著不動，格局就比較小，加上爲鄭光遠掛名，張榮發兒子張國煒掛股東，當然就不若長榮航空來得有發展、空間大。

【5】華隆股份有限公司

翁大銘元神若似金蟾蜍，由於蟾蜍不善於鳴，所以翁大銘在電視上也不大愛多說話，加上蟾蜍又稱爲月精，其名之銘爲夕口組合，夕爲月光下，與其元神是極佳搭配，但金較剛強，對這金蟾蜍有著輔助作用。

其銘字之口剛好合了金蟾蜍咬金，而蟾蜍其腹若鼓大，張大嘴是會吃四方，「大」字正適合這隻大蟾蜍。但是蟾蜍總是形單影隻，所以歷經了幾次大變動，今日的華隆非翁大銘之名下，而是翁有銘所屬，國華人壽也由翁一銘接管，實際上其名下的公司都已改了負責人。

華隆二字之華爲花朵本字，花本柔弱，對這隻金蟾蜍有引蟲入口作用，但花兒壽命短暫，耀眼過後就開始凋謝、枯萎。花開花謝，前期是美好的，自然引得蟲兒滿滿餵飽蟾蜍，後期花兒漸形枯萎，蟾蜍自會跳開往他處。

有「華」字的公司營運狀態，皆會如花開花謝般不斷的循環，其中主事者的元神是大重點，一旦主事者是金蟾蜍類，就會棄花兒不顧，加上紡織業對華字而言，是有相關連，棉花可製棉絲，所以會有一段好光景，可惜執事者元神的關係，華隆之繁華已不再。華隆今日換成翁有銘主導，股價由九十元跌爲零點三六元，且其名下的「欣華昌」也易主。

「隆」字又有行走在草地上，不利於行，由後腳向前行進，走得不順暢之意，對蟾蜍而言是不影響，因爲牠是用跳躍的，若換成其他元神可就不同了。隆字如果今天主事者元神換成馬、犛牛，反而是另一番光景，若是這一類動物，可會繼續往上爬，不受阻礙。如果是魚類則不利於生存。

由欣華昌有限公司名字一看即知，不聚財，「欣」字爲斤欠組合，欠有不透氣、打哈欠的意味，斤爲斧頭，在不清醒之下，持斧是無力，且看不清楚目標，「華」爲花之原形，花瓣無力，「昌」字有日在上，下爲日，日爲氣之抒發，可惜無水可灌溉。

整個公司名全部向外，沒有緩衝、收納之字型，全靠主事者元神在撐，一旦江山易人、改朝換代時撐不撐得下去，可是個大關鍵。

【6】臺灣塑膠工業股份有限公司

王永慶元神若似老鷹，鷹眼是很銳利，高瞻遠矚、善於投資，且其掛名爲公司負責人，即使已高齡仍不忘事必躬親，似乎沒有退休之日，永遠要支撐著，所以「慶」字勞心勞力，永遠的鷹王，臺塑也因爲他在，以致歷久不衰。

「臺」字很適合這個鷹王，因爲臺爲高聳之處可以遠望，居高望遠，卻也不勝寒，「灣」字有糸使其綿延不絕，用在公司上的意義不同於用在人名上。

「塑」字朔有由暗轉明，屰有人自外而入，收納之意，土爲根基，對公司名而言有能守之意，聚而不易散，且下有土作基礎，四平八穩。

「膠」字月翏組合，月爲肉之意，非月亮之月，讓鷹王有食物可食，羽可以展翅高飛，適合鷹之飛翔。

「工」字爲畫地之工具，自劃疆界。

全名適合王永慶的元神，今日「臺塑」會屹立不搖全靠他的精打細算，也是其元神與公司名配合得當。

百年老店從數百年前已存在不少，如「郭元益」喜餅、「玉珍齋」等等，百年之前的社會體制、型態與今日已完全不同，但不管其字號的後面配什麼「企業股份有限公司」、「實業股份有限公司」、「製造有限公司」、「企業社」、「行」、「社」、「會」等，皆不受影響，亦不需算筆劃，最主要的還是主事者元神及名號中配字的動能。

字的動能是每個字皆不相同，形成接引了每一度的時空不同、能量不同。好比雨、冰、雹、霜打在身上的差異性，用冰塊洗澡會舒服嗎？當然還得視個人狀況、體質、環境之配合，若在赤道或艷陽天，是可以緩和，環境就得看每個人自身元神是否適合。老鷹才適合站在高台上瞭望，若是一條魚放在高台上就成了俎上肉，等著任人宰割了。何以這些大企業老龍頭創辦人在時就穩如泰山，屹立不搖，就是此原因。

若第二代的子弟要承接家產時，沒有挑元神較強勢、較適合者，是難以持續，可能會因此而被併吞，成了外籍兵團所吞噬的犧牲品，老祖宗、創辦人可能只會站在黃土堆的山頭上，長相哭泣。

國巨電子的幕後推手藏鏡人陳泰銘，就是那個「水能載舟亦能覆舟」的推手，幸好國巨的負責人掛名不是他，而是長他六歲的兄長，才能穩穩得撐住，但執事者是他，國巨難免受到波動，隨執事者的身上能量起起伏伏。因爲「泰」爲手捧水，可收可滑，「銘」是在月光下光線不明，看不清楚狀況。

【7】錸德科技股份有限公司

「錸德科技」董事長葉進泰，創立「錸德」沒幾年就中風，交由其子執事，由葉進泰之進字即可看出進爲一隻鳥不飛，用爪子伸向前行進走走停停，也難怪他身體會出狀況。

幸好有其子葉垂景接收、執事，景有在高臺上觀看遠觀之意，諧音為”緊“，所以他會一大早就進工廠緊盯著不放，直至深夜十一、二點，有著拼命三郎的姿態，這種個性與「錸德」之公司名相配。

「德」有緊盯小心行事，皿為憋住，往內收往內放，心壓在下面，小心謹慎之勢，用在人身上會不利血液循環，用在公司上卻有聚守不失之意。

「錸」字「來」為麥糧，「金」為金屬、利器，可豐收，對外有利器可打仗，打江山伸展手腳，適用於公司行號，用在人身上可得小心配對，不是每個元神皆可用。

所以錸德兩個字，錸是對外的力量，德是守內的力量，難怪不到幾年的光景，此公司會從二十億的資產升到兩百億的價值。但葉垂景得小心身體狀況，垂字有不利健康之力量，由於”緊“同”景“，緊繃過度血壓會過高，須注意。

葉家的共業都展現在名字上，葉垂青、葉垂景、葉垂昇，都有葉垂，葉子初生是很堅挺，但葉子垂下來會漸形枯萎，垂而無力，身體上都有如此之共業，「葉子垂垂」是不利於身體的筋脈、血液循環，葉子繃的過緊會提早衰退凋零。

【8】中華開發金融控股股份有限公司

劉泰英元神若似馬，民國九十年十二月才設立的中華開發金控，在劉泰英手上不到二年就拱手易人，且失金慘重，目前還處於官司連連的狀態下，因爲馬的動能屬於往前衝，不懂得控制，只看前不看後。所以晚年也就是馬在跑全程的最後段，他不懂得煞車，不會懸崖勒馬，衝過頭了。

年輕的階段，他可以使盡全力的奔跑、衝刺，但到了終點，就要見好就收，才不致墜落山崖，中箭落馬。也因爲他的名字中沒有一個煞車、緩衝的字，反而「泰」字有水的意思，使其衝入谷底滑一跤。

泰在創字之初爲雙手捧水之意，水爲財，手能捧水，也會漏水，捧得住是你的，捧不住就是漏財，衝過頭水自會漏，地當然滑，不跌一跤才怪。

加上「中華開發金融控股」的名稱，中華兩字，花開花謝軟而無支撐，「開」字爲門內打開，張開以供出入，通路之用，也是無阻擋，使馬兒衝過頭的力量。

「發」字更是弓箭一發而出，加速馬兒的衝力，更無控制住他的力量，全是加速往前衝的作用，只有加速度，而無緩衝之地，一旦遇到狀況是無法煞車，會撞上的，加上元神的特性是如此，鐵定翻船。

如果換成別的元神來當執事者，加速度的字是有助益的，如老鷹、海龜，因爲老鷹不會衝過頭，沒有聽過老鷹撞山的吧！只有聽過被網子網住的，或被獵槍打下的。

「金」爲剛強、堅硬之質，劉泰英本已在劉家手中帶金，太多的金反而過硬相剋，兩塊金子互相在磨，當然會摩擦生熱，走火了，燙到元神「馬」。

「融」字用在人身上是不佳之字，有無法伸張之意，「虫」字無法挺直，永遠是縮在一邊，但用在公司行號是不一樣，反而有保守之意，且「鬲」字爲罐子，是可儲藏之意，爲財庫，但要視前後字組合及執事者元神而定。

「控」字空扌之組合，空爲洞穴居住之地，工爲掘洞之工具，空爲洞穴，有窮盡，用手控制、操作，已窮盡其力了，「股」字之「月」爲肉，「殳」爲手持武器取肉表示獵食，有食物，爲業務之先鋒，但不是每個股都好，還得視主事者元神的力量。

而同爲中華開發的另一支「中華開發工業銀行」就沒有那股「金」的煞氣，

與馬的「劉」之「金」相磨，才能使劉泰英之前站立那麼久，一待十二年，因爲「工」字有工具畫界線，劃地自圍，馬兒在圍籬內不會衝出頭，所以劉泰英才能穩坐中華開發工業銀行的寶座，帶領此銀行往前衝，創造不少的利益。

【9】台灣水泥股份有限公司

辜振甫元神若似狼，振字的辰使他很勤勞，豐衣足食，富甲一方，看似有錢富貴，卻是未必好命，反而年老不能退休，八十幾歲了還在勞碌，但也因爲「辰」字使他注重誠信，而樹立了「謙沖致和，開誠立信」。

因此他是充分授權給專業經理人，尊重其經理人，讓他適得其所，循其所長，自我發展，加上狼群的合作策略，他始終與姪子辜濂松合作得非常好，和信集團在以前是非常賺錢的。

因爲辜家有古辛組合，表十隻嘴「十口」，辛刀（古代行刑斬首之刀），若配凶悍元神及名字動能是很俐落。而甫爲菜田表示有福田佈好，待雙手去打拼、播種，所以他掛名爲台灣水泥董事長時，爲一支績優股，其穩健踏實的作風深獲投資人的信賴。但要視其董事長爲何元神及名字了，這些是互相影響的重要因素。

「台」字有縮回向內，不輕易外放，保守之姿，對一個企業而言不會衝過頭，所謂「進可攻，退可守」就是這個意思，用在人身上不容易配對，並不是不可用，要視其元神的潛能，對急性子莽撞易衝動的元神是有緩衝的作用。

字有一體兩面，內縮的字也表示精打細算、仔細，並非全面性的不好，而要看使用者合不合，如同「翎」字很美，對元神為鳥、天馬有翅膀者皆受用，但若用在元神為魚的身上，可一點都不適用，魚又不在空中飛，給他一片天、一對翅膀，他還會拜託你「可不可以換一杯水，我渴死了！」

因材適宜，因元神而配環境、動能，並不是一味套用，用在人身上的字，力量不對時，就是牽引靈性走入不對之磁場，也表示那是你的冤親債主在拉扯，相對的那就是給你的磨練，也因為磨練你才會想走入修行體悟之中，透過修行體悟，把不對的力量掙開不再受束縛。

冤親債主、業力每個人都帶有，如同姓氏一樣，一落地即有姓氏的傳承，此乃祖業的束縛，它會牽引你往不好的地方前進，一般人認為是去了不好的地方身體才會不舒服、靈性才會出問題。事實不然，靈性出了問題，冤親債主推你走向磁場不好的地方，因而才會困住受傷、出意外、破財。如果靈性夠強者自會主動避開，不會走錯方向、做錯投資、賠錢、賠了性命。

一個人落地時帶了累劫之業，祖先之業（姓氏的承接），命盤就已註定要去承接此落地之名的力量、磁場，一個人最初始的第一個名字，是最清楚、最明顯的呈現，此世註定要被什麼力量束縛住、考驗、牽引，而會產生什麼狀況，除非因緣際會，走入皇教正軌的修行中，才能由體悟中慢慢的悟開。

但一路上你已跌跌撞撞多少次了，損失了多少金錢、健康、情感，卻未必拋得開這些束縛，反而是換湯不換藥的一再重演、循環，許多人滿腹的疑問，卻得不到明確的解答，依然是悟不開。

父母養育、教育孩子時，常會因孩子管不動、教不會，或身體不健康、脾氣不好、不讀書等等狀況，倍感困擾，原因其來有自，乃因靈性之問題，不好的磁場干擾，冤親債主作怪，使其哭鬧不已、難以管教或身體不健康。

從元神、靈性、名字上，即可看出端倪，如小孩名中有火、無水，那這個小孩子的靈性一定很煎熬像火在燒，使其性格不易穩定，像是心中有把火在燒，父母管不了，還責怪孩子難管教。其實是父母不懂得靈性方面的問題，不了解小孩子的名字中有火無水時，接引了火的磁場力量在燃燒，只會怪自己生了難教的孩子。

天底下沒有什麼難以管教的孩子，只有隱藏性的業力在作怪、牽引、推他，使他走向不好的磁場界道，而呈現在人間種種的不順，因此牽扯出與父母不合的事件，父母若能在小時候給予轉換動能，將業力撥開，重新配予適合元神的動能、環境補其所缺，則在成長過程的絆腳石就減少，不至於在經歷種種困難險阻後，才思索如何撥除障礙。

「靈肉」是要合一，若肉體至成年已定型了，面黃肌瘦、骨骼不健全、五臟六腑已損傷，或骨架已傾斜、缺失了才來改，此時能改的也是後半段。即是他人生路上的婚姻、事業、金錢、健康，及柴米油鹽醬醋茶的問題，也就是將後半生的絆腳石剔除，將不好的牽引磁場撥開，才不至於走上自殺、意外、虧錢的路上。

改變他身上的束縛、牽引之業力，並不是在求財富、當博士，金錢財富、學識還是要靠個人雙手去打拼，而是將不必要的磁場惡業束縛打開，不走向滅亡、劫財。若能早期治療、早期預防，發育慢、身體不佳的小孩，及早改變他身上束縛，與妨礙成長的力量，將會使他的成長過程更順利，品行上也不會有所偏差，學業上不致輸人太多。

一個人身上的業力會隱藏在不同階段，給予適時的呈現，在五歲時會有五歲時的冤親債主，在十歲有十歲的業力，在十五歲有十五歲時的牽引，不同階段，有不同階段的業力呈現牽引。

但你身上名字的力量，又註定呈現某種阻礙時，它就會換湯不換藥，在不同時段、歲月接引，一直循環。一般人在年幼求學階段，有父母保護庇佑不容易感受，到成年要靠自己走時，就會一一呈現、感受到。

如果你是作父母的，你忍心孩子成長的階段，有這種看不到無形的業力、冤親債主在牽引、推動你的小孩嗎？等他長成了，骨架定型，肉體都已無法改變時才來更改嗎？

舉兩個例子，知名企業家王又曾的四公子－王令麟，由麟字之舛有不順、相背、撞跌的意思，所以他小時候唸了四所國中、一所高中，最後勉強從淡水工商專校畢業，而且做事一向莽撞，雖然後來去國外拿了一個國外的學位。但他始終都不如其哥哥王令台、王令一的品學兼優、會讀書。

此可由麟字之「舛」看出，乃天生註定接引的力量在牽引，使其換湯不換藥的跌跌撞撞，雖曾經當選過立委，但政壇路上依舊是跌跌撞撞。做有線電視時也是和「年代」的邱復生槓上、「和信」槓上，最後由其父王又曾出面扳平。

東森有線電視系統表面上看似很耀眼，台開案使他又跌了一跤，損失慘重，只好又引外資協助來與其兄長對抗，於是在美國開闢了「東森美洲電視台」。其「麟」字使其一生不斷跌跌撞撞，連事業都是如此。並非麟字用於任何人皆不好，而是元神不受用時就會很辛苦。雖然是富家子弟有錢有勢，但成長、求學、投資的過程，即可看出他的不順利如「舛」字相背，連與自家人皆如此相背，與兄弟不合、互鬥。

只因王令麟今世的束縛就在此，有這種力量接引在身上，在不同時期暗藏玄機而浮現，適時的讓你跌一跤。因爲業力纏身，並不會因你跌一跤它就算了、鬆手、自動離開，那就與你的名字一樣，業相隨，等下一次時機到了，又再浮現一次，使你吃了悶虧，又跌了一跤，惡性循環下伴你一生。

不懂的人只會唉聲嘆氣，大嘆自己運氣不好、手氣背，其實不是手氣背，而是每個人落地時，帶來的冤親債主、業力，使你無形中自然去接引不好力量之名字，每個人的名字皆是命中註定，暗藏玄機，除非經過南無 彌勒佛陀的調整，把束縛的力量撥開，更換一個適合你元神靈性的新環境、新的力量、新的磁場之名，才不會綁手綁腳的妨礙你、接引你，推你走向不好的磁場之地、意外之地，而能避開不好的牽引。

但切記生命的劇本還是要靠自己，每個人的靈魂皆是獨立，此生要走的劇本還是自己要去演出，別人有別人的劇本，那是他們的人生舞台，無法代你演出，先天帶了什麼命盤，就得照命盤中的格去行走。改名是將命盤中的雜質去除，還是要靠自己肉身雙手去打拼、去體悟人生，所謂的束縛就是那些惡業、冤親債主，會推你走向不好之路的絆腳石。

「錸德」的葉垂景，從名字中即可看出，他的冤親債主是來劫命的，葉子垂了又緊縮怎會不凋零，所以無形中會推他走入緊盯（垂景）著工作不放，一大早就進入公司，熬夜工作至十一、二點，整個人都緊繃著，不放鬆，自然身體上就隱藏了一些危機。

如同其父葉進泰般身體不佳之狀態，這是他們家共業的牽引，於出生落地時，從姓名中就給予提示。其夫人盧素華，亦由名字中可看出頗束縛，被事業綁住，由「素」字可看出，素字之糸爲繩索，雖富有但不自在，憋住在心中，此素字不管是有錢、沒錢之人，用在名字上皆一樣，受束縛綑綁，有錢沒錢是個人命盤八卦不同，但受束縛力量皆相同。

如同癌症是不分有錢人、沒錢人，業力是無貧富之分，有的人會搭上空難飛機，乃是業力在推，使你自然而然的走向那死亡班機、列車，並非運氣不好，而是靈性已受那個磁場接引，會在臨門一腳突然拉肚子而躲過（空難之飛機）的人，就是靈性知道要躲避，才會利用肉身通知，莫名的讓你肚子痛，上不了飛機，而躲過一劫。

和信集團的辜啓允就是靈性已出問題了，思慮無法自己控制，才會做出一些不智的投資，虧損連連而拉下其父親的家產，弄得財破人亡，在去年十二月得癌症而身亡，此乃其靈魂隱藏因子，促使他做出錯誤的抉擇，弄到後來賠了「銀子」又賠了「身子」（生命）。

辜啓允的「啓」字乃是用手打開小門小戶，攵爲手，戶爲單扇門，非大戶人家的雙門，所以他的投資眼光不會準，以致他的「和信流通」、「和信家」、「和信超媒體」頻頻出錯，最後中國人壽及台泥的股權都縮減了，「和信與中信」也分家。

「允」爲人向下點頭，看似很和氣，卻不懂得抬頭向上看，只會往下看，當然看不到青天，看不清狀況，如同氣逆向而行，往下思考，非正常的往上思考。

至於你有錢，那是累劫所帶來的，祖上有德所囤積、庇蔭，不必羨慕他人家財萬貫、權高位重，那是他此生的束縛、磨練之所在，不適用於沒有此劇本的人身上，有錢未必是福氣。連辜振甫都大嘆「人家說我好命，我卻覺得自己是勞碌命，活到八十幾歲了都還不能退休、享清福。」

王永慶眞的好命嗎？他可是勞心勞力呢！吳宗憲好命嗎？他的「宗」與「憲」字都有宀，可見他會爲"宀"屋內的事煩心，且是多屋，非一屋而已。

（二）觀各大電視台的命名

【1】「三立」有線電視台

何以「三立」電視台能愈做愈穩、愈賺、愈發，觀其名「三」爲天地人三才聚集，三爲大，天大、地大、人大，是三個一爲其字型，也因此會凡事三思而後行。

蘇麗媚不也是謹慎行事、大刀闊斧，大膽啓用新人，不畏懼沒有大牌明星，不擔心人不紅，或收視率會因此變差，如「台灣霹靂火」、「台灣阿誠」的新人輩出，其大膽作風炒紅了許多新人，省了大把鈔票，銀子都放入鼎裡面。

因爲三立爲鼎，鼎爲三足而立，帝王帝業爲鼎，鼎是一個寶器、大器，所以能三國鼎立。其在一片紛紛擾擾的有線電視市場，會屹立不搖，百堅不摧，甚至一台可以抵得過三台無線台。在不景氣的影視圈，仍然一枝獨秀，營利豐碩，只憑三個頻道就可營收數十億，因爲他採逆向操作，別人是二足而立，他是「三足而立」，所以異於常人。

也因此三立的作風，皆是做別人所不敢做，大膽啓用香港來的編劇寫台語劇，沒有新聞經驗，也將新聞台經營得有聲有色。幾部台語劇捧紅了沒沒無聞的新人，不崇拜名牌，不盲從於名牌的效應，自能控制成本，造就好的戲劇。也因爲「三立」的鼎硬，所以其執事者的風格一定是很嚴格，三立的老闆娘蘇麗媚就是如此的作風，細膩嚴謹、事必躬親、鉅細靡遺。

因爲「媚」字也是張著大大眼睛在看著、盯著，如同鼎的嚴寒冷硬，三立老闆也是鐵腕作風，張榮華有句名言「世上沒有不可能的事」所以其夫妻的行事作風很符合「三立」這個鼎，自然而然他們會去承接這個公司名字，「鼎」有聚財而不摧之風格，才能在不景氣的媒體世界中，站穩三國鼎立的一角。

一個公司的執事者主管有肩膀，屬下就有肩膀才會有所擔當。公司名強而有力，當然就會傳衍不絕的持續下去，只不過是舞台上的角色換了，戲還是繼續演下去。

「立」字象徵著人立正而站，立之下一橫指著地，上爲人形，兩足定而不移，爲住之意，用在人身上是不適當，人是活的、有動能，身體定住不動，面對飛來的橫禍自是無法避開。但用在公司上是好字，有「立而植」之意，可以深根、深耕，但做事也會立刻而行，有魄力。

字有一體兩面，看你用在哪裡，人的身上嗎？公司名嗎？端看如何取字。三有天大、地大、人大，三大都立足了，還能不賺錢嗎？不管是三立新聞台、三立台灣台、三立都會台，都能賺錢，像三立都會台的「台灣全紀錄」、「冒險王」、「海豚灣戀人」、「薰衣草」都能由沒沒無聞而持續長久或名聞海外，若在其他電台，這些節目恐怕不長久，或只於國內播出，不至於名揚海外，直達韓國搶灘。

這是因爲「都會台」的「會」字爲米食之器，上蓋而密合，周密相合之意，所以連「薰衣草」這樣的小品都可以賣到韓國，只因是在「三立」播出，若在無線電視的三台，恐怕會因下戲而下戲，不再有下文，更何況戲劇節目還可搶灘到韓國，就是因爲他們做人所不敢做。

「都」字有者阝組合，者爲上黍下口，有甘美之意，但阝爲人屈居之意，卻是有助益之力，但卻沒有三立台灣台來得有長久力。「三立台灣台」台有由外縮回內，由外往內口放，灣又有綿延不斷之意，連一部「台灣阿誠」都可以做到二百四十五集。「台灣霹靂火」也是演了一年，成了發燒發紅的本土性節目，其中的對白，成了街頭巷尾人們所熟知的口頭禪。

另一個三立台灣台的節目「鳳中奇緣」，也是一做好幾年，捧紅了陳美鳳，成了美食的招牌節目，甚至被餐廳作爲宣傳之用，只要打出鳳中奇緣陳美鳳來品嚐過，就好像保證似的，掛在店頭標榜，更爲其他節目所仿效。而陳美鳳那麼多節目、戲劇，惟獨鳳中奇緣歷久不衰，如同台灣台的戲劇般，又長又久。

只因是掛在三立台灣台上，如果今天掛在別的電台，可會隨著電台的風格而煙消雲散、灰飛煙滅，無法坐上美鳳大姐大的位置。仔細思量，可發現三立台灣台的節目皆有此特性，這一點是「年代」、「東風」電視台所無法比擬。東風、年代的節目未必較差，但就是無法如三立的長久，穩"立"穩站，穩賺穩利（立）。

三立台灣台歷久不衰的節目還不少，如「戲說台灣」、「鳥來伯與十三姨」、「草地狀元」、「黃金夜總會」……，相較之下東森、年代就沒有三立來得堅挺、穩立，所以觀其名即可知道，此電台的力道是否強勁，以及可否長期立足於有線電視界。

此公司的作風強硬，行事嚴謹，公司生態中是沒有交際應酬、作場面、虛華的風氣，一定是穩紮穩打鼎立其中，就算是已達九百人的電台，其行事作風依然如三立之鼎一樣穩固。

蘇麗媚也是因爲挑起這個鼎（三立），才會展現精明幹練的一面，她的「媚」字之“目”才會緊盯不放、鉅細靡遺，連計程車、便當錢都會過濾，連戲劇節目剪帶子都會親自監督，並非她垂簾聽政，而是這個媚字，剛好碰到三立之鼎，所以睜大眼睛盯著鼎中之寶物，免得外漏，也因爲這個鼎沉重，她要去盯、去背。

所以麗字的上「丽」呈現兩座山，即是「三立」之「丽」，蘇麗媚並未如一般的美艷女星嫁入豪門，當起少奶奶作花瓶，反而是一肩挑起公司的大業，行使老闆娘的手腕，事必躬親。

三立老闆張榮華在未娶蘇麗媚之前，以豬哥亮錄影帶起家，紅極一時，並爲其賺進了可觀的財富，但錢財卻留不住，直到張榮華「聽某嘴，大富貴」之後，他的三立不再憋腳，而是立足媒體界。只因蘇麗媚的眼光，媚之“目”也，蘇麗媚可以花數百萬拍一部戲劇，即可知她的眼光獨到及勇於嘗試。

但麗字就是要去背負、去承擔，她也證明了，不是所有的女星皆是漂亮卻無大腦，而是美麗與智慧兼備，並非所有的美麗女星皆曇花一現。反觀今日她是一副精明能幹、睜大眼睛在看事情在做事，冥冥之中她的命運早已安排，兩座山在名字當中，「麗」字之"丽"爲山，宿命早已隱喻了。

字有一體兩面，背負著責任未必就是沒錢，未必就是苦命，相對也顯示其人生旅途上，就是要用這些責任來考驗他，讓他束縛，讓他體悟。

凡事緊盯著不放之人容易憋氣，血液、筋絡會較差，肌肉也會緊繃，如同背負了一座山，永遠覺得壓力重，肩頭沉重，身上的氣無法放輕鬆。人生百態的觀察、詮釋，就可以從這些名字上窺得一二。

不懂靈性的人會因此而跌跌撞撞，迷失在物質面上，因爲性格壓抑的人，其表面上讓人看起來是聞風不動，骨子裡、內心卻是暗潮洶湧，這樣的人容易得內傷，中風之人多是如此，悶不吭聲的人，實質上內心世界是在吶喊，比表現出來的人還要嚴重。

緊盯不放之人也會有這種緊繃的狀態，久了會受不了，而引發血管、筋骨方面的疾病，此乃業力推動、牽引去做緊盯不放的工作，等待發病、出事、判斷錯誤，而沒有保護的力量，自然而然業報如同名字般相隨一生。

除非你走入修行中，有抵抗力能使業力化開，否則業是相隨，不好的力量會用金錢財富、權利慾望、地位來引誘你，促使你走入不對的方向磁場，使你因而熬夜頭痛、投資錯誤，只要你靈魂存在一天，業會日日相隨。靈魂是不滅的，人們都悟不開這一點，看不透生命的眞諦。

【2】東森有線電視台

「東」字有日出於木後，旭日東昇之意，而東又有兩頭束住，包在裡面，用於人的身上，表有束縛，需藉其他字型以解束縛，太陽有愈昇愈烈愈明，但也有夕陽西下之姿，爲一個循環週期，有起有伏、有高有低，不易穩定。

「森」字爲高大，木出於林，高聳茂密之姿，一層層向上生，層層相疊，所以「東森」電台會一直以擴充平台爲主，不斷的擴充業務，從兩個小頻道擴充至八個頻道，擴充至香港、美洲，也由有線電視擴充至寬頻網路、固網電信市場，綜觀東森的版圖即知，和名字「東森」一樣，不斷的擴充，（森爲大）。

但是森林裏的動物多，會亂跑亂竄，沒有規則性、穩定性，雖豐富卻沒有凝聚力，也可以說群龍無首亂紛紛，一再改名一再合併，連「超視」也併入旗下，成爲"森林"內的一員、負擔，這片森林日漸負擔沉重，趨飽和狀態，容不得有大狀況。

台開案的爆發也引爆東森的財務危機，集團年付利息近五十億，可見平台的擴充如同其名，森林愈大負擔愈重，蘊藏動物愈多，供給愈吃緊，生態愈不平衡，觀其電台就屬「東森得意購」最賺錢，因為「得」字有手中持”貝“，意即錢拿在手上，意有心壓在下面，不會衝動亂做決定，有保守之趨，錢已到手又不會亂花，「購」字又有積財之意。

因此東森得易購的廠商都不容易與其喊價，反而會被其壓低成本，最後賺錢的一定是東森得易購。東森看似五彩繽紛，豢養著百靈百獸（各電台），其實是負擔沉重，且「東」有循環，一上一下，無法穩固，周而復始之意。

東森幼幼台：幺字有拳頭極曲之形，不外放，像胎兒在母體中成形，逐漸成長之意，雖細小但會長大，如同小孩般慢慢成長，幼苗會長成大樹，而幺本身帶有往內之意，用在人身上是內縮之質，用在公司行號上，帶有保守、不亂衝之格。

恰巧王令麟的行事作風，是卯起勁來往前衝，不煞車，故東森幼幼台才能煞得住，在眾多電台中有獨特的地位，強過其他的「東森電影台」、「東森洋片台」。但「力」爲人的筋骨，使力而出，又是雙筋而拉，必定時時緊綳，用力使其成長，要在大森林中出頭的小樹苗，必定使勁而出，所以必定沒有像「東森得易購」賺得容易、輕鬆，是卯足了勁，使盡了吃奶力氣在成長，要在茂密的森林中出人頭地，當然不容易了。

「東森」是全體之名稱，會影響了旗下各電台，「幼幼台」是分門別枝，但受主幹影響，有引力卻不如主幹來得強，只有分枝系統長得好或不好之區別，源頭還是在主幹。

「超視」一看名字即知無法自我獨立、獨撐。「超」字爲走召組合，「走」有人在上扶扶搖搖向前，下爲止之意，對一個公司行號而言，腳步停止了如何前進，「召」字爲打招呼、求援，走不動了，停下來求救，「視」有示見組合，「見」爲眼睛瞪大，緊盯著看，可惜走不動、看不遠，只有求救於神佛。

「示」爲祭祀求神佛保佑之意，對一個公司行號而言，拖著走是很辛苦的，也難怪東森這個大森林，負擔愈來愈沉重，因爲森林裏的動物多了，要供養的可多了，負荷沉重。加上主事者能衝不能守，一旦遇到公司名字或電台名義配不上王令麟的個性時，就會產生翻車現象，即使非常的努力，仍無法擺脫停滯的局面。

王令麟旗下公司眾多，仔細分析，「東森得易購股份有限公司」就是會賺錢，「遠森國際股份有限公司」則沒有得易購來得賺錢。「遠森網路科技股份有限公司」較能持久，因爲網有糸字旁，表示繩索細長、長長久久。「東森華榮傳播事業有限公司」幸好主事者是張樹森，否則這片森林都是枝葉，是擋不住王令麟的衝勁。

「東森媒體科技股份有限公司」轉爲梁家鏘後，就顯得不一樣了。梁家鏘這個人是帶刀、帶劍，所以東森王國是內戰紛紛，王令台、王令一也來插一腳。東森行銷顧問股份有限公司，早已被東森得易購股份有限公司持有，整個公司已非初創之勢了。

「東森美洲台」在彼岸才剛開台，但是整個電台名字少了一份聚財之力。唯有「洲」字可灌溉這片森林，使其活躍，但無保守之力，只能當漂亮的花朵，非實體的果實，也表示「東森」電視王國，這片森林裏又多了一個平台，多了一個分食者，東森美洲台一定沒有東森得易購來得賺錢，因爲那道水無聚納之字，會愈舖愈廣。

【3】年代、東風電台

年代國際事業股份有限公司

年代電通股份有限公司

年代網際事業股份有限公司

年代電台：「年」字爲稻禾成熟，被人刈下負禾而歸，禾有多數，故成熟豐收的稻禾爲年，農事、務農又叫年。「代」字爲人在前，後有手持木棍追打，有被取代、易主之意味，變化更替，以此易彼之意思。其創辦人邱復生才會頻頻更換職位，且大幅裁員，稻穀成熟、豐收了，才換別人耕種。

由年代Much TV的音樂節目「音樂大不同」轉手至「東風電台」即可知，不是主持人哈林不好，亦不是節目不佳，由年代體育台，轉型轉台爲Much台仍是頻頻更換，沒辦法穩定，只因「年代」兩字代表了豐收易人，連同旗下投資的台灣ＴＶＢＳ，也被香港ＴＶＢＳ因開銷太大而退出持股。

即使路線是走娛樂、體育、財經，還是撐不開，因爲冠了「年代」的字在其上，加上主事者「邱復生」，復有彳复組合，往返求取食材卻又遇彳爲緩步行動，加上攵爲逆腳而上，不順暢，所以其在台開弊案上損失了三億九千萬元，一蹶不振，拱手讓人。年代網際事業股份有限公司，觀其名可知會不斷的易手換人，雖然

「網」字有糸細長、長久之意，罔爲網子，密密麻麻、天羅地網，是會長久，卻是不斷改朝換代。

年代持有東風電台之股權，邱復生委託張小燕經營，「風」字爲風動蟲生，風未動之前悶不透氣，整個包住，剛好適合張小燕這隻鳥來搧風，東風電視台才能做得起來。

「東風」之東字也有東住，不亂發射之意，所以東風才開台沒幾個月，就可以接下金曲獎的節目，其「小燕有約」及「陶子娛樂秀」、「亞洲娛樂秀」才能做得住不被腰斬。「東風」電視台明顯比年代的電視台經營狀況較佳。

【4】國興衛視

「國」字爲戈口組合，本無口外框，戈表示武器，口表示人民、有群眾，「興」字爲四手同心同意而舉，用在人身上較不易舉起，容易受牽制，用在公司行號上有互相牽制、不亂衝之意。「國興衛視」爲國產實業、中興保全、復興航空、日本三井物產所共同籌設，表示共舉，同心協力共舉一事。

國興傳播股份有限公司：「傳」字之專爲用手推動轉軸運轉，加上「播」之采田，采爲獸爪足跡，可取物，田爲福田，可播種豐收，全靠「國」字之武器及「播」字之爪子去打拼。

也因爲國興衛視定位在傳送日本節目，所以一枝獨秀，有其收視群眾，雖沒有大賺大發，業績尚可，是一個穩定中成長的小國，但是枝脈無法擴充，不若東森之森字不斷的擴大森林版圖，也是因爲四手合一互相牽制，作風保守，相對也不會往外擴充。

【5】民視：民視電視公司、民視文化股份有限公司

「民」字爲人頭低著，用在人身上有不易出頭之意，在團體中易受打壓不易出頭，用在公司上有緩慢行動，不會亂衝，民又有萌芽之質，慢慢成長之意，因爲萌芽一定要突破地面打壓方能成長。

「視」有睁大眼看，緊盯著不放，所以其節目、連續劇皆以悲情取勝，也因戲劇節目拉抬，而使其收視率突出，戲劇節目是民視的王牌，如「春天後母心」之類，只要掉眼淚受打壓的感情戲在民視一定發。

所以民視一定是以戲劇節目來吸引觀眾，鞏固戲劇王國的地位，其特色就是用眼淚來吸引觀眾，因爲「民」爲低頭之姿，如果做其他搞笑、娛樂性節目，一定

沒有其他電視台有力。一個公司名已寫盡其努力的方向，所以透視公司名即可透視該公司之發展動向。

【6】緯來電視台

「緯」字用在人身上乃繩索綑綁，不易行事，手腳無法掙開，韋有上下不順暢不易通行之意。但用在公司行號上，卻有長長久久之意，因爲糸字旁有延續的意思，加上緯字有緩衝作用，不會使公司亂花錢投資，但在初期成長時較需要掙扎、慢慢打開。「來」字爲麥穗，其莖根強，來爲小麥，表示有片福田可耕耘，只要努力就會愈播愈開，麥田會愈耕種愈大。

所以「緯來企業股份有限公司」從七十一年創立以來，皆是做些小品的公視節目，十年後才與「巨登」合作成立「飛梭」，公司才進入快速成長的代理期，代理一些ＣＮＮ國際節目，Discovery、ＴＮＮ卡通頻道，爾後如同麥田般的擴充成長。

而後有了自製節目，及自有的電視頻道，成立「緯來電視網股份有限公司」後，有了「緯來體育台」、「緯來日本台」、「緯來Ｏｎ　ＴＶ」、「聯登電影台」，但是緯字會使其成長過程中有所掙扎，最後才能順暢，所以在股權轉換爲和信集團後，和信也陣痛了一陣子。

因爲要突破韋字那個管道，經過了掙扎才會順暢，因此每掙扎一次就會擴充一次，又納入了「大地頻道」，這表示他每一次要成長之前，一定要陣痛，由不順暢的萎（緯）縮中掙開。

【7】歐朋電視台：歐朋影視傳播股份有限公司

「歐」字有張口吐氣不順暢，口在框框內，欠有氣不順暢，打哈欠之意。「朋」字爲朋黨，又意味著兩個朋友，踏在朋友身上往上走，拿朋友當踏腳石的意思，受利用的那個就會不平，所以李登才與方迎才會有糾紛，因定位不明，代爲掌管的反而當起家來，眞正的老闆反而出不了氣。

（三）幾經風霜吹不盡

大同股份有限公司

大同綜合訊電股份有限公司

民國三十九年創立的大同公司，創辦人林挺生，掌管六十多年的大權，這個老公司也隨著創辦人的衰老，而頻頻出問題。「同」字有眾口合一，集權於一人，完全仰賴一人的光彩，一旦眾口不合時，就成了菜市場，失去了重心，亂紛紛。

「大」字有一人獨大，天大地大人大之意，人立而不動，要扶持的這個人一定要挺身而出，故林挺生之名是最佳搭配。唯有他在「大同」這個大桶子中，才會屹立不搖，才扶得住，裝得才飽滿，才能服眾人之口，可惜人會老，身體會衰弱，再強壯的雙手也會扶不住。「大同」也隨著林挺生的年老氣衰，而顯得毫無生氣，背負著老企業的負擔，無朝氣。

其子「林蔚山」，力道不足以撐起這個大桶子。「蔚」字有畏縮、躲藏之意，雖名爲山，卻是躲藏在山裏不出來，「蔚」字爲”尸示寸草“組合，「尸」爲屍，人臥形狀，躺臥之後永不復起，沒有行動力只有被動的姿態，沒有主見，完全依賴他人，只有仰賴祖宗保佑。

「示」字爲祭祠、祈求、祖先保護、庇蔭之意，「寸」爲手中持武器，可惜是鞭策屍體，當然只是做白工，尸入山中當然會眼不見爲淨，凡事撒手不管，也無力可管了，只有仰賴祖先保佑。所以「大同」這個大桶，他是扶不起，雖有山卻靠不住，唯有靠別人的山來支撐。

年輕的時候是靠祖業、父親那座山，成年後是靠老婆那座山，故其老婆郭艷文是幕後的幫手，凡事在幫林蔚山推敲、出手。艷者炎也，強而有力，艷明照，加上「文」者巧施天羅地網，善於佈局，有其手腕施展，通通網羅在內，才能執掌大同這個大桶子，當起大當家，眾壓群雄，連其夫之眾兄弟，都抵擋不了，也衝不破她所施展之大網。

觀林蔚東之名，是比林蔚山強多了，因爲東有旭日東昇之質，有陽光照耀，故其弟比較有陽剛之氣，不會軟弱無力。但仍比不上郭艷文的巧施手腕，所以註定躲不過她的大網，成爲其手下敗將。

另外大同當家的二房所生之二子，林鎭華、林鎭源、林鎭弘亦是如此。觀林鎭華之名，華爲花之本字，花兒無力，無法承受龐大的包袱，雖然鎭字爲金，剛強、堅硬，爲重物壓在上，花朵怎會撐得住，且貞爲龜殼卜卦，燒裂之痕，因此心中會有一股莫名的氣難以伸展，有志難伸。

他在大同的體系內會很痛苦，因爲大桶在壓，這個華（花）只有被壓的成份，還不如求去來得愉快，故他已退出大同的體系，反而是夫人余玫靜強過其夫婿林鎭華。

觀余玫靜之名，玫爲王者身邊的爪子，攵爲攴，撲之意，會反撲，善於戰鬥，而靜又為青爭之組合，會為爭一片青天大出手腳，且爭為兩隻手，兩隻爪在爭東西，余玫靜反而會代夫出征。且余姓有口向外，表示有口才，手腳不輸人，只差一點水來推動，在天羅地網中手腳也會受困，被綁住伸不出去，雖強勢卻無法脫困而出。

林鎮源是二房三兄弟中最好的一個，源為泉源豐富，有水流出，有動能、助力以灌溉林家，才能在群雄中佔有一席之地，奪得中華映象的寶座，可惜仍不敵郭艷文的大網子，還是被郭艷文高明手腕之佈局擠下寶座，由林鎮弘取代。

但林鎮弘就沒有林鎮源來得四通八達了，因為弘字有手肱縮起來，伸不出去，如何張弓射箭。

觀大同的下一代接班人，已擺明了有內鬥，口不合之勢，如何大同天下，眾口紛紜，擺明了心口不同，如何合一，如何天大地大人大。

林挺生的一輩子挺身而出，創立了這個老牌子，也隨著他年老體衰而衰退，繁華不再，成為一個搖搖欲墜的老公司，眾子弟兵紛爭不斷。由大同之名分析，要萬眾一心、心口合一，團結才會創新，才會有新局面，老企業才能翻身。

而不是你爭我奪，只爲一己之利，否則江山已輸，弄到最後兄弟反目成仇，企業終究如落葉般凋零。老企業的包袱在此，要綿延不斷還得加把勁，才能舊桶換新桶，而非舊桶沿用，桶子用久了也會敗壞龜裂，承裝不起太多的內容物。

大企業容易忽略「創業難，守成更難」這句話，面對汰舊換新的年代，大同如何重整再創統一局面，重現大同天下，是新一代接班人應有的思維，否則你爭我奪之下，共業不斷浮現，原本這一世要來解開累世之劫，反而結得更深，不是辜負了祖先推你來人間走一遭之期許嗎？此世功課沒做完又背了一堆包袱，是大企業要深思的問題。

所謂富不過三代，通常都是因爲共業，用錢、權來磨，考驗人的貪、嗔、癡，過不了關的就是功課沒做完、不及格。金錢及名利並非讓你享受，是要來磨練心性，每個人考驗的功課不同，生命劇本冥冥之中，自會安排不同的場景、劇情，一切都潛藏在命盤中。

生在富貴人家，含著金湯匙出生的人莫要得意，細思量，爲什麼要給你錢、權，是要考驗你。豪門的爭奪戰，兄弟的鬩牆是屢見不鮮，古今中外多少豪門恩怨歷歷在目，不留青史，常常是樹倒猢猻散，塵歸於塵、土歸土，業力卻是不減反增，看盡紅塵滾滾中的起伏、恩怨，該明白的是生命的眞諦，而非豪門爭奪戰。

一個公司名稱隱喻了如此多未來即將發生的事情，其子孫所承接落地時的名字，也道盡了一個人累劫業、祖業與將承受的束縛，於出生時就已安排了劇本在名字中呈現。

「林蔚山」在弱肉強食中的物競天擇，擺明了就是得找靠山，無法自我獨立。此世對他的最大考驗，就是要建立自我的信心，偏偏他就和阿斗一樣，要人扶持，即使大權在握，他還是不敢掌握，不敢發揮自己的生命力。如同彌勒心經寫道：「世人無知於永恆生命的可貴，卻無明的追求人間物質的享受……」需知這一切考驗皆是在磨練你的意志力、戰鬥力、生命力。

林蔚山雖生於豪門，卻是一點意志力、戰鬥力都沒有，完全沒有其父之風範、強勢，這樣的靈性來人世間就是要做功課、接受考驗，以體悟、掙開靈性的束縛，將來褪去肉身之後，面對宇宙三千大千世界時，才有能力與群魔戰鬥。

人世間的肉身只是一個包袱，隱藏著肉眼看不到的事實，雖拜佛、唸佛、誦經，卻無法了解生命的本質、生命的眞諦，擁有肉身的現在，只要解開枷鎖，回歸宇宙，而非在二度空間中不得行進。

造物者之所以創造人，就是要靈性在這個二度空間中，最爲爾虞我詐、龍蛇雜處的世界中接受考驗、磨練（魔鍊），以激發靈性的戰鬥力、意志力，壯大弱勢的靈性，激發靈性的抗體，才得以行走在宇宙中，接受各種業力、魔力的考驗，有強壯的靈魂才有抵抗力，靈性方能掙脫，才有能量回歸天國。

人世間一切的安排，皆是在於使你靈性獲得成長，弱者就只有接受「強食」，並非眞正的有靠山，所謂靠山山倒，靠人人老，大同的一頁豪門爭奪史，就是最佳寫照，佛光是能引導靈性、教導靈性，卻是不能取代靈性，就算是保護靈性也只是一部分，因爲宇宙對眾生是公平的。

如同地球讓萬物滋長在其表面是一樣的道理，地球也不會分這是乾淨的水或髒水，全部予以接納，大海亦是如此。神佛也不分業力與靈性，因爲業力只是你個人糾結的功課，神佛不會偏袒只替你除業，而不替業力伸張，神佛乃是一視同仁。如同水一樣，不分清濁，皆要靠水自己去蒸發、掙脫。

人的靈性要自己去成長，否則不入大海之水，如同一潭死水，無法流動，日益污濁。濁者始終是濁，清者愈清，弱者若自己不學習強壯，別人即使借他依靠，也無法使他變強，弱者始終是弱，惟有從深層意識強壯起，才會眞正的強壯。

人之所以爲人，就是要來接受這些考驗，一個名字會承接在身上，冥冥中就隱喻了許多玄機。世人始終不明瞭宇宙天體的浩瀚，還留戀在貪、嗔、癡當中，自以爲是，放不下身段。一個公司名中也會隱含著該有的考驗、業力，如果不經處理，此公司就會一點一滴的呈現，「大同」就是一個例子。

人事已非，草木依舊，「浮生一落半日夢，各爲天人或爲一」「佛說青冊歷歷目，得感行心有幾爲」「從古聞今千代史，復往今朝不落聞，應應此生名不絕，展念唯心力從堅」。

觀音心經　第一：浮若夢生

無極天下似我心　引航渡眾萬民心　燃燈佛指浩瀚光　一心爲意意盎然
轉爲佛光大自在　併爲天地共一色　道解如心觀音心　心爲一念共道慈
悲憐菩提腹上果　反爲心念不修根　一爲得心不知意　冥冥吾法佈道間
一其觀語百身受　眞性悟語一佛心　道爲天地民爲本　以心向如復爲行
一切從簡明事觀　如讚佛心省事爲　故此步封引爲艱　一應呵成平覆巔
一切終了各爲史　縱此復心嘆爲時　天地有爲本無情　觀爲天成行一律

明正一應道法身 觀觀一正法如心 心無雜念身無塵 正心切身明相如
法爲自在且等觀 心向佛觀定佛心 縱身憑受百般難 不顚心石覆爲本
一解自如歸成空 空得自本相法身 以至精進以至天 現明所以身亦然
以至齊行齊道舉 本命開來性知意 行道方修眞性子 萬本不離尋源蹤
萬念不忘本初始 然惑能解深之義 啓爲悟智眞之文 文獻從心明復失
得行一切大天下 如施萬法解眞難 平平之中復爲觀 離性自在不道然
況如明鏡思其意 如釋能行觀覆師 道無天地道無邊 明旗佈法心念深
終生一映意道全 法雨現機解法還 道提明路勝念堅 復指一夕萬明星
從生蒼蒼行無邊 知心知佛念在心 且明一切放根起 故我知得行在天
穎穎無極聲亦身 陀指蓮花謝盡來 一覺明證萬下空 知其佈語語登機
法現重生現其意 明德入始光漢清 佛光耀燃覺一然 且等智慧復一生
行德一徑明法空 獨步觀宇眾蒼生 化形千秋同一渡 形象自爲妙法讚
迴光明處千華燈 乍然浮顯觀音心 且等自在慧自身 梵音心念護法聲

處處從解語觀心　凝成一脈大周天　故向我心覺明心　磐石一定佛陀心
一切呼止眺光耀　啓見力心附鑿石　從古聞今千代史　復往今朝不落聞
應應此生名不絕　展念唯心力從堅　浮生一落半日夢　各爲天人或爲一
轉杵盡來念念深　不念其行明展步　一葉輕風觀落心　妙轉乾坤入世主
一應爲智法開來　布衣親相廣深渡　佛憫其心力扶全　共念深惟意志舉
一併維繫佈道持　唯心附心憑身受　自緣佛法千億來　芸芸靈心百感觀
法解初始應知身　一切道觀法無心　入時天地盡眼見　一一浮實照瀚天
雲合日月彼千象　合合一氣萬民心　道舉十方現身化　同登彼岸佈法蓮
觀觀不語似佛心　法錘千鍊印烙爲　一印古道解今朝　環環相扣並自連
佛法一炁助天成　風鳴爲期運成泰　一理獨宗萬法承　啓運開來過乾坤
般若心法佈道前　法心憫中貫成連　序中一念爲心道　百文護持一佛心
轉念道中情與法　一切體悟思併齊　心意放隨豁然空　一切渡難成就行

觀音爲心力扶艱 起力一生顧道全 艱中百難不落爲 雪蓮護心望法成
母儀天下彼身相 聞聲救苦渡民心 且止一切大道行 問民可聞觀音心
如此慈悲廣含慈 尋苦無邊佛力顯 佈慈千道盡一朝 彼念道持萬佛心
果感深念始盡爲 一切諸法附道經 行爲一律方則滅 故此終象淡故知
層層撥雲浮見日 化爲千氣明象開 既明浮天半日月 何心爲性共道持
一名矣已身亦難 以爲志向以爲顛 人生何以千百歲 爭爭相峰不見蓮
蓮心爲悟識得開 從於萬法本相連 行得自在戒法中 慈德佈語證蒼生
啓心爲念意志行 或渡有感現化身 銘戒一律終道時 不語蒼天點化仙
或有進潮尋自化 離應道法自相摧 過於歧心不相容 一切法緣自願渡
萬古佛心千億難 一切憑添自渡空 佛説青冊歷歷目 得感行心有幾爲
護持道子甲天下 不忘寄心平家道 觀音救苦實感應 願解佛心眞實意
如來向法平如漑 靜語妄爲佛觀心 且明一切道眞理 聖展佛心念明力
初試啼聲瓦上全 共鳴有感應化生 菩提釋現形上法 觀若明心彼展空

尋智回斷前相法　如浮上心日復暇　一入千樣喜身受　必此奪相自竟框
咄而浩然不盡意　實符著相一法生　如行自法憑添意　萬般佛解自然去
不除相法引爲戒　貫理如夢固然行　若生爲相指日爲　行戒萬方入眞理
不辭如心生法從　浮銘民心花不開　獨行如宗鄙異法　儘只行心萬佛殿
自評道象入法思　歸入一罄信法理　陀嗚一腹自圓隨　截法道然普盡爲
融通自在骨經髓　比目相交慧自醒　得且逢春呼盡全　杏指蓮花獨作藕
複眞道慈輔異長　行行必自朵朵開　眞於一切法不摧　喜於則心平淡然
故此所長亦智增　頻解如絲群不結　彼生萬法如絲夢　道道相隨終一運
智增我法無處解　生化得失倒一生　得於夢中望秋水　浮落冰霜瓦中豆
一捨怙中萬般石　原於心中放光明　雲法實爲引自蓮　不復觀來得心觸
原立天地佈法間　從而隨相感化天　古法爲制時應法　當下立心隨應從
並云止法未來法　引民持鍊智慧眼　有所感悟田在心　佈施萬法結爲宗

群合日月天地來　古彷佛心如讚曰　起立如過萬點風　時過來也喜佛心
步履蒼天行爲水　形象一開化自如　行一如宗法點通　浮象自若解方舟
住時尋囚捆在心　自行故往犯身意　司主繼旦莫汝心　且探方圓行之通
唯尋方顛其利子　互謁所疾付應之　唯服倒添以應角　自然相融入復之
望傑相顧以盡元　弗然復全華以然　並齊思用簡爲定　著明探照明盡現
若齊固斑勤律檢　當可一江入匯聚　昨夢以示添探花　過復爲之當英雄
汝心不予身牽動　浮華若是半點空　舉而浮定千斤難　過朝復爲喜立空
千足立眼行步觀　一履當下洗盡容　復辭朝天齊天剛　百民互持以禮爲
靈動扶光揭明史　法爲心識意淡爲　明招福往比今朝　明占旦下未實力
憑付蒼點顧慧清　瑞井擎端付鑿力　前訇旗下揮旦旗　福運齊天齊布織
比云落根立法堅　共靈昇華一得渡　浮展蓮花躍太極　一品得獻會聖通
得古中文渠到成　佛引眞義入時會　展應時光意時爲　並列佛心聖點光
一令照合錦慈氣　獻瑞祥光弗太平

觀音心經 第三：蓮華心境

一品蓮花當腹思 爲其生長意悠悠 雖見污泥心不染 獨見慧雅入清風
一切名華淡如去 入此思觀望如己 藉以蓮心當悟之 浮萍若夢幾生愁
止乎於禮見性觀 齊思爲至力道行 彼目相交兩不易 化嘆世人擇紅塵
紅塵滾滾道無盡 幾番輪轉六道行 苦勉則心應時化 步履清風點成仙
浮浮耀耀人世間 幾多磨難澱潮思 放解幽關如不知 墮名百態千億身
圖躍英雄半天下 模稜迷世睜不開 醉眼矇忪度看日 己逆潮水進無功
佛鳴萬法獨不知 一指爲心入交峰 百年之運且看汝 釋現吾法彼聲傳
願生得渡自進來 道無念想法無心 揮塵自落清淨身 迷途霧路觀且清
錦服一擲普現光 如絲一炁道火燃 古顯萬杖眞之髓 聚瓶迷思啄之喙
且看青鳥靈之性 萬物同等佛根源 悟了眞境步蓮池 花開花落形一色
不改一清浮靜優 亭若雙全意不盡 佛子觀心佛若意 本起弗嘆入兩心

望子擇心眞意時　不返折之復故行　一切妄爲意難渡　望之彼岸一佛心
憑跳自如且觀己　引途入門望汝行　過自爲再精進天　布縷思空以至爲
大地之道磐之意　萬變不離雲初始　根附其本終不離　旗艦爲志意向開
佛景映簾入腹生　光之浩然明眼顯　如梦春風置之行　確曉天機入爲心
皿中本有正覺識　獨嘆世人望不知　尋玉取捨淡兩旁　纓纓花落終有時
唯靈御引浮上天　如讚佛行相如聞　彼持一心明法身　摯賦聖道萬理天
福運羅相爲民址　法螺齊天亦耀揚　循鳴深處應此聲　局佈天籟繞佛經
感念爲深開經泰　識應爲期佛道天　明舉依相覺善法　深入其惟付思行
覺曉豔明歎法讚　竹行步步曉應聲　著實悟門磲道心　智解平華淡復實
佛落清根步蓮華　蓮池清畔履仙蹤　異石精琢磨成刻　獨賦蒼宇入精要
本能所長引無極　定佛向天馭蒼穹　者乎其微併識心　果提端品一蓮心

（四）老店不新開

【1】味王股份有限公司

「味」字爲口未組合，「未」象徵著木之枝葉茂盛，枝葉之末端，"木老枝葉重“。「王」者霸氣。

味王公司在四十五年前由青果大王「陳查某」，及三信商事「林木桂」、萬源紡織「杜萬全」等成立，當時在業界稱得上是數一數二的龍頭地位，此乃民國四十八年，台灣的幾個大家族，也可以說是集王者之風的公司，所以這棵樹木的根基建立，是在護衛下成長，當然風光一時，可惜隨著當年的王者已逝，味王也走入衰退當中，至於如何由虧轉盈，一棵老樹如何再發新芽，考驗著他們的智慧。

民國七十五年到八十八年，是味王的高峰期，營收豐厚，可惜林文昌接替其父林木桂之後，雖然「文」者善於佈網、施展手腳，但難免會絆倒自己，加上「林文昌」三個字中不帶任何武器、刀、劍，是無法破網而出，雖然他善於佈局，卻也因投資汽車、房地產失利，而被拖累影響，於是官司纏身。

而今日的味王，在數度變革當中經歷了林文昌、陳雲龍，及最近的年近八十歲的陳建忠（穎川建忠）、陳查某之長子，似乎是一群老團隊、高齡團體，欲重振味王的昔日雄風。

陳建忠因爲「建」字所以爲人仔細小心、嚴格，所以連父親陳查某過世都還停棺四年才下葬，爲的就是追討家產。他的行事作風相當霸氣，此乃元神所致，也只有他才有辦法將林文昌拉下台，可惜年紀已大，如同味王的「木」爲老枝幹而繁重般，於是老牛拖著舊車。味王的產品因而只能留在醬油、速食麵、麵筋、飲料業等，王子麵的風光不再，新一代的霸主已由統一及頂新取代了。

王者會老，霸氣不再，枝葉繁生，老樹、主幹也會吃不消，冥冥之中隱含了這一家公司會隨著王者而衰，雖然曾經盛極一時，然而繁華已過，如同人的生命般，年輕氣盛時不知爲往後著想，只會仗勢著一時的盛況而氣焰高漲，再有錢有勢，繁華過盡還不是塵土一堆，靈性依然受侵蝕，受困不得解脫，尤其是千金難買的生老病死之累。

大富大貴的青果大王陳查某、大同林挺生，於是在年老時飽受病魔折騰，飽受子孫爭產業的內鬥之苦，哪個做父母的不希望子女和順、友愛，兄弟鬩牆絕非他創業初始所願意見到的。

多少白手起家的企業家到了晚年，內心世界皆感受到，第二代的不長進與爭家產，及自身的年老體衰，身體飽受病魔之苦，因爲他們皆不明白這些家產、金錢、子女是來磨練其戰鬥力、意志力，要他由病魔中去體悟「萬般帶不去，唯有業隨身」。

生命之中已由許多跡象隱喻，暗示著人類，要他看清此世的束縛磨練，大富大貴並非眞的要給你享受，乃此世給你的考試，再有錢的青果大王陳查某，哪會知道身後還會被停屍四年而不得安葬，這比起小市民而言，更是不利於靈魂善後，肉身爭得百萬金，靈性卻一點兒也受用不到，反而是病魔相隨一生，永生永世相糾結。

誰敢保證今世的富翁，來世還能有這麼好的條件，窮困人家的子孫，其前世說不定就是個有錢富翁、員外，只因福分用盡了，前世的考驗沒過，今世用另一種劇情來考驗。

一個人需累積不同的質，才能「萬聚身」，嚐百苦、甘甜後才能明瞭，這一切的人世間皆是假象，眞相乃是靈魂不滅，物競天擇，有強壯的靈魂才能與群魔對抗，擺脫病魔的糾纏，回歸天國，脫離輪迴之苦。

萬聚身即是各個質能你皆有，百苦甘甜皆嚐過，明白天國的存在，那兒才是人生的眞正目標，眞正的住所，而無須金錢與人間物質，所有的病皆是病魔纏身、靈魂出錯，並不是富有人家就有免責權，就可以買通病魔不要來糾纏。業力是千金難買、千金難除，唯有你自己“正信”天國，了解靈性進而學習成長，自我充實，才能萬聚身。

多少富貴榮華皆是過眼雲煙，身後不再有，總統也會因七孔流血而暴斃，船王也會心臟病發而亡，明星也會突然休克身亡，體育健將也會在爬樓梯時突然休克暴斃。多少人世間的悲歡離合，天天在報紙上的社會版上演著，多少千古史寫不盡王侯卿相的恩怨，這一切都是業力，冤親債主在推動、考驗，使不讓你過關，利用貪嗔癡當誘餌，人生在世短短不過百年，驀然回首已是百年身。

不信！此刻你試著回想童年、小學時期，是不是很遙遠、遙不可及了？多少的人事皆如因緣際會般在你身旁擦身而過，不留痕跡，尤其是人年紀愈大，不堪回首的往事愈多。

年紀愈大，卡在身上的因緣際會，及碰到的「業力」也愈多，人愈活愈不靈光，愈老愈遲鈍，因爲身上的許多靈性皆已被抽光，被一些其他的地煞、業力所取代。肉身大部分的主控權已不再屬於你，當然會腰酸背痛、記憶力不好、脾氣暴躁、生病連連。

修行就是要產生抵抗力，使自己的靈性不被地煞偷天換日而取代，保護自己的靈魂不被偷走，甚至找回一些前世遺失的靈性，以尋回自己的主控權，使思考力不再被「五鬼」「業力」給掌控，而推你去做一些不該有的決定而破財、傷身。

人的身體有千百億兆顆細胞，人的靈魂就有千百億兆顆，平常少個一兩顆，肉身並不會有特別的感受，頂多只是覺得輕微不舒服、僵硬、酸痛，但等你察覺到，身體部位流失的靈性已不止一兩顆，身體機能漸失常，運勢也就變差了，此時顧身體就來不及了，還能顧得及財產嗎？

沒有了身體如何使用財產，錢再多也帶不走，陰間又用不了人間物，唯有業力相隨，唯有靈魂、能量會流失。因此學習玄宇功，就是在保你的靈性不被偷走，不被偷天換日，甚且尋回流失多世的靈性，組回自己的萬聚身。

一旦靈性不流失，身體機能自然會完整，因爲每顆細胞，皆有靈魂在裡面操控，當然房子裡有主人在自然不被塵封，新陳代謝就會好，人自會年輕有活力，玄宇功就是教你找回自己，回歸天國，不再受輪迴之苦。

首先你要正信於天國，才能與天國之氣連接，否則佛光要普照你，你卻將門關起來，不讓佛光進入，還在怪神佛不庇佑，其實是人自己悟不開，並不是神佛不眷顧你，神佛對萬物皆是一視同仁，沒有大小之分，如同母親般，自己的孩子沒有大小之分別，皆是骨肉。

只有人有分別心，神佛如同地球般包容萬物，讓萬物在祂身上滋長，不分清濁，一律平等，只有萬物自己去努力，努力者就長得好，自暴自棄或執迷不悟的，就繼續面對貪嗔癡而受苦，直到悟開的那一日，濁水蒸發了變清水，才能回歸天國，不再受到地面污染。

【2】味全食品工業股份有限公司

黃烈火及蘇燕輝同創的「和泰」，而後改名「味全」，曾名噪一時，只要是四、五十年前後出生的人，都會記得小學的營養午餐有一罐「味全調味乳」，稱霸了整個台灣食品市場數十年。

黃烈火的作風是重承諾、講義氣、不苟言笑，如同一把烈火在燒，當然火燒至末梢自成灰燼。味有未之意，未爲枝幹之末梢，一棵大樹的成長，在萌芽的階段，自會成長快速，往上衝，一旦穩固之後就會朝著老年之路行走。

味全一開始以賣醬油、味精起家，民國五十年進入了乳品市場，與蘇燕輝兩人交誼匪淺，在和泰汽車（豐田汽車台灣代理）賺進了大把銀子，成爲味全集團獲利的主力，之後黃烈火分家，將和泰交予蘇燕輝，味全分給了長子黃克銘、五子黃南圖。

退休的黃烈火如同一把火將味全帶走，其長子與五子反目成仇、兄弟鬩牆，一山難容二虎之下，觀念理念不同，營運策略也南轅北轍，無法共事，吵吵合合，以致黃克銘惡意賣股票，肥了外人田，產生了「全」字的效應。

「全」爲王字在內，被蓋住了，當不了王，於是將創立了近一甲子的味全拱手讓人，被頂新（康師傅泡麵）給買走，造成了黃烈火的畢生遺憾。年近九十的黃烈火眼看一手創立的公司江山變色，不禁老淚縱橫，心中眞如一把烈火在燒。

「味全」這棵大樹到了老幹枝茂（味字）時，一定會被人家「蓋王」（全字），而江山易主。如同清朝時太平天國洪秀全之全字一樣，最後一定被「蓋王」，無法成就天下。

此公司名早已通知要當心，提醒著經營者即將發生的狀況，大半生打拼的江山，至近九十歲時才失去，那種痛徹心扉的心情，非外人能體會，如同烈火在心中燒。

黃烈火的體悟在此，今生的考驗、體悟—「痛」，不是痛失江山而已，該認清這一切不過是過眼雲煙，此生最大的盲點，在於他心中那把火，要燒醒他對百年肉身的覺悟，冥冥之中已安排在公司名、人名上，早該覺悟。

其子黃南圖的名字帶有不利的因子，接引著落地時的業力，南圖諧音有「難途」之意。味全交予他及長子黃克銘，本是不智之舉，因爲「銘」字爲”夕口金“組合，「夕」爲月亮下行事，昏暗不明，難怪會看不清事實，意氣之爭，而將味全招牌給讓出去，「頂新」才會有機會入主味全。

黃克銘的個性作風剛強，與其父黃烈火相同，從名字中即可看出，「金」爲金屬剛強之質，「克」爲人戴了面具，與黃烈火那把火一樣的剛烈，自然與黃南圖會有南轅北轍的思想，難以共事。

因爲「圖」字有規劃事情之艱難，慮其難，而難圖成，巧的又配「南」字音難。雖然南字爲一個罐頭，但本是不利之音，南也難也，也是剛硬的罐子，與黃克銘之金相剋，自是不和諧，當然難以出頭，會被蓋”王“，難以兩”全“。

一山難容二虎，兩虎相爭必有傷亡；螳螂捕蟬，黃雀在後。所以頂新及股市名人「阿丁」（陳賢保）撿了個便宜。但頂新的大手筆一百五十億吃下了味全，實力眞的大增嗎？觀其名乃是蛇吞象。

雖頂新已一再淡化味全的色彩，但畢竟枝老葉衰，要借用味全現有的基礎，彌補頂新的不足，與「高清愿」的統一王國一拼天下，初期會如其「頂」字一樣有力。可惜整個名字中只有衝力，無保守之姿，尤其魏家老四魏應行，衝起來會盲目看不清楚。因爲「行」自有走到十字路口徐步疾趨，人形相背列，時有衝過頭之勢。

（五）淵遠長流的集團，不帶家族色彩

「台南幫」的本土色彩濃厚，早期是由吳三連、侯雨利、吳尊賢、吳修齊共同創立，且由台南紡織吳修齊擔任董事長，爾後集團一再擴充爲環球水泥、太子建設、統一企業。

「統一」會成長由其名即可看出，「統」字爲糸充組合，系有繩索、細水長流、長長久久之意，而「充」爲孩童不斷的成長，向上發育，逐漸成人之意。所以統一兩個字即可看出，它是慢工出細活、保守之趨，不會爲了擴充而傷了主

幹，更不會爲了投資而傷及本業，所以其在本業—食品業，屬於長期經營，苦盡甘來。

此公司並非是家族企業，由台南幫集資經營，集團性質味道甚濃，因此不會有兄弟鬩牆、意氣之爭等缺點，反而一切以集團向心力爲主，一切以公司利益爲主，也因其公司名爲「統一」。

吳先生常掛在嘴上「三好一公道」，其爲緩步調的紮實工作者，講人情、講義氣，屬保守之型態的公司團體，從台南紡織即可看出。台爲縮收往內放，充分克制、保守，不做快速投機、利益之投資，傳統風格十分濃厚。

「統一」這個名字不適合作快速變化的電子業，與追求短期利益的金融業，因爲其帶有緩慢成長的意味，兒童的成長需要時間，但長成後是茁壯無比，不若頂新二字的快速冒出。

「頂新」之「頂」爲人頭向上，一根釘子快速扎下，屬於短期，快速前進的利益團體。「新」又爲斤辛，斤爲斧，辛爲刀，快速的砍殺無留餘地，會衝過頭，初期是斬得很快，但砍完之後一片精光。「統一」卻是與它相反，初期一定會有所虧損，但卻是穩紮穩打型，不過面對快速變化的行業較不適合。

如一九九〇年承接王安電腦、路明電子，各讓統一虧了五億多元，但近幾年來的「統懋」、「統寶」、「統振」電子已有起色，卻無法成為主要、根本的獲利來源，因為電子業是瞬息萬變的產業，無法適應統一的慢工出細活，所以統一在電子業的表現也只能算平平，無法出頭。

統一生化事業較能適應公司一貫之步調，因生化事業屬於研究性質，需長時間的開發研究，這一點很適合「統一」的慢工出細活，慢慢成長。至於統一集團下的「萬通銀行」及「統一證券」就獲利不佳，因為金融服務業不比產業，可以慢慢製造、慢慢研發。

金融服務業的變化為快速、短期獲利型，稍微慢工出細活、猶豫、等待，錢就會跑掉，在錢四腳、人兩腳的金融業裡，可不能以做工的心態慢慢去成長。「統一」在金融業只可當幕後的金主，不可以當操盤手。因為「統」字太過緩慢，做不了爾虞我詐的利益團體，統一的金融事業和其他產業是無法相比，高科技產業及金融業會是統一的包袱。「統立」建設，同樣是不適合其發展。

從統一超商的歷史即可看出，統字的演化，統一超商在民國六十八年引進，初期屬於兒童成長期，仍是摸索階段，所以一直處於虧損狀態，至民國七十一年已虧損近一半投資，經過七年抗戰的長期努力，7—eleven眞的如七之後發了起來，像兒童轉成人般的快速成長，而且淵遠長流的擴張，不斷的吸收轉化，成立本土便利商店連鎖王國。

民國七十六年開始獨立，近年來已占全省超商市場近八成之多，也是造成統一超越味全的主因。其成長模式如同孩子般的成長，從出生、幼兒期、兒童期、青少年成長發育期…至成人，統字在「統一超商」中表現最爲亮眼，且是集團間互相交流、學習的楷模。

統一集團能因應台灣的經濟、環境之變化，還不斷的成長，不像其他事業集團興盛而後漸漸凋零，反而是細水長流、源源不斷。統一也有垂直整合的意味在，控制市場使上游下游皆在其主體內，產銷合一，集團不爲家族企業所掌控，不帶家族色彩，反而更能凝聚向心力。

觀其名，可看出其爲一個多角組合體，絕非一人當政、一人獨大的團體公司，也不致樹倒猢猻散。一個公司名即可道盡該組織團體，及其適合的行業別。「統一」就是集團要統合一致、細水長流。「統」字帶有慢工出細活的意思，不可從事過於快速的行業，否則會來不及成長，跟不上腳步。

味王一開始就以王者之風立足，且結合眾多社會名流、家族企業等，隨著王者的逝去，而銷聲匿跡，況且王者難當，所面對的悲歡離合、酸甜苦辣會比別人多。而一人當王，四下無人敢吭聲，一個人的當政，自會有其盲點，還不如集思廣益來得有助益。

台南幫有個慣性「合夥再生，用人不疑」，是其企業文化最大的特性，像統一大陸市場，就會放手給一文一武的老夥計，顏博明及朱光男來管理。統一的行事不必瞻前顧後，只管往前衝，因爲後援豐富，「統」字會使其自然成長，7-eleven都可以賠了七年而後成爲巨人，家樂福也能經過八年抗戰而打敗老龍頭萬客隆，可見統字成長的力量很驚人。

統一的大陸事業也七年赤字，才開花結果，開始有盈收、有獲利，這表示統一的成長有其毅力，一棵大樹一定有其萌芽成長期，才會穩紮穩打的屹立不搖，不怕風吹雨打，深根而下。

(六) 同名不同效果

同名的公司很多，但行業別不同，命運就大不同，不是每個公司名字做得好就一味東施效顰，命運是學不來的。如同一樣名爲「智寶」的公司，行業別有差，主事者不同，經營績效即差異甚大，主要原因在於主事者的元神強或弱之別。

如智寶汽車有限公司，設立不到一年即撤銷，負責人的元神最具影響力。智寶電子股份有限公司，民國六十九年成立至今，原爲聲寶公司的土城二廠，專門生產電容器、電子零件，智寶前身爲東正堂電器，之後改爲聲寶土城二廠，於民國六十八年改制爲智寶電子至今。

國巨於八十五年與之聯盟，使股權系統龐大且集中，才能站立二十幾年，公司負責人現爲李振齡，但執事者爲陳泰銘及陳盛沺，由於陳泰銘具有衝勁，做事很直接、就事論事、速度快、講效率，和陳盛沺的保守、思慮縝密、慢速度、低效率相反，也補其聲寶老公司、老企業的動能。

但也因陳泰銘看不太清楚，「銘」字爲月光下看事物，難免有所差錯，使得陳盛沺拿到了聲寶的主控權。因陳泰銘太躁進，無法體會轉投資會使其成功，也會使其失敗，智寶的經驗讓他認爲可以如法炮製，結果錯誤的投資，反而成爲母公司國巨的包袱，拖累了母公司。

擴張版圖變數多，禍福難料，成也轉投資，敗也轉投資。多少公司自轉投資失敗，而造成本業不靈光，一旦景氣反轉，會造成骨牌效應，母公司與子公司的營運，和資金週轉很快就出現問題。

「國巨」之「國」字爲一人手持武器，「巨」爲一人手劃界線的丈量器，因此全然無保守之字，加上陳泰銘的猛勁，可看出國巨股本膨脹過快，轉投資步伐太大。其初期取得「智寶」、「奇力新」股權，由誠洲手中買下德記洋行，轉投資台灣大哥大，併購飛利浦被動元件部門等，充分顯露「國巨」兩個字與陳泰銘的作風，完全沒有煞車之力，一旦遇到不景氣，就會快速滑落。

「智寶」之「智」爲矢口日之組合，有箭當武器，做電容電子業很適合，而「寶」爲宀王貝組合，王在屋內，錢（貝）在屋內，會易主，但不會垮，因爲有束縛力留住錢財，才能一做二十幾年。

同爲「寶」字輩，仁寶電腦工程股份有限公司，許勝雄也是一做將近二十年，因爲仁爲竹子之質，直往外衝。

台灣光寶電子股份有限公司，老闆宋恭源，原名「旭麗電子」，從公司名上看已不被看好，最後走上合併解散之路。「寶」自有保守、緩衝之意，表示不會投資過度，錢守得住，但要視主事者的元神及名字。像智寶的李振齡、陳泰銘就衝得很快，幸有寶字做緩衝。

聲寶股權未易人時的陳盛沺，因爲有盛字，使其個性受「皿」字憋住，而形成老公司，保守、緩慢行事，瞄得過久，無法發揮「矢」之快速，但陳泰銘衝得快卻又看不清楚再發射。

同爲寶字，不同人執事時，會有兩樣情，而同一個老闆創立不同的分公司，也會造就兩家公司經營獲利不同，因之隨著「公司名」而起伏。旭麗電子、致福公司、源興科技、光寶電子，以上四家公司名幾乎不具延續力，改名爲台灣光寶電子股份有限公司後，前景會較看好。

「致福」之「致」乃至夊組合，致有由天飛抵地上，可用於人身上，但用在公司名上就會撞地，不懂得轉彎向上，所以致福全輸，皆輸在轉投資上。而宋恭源及林行憲的名字，均出現「心」壓在下面，做事較保守，會慢慢前進，「謀而後動」，行事會保主幹、棄枝葉、循規蹈矩、化簡爲繁。

一樣的寶字不同的配合，卻有多樣情，如同光寶電子改爲台灣光寶電子股份有限公司後，會較有利且長久。「台」有保守不亂衝之勢，拿進不拿出，這一點對「致福」科技的江英村而言是符合其性格，觀江英村的名字，即知他是個好脾氣的人，不具侵略之質，所以其在轉投資上沒有掠奪侵略之本能。「至」字由上往下看，會有爪子抓不到的情況。

「致」字與「臻」字不同，「臻」字爲鳥由天上飛至地上吃食，「秦」爲一片福田、良田，有得吃食，用在人身上很好。「致」卻是由上往下飛至地面，鳥爪著地，無配合一片良田，反而會捉錯，不懂得轉彎，捉得滿地石頭不得食，虧了老本。

「致福」會出錯，從其公司名即可看出，不當的轉投資反而拖累本業，倒光了原有的”福“田。

中國文字的奧妙，在在隱藏著不可思議的力量，一字一語間禪機無限，力量無窮。文字接引了宇宙空間的靈性，這股力量和人身上的靈炁做結合，不管是物件或人皆受影響，尤其公司團體名稱，其接引力量和人身上靈性不同，因爲人有靈性，靈魂需要動能，伸張手腳，轉動炁場往上掙開，所以不能用綁手綁腳的字。

而靈性是永生不滅，一旦有雜質，綁手綁腳，除非鬆開業力、去除雜質，否則是生生世世糾纏著。但公司名是事在人爲，其靈性接引與人身上的靈性接引不同，可以說公司行號是一個無生命體，要賦予它生命，得靠人爲它接引命名。公司的無生命體，不若人的靈性之永生永世，你什麼時候關掉它，公司就歸於零了。如同一個無生命體般，其存亡全靠命名與操盤者所賦予之力量。

公司命名與人命名，最大的不同在於一個是生命體，永續不斷的生命靈性；一個是被動的無生命體，給什麼力量呈現什麼生命力。其完全是兩極化的命名，所以才會有不適用在人身上的字，卻可用在公司行號上；不利於人的文字力量，卻可接續公司行號的生命力，補其無生命之體，使其傳衍下去，源源不絕。

生命體最怕遇到內縮，不得伸展之字如「怡」，但用在無生命體的公司行號上，卻可補其無靈性之不足，留一點緩衝空間。所以配上執事者的元神，就會出現有生命體與無生命體之間的交流。命公司名一定要將兩者之間的雜質拔除，才不會出現靈性與無靈性之間的互相干擾，也才能截長補短。

行業別爲命公司名之一大重點，公司名因行業別、執事者而異，適合A未必適用於B；適合製造業者，未必適合金融業；適合電子業者，未必適合餐飲業。各行各業有其需要補足之能量，有的是穩紮穩打、持續成長，有的是日新月異型。快速變化的行業，就不能採用製造業適用的字，做爲接引的力量；靠水吃飯的行業，就不能配火字，水火相沖會產生矛盾，不易安定。

公司行號的配名，適足性範圍很廣，五萬個中國字，可以配出很多不同的版本力量，且公司名不若人名有諸多限制。人名常有祖業的干擾，名可改、姓不可改的困擾，甚且還有不可以與長輩同字…等等限制。

而公司名最大的限制僅在於主事者及行業別，同行業不可有重覆之公司名，相較之下發揮的空間較大，而許多有忌諱的字，反而能得心應手普遍使用。

（七）字不足，氣斷行

【1】糸字旁之字

《1》「紀」：合束的絲，像是曲屈之絲的形狀，如「紀伊國屋書店」在台北有多家連鎖店，都開在百貨公司內，從民國七十六年十月設立至今，連鎖書店是愈開愈多。

「紀」字用在人身上有束縛、綑綁之意，但用在公司行號上，卻有綿延不絕、團結聚力的作用，但還要配前後的字形。「紀伊國屋書店股份有限公司」，「伊」字爲一隻手拿著鞭子在驅動人前進，有推動之意，用在團體中可鞭策公司內部的人員，與「紀」配合甚佳。

「國」字爲人持武器，有開拓疆土、擴展業務之用，戈口之組合用在人身上與公司行號上皆可，只要人的名字上不要有破「國」字之格的配字即可。但在公司行號上卻與用在人身上不同，主因是人有靈魂，公司沒有靈性，全憑主事者、負責人、操盤者的靈性與之搭配。

如「紀伊有限公司」，名字配主事者，並非十分恰當，同爲「紀」字卻只能獲得較小的營利，且開拓的力量較有限。但一樣從民國八十四年成立至今，「紀得電子股份有限公司」就無法綿延下去，撤銷結束營業。

因爲「得」字之彳爲腳步緩慢，對電子業這種快速變化的行業並不適宜，所以「紀」字也要配合得宜，不能只靠此字在撐大局，當然主事者的靈性與公司是不可分的二合一元素，少了主事者的靈性，當然配不好。沒有將主事者身上的雜質去除，自然會承接有此動能之名字。

「紀成企業股份有限公司」從民國六十二年設立至今，所做的格局算較小，因爲「成」字爲十斧，休兵言和，不是很有勁道。「紀成生物科技有限公司」亦是如此。

《2》「約」字：爲糸勺組合，爲人被繩索束縛住、緊縛住，所以字面上一定要配有持武器之字，才得以推展，否則這個字不容易推進。以下幾個公司名字皆不佳，配上主事者一看即知推不動。

如「約瑟公爵國際股份有限公司」，主事者劉鎭維，八十六年設立於八十八年解散。「約瑟有限公司」主事者吳志復，民國八十五年設立八十八年撤銷。「約瑟芬企業股份有限公司」主事者游聰俊，民國九十年三月成立九十年十月解散；「約瑟科技有限公司」主事者張豪傑，民國八十年成立八十三年撤銷。「台灣約瑟芬有限公司」主事者張聰富，民國七十八年成立八十年撤銷。

「瑟」字在象形最初的組合爲「爽皿」，爽原形爲人透過門窗之隙縫看到外面的光線，加上皿字爲慼在內，所以約瑟兩個字不利於動能出發。雖然有芬字，但單一個芬字力道不夠，且「芬」字爲一刀剖下，切得一乾二淨，財務容易流失。「國」字就較有對外爭取的力道，如「約瑟國際」就較有利，才不至於全受綑綁之力，因爲只有約與瑟是力量不夠，全慼住了無法施展，但主事者的命格相配是最主要的。

「約瑟實業有限公司」民國八十八年成立，九十年就解散了，因爲無武器在內。而「約瑟芬國際股份有限公司」目前依然存在，如果主事者的命盤夠強時，尚有小格局的支撐。

《3》「紅」字：糸工組合，工有劃界線作用，糸爲絲繩，如「紅龍」兩字配合，龍字爲剛強之質，不可用在餐飲業，若用在交通業、寶石業，較陽剛的機械、科技業尚可。

例如「紅龍實業有限公司」，經營食品類，民國七十七年設立，八十一年解散。「紅龍喜餐廳有限公司」，民國八十七年成立，九十二年解散，因爲龍不可用來煮，當成食品類，所以餐飲業用「紅龍」皆不佳，其他類尚可，但也不是最好的搭配。

因爲紅字本身帶有自劃疆界，且紅爲血色，不易配字，例如「紅城」爲名的公司有三家，皆不到幾年即關門解散，如「紅城文化事業有限公司」、「紅城房屋仲介有限公司」，血染紅城自我圍城，但「紅妝」兩字就尚可，小格局之名字。

《4》「紗」字：糸少之組合，「少」爲細小如雨點，所以延續的力量就不夠強勁，不若「紀」之一捆紗絲聚集之力量大，所以「白紗」公司加上白字會較辛苦，努力做才有點收入，要較勤勞，從清晨做到晚，意即所花的功夫比較多，要多做一點，多花點心力。

如「白紗之戀婚紗攝影有限公司」、「白紗心情攝影禮服有限公司」、「白紗紙品印刷股份有限公司」。

《5》「純」字：爲糸屯之組合，屯爲草木之初萌芽，又爲布帛一束一疋之意，可以延續。

如「純潔實業股份有限公司」經營衛生紙加工、洗衣粉加工，從民國七十年至九十二年才結束，負責人高餘崎，算是賺勞力錢。潔字要視行業別而有所區分，但潔有劫之意，不是任何行業皆適宜，清潔用品業即可。潔字用於其他買賣業則較不利，如「純潔人健康器材股份有限公司」，民國七十九年設立八十一年撤銷。但「純潔」二字屬小格局，要賺勞力錢。

若「一純」二字則柔弱無力，無大格局之名，除非負責人本身福田夠，才可以撐得久。如「一純化工有限公司」因爲屬化工業，勉強還可以，但無聚納之字。「一純實業有限公司」亦無法存立。「一純金屬工業股份有限公司」也解散了，其字面過於無力，無法撐起金屬工業的力道。

《6》「素」字：花草茂盛垂而下，爲生絹、白布之意，用在人身上有較受環境綑綁之意，但用在公司上有綿延茂盛之質。如「素味食品股份有限公司」，從民國七十二年至今，用在食品加工業上頗爲適合。

「素味香」也是從民國八十一年至今，從事黃豆之類的加工食品廠，雖不是大廠，卻可做長久。又如「三元素國際有限公司」算是勉強可以，「元素六股份有限公司」也是勉強湊合，因爲有「素」無其他武器及保留之字，會往外衝，沒有往內緩衝之字。

《7》「紐」字：糸丑之組合，丑爲手持物之拗形，扭結在一起，有所爲但難以馬上行動之意，用在人身上不易伸展，但用在公司上就看配字，配得好時是有加分效果。

例如「美商紐約人壽保險股份有限公司」一般俗稱爲「國際紐約人壽」或「紐約人壽環球保險」，負責人爲朱立明，幸好其名字中有加入一點輔助性的文字，不然這個外商在台分公司可能無法站立，但也算是持平居中。

其無法與「英商的保誠人壽」比擬，因保字有個爪子，誠字有兩把刀、一張口，鐵定會勝過紐約人壽，而本土人壽的幾大天王如「國泰」、「南山」、「新光」……等卻是穩坐壽險業龍頭。

外商的安泰、保誠算不錯，至於「康健人壽」、「宏利人壽」、「美國人壽」

等就較做不起來。因爲「康健」之康字爲米糠之意，外實內空，健又有緩慢行事，衝不出環境，在壽險業中步伐緩慢，衝不出業績。至於「統一安聯」人壽，因爲「統」字所以會有一段痛苦成長期，可惜後來與德商合作改爲現今之名字，還是要等上幾年才會緩步成長。

《8》「紋」字：以糸文組合，織文之意，有累增之用，在人身上不利之字，但用在公司要視字而配合。

例如「雅紋彩色印刷製版有限公司」，從民國八十四年開業至今，屬於無緩衝聚納的配合，所以期間也有停業延展的時期，因爲雅爲用口對外，對一個製版業而言較不適合，且辛苦。

又如「立紋纖維有限公司」也是如出一轍，做的是特多龍、尼龍絲之加工，所以站立著做，無法前進，算是辛苦的工作。但也因爲「紋」字才會由民國七十二年站到現在，由其公司負責人魏賴玉桃即可知，「玉」是由心中磨，要磨才會源源不絕。

《9》「統」字：糸充組合，充爲兒童漸漸長大成人，用在人身上較不好，用在公司上，可要負責人經得起緩慢成長期，尤其是快速變化的行業，可不容易熬得過。

名為「統一」的公司，在台灣省立案的就有兩百多家，並不是人人皆撐得過，家家都可以延緩。因為公司的負責人，沒有那個能耐是經不起長期的煎熬，熬得過者就成為巨人，熬不過者只有夭折。

如「統一星巴克股份有限公司」，分店是愈開愈多STARBUCKS的招牌是愈見愈紅，而統一名下的家樂福也是如此，7—eleven也是，康是美藥妝亦同。

而統一星巴克（STARBUCKS）在一九九八年開了第一家，至今已有二十五家，統一集團的成長，是不斷的擴充，只要不是快速行進的行業，皆可一步一腳印的穩紮穩打向前邁進，如「大統一牛排館」也是一站數十年，從民國六十二年設立至今，但是負責人的元神也是最大的決戰關鍵。

《10》「紳」字：糸申組合，大帶之意，申本帶有打雷閃電之形，需要屬於剛硬之質的行業，配字得宜才會撐得起，一方面主事者元神也是一個主要的因素。

如「安紳企業有限公司」主事者劉興邦，公司由民國七十四年設立至今，屬於安逸型公司，可以長久，且其做消防器材的公司和「紳」字頗為配合，當然可以撐得下去，且不必太辛苦，輕輕鬆鬆有得吃。

如「坤紳工業股份有限公司」負責人江珮紜，經營馬達、升降機之類機械行業，但申字過多時，雙重的電擊較不利承接，故其從民國八十三年立案至九十年解散，因爲同質的字太多了，不利於聚納。

不若「安紳」有個安字可以聚納緩衝之用，一個公司名、人名當中同質的字不可重複，如「李樟」之名即木質過多，人較木訥。如「張添源」之名水質過多，個性做事就不夠堅挺。所以同質之字不可過多，「過猶不及」的道理在此。

《11》「細」字：爲糸田組合，糸有延續，田有福田等待播種，用在人身上時有綑綁不開，受限於環境不得施展，用在公司名就看其前後配字，在台灣登記公司名爲亞細亞，有七十八家之多，撤銷的就不少，但長存的也大有人在，此乃負責人元神，及前後配字名關係著公司的營運。

例如「日商日本亞細亞航空股份有限公司」民國六十六年設立至今，負責人藤田二郎，因爲屬於航空業，加上配了「日商日本航空」等字，有紮根深層之意，但雙「日」字之下，它在台灣的發展，不若在日本的發展好。

名爲「亞細亞」的建設公司有兩家，都設立不到幾年即解散、撤銷登記。因爲建設公司，屬於緩慢腳步的工程，整個名字都無推動力，由於換湯不換藥，因之一個在民國七十五年執業七十八年撤銷。於八十四年又有一家取同樣名字的公司，在八十九年又撤銷登記。此公司名，用於建設業是無法長久、屹立不搖。

公司名字與行業別有著很大的關係，尤其前後配字及屬性，若皆無攻防守之配合，對一個公司行號而言是不佳，因爲攻防守，如同能量、太極，有攻需有守，有陰需有陽，才能配合才能長久，否則夭折之趨早已在命名之初註定。

《12》「紹」字：糸召組合，召有招呼之意，刀口，以口呼叫，以手招人之意。

如「紹興」公司之命名，即適合食品業，招入口，才會長久，因此紹興企業股份有限公司，民國七十八年成立至今，專營食品加工、飲料類。

《13》「絲」字：密密麻麻且細爲絲之意。

如「台絲企業股份有限公司」在民國六十二年成立，六十四年撤銷，因爲台絲兩個字不符合攻守之配合，且絲字糾纏，無武器可對外。

名爲「艾利絲有限公司」也是如出一轍，民國八十二年成立，八十六年就撤銷了，「艾」爲草本科，無對外之力，又無聚守之力，當然撐不了五金零件的行業，從負責人吳俊美一看即知，俊爲內縮不易施展，且夂有絆腳而行之意，故有刀有系卻不足，在命名之初，即已展現力道之不足，更何況要長長久久發展得枝脈更大，單憑所命之名是不足以施展。

《4》「紫」字：此糸組合，此有人之反形，人止於此地，緩衝而行，不會衝過頭，才能細細長長，用在人身上是不適宜，用在公司上要配合好，例「紫羅蘭」公司就不易生存。即使已開了很久的「紫羅蘭實業有限公司」，負責人張柏勳，從民國七十四年創立至今，靠的是負責人的靈性，其所經營乃為旅館業，配合「花名」紫羅蘭，在台北市區新生北路是很適宜。

「蘭」字之門，客人至此，止於此地入門而來。「羅」字有網羅客人之意，且花名爲宜，適合這休憩式的旅館業。若爲食品業則不利，如「紫羅蘭食品有限公司」民國七十七年成立八十二年撤銷。「紫羅蘭廣告工程有限公司」民國八十一年成立，八十五年解散。

如「紫園川菜股份有限公司」從民國七十四年至今，位於桃園，負責人徐賢哲，其負責人的靈性可以帶得動公司，且「紫」爲延續之意，緩衝作用，「園」有聚納，「川」可灌溉，川流不息，「菜」字上有一把爪子。

如「萬紫千紅皇家貴冠有限公司」負責人王棟，民國八十三年六月成立，八十三年十一月就解散了，所經營之酒店、餐飲、食品業，由負責人名字及公司名即可看出做不久，因爲「棟」字有凍之意，施展不開，「王」者被冷凍，成了棟（凍）樑。

《15》「經」字：糸巠組合，爲織布機之軸承及縱線，用在人身不利，用在公司上可，需視行業別及主事者靈性。

例如「聯經出版事業股份有限公司」民國六十三年設立至今，負責人王必成，「聯」爲"耳"加上"絲"，即相續不斷，有絲可入紡車中（經字），"出"爲有草木向上滋長之意，草木日益茁壯。

「版」字爲木片後有兩隻手，因此其出版品才會源源不斷推動至今，且聯經出版社爲聯合報體系、民生報體系，加上王必成之「王」姓，霸氣十足，主事者元神及靈性有顯著的關係。並非所有姓王，取公司名爲聯經皆可茁壯，還得視其主事者靈性、元神，及公司名行業別的配合。

例如「大經緯全球文化事業有限公司」，民國八十七年設立，九十二年解散，經緯交叉，天羅地網，又無對外的字，且緯有逆向之意，不順暢，因此公司的業務不易推動。

同為文化出版社事業，命運就差很多，所以看公司名字還得從其行業別、性質判斷起，及負責人的元神、命盤，補其不足動能的字才是最佳組合，而非一切皆仿效，反而會畫虎不成反類犬。

並非所有「糸」字旁之字皆可以延續不斷，一旦配合得不好時，還是會有兵敗如山倒的狀況產生，所謂畫虎不成反類犬之意即是此意。尤其在命公司名上要思考、琢磨，角度更廣更寬，公司方能可攻可守、屹立不搖。

《16》「綱」字：岡為半山腰、山脊，而綱即是在山腰間佈網、大條的繩子。

例如「大綱企業有限公司」民國七十七年成立，負責人葉永田，從事樹脂防水膠建材等等，這個大網子自然網得住建材，在山崗上有源源不絕的能源。葉永田之名可以看出有水灌溉，有福田，自然能做得久、無絆腳。

而「大綱國際有限公司」負責人徐一秋，於民國七十六年設立，八十年解散，從事五金、汽車零件、工具類，屬於金屬類，當然撐不住、網不住。負責人徐一秋，「秋」字有"火"禾"將"禾"一把燒光，「一」字過於平坦，單薄無力，故無法延續，自然網不住、撐不久。另外「大綱貿易股份有限公司」也是從事較重金屬類的行業，從民國八十四年成立，八十七年撤銷。

「國綱企業有限公司」負責人陳玟秀，「國」有武器對外，表示可以擴展業務，「綱」有網可網羅，可延續，但不夠聚守，無一聚納之字。「國綱」兩字本剛強，從負責人陳玟秀，即看出「秀」有福田、稻禾，「玟」字攵爲手爪，俐落、善於抓取。

《17》「綠」字：糸彔組合，彔爲水在滴，桶子在下，滴水瀝水之意，其象形文爲一個桶子在下，水由上滴下。

例如「綠寶石企業股份有限公司」，民國八十四年成立，八十七年撤銷，因爲綠的水是用涓滴，適合一分耕耘一分收穫的行業，所以從事遊樂器材等不適合，無法紮根而下，且配字不得當，無攻守防之力。

「綠的毛衣服裝有限公司」負責人王國泰，公司從民國六十五年至今，屬於停業狀態，因爲其早期是一分耕耘一分收穫，才能聚水成河，但主事者「王國泰」的泰字有漏財之意，所以能支撐這麼多年算是不錯。

「的」字爲「日勺」組合，勺有取物、納財之意，可惜主事者本命所至，過水，尤其是洋水，不利於往海外發展，因爲綠字的福祿是慢慢聚集，且杓子過小，裝不了太多水，反而會漏水，水爲財，故泡水毛衣不利。名字中已隱喻，經營需步步為營要小心，不可太強求，要一分耕耘才有一分收穫。

又如「綠力」兩字，登記有四家，有三家撤銷，一家存在但無法做大，只有小小的做，格局小，只能做加工類。其名為「綠力企業股份有限公司」，因為「綠」為涓水滴集，「力」有施力才有得，是有做才有得吃這一類，公司發展較有限。公司負責人黃雅莉，名中帶有福田，「莉」為〞刀禾〝組合，有刀可收割稻米，字有福田可吃食，不愁吃穿。

「台灣綠力股份有限公司」則是才成立就瓦解，民國七十七年五月成立，同年十二月解散，因為負責人本身的福田不夠，且靈性無法推動。

《18》「維」字：糸隹組合，用在人身上不好，用在公司行號上算還不錯，有聚納之意。

「維大力」飲料原本由南亞食品工業所發展出來，董事長蔡長祥，不過股東在民國八十五年，以飲料名稱創立了「維大力飲料股份有限公司」，由徐朝慶擔任負責人，因而得以長存。

在徐朝慶之前，其班底也在民國七十二年，以此名字曾成立公司，負責人為邱惠欽，在民國七十九年就解散了。徐朝慶爲股東，但發展卻不能延續，只因負責人之名與該公司無法相配，因爲「欽」字不透氣，加上「惠」字的壓抑，主事者如此，當然推不開公司的靈性。事隔七年再由徐朝慶擔任董事長，重新再立此名，自然局面不同。

「興維企業有限公司」民國六十三年設立至今。「興維有限公司」從民國八十四年成立至今，負責人古漢興，從事電動機、馬達等零件，因爲「興」字用於人名上有牽絆之意，用在公司名則有同舉之意，加上「維」字有福田，其組合不算太差，雖長久但小格局。

「維京工業股份有限公司」，也屬小格局，但仍可以從民國八十一年維持至今。「香港商維京百代音樂事業股份有限公司」（ＥＭＩ），負責人姚謙，從民國八十五年開業至今，其前後字配字得宜，且負責人之「謙」字，爲一手抓兩把稻禾，自有福田在，口才甚佳，在音樂領域上有施展空間。

《19》「綺」字：糸奇組合，「奇」字有一足而立。

如「綺麗世界有限公司」民國八十二年成立，八十七年撤銷，屬於餐飲業、酒店之類，因爲「麗」字有兩座山，「奇」爲單足，走路不順暢，「世」爲葉子，軟而無力支撐，自然做不久。

如「綺麗世界國際開發股份有限公司」，民國八十四年成立，八十九年撤銷、解散，不論其解散之原因，但其公司本就註定無法支撐長久。另一例「綺之麗工業股份有限公司」，民國七十六年成立，七十八年撤銷，負責人周清田，此公司撐不久，因配字不得宜，無法攻守防、聚納。名爲「元綺工業有限公司」也是如出一轍，民國七十五年成立，七十九年撤銷。

「元綺家具有限公司」亦是民國七十七年成立，八十五年撤銷，負責人陳豐悅，「元」爲出頭，卻是單腳而出，無法久立。

「台灣亮綺印網科技股份有限公司」之配字就較能互補，雖然綺本身較不具聚力，要靠其他字補足，但也是在此行業中一步一腳印的走著。

「東綺實業」較不適用於公司名上，所以目前也處於撤銷的命運。因爲「東」字乃上下束住，不易發展，即使目前已旭日東昇，或在負責人名中有一補足之力，同樣施展困難。「東綺」在太陽下單腳跳，較辛苦、施展不開、跑不快。

「明綺企業有限公司」民國七十八年成立，「明」爲日月共照，不是大格局，但至少不被綁住。

《20》「續」字：其包含了草木由之生長，延綿不斷，且用心緊盯著在看，做事風格較保守，固守錢財，但也要配字得宜，尤其主事者之名字、元神，會是最大的破格之力。

名爲「永續」的公司，在台灣登記有三十三家，但解散撤銷的有十一家，各行各業不少，如以下幾家爲代表。

（a）「永續工業股份有限公司」，民國七十八年成立至今，從事壓克力等各項工具之買賣業，負責人丁健麟，健有仔細行事，配合公司名得宜，但較辛苦，要游泳費力才能行進。

（b）「永續工程有限公司」，民國八十六年成立至今，從事綠化工程等事業，負責人葉志蛟，志字表示心壓在下面，不會亂衝，配合永續之名也可以，但小格局。

（c）「永續五金有限公司」，民國七十七年成立至今，從事釦子、五金加工，也屬於小格局，要努力做才有收穫，如同在水中游泳，要用力滑水才不會沉下去，才能永存、永續。

（d）「永續圖書有限公司」，民國八十四年成立至今，負責人廖宗義，從事圖書買賣業，此公司會挑選有利的書賣，因爲「續」字有"目"在"見"在，會緊盯著不放，挑有錢賺的賣，但也是辛苦鋪書，並非大的格局。

（e）「永續電機有限公司」，民國八十二年成立，負責人林桂忠，從事電器設備、配線等業務，也是小格局。

名爲永續的公司之多不一一列舉，以上實例，僅供參考，主因還是在負責人的元神屬性是否強勢，如果夠強，可以逢凶化吉、面對競爭。表面上是公司在交易，其實是負責人元神千里隔空廝殺，負責人元神弱者，就會被吃掉，錯失良機。一樣的永續，卻有十一家無法永續經營。

字之列舉不在多，因爲五萬多個中國字博大精深，前後配合可爲互補，亦可能破格，好壞差別甚大。

例如「統一」與「一統」，兩個字一模一樣，前後對調，力量就不相同，但其質還是存在，只是相呼應不同。

例如「德上」與「上德」兩個字一對調，用在法名上可就天差地遠，何以如此說呢？上德爲功德不夠，需再打落重修；德上則是功德圓滿，可以回天界，永生不輪迴，文字上下顛倒，就產生了永生靈性的天壤之別。

輪迴與不輪迴之差異，可是攸關生命的大事。不輪迴，可以在天國學習更多，未來之路是光明，未來是可以預見的，不必再面對未知的未來，因爲輪迴時誰也無法預知掌握未來。你連前世在哪兒都不知道，更何況來世，此世的下一步都不知踩在哪，更別提來世能選擇！輪迴的選擇權在別人手上，不輪迴的選擇權在自己手上，此世你就要透過修行體悟，去取得這個選擇權，而非死後任人宰割，論斤論兩。

元神的潛能眞理與公司行號的命名配合，是有調整的作用，但這個調整還是需要南無　彌勒天皇的拔渡，才能解開、獲得。否則一般人，其元神雖強悍，卻施展不開，如同猛獸受困手腳被綁。一樣的凶悍性元神，卻是一個勝一個敗，何以至此呢？

觀其姓名累劫業、祖業皆顯現在身上，不經一番調整拔渡，這些業力的束縛，會妨礙著元神潛能的施展，於是會有怨聲載道的聲音唱起：「我比別人更認眞，我比別人更努力，無奈命運卻如此捉弄我…」，「屢戰屢敗」。此時用人的慣性會使你跳脫不開、想不透，答案在於你的元神出問題，受祖業困住。

例如趙少康其元神若似龍，爲什麼兩人元神一樣，卻在交戰時輸給陳水扁。從姓名上可看出，其受祖業的牽絆、冤親債主的束縛，龍無法飛只能用走的（趙姓爲走肖組合）。龍不能飛表示其動能受阻、受困，潛力不能施展，卻是龍困淺灘，自然其事業發展，不能達到他應有的潛能，無法龍騰千里躍無極，趙少康的元神屬強勢、兇猛型動物元神，可惜受祖業的牽絆，少了一片天。

故「飛碟廣播股份有限公司」由趙少康掛名爲負責人，能施展之處還是有限，並不是其元神不夠強勢，而是一件案子在籌畫時，未實際交鋒談判，其元神已在背後，千里隔空去戰鬥了，無法登天的龍當然只能在地面作戰了，雖然是地上作戰，但龍還是很兇，所以中廣、台北之音才會被他打得哇哇叫。一旦面對的元神，也是快速而強大兇悍之軀時，那他就會敗北，如「馬英九」。所以他的聯播網，只能受困在檯面上的法規，可成功聯播各地區電台，但不成功的小案子，其實比成功的聯播案還多，只是沒有浮出檯面而已。

如果其質能解開，姓名上再補強，他的元神就能眞正突破目前的困境，不只是在廣播界，及小小一個電視節目上，還可以更擴大，才眞正能使「飛碟電台」躍上大螢幕，而非屈居在別人的電視台下當主持人，畢竟其還有龍的本質、潛能在，只是元神的真本事無法全然發揮。

命盤中的束縛、雜質要除去，才能配得一個眞正適合的公司名，操作者的本事才得以發揮。如同兩虎相鬥必有一傷，何以元神相同者，另一個會受傷呢？明明身強體壯，身軀還比對方大，可惜業力的束縛，在冥冥中就會牽引你踏空、撲空、無法命中，手腳被綁住、困住，卡在樹枝裏、石縫裏，這樣的老虎如何奔騰厮殺，一如待宰羔羊般任人宰割，這就與業力有很大的關聯。

受困的老虎，連溫和的小動物也傷不了，受困的老虎同樣的也捉不了小動物，動能形同被鎖住，自然吃不到那一口飯。不要看人間表象，似乎穩當、一定會贏，結果卻輸了。

當年台北市長的選舉，趙少康輸給陳水扁，從其元神即可看出一個是受困的龍，用走的（趙），一個是飛龍在天（陳姓之東，旭日東昇）。

政治好比事業，如果元神強悍，卻屢戰屢敗，你就要思考，是不是元神出問題，受困了，無法施展手腳。什麼樣的元神，就只能做什麼樣的事業，如同元神爲猴子，手不張口、不能叫，其事業一定多受阻，做什麼事都不順利，或每隔幾年就要面對事業失敗、轉型、換工作，或財務也連連出問題，此時你就要反觀自己，是不是哪裡出錯了，答案一定是在靈性、元神上。

觀其落地時所承接的姓名，就會寫得一清二楚，王令麟就是一個標準的例子，起起伏伏的人生，高低起伏循環不已，並非他的元神不強悍，而是其元神受困，兩隻腳被捆住，走起來當然跌跌撞撞。即使其公司名「東森」有廣大、森遠、不斷伸展之意，主事者的元神受傷時，就是會隨主事者的動能起伏，因此東森不也改名爲「東森華榮」。

公司命名的第一步要找出主事者元神，先爲其解開元神的束縛，方能使其伸展手腳，再依元神屬性，配合應有的動能，補足其所缺。公司名上，尚有一個重點，要先了解元神的能耐爲何，如果是一隻麻雀，硬要當公司負責人，那只能先預言不可能，何以如此說呢？

麻雀雖小五臟俱全是沒錯，一旦靈性面對靈性時，還是輸定，生意場上其實還是脫離不了靈性的戰鬥、廝殺，表面上是人在行爲，做買賣，人在爲錢爭鬥，暗地裡是元神在互鬥，元神是不需要金錢、權利，只看動能，誰的動能發揮得淋漓盡致誰就贏。

尤其是一件案子還未談判，只是在計畫而已，但參與者的元神早已飛出去，比肉身早一步去戰鬥，所以肉身還未交戰，元神早已在前方爲肉身定江山，會輸會贏早已決定。

王菲與張柏芝在爭謝霆鋒時，表面上是張柏芝長得較甜美、漂亮、年輕，以人間思維判斷，會認爲謝霆鋒一定選擇張柏芝，但用元神觀此事件，早已顯現謝霆鋒會棄張柏芝，而重返王菲身邊。

何以如此說呢?因爲王菲元神若似豹，張柏芝元神若似魚，一強一弱，自見分明，元神是背地裡飛出去戰鬥，肉身不會感覺到，且肉身不需要去行動，自然魚兒戰不過豹子。事情的結果是出乎人意料之外，若用靈性元神角度觀，是一點都不會錯，魚只會被豹子給吃了，在張柏芝心中只會留下一個永遠的問號，「爲什麼?」

她一旦了解元神眞理後自會明白，自會毫無疑問，一切都在物競天擇眞理在當中得到解答。因爲元神比別人弱，唯有學習強大自我元神，才不會在物競天擇的世界中被呑食。

人世間表面看似肉身在行事，其實任何一件事情的成敗，皆與元神靈性脫不了關係，眞正在行事，其實是元神、靈性非肉身，肉身只是一個假象而已，肉身會做某一種決定，某一種買賣，甚且到某個不利的地方，皆是操作在元神身上，因此公司行號的命名，看似人間所用，其實是在輔助元神的動能之不足。

公司是制式化的，人是活的，所謂事在人爲，公司的組織結構體還是人，如同買再高級的跑車、名貴電腦、用品，一旦操縱者沒那個能力，不會使用，還是形同廢物，虛設而已；還不如一台二手陽春電腦，配上一個高明的軟體，及操作者的靈活運用來得好。

事有一體兩面，萬事俱全是最佳組合，一部高級電腦，配上一個電腦高手，那是相得益彰、效率加倍。元神配公司，補足不足之動能，才能如虎添翼，才施展得開，否則處處碰壁，可不要怨天尤人。如果你能明白自己元神的潛能、習性，在職場上的明爭暗鬥中就能清楚，要做何種規模的事業，才是適合自身屬性的崗位，一旦遇到對手，元神比你強勢者，你也會不與其爭鬥而有所失誤。

本身不具此天命者，就不要硬爭，硬朝著不合乎自己潛能方向而發展者，絕對會吃虧，所以生命中的喜怒哀樂、悲歡離合，事業的成不成功，全在於你有無將自己的獸性元神之戰鬥力表現得淋漓盡致。如果獸性元神的潛能沒有表現與發揮，不管你事業做再大、錢賺再多，那也不過曇花一現，趙少康就是一個最佳的例子。若你再聲稱行不改名坐不改姓，那業力就繼續伴著，動能繼續鎖著。並非是人人皆要改名，而是有一部分的人，有著明顯的束縛呈現在姓名當中，業是如影隨形的跟著，除非你走入修行中。一旦業力太重者，也會受家業、祖業、冤親債主給拉走，莫名中離開了修行的軌道上，走回人間道的塵埃中，在滾滾紅塵中繼續打滾，惹得一身業力繼續上身。

業力重的人對修行的矛盾性比較重，如同重病之人，你拿任何寶物給他戴，他都會脫下來還你，並且說很多理由以推託，即使勉強戴著，他也會暗暗的再脫下來而不戴。肉身的觀念會覺得此人似乎不知好歹，其實是錯怪他了，這些舉動，並非他靈性所願意的，肉身的不自主行爲，乃是冤親債主業力在他身上，操縱肉身使他拿下來。

病重之人身上的業力呈現自然很重，冤親債主好不容易佔有這個肉身，當然不願放他走，自然會在背後予以操縱，肉身無形中排擠任何有利的寶物、行動、修行，如同到口的肉，業力是不可能放你走的。若是放你走，而你走入修行，回歸天國，它將再也沒有機會找到你。

因此任憑你怎麼掙扎，業力就會想盡辦法阻撓，這種業力的掙脫，憑肉身是做不到的。除非走入天國的軌道中，接受神佛正軌的引導、悟開，自會掙開業力的糾結。

南無　彌勒天皇的拔渡是助你一臂之力，不然生命的過程中，還要跌跌撞撞多少次，才能扭轉過來，且還未必能掙得開這些阻礙，何況業力之多，林林總總，不只是祖業，還有累劫業、今世的因緣際會之業力。

因緣際會下之業力，未必是去做什麼壞事才惹來，也不是誰欠誰，大多是因緣際會下所碰到，只因你符合群魔的口味，它就跟上、干擾。一旦干擾時，就會影響你決定、思考、判斷的能力，逐漸肉身的反應就遲鈍，思考不清，受慾望的牽引，做出不應該的事，甚且跳樓自殺、放火自焚等等不智之舉，這一切都是有跡可循，周遭之人若仔細觀察即可明瞭。

公司行號接訂單時，負責人明知該客戶訂單不能接，還是撒網下去，硬接下不合理的訂單，此時訂單的負擔如同撒下的網子般，倒撒在自身身上，虧錢的是自己。如果在事前未將這些動能轉掉，硬要接訂單，硬要開公司，用不利的公司名，會像台灣歷史上的許多公司一樣，曇花一現不持久，也因此背負了滿身的債務，一生還不清。

如此中小企業的故事是滿街都是，許多小人物的辛酸，看似投資創業失敗，其實是敗在骨子裏，不知潛能該如何發揮，不知取公司名應注意的事項，反而取了一些吉祥如意的字眼。殊不知業力已暗藏其中，早已在你設立公司之初，業力就已佈局，莫名中就會選擇此類之公司名，一旦與主事者的靈性接引上，就會影響著主事者的思考力、判斷力，因而誤入歧途，身敗名裂。

最有名的選美協會、選美皇帝唐日榮，即是一例，其外表裝扮得金碧輝煌，闊手買了六千萬的勞斯萊斯五節轎車、鍍金包裝，其實他本身根本沒那個財力，皆是一再借款而來，金裝打扮成黃金王子，骨子裡卻空空如也，一文不值。

最後身體是毛病連連，糖尿病纏身，因此其思考力、判斷力就會偏差，走上不正常之管道，用金光閃閃來掩飾自己，一再說著誇大不實的話語，表面上是多金的樣子，骨子裡是一屁股債，沒有經營的實力，加上病氣在身，到最後是車子、金子皆入當舖，一身毛病入院，腎衰竭而亡，身無分文無人照料。

選美王國也隨其身亡而垮台，而中華民國選美協會，也因會長的靈性牽絆，而起起伏伏、糾紛不斷，只因主事者的靈性出問題，公司的命運也會隨著主事者的靈性波動而波動。

另一位名人黃任中，曾是家喻戶曉的金主，在繁華落盡的今日，也是全數凍結，依靠乾女兒小潘潘—謝千惠有情有義的照顧他。其名下「黃龍投資股份有限公司」也在民國九十二年七月，更換主事者爲陸馥馥。

「黃龍」爲名的公司在經濟部登記有十三家，但實際存在未撤銷的只有三家，因爲黃龍兩個字屬於剛強之質，元神不夠強悍者無法承接，且黃爲「土」之質，龍在土地上不易生存，除非負責人元神夠凶悍、挺得住，才能化險爲夷，但撐久了還是會傷到筋骨（本業）。

黃任中此番栽在稅款十四億上，且他的身體也出現不佳的狀況，而此時做出的決定一定不會正確，故其在台北東區所開的佰樂門餐廳，也虧損連連，開沒多久就關門大吉。

這個例子是告訴眾生，生病時要養病，把身體顧好才能顧事業，否則有了「錢子」沒了「身子」，賺錢給誰花呢？物質品又帶不走，唯有業力隨身！

當你有病在身時，即是業力呈現，勸你身體顧好再來顧事業，否則兩邊不討好，蠟燭兩頭燒，早晚江郎才盡，加速肉體的滅亡。且業力纏身時所做的決定一定會受影響，被業力所牽引。

故黃任中才會逆向操作，開佰樂門餐廳造成鉅額虧損，甚且借錢給業力糾纏很重的人、倒閉的公司。此乃氣場已逆流，思慮不清，自然會破財連連，與這些債務人一起沉淪，每況愈下，還堅信欠他錢的人有朝一日會還錢，此乃判斷力已偏差，業力會使一個坐擁百億的富翁，變到如今的借貸度日。

短短幾年的業力呈現，使他成爲落難的富翁，此乃黃家祖業之呈現。其大姐也在他出事不久後過世了，有著兵敗如山倒之勢，祖業不會只糾纏一人而已，影響的是全家人，一旦動能被鎖住了，祖上關連之兄弟姊妹皆會受到牽連。

並非人年老皆會垮台，修行之人就不會走上晚景淒涼之路，即使靈性受糾纏也會掙開，不至於走上身敗名裂之局面。如知名的大企業家長榮集團、台塑集團、富邦集團皆在佈福田，自然在事業集團中的決策，比較不會被推向不利投資的方向，走入垮台，推向負債之路。

但這一些只關乎於人間用的福德，算是祖先的庇佑、陰德，非眞正靈性之功德，也許只能助你人生路上的事業，卻不能長保靈性的不敗，有錢卻難敵生老病死之牽扯。看看大同公司的創辦人林挺生，即可知，坐困輪椅，肢體受病魔的折磨，心如針刺，縱然擁有數十億資產也買不到解藥。

一個走入天國腳步中的修行者，憑藉著玄宇功的引領，即可遠離這生老病死肢體的折磨，身體靈活、行動自在，遠勝過你擁有的數十億資產。

皇教的「阿媽」也是九龍之一，現已九十幾歲高齡，身體依然靈活、矯健，即是最佳例證。其每逢法會必定參加，且隨著誦經三小時，此乃千金難買的靈性健康與完整，於是肉身就不會出錯，不會產生大病痛。十多年前的「阿媽」腹部腫大，經南無　彌勒天皇的拔渡，而消了一圈，才有今日之健康模樣。

人生求的並非錢財，並非人間事業，這一切都如過眼雲煙、曇花一現，生不帶來死不帶去，唯有業隨身，業在你生病時就會不斷呈現，在死前不斷的折磨。這時肉身還能辯稱沒有業力嗎？業力早已現給你看，只是人們沒有悟開，竟以病來形容。可知病即是業，會隨著身體的病與靈性長存，帶到往生之後的空間，又再一次的如影隨形。

肉身還能不先修行嗎？還顧著賺錢嗎？人生有生老病死必經之過程，且走的時候要把病去除，不帶病往生。臭皮囊會退化，人會死是事實，因爲這個肉身只是借用的假借體，如同公司名字，也只是負責人靈性的假借體。

眞有公司存在嗎？事在人爲，人在公司在，人亡公司亡，唐日榮不就是一個最佳例子嗎？汲汲營營的人世間，人們莫不以金錢爲是，五子登科爲要，會來求算姓名、公司名的人，莫不爲求好運途，但前提你要先認清自己的本質元神，而非一味的求上天賜福。

不是元神爲龍之人，不要去和龍戰鬥，敗了才來哭，那叫做不識相。自己有幾分斤兩先秤秤，再來安排，該如何在人世間執業，也才能知己知彼、百戰百勝。戰所該其所戰，避所該避的戰鬥，那才能立於不敗之地，不入失策之計。

人生何其短，做所應做，得其應得，才是正確，不可貪嗔癡過度非分妄想。一日有妄想加深時，業力自會接引磁波與你相合，推你入妄想之地，取你妄想之非分，此時天地之間皆有紀錄，一旦做你潛能以外的非分之得時，冥冥中自會安排你出事，業力籠罩，不病也難。所謂病者並非指肉體而已，事業、金錢、家庭皆屬於範圍內，病是廣義的說法，不是狹隘的指肉身之病痛。

所謂「今世業前世果」，只是狹隘的見解，不夠宏寬面，對天體軌道的見解也不夠明瞭，宇宙是充滿著磁場交流，非你二度思維之見解，當要明心見性去了解天體的偉大浩瀚，才能了解你身上所該接引的力量。

每個字裏行間，皆代表著各個時空的力量，草有草的世界，水有水的背後空間能量，不適合的資源就不要引用。如果負責人身上的某方面質能已過多，就要幫他排除，不可再重複加入。

尤其中英文的命名，要用不同的角度去看，最初文字形皆來自於天體，如象形文只是後代的演化不同，英文、希臘文、歐美共用的字體也不是最初之形，在古埃及時代還是運用著象形文，基本上是一種圖畫、一種描寫，用來記載事物，且普遍畫著生物體，自然界的形象，與中國的象形文字是一模一樣。

後來是因爲畫圖的形體複雜，而被簡化成了「僧侶體」，類似中國的草書、行書，此時已到了埃及中王國時期，到了新王國後期又再一次的簡化，這時已是公元前七、八百年。文字的簡化過程各區域不一致，有的甚至突變，不依循原有的軌道，因而產生了另一道的密碼文字。

（八）傳承之文外一章

話說西元前二千五百年，在底比斯的一位法老王名喚古斯齊，他並非正統下授權的階級，剛好介於古夫王與其父之前的家族，這位古斯齊並不是別人，正是赫赫有名天界之叛將，「坦」「泰」之後代。

他算是神魔天地劫之後，捍衛地球叢生時期，雜入地球的一個靈性，也算是蛇之家族代表，其遠從數千百億兆的銀河系外之空間，流竄至此，雜入在人群中，夾雜著神魔二元性的神威，入侵地球，混在當時最有名、最有權利的四大古文明之一——埃及。

此刻的東方還有另一顆明珠，即是中國，尚有老子前世的降生（四大聖人之一），東、西兩邊相呼應著，意味著一陰一陽，一神一魔，如同太極在地球運轉，形成了雙軌道一樣。地球的另一方有陽氣的老子屬於光明面，龍的傳人「中國」才得以傳承下來，不至於被滅亡。

而埃及的陰氣爲蛇族，古斯齊的到臨，屬於太極的陰暗面，所以古埃及王朝才會被波斯、羅馬、阿拉伯人等，層層佔領，層層滅亡。此乃代表著蛇性在那兒擴張，以至於後來的非洲民不聊生、苦不堪言。

這話從何說起呢？宇宙的天體戰已在神魔征戰中佈下了定局，神性的一面來到了二度空間，爲尋求一個永生之質的轉換。

然而，魔性一族並未因此而鬆手，反而是趕盡殺絕的緊跟著不放，於地球的初生期即雜入其中，將那一股蛇能量一併注入，因此形成了龍蛇混雜之地。龍與蛇的身形也是差一撇，雖然蛇族的降生，也是最初神、魔二帝所賦予，但蛇族不知感恩圖報，卻是恩將仇報（詳細內容請看未來佛傳1—神魔天地劫一書）。

話說回來古斯齊的降生，乃充滿著詭異的異象，尤其是其母古羅王妃，即因生他而吐血身亡，此乃蛇之靈性反呑其母之惡業。從他降生的那一剎那起，其眼眸中充滿了邪光，沒有一個嬰兒可以如此邪惡的不帶一點哭聲，眼裡更充滿了深沉之意。

他不到七歲就可以手刃宮妃，許多無辜民兵皆莫名其妙的死亡、受懲罰，這是他少年時期的遊戲。稍長十七歲時，又手刃親叔叔以取得法老王的繼承權，然而朝中的正規軍莫不同聲討伐，並以暴君形容之，時至今日他還被形容成邪惡之神。

當軍、政兩方實力相當之際，古斯齊引用了元神之質蛇靈，以爲對峙，所以後代許多埃及的古文物當中，都可以看到許多蛇的雕像。

眼鏡蛇就是從這個時期加入古埃及文物中，而另一邊的中國，則是以龍作爲象徵，代表著神魔在地球各據一方的意義，也傳衍了龍蛇爭霸之勢，蛇靈快速的佔有了歐、非等處，而龍族則力挺、維護東亞等地。

此時期的古斯齊手段相當殘忍，不放過任何一個善良老百姓，即使連一個小嬰兒皆要趕盡殺絕，包括他叔叔的親生兒女一個也不放過，唯獨一脈是其旁系的「阿呼拉」，遠在曼菲斯，可以逃過一劫。

這是古王國以來的王親貴族，除了曼菲斯城的那一脈，他連自己的親生手足皆不放過，在一場腥風血雨之下，「阿呼拉」戰敗了，因而躲入深山中，蓄勢待發，而蛇靈誕生的古斯齊，則大肆的舉兵東進。

此時的歐、亞、非等地，除了印度、中國以外，整個古羅馬、古希臘（羅馬、希臘未成形前的地區）、北非等皆是其領域範圍。但在人神共憤之下，念力的共業是大過於邪靈的對抗，於是天神派遣了一支神騎部隊，降生於古希臘的西南方，應稱閃族的前身，並非美索不達米亞的兩河流域文化。

而是稍往西移的一支古老部隊，悄悄的駐入底比斯的北方城市，這一支天降奇兵，所帶領的是太陽神的子孫，也就是古夫王的父系，進駐北非，與古斯齊的軍隊形成一段長期的抗戰，其引領的是千兵騎馬，皆是驍勇善戰的良駒精兵。

因此，兵不在多在於精良的管理，以贏得北非民心之向背，且共推他們爲新的守護者；而古斯齊則在民心漸行漸遠下，退出了王朝，往西南方駐進，於是在古夫王的父系帶領下，光復了古埃及，形成了新血脈的古埃及人。

舊有的古埃及血脈，就只剩下「阿呼拉」及「古斯齊」二脈，但不相連。可惜此時蛇靈已佈下了深入民心之舉，許多古老傳說皆從此時起，尤其古夫王的誕生即是爲了鎮壓這些群魔、蛇靈，才建立了第一座金字塔。

驍勇善戰並不只有古夫王的父系，古斯齊其實亦是一猛將，在不得人心之下，只好悄悄然的退居幕後，但一顆逞兇好勇之心並未澆熄，依然隱藏在心中熱血沸騰，所以他一直往西南遷移。

當初的非洲西南部，並非如今日的一片貧瘠，反而是富庶饒豐，且當時的氣候也非今日之模樣，數千年的轉變、地殼變動，最主要還是跟著靈氣在運轉，尤其兩脈人馬「阿呼拉」與「古斯齊」屬於王族的後代，皆不甘心於「王朝」就此拱手讓人，可惜阿呼拉已入平民身，不復王公貴族之尊。

在階級森嚴的古埃及社會中，他已失勢了，加上其本靈並非強者之勢，也無權與人抗爭，雖然有少數人拱著他，卻有大勢已去不復返之趨勢。尤其古夫王的父系深得人心，在世時已達歌舞昇平之勢，戰勝魔靈的古夫王，更促使非洲這塊古大陸，能有著如古埃及如此富庶之區。

話說古斯齊的野心並未減滅，在西南非建立起自己的勢力範圍，只因其凶悍個性，腥風血雨依然不斷，也養成了後世非洲人喜好血祭，並造成北非以降人們生活之困苦。雖然古斯齊在位時間並非很長，卻也不算短，所立下的許多古物儀式卻深入傳統，眼鏡蛇即是最好的象徵，那就是他的本靈。

其本靈眼鏡蛇攻擊太陽神的故事，在埃及世代的神話中屢被傳衍渲染，尤其是大貓殺蛇解救太陽神這段典故，其實是麒麟護主殺蛇靈。因爲多時空的交戰下，樓慧觀的降世與麒麟之相處，蛇靈還是會循線而去，進行超時空的攻擊，而時空交錯的影像下，才會讓有靈識能力者接收到波長，而寫下一段段憾動人心的神話故事。

中間的過程還包含了大地之母、太陽神之后，即是南無 彌勒觀世音皇母，所說的皆爲同一人，不過是用不同的代名詞，例如：媽祖、白衣觀音、南無 彌勒觀世音皇母、送子觀音等其實都是同一人。

而那隻所謂的大貓即是麒麟，也被埃及人引以爲神祇，這個蛇靈並未因退卻王位，就此消失在埃及的世界中，肉身會消失，靈性卻是不滅的。千百年後，蛇靈的邪氣，照樣再度入侵，這一回他不是運用政權，而是利用蛇子蛇孫以轉移社會文化，其最大目標竟是爲要竄改文字，這一點是極爲狠毒的。

因爲歷史無法保存，但文字卻可以成爲見證，狡詐的蛇靈竟想由歷史中進行破壞，這一招乃勝過於絕子絕孫的做法，王室人脈斷了，還是有其他的人可以繼承，繼續執政，但文字被竄改了，歷史將會被抹黑。

此舉之毒勝過任何的舉動，中國文化不過是文字簡化罷了，但依然可以傳承，再古老的象形文字，都還可以透過歷代的文字銜接以串連，因此五千年的傳統依然延續著。

四大古文明最初的創始也是如此，尤其文字面，一開始是同一個版本，絲毫無區隔之分。若用文字統一的角度來看，倉頡史官最初的本意，就是要用文字來統一天下，共通於全球，即使簡化的過程中也不至於相差太遠，而且彼此還可辨識、互通。

例如：古埃及文字在簡化的第一步即是「僧侶體」，它和中國象形文字簡化而成的行書、草書很接近，假使當時超時空轉移了，埃及人的信寄到中國史官的手上，中國的皇朝，即可透過文字與埃及的皇室通信往返，文可相通，歷史就可融合了。

後代子孫也才無須學習英文、中文、德文、法文、日文等語言，弄得一頭霧水。可惜神魔之爭就在地球上產生了，這些蛇靈的後代一一投胎在各個文化中，行使他們的詭計，尤其是古文明的發源地，更是他們的最愛，隱藏於其中蓄勢待發。

此時古王朝早已結束了，帝國進入了衰退時期，不再占有廣大的領土，埃及的後代子孫，因而成爲狹隘之區。此時的希臘人、羅馬人還沒有文字，應該說腓尼基人之名還未誕生，對埃及王朝於歐洲的領域範圍內，只好高唱大勢已去，循線漸沒落的埃及王室，於底比斯一次王室大火中，許多古老傳承的文字記錄，竟也付之一炬。

此時一位自稱月神（THOTH）托特使者—埃默罕出現了，祂暢言帶領月神的指令爲要改造文字，只因月神動怒了，不滿人間的舉動，欲重新改造人類，使人類有反省的機會。

其實所謂的「埃及月神」，就是「倉頡祖師爺」，祂掌管著智慧與文字，乃是初始在地球各區佈下象形文字的創造者，祂們皆爲同一人，只是其能一氣化三千，傳輸到各個區域，這位月神之所以被稱爲月神，乃因祂在月光下，一夜之間創造了埃及人所要的象形文字，並傳接給埃及的史官。

涵洞內留下一篇篇的文章，記錄著天神紀事，以及宇宙萬物之眞。因此，在未竄改前的象形文字多用在神事上，或大型的祭典上，鮮少有通俗用的世俗體，也可以說它是用來記事，不作平常生活上之應用，若不是皇陵墓壁中隱藏了這些文字，蛇靈的詭計眞會得逞。

月神的畫像與倉頡祖師爺很像，只是後來的蛇靈弟子爲了矮化祂，將其神格地位給模糊了，故用狒狒及紅鷺的外表掩飾，不讓眾生接觸眾神的眞面目，阻斷了靈性的接引機會，以一些獸性代表來取代神佛的眞面貌。

何以東方的神祇，皆是端正莊嚴的佛蛋臉，給人清淨無上的安定感，以及似佛光普照之溫煦光芒，像是蘊育在母親的懷抱中，只因東方有龍氣在護守。而古埃及、北非區域受蛇靈的入侵，其神靈大多與獸接引上，呈現了人身獸面或獸身人面像。

不明就裡的人，還頻頻大嘆此乃唯美的藝術，其實這密切攸關著大眾生靈。對神而言藝術並不重要，重點是神佛的眞面目被竄改了，非洲人失去了原有的神意、神啓，於是從埃默罕出現的那一刻起，顚覆的動作不斷，文字竄改的力量遠勝於戰爭之摧毀力。

於是一段空窗期出現了，許多文物的收藏點，莫名的被大火焚燒，甚且王宮也不例外。能保存的史料眞是有限，也愈來愈少了，於是在蛇靈弟子兵埃默罕的大力鼓吹之下，一些史官、僧侶皆受其撼動，漸漸的接受他散播的消息，眞的是天神動怒，要重新改造這個社會了嗎？

加上一些天災、人禍不間斷，民不聊生，這一些撼動人心的災變，其實是蛇靈在背後操縱，以利他們的詭計得逞，且悄悄然的愚弄人心，致使人心惶惶不得思考，至此蛇吻的烙印也開始了。

首先他在月光神所創的文字面上，對自然界接引了力量，以改變轉移，形象就截然不同了，可知倉頡史官的造字是一字一個力量，代表的是不同自然界之輔助力量，而接引在人身上會呈現磁場的變化，有著浸染的作用。

上古文明時期並未有此困擾，但天國的一番苦心，爲要給眾生一個機會，循此得救、脫困，於是在各個區域皆相同之下，進行天下大同、文化統一，進而一起回歸天國。

觀天象、知天命，也就是說透過文字的傳承，人類可以得到一個密碼鎖，藉以磨練心志，強化意志力、戰鬥力，突破累劫之困，可是蛇靈深怕人類知道眞相、重返天國，奪回宇宙的統治權，故千方百計的施展計謀、愚弄眾生，錯引眾生入魔窟。

其間埃及有一大斷層，也就形成了文字的落差，後人如何拼湊，就是無法串連文字的演變史。再者，二十六個英文字母及二十四個腓尼基字母、二十二個埃及字母，究竟是如何來、如何構成？而取代千堆萬字的象形文字，何以單憑這些簡單的線條，就能做出這麼多的意象表達，它和倉頡的造字又有何大分別呢？

它又代表著什麼能量，什麼意義呢？從古至今人們總是思考著以上的問題，揣摩著爲什麼，始終以謎樣的眼光在看待這一切，無人可解答，找不到答案，一如埃及豔后是否眞有其人，依然如同古老神話般困擾著人類，史詩的神秘性也由於蛇靈詭計使然，於是不斷的被掩蓋住，眞相就愈來愈不清楚了。

如同薩哈拉沙漠的風飛沙一樣，一層一層的掩蓋，誰曾探測過沙漠底層，有很多古蹟遺物及河道殘留，殘枝、枯木一堆，那兒可能曾是繁華的城市，人來人往，而今卻一片黃沙滾滾，多少千古魂皆埋於沙塵暴之下。

科技發達的人們，你可以用光學探測器掃瞄其地層，將會有意想不到的發現，沙漠係如歷史般，你無法全部釐清，但眞相就是眞相，人們早晚要知道，蛇族再掩飾總是會留下痕跡。

埃默罕首先是將文字於簡化的過程中偷天換日，將明明是向上的力量改爲向下的力量，有日者皆遮蓋，有水者皆配火。因此，萬物接引的力量就形成了水火相沖，是於處在一片不穩定的狀態下，且日光被蓋，暗無天日，形成了能量在逆轉，致使非洲成爲一塊黑暗的大陸。

在天國未派下救兵之前，全非洲皆籠罩在一片哭號的狀態下，民不聊生，雞不啼、狗不吠的，王者不像王，任人入侵，幾近滅亡，舊有史料皆成斷垣殘壁，埃默罕得意的妄自坐大，要求法老王交出棒子由他執政，可知一個用文字面改造力量之龐大，竟可不動兵，只憑口即可奪下政權，最高的戰術即是「不戰而勝」。

這是倉頡史官當初所料未及的，此時月宮上的眾神又議論紛紛了，想不到這些邪靈可以作怪至此，莫不大嘆生靈的命運乖舛，神魔這場戰爭之浩大，只因神帝的主靈未現，眾生皆立於塗炭之中，渴望著宇宙眞主的重現。

在埃默罕以民逼官之下，埃及的王室幾乎被盲從的民眾包圍了，他不斷的散播天神已棄法老王於不顧，法老王已無法力，不負天命官職了，唯有埃默罕才是天神所指派的神者，要來解救大眾、改變歷史。

就在半推半就的和談下，法老王提出條件，他可以交出政權，但要能保有其王位，不可逼他出離皇宮。而埃默罕可以當其幕後的發號施令者，此一舉動，讓埃默罕心理暗爽，邪惡的奸笑著，且心中暗暗的想著：「等我一執權一定把你幹掉，哪還留你在！哈哈哈！」他的一陣暗爽、奸笑存於心中，和談只是緩兵之計。

天下的兵家要引以爲戒，主控權若交給別人，那必取滅亡，公司行號、集團亦是如此，一旦失勢鐵定兵敗如山倒，這裡的故事不斷的引申重覆，就是要生靈引以爲戒，生命的主權可以依賴別人嗎？

輪迴不就代表自己無法掌控未來，此與法老王有何差別呢？人生在世的目的就是要尋回自己，找尋永生不輪迴的密碼！

天體的密碼其實四處密佈，只是身爲人的你有無注意到，「密碼」有何作用呢？我們繼續往下看，因爲蛇靈的逆轉文字、倒轉能量，需要的就是以密碼重組，於是後世歐美的文字，大異於東方的文字，這就與此番的劫難、天體密碼有關了。

須知人體的ＤＮＡ是傳承自祖業，一個人的誕生是藉由父母的一點精、一點氣、一點神組合而成，ＤＮＡ是一脈相傳，你有多少祖業，就有多少ＤＮＡ相連接。古埃及與歐美之間的互動相當頻繁，其間往來的群眾東奔西跑，不只中亞、南歐地區之人，所涉及的層面之廣，加上後代的遷徙，DNA的擴展更是茲事體大，何以如此說呢？

一般人都只會單向思考往下看，不會往上看，總以爲DNA的相連只會牽涉到後代子孫，業力干擾也只會留給後代子孫，凡事皆以向下傳承爲著眼點，不曾以點、線、面爲思考著力點，細想一桶清水若滴下一滴紅墨汁，它只會往下沉澱而已嗎？

不會吧！把你的罩子放亮點，它是暈開、四射狀，四通八達，只是傳遞、渲染的速度快慢而已。只要你同在這一桶水裡，你就別想撇清、不受污染，而祖業的DNA相連，如同那一桶水，只要你的DNA曾經由此出，哪管得了你是先出生先死，後出生後死。業力的干擾是一脈相連，沒有秩序之分，只要你有份，通通中獎，若是你屬於這桶水裡的一份子，就是逃不了也躲不過。

所以人們思維的模式得要重新思考，不是只求祖先庇佑你！是你要替祖先解困漂白，祖先若受困，巴望著你救他都來不及了，還能庇佑你嗎？

莫怪乎！常聽到有人大口嘆氣埋怨道：「我的祖先怎麼會這樣，都不庇佑我！」想清楚，祖先他只是碰巧和你共用一顆ＤＮＡ而已，他可沒有責任要庇佑你，只不過湊巧和你在同一條船上，祖先可不是你投保的保單，有求必應，有事必保佑，反而許多人聽到祖先出問題時，第一個反應是怎麼會那麼倒楣？祖先出問題卻落至我身上來承擔！搞清楚，同一桶水裏不是只有你會受影響，是大家皆承接到，若是已渲染了，是每粒微分子皆受影響，不是唯獨你倒楣！

祖業ＤＮＡ是一個共業，只是你聽不到祖先的聲音，無法溝通，搞不好你祖先會跟你喊冤：「我怎麼這麼倒楣？又接到後代子孫傳過來的業力、雜質、干擾！」不是只有祖先會傳給子孫，子孫也會逆向操作，將此世因緣際會之業力回傳給祖先。

因此，祖上有德的人，你也要小心了，不是此世的福氣享受完畢，你就沒事了，靈魂是不滅的，不肖的後代子孫，會將ＤＮＡ的病氣分一點給你，哪管得了你是幾代以前的祖先。

人生在世不要只因爲你有錢、有權就好，錢與權是帶不走的，往生後所帶走的就是那顆ＤＮＡ，以及業力、干擾。脫離肉身之後，縱然擁有萬般財富也無法替你解病氣、業力，亦或阻擋不斷傳過來的業力，所以繁華不過是過眼雲煙、曇花一現，若是不懂得人生的眞諦，才是身爲人此生最大的悲哀。

神佛著眼於此，思考著如何替此一時期的埃及人，解開身上逆向操作的密碼，月球上的眾神不斷的開會商議著，此時南無　彌勒觀世音皇母輕聲問道：「盤古大帝，當初你對地球的計畫表可有此一章？」

盤古慚愧的搖搖頭跪在地上說道：「爲臣的過失，請皇母明鑑。」南無　彌勒觀世音皇母只是慈愛的看著祂說道：「起身吧！這也不是你的過錯，神魔之戰本就詭異多變，誰也沒想到會有此段意外的插曲，你們誰能想看看，有什麼方法可以解開這逆轉的磁場。」

此時宮殿最後面有一個最響亮的聲音說道：「娘娘我有計策！」這是一個沒大沒小的聲音，帶著童稚的音亮從後面竄起，只聞其聲不見其影，盤古大帝隨即站起來，怒斥道：「哪一個沒大沒小的傢伙，竟敢如此撒野無禮的對待皇母！」

這時一個童子身畏畏縮縮的冒出頭來，探頭探腦的舉起手來，另一隻手上還拿著他的金剛環，這個小孩經盤古大帝怒斥之後，直向皇母求饒。

皇母和藹的對盤古大帝說道：「小孩子嘛！三太子還不習慣現在的方式，一直改不了，當初看到我的九天玄女樣，才會直喊娘娘。」

「下次要記得宮廷的規矩，不可再犯！來，告訴我們你有什麼計策呢？」

三太子又興奮的說道：「是這樣的娘娘！哦哦…對不起，是皇母！我們星體的星宿不是繞著地球嗎？可以用星宿的力量來支配、導引逆轉的磁場，且星宿有春分、仲夏、立秋、仲冬之差異，它如同良藥般順應著地球的季節以解開枷鎖，春天的磁場與冬天的磁場相近，又是互相交接，它代表著萬物的甦醒與生命的啓迪，此時需要普降甘霖、滋潤大地…」。

在一旁的老子與南無 阿拉、南無 穆罕默德聽了馬上擊掌叫好，說道：「小子，說得好！」但一旁的南無 耶穌及亞里古德（希臘的賢者）提到一點：「這沒錯，但是如何將力量銜接，總要有一個密碼鎖，如同人身體上的封印，封印的解開是基因密碼的重整、組合。」

此時掌管天界密碼的神祇，手持一個金剛柱形的盒子，盒子周圍不斷的綻放光芒，且呈螺旋狀的散發著，這位女神不是別人，正是赫赫有名的希臘女神，宙斯所寵愛的「希拉」。

希拉的許多故事，在後世人間被改寫，她並非是希臘神話中，心地醜惡、善妒的女神，而是人間化過度了，一如山海經中的「女媧」及「伏羲」，也是被醜化了。女媧其實非蛇身，而是龍的身形，其乃後世之人龍蛇不分，以訛傳訛的結果，因為人的肉眼無法透視眞正的靈性，只能繪聲繪影的盲從，如同軒轅黃帝是人身還是獸身，亦是駕龍歸天，依然如傳說般的困擾著不懂眞正靈性的人們。

此時，希拉手捧著金色盒子跪在聖殿前，雙手往上恭敬的呈上密碼盒，而南無耶穌基督也將密碼盒呈上。切記，這些古神在天界原本就存在，並非來自於人間，只是祂們入化人世的時間不一致，故不要以人間相、人間論來看待這天上的盛會。

四大聖人的職級在天界是很崇高的，故希拉女神呈遞密碼盒時，還得透過這些殿前大將，方能呈予皇母，當眾神看到此一密碼盒時，心中都發出了一個感受「眾生靈有救了！蛇靈這一次是跑不掉了！」

若不是有這個密碼盒的釋現，現今歐美人士哪能如此快速的成長、超越，造就新科技、新文明呢？蛇靈的詭計，本是要陷歐美之人民，如非洲之生靈般原始、退化。因此，打開後的密碼盒在皇母的加持下，注入了一股新力量，在星空中環繞了二十二圈後，進入了宇宙時空的隧道，最後直達歐洲的西南方、非洲的北方，一處不知名的小島上。

這個區域住著古夫王父系的族人，經由他們接通了天意、旨令，展開最崇高的智慧之旅，創下了二十二的字母。這二十二個字母是接引著天體軌道的星宿，用在人身上則形成密碼鎖，至此東、西雙方的文字力量形成二派，力量已大不同，因之後世西方人較偏重於星相學，並且快速的發展科技。

一次蛇靈無心的逆轉磁場，反而給西方國家多了一次機會，多了一道力量、助力，可解開人世間的束縛。因爲象形文字本無此密碼之用意，象形文字可從左至右，從右至左，從上至下，自由排列。

但密碼鎖的文字就有一定的規則排列，如同鑰匙有其一定的角度、面向，否則是打不開這扇門鎖的，這二十二個線形文字，並非腓尼基人所創，它只是中間的穿針引線者，如同阿拉伯人只是貿易商一樣，只負責傳送的任務，並不負開發製造的責任。

希臘、羅馬人原本沒有文字，也透過此次的天體密碼釋現，有機會製造出希臘字母、拉丁文，以及往後的各國文字、線體文字。故希臘的二十四個字母，乃是借用這個天體密碼，至於外加的兩個字母，並非是眞正原有的字型，它只不過是人性與獸性的附加。

致使後來天神爲了這兩個多附加的字，還得釋下♀、♂兩個符號來解開，因此♀及♂兩個符號經由演化後，也夾雜在字母當中，給各地人士可以應用。

儘管法文、德文、英文不盡相同，但秘密圖騰是不會改變的，一如中文與韓文、日文之小差異，但漢字的變體力量仍存在，只是後人的一再簡化，形音不同，但義（力量）的力量仍在。好比你混血移民至美、加地區，但中華民族的血緣仍在，DNA根深蒂固的力量，不會因你移民就消逝無蹤。

因爲神魔的另一場戰爭，在西方的文明腳步中隱藏著，文字的構造本意是不變的，何以西方人身體上的毛髮會較東方人長且多，答案就在密碼戰裏。例如字母「A」：其原形並非如線條般僵硬，最初在西南歐的小島上，接引著天體密碼的創造者，所承接的是一個星盤，星盤上佈滿了星棋羅盤。

但這一切的資源都已隨著天崩地裂，甚至小島也不復存，完全隱匿在大海中，爲的就是要保護密碼不再受蛇靈的入侵與侵蝕。故將最初的力量全鎖住，沉澱在海底中，不時的散發密碼力量，只要使用者一承接一運用，自然會由這個密碼盒中，發出一道光芒接引，以破解蛇靈所逆轉的磁場能量。

在中國未與西方人接觸之前，約滿清之前，中國人尚未多方使用此密碼文字。雖有元朝時的馬可波羅來到中國，但密碼文字尚不通行，直至滿清時期，中國才開始大量引進密碼文字，於是開始大幅的脫離舊有束縛、革命。進入民國時期更是大量運用，甚且人人皆有使用，以致今日在龍的傳人身上通用著兩股力量。

中國的進步反而使得西方人詫異、前所未料，因爲西方人並不知道密碼文字力量的龐大，其促使東方之龍逐漸的甦醒，眼見著日、韓之迅速進步，連閉鎖的中國也有快速大量的成長。

西方文字的解救，使中國龍的力量復甦，表面上是中西文化在交流，骨子裡卻是另一股磁場在進化。對東方人而言，是有著兩股力量在加持、解碼，無形中帶動的磁場、能量更強。不信你問問新生代，幾近是人人皆有一個英文名，這種加速的效用，是蛇靈當初沒想到會造成的反效果。

天國本無意要給世人釋下密碼文字，但礙於蛇靈的蠢蠢欲動，不得已動用到這個密碼鎖，所以蛇靈的人間相，在冬天都要避冬、冬眠，藉以養精蓄鋭，尤其在歐洲、美加更是明顯。

至於線體字母的星棋密碼盤，它可是與一般的星象學說大不相同，並非星宿學家所使用的那一套，星宿學家所延展出的那一套，是根據天象的星象演變而排演出來，並非全盤皆對。畢竟肉眼所觀有限，能觀之星象不多，若用心靈之眼、天眼觀星羅棋盤，那可不一樣，每個星體上皆有其守護神存在。

但這個神祇並非人間所通行之神祇名稱，祂是超時空的接引，每個密碼都是歷千百劫而來之接引，可適時的打開枷鎖，並非旋轉自二度的平面空間。不要以二度之平面思維來考量祂，相對神佛亦是如此，不應以二度平面觀去看待一些神祇，尤其人間對十二星宿的曲解，已受邪靈的扭曲而大異其趣。

所以，有的人剛好對上了，解對了密碼就會準，偏移了就說不準，這是天體力量的接引。問題在於軌道接引是否正確，是否瞄準，差一撇就會差很遠，何以當初的二十二個會變成了二十四個，又加上兩個變成了二十六個，其乃在於過程中群魔的盪漾。

天國爲了大局的考量，不得已將這座小島給沉了下去，作爲永恒的密碼。至於人類的愚癡，不懂其眞本意，只會以一些表象作成歸納，此乃人類的不明，非文明可解。

北非以南的非洲土著，在數百年前以黑奴的角度輸出，看似慘無人道，其實是天地悲憫人類，給非洲人一個機會，跳出黑暗大陸，藉以解開歷代的密碼。所以只要出了黑暗大陸的那一群人，整個形體、智識，皆超脫了留在黑暗大陸的族群。

但祖業是相連，基因、根還是殘留，天體密碼是給人類一個機會去自我掙開，而非直接給你解藥吃。一如感冒藥，它是刺激人類自身的抗體，而非藥到保證病除，同樣的藥劑，抗體強者一帖見效；抗體弱者一個月不見生效。此乃須藉由自身的掙開，藥只是輔助而已，所謂「道非道也，非常道」，即是此意。

天體間給人類的考驗只是提示作用，不會有明確的一、二、三等步驟，悟性夠者當下掙開，悟性差者歷千百劫還在輪轉。天底下沒有白吃的午餐，天要亡一個國家並非天意，乃是國自取滅亡，何以如此說呢？因爲天是公平的！

它不會刻意要滅亡誰，唯有逆天而行者，才會自取滅亡，一如古埃及人就是不懂得堅持對天神的敬意，才會給邪靈有竄改文字的機會，以至於滅亡。爾後還得靠後世人的拔渡，最終滅亡在阿拉伯文之下，一點根基都不留，這是他們的貪嗔癡過旺所引發，無人可救，唯有自救才會長存。

不知不覺中，天體的密碼文字已在短短逾百年中，展開它的觸角，廣伸至世界各地，在磁波的世界中，internet網路廣佈世界。此一世紀的開始，實已悄悄然的轉動密碼，只因宇宙眞主的肉身，已經展開了佈道行。

二千年的開始，「宇宙彌勒皇教」的佈道行中，已與這轉動的密碼一起結合，運轉開來。所謂天體密碼已開，軌道已建立，星雲密佈之下，人們更該了解它的用意、組合之意。

尤其二十六個字母，其組合必有其用意與潛能，並非你肉眼所見的那麼簡單，在行進間有多少阻礙要破除、要跳開，自有其重點。有些星宿力量是會引起海潮波浪，對元神而言是否適合，就要由其組合體中去深入、探討。一如象形文字中的力量一樣，不是用肉眼可解，因爲肉眼之質已被掩蓋、抹黑了，不見其本質。

星羅棋盤何以會準，易經卜卦何以會準，乃由於每個星宿力量與四季的分界點相關，中國的易經即是一個超時空之解讀，所以龜藏卦、河洛數、周易各有其重點，欲使用易經的人，更要記住這一點。

星宿節氣的配合，中國的易經與星宿秘密文字，有著異曲同工的效應，所不同的只是一個用在人身上，一個是用在物質上的卜卦。大同小異之下，要看使用者對天體的了解有多少，沒有所謂的準不準，只有使用者會不會使用，有沒有悟開。

星宿的浩瀚，一如宇宙般廣大無邊，並非只有地球外層這幾顆星星，一個「A」字其代表的是「上自騰空、下達雲層」之意。多角度旋轉的星雲旋系，其中佈滿了空間與空間的力量，也就是它穿梭了好幾度空間，並非一個星座可代表，沒有南無　宇宙彌勒天皇的引導，你是看不清這個層面，它和希臘的星宿有著異曲同工的力量，但希臘的星宿只是表皮之相，而非眞正的實質內容。

星相家觀天象是觀表皮，一如看一個人的外形般，你可以觀氣色看出幾分，如印堂發黑、眼白濁黃、口乾舌燥，憑此外觀視之。而醫生即可進行問診判斷，但實際上內臟壞了幾分、靈魂缺少幾個，光憑外表是捉摸不定。

星相學家即是如此，看不到最深層內部的力量，卻又可猜出幾分，所以被歷代沿用了，周易也才長傳不退，上自上古，五千年前的河洛數即開始卜卦，乃至殷商龜藏卦、文王卜卦，以至於今日的海峽兩岸，共同應用著數千年前的智慧。

此乃眞天機，才會被傳承不朽，而李淳風的推背圖第四十四卦象提及「日月麗天，群陰懾服，百靈來朝，雙羽四足」「中國而今有聖人，雖非豪傑也周成，四夷重譯稱天子，否極泰來九國春」就是指明了宇宙的天子將降臨，故其早已預言了未來，亦是運用卦象、星宿的解法。

從星宿卦象的預言看來，古今中外皆有許多預言遭命中且傳衍不停，只要你用心體會是無所不在。如同靈魂的存在，只要你用心一定感受得到，只怕你先拒之於外，不敞開心門，坦然以接納。

一如神佛是無所不在，只怕你不正信、不正心，否則神佛是隨時敞開雙手迎接你的，「彌勒心經」上寫道：

觀其身口意　亦即無意識　觀其累世業

應即去魔障　觀其眾生苦　超脫自然界

星宿的力量，就是在解開魔障的密碼封印，它是超脫於自然界的生靈百態。「彌勒心經」上才會寫道：

萬佛齊聚側兩旁　統天無極彌勒皇　天上天下萬子民　愛戴之心如己身

統御萬天十方土　歸其正道不偏移　萬法皆生我法中　來去自如皆如來

成住壞空亦不滅　體悟眞理亦永生　宇宙萬物皆盡此

英文字母的密碼是上天的苦心，爲使眾生歸正道之用，使之體悟生命的永恆，不論何種生靈皆如出一轍，無所偏移，一視同仁。

而阿拉伯文、印度文等各種變體文字，皆可溯本根源，只是所用的角度與歷史，須透過用此語言的自然使用者，有緣來到「宇宙彌勒皇教」時方能解開，不是說解就能解。

一法生萬象，一種文字也有數種發音，天體的密碼才是重點，文字相只是表徵。一如肉身有限，靈魂無限，物換星移，人事今非昔比，但根深蒂固的業，卻是不移，你的靈性活多久就會跟多久，除非你解開它，否則靈魂是不滅的，打散了還是會再重組。

所以，觀其名也是觀其業，勝過你的生辰八字、五行組合。因爲一個靈性即有一個代號，雖同名同姓，卻因靈性的到位而有不同。故天眼觀命盤，即是在接引靈性上的力量，而非透過八字在推演，早已橫越了一切，進而沙盤演練了好幾百倍。

（九）坐航時節，短無期

本章節所要提及乃是上班族，各處室單位的名稱影響，我們先從公司架構開始，第一個門面「櫃檯」，即是公司行號的第一關，也是常人最容易碰到的第一關，但要區分「公家機構」與「私人機關」。

首先，我們以私人機關爲定，因爲私人機關的行業別眾多，但關係著公司行號的名稱，以及負責人之名字、元神。一般而言，可以分兩個角度來看，一爲公司老闆的角度，二爲員工任職的角度，事有一體兩面，一個公司職位也牽動了二面，一爲老闆，一爲員工。

（1）以銀行界爲例，觀其櫃檯若爲信用卡中心，其服務人員的名字最好不要帶有「火」字輩，尤其是疊字、同質能之字過多者。因爲信用卡中心的櫃檯屬性，乃是服務傾向，需以耐心爲主。

如果是名字中有兩個字以上，屬於「木」的字型也不佳，或是「火」字過多的名也不適宜。因爲櫃檯之「櫃」字爲木匱之組合，匱中有雙手持物使之束縛，使”貝“（錢）入口袋，而”匸“之形爲一個納物器，表示在這個單位的人，其行動範圍有限，再加上一個木字，”木“乃植根入土，不易移動之質。

在櫃檯之意也寫得很分明，如果你要應徵工作或調單位至此，可得要先有心理準備，不是一般好動元神所適合，尤其是活動力強、名中帶有火之質的人不適宜。雖然他會乖乖的屈居在那兒，但就是不靈活，因爲一個櫃檯不是只盯在那兒就好，要懂得兩手拿捏。

如同”貴“字手持貝而入，且「台」字有拿回來口中放之意，懂得甘甜之味才適宜。故櫃檯不可安排超大型動物元神，最好名字中有「口」、「言」、「音」、「爪」之類的字型，善於口才，但不是業務員，因爲門面第一關要靈活，而非乖巧不動者。

一般人皆會錯以爲櫃檯職小位低、沒什麼，隨便找個漂亮妹妹放著就好，那你的櫃檯可能就錯失其功能，而慘遭抱怨連連，反向看櫃檯的員工也坐得不穩、不順暢。因爲你在門面就不懂得佈局了，一個善於佈局的人，是會全權授命，而非大官執小事，一概皆管。連個信差來都盯，那就缺乏大氣度了，所謂大官不問小事，充分授權，那才是大官之格局，否則連員工屬下都拿不定，是很難行事的。

至於公私立單位之分，有如天壤之別，私人公司就要看公司名稱、負責人名字、元神而論，例如「鴻海」的櫃檯，以「郭台銘」的作風是節儉與保守，不會奢華，所以他要求的是效率，不在乎你長相甜美與否，但至少他在公司的作風是充分授權，大官不問小事。

若觀「台灣大哥大」的各個櫃檯，可不一樣，它們一樣是內部管理頗爲繁雜，因“彎”字帶有細繁之意，所以櫃檯並無法單一化，需要多角度的包容，不若信用卡中心，執事不若此繁雜。但也要視何種銀行而定，不同銀行櫃檯有著天壤之別。

郵匯局的櫃檯就異於私人銀行，從其面相即可看出，郵匯局的人員臉都帶圓潤，不會如郵務部遞送的郵差，稍一定眼看，即可看出端倪。郵務部之人較帶操勞相，尤其是遞送部門與金融部之郵匯局人員，剛好是兩種版本。

從顴骨形狀可看出圓潤與乾枯之差異，臉相自會呈現較苦相，並非指他命苦，而是操勞之相，也就是較剛硬之質。因爲郵差之「差」字，乃一隻手抓著一隻羊放入工具中，有聽命行事任人宰割的型態，也就是他人給一分做一分，一切皆在“工”字的範圍內，像是每天不停的趕羊，但不必擔心沒食糧，也就是要日日趕羊，才會日日有進帳。

而郵匯部門之「匯」字有水爲助力，因爲水爲財，所以郵匯部門只要坐在“匸”裏，如同一隻鳥（隹）乖乖的在裡面，就養得肥肥的，水財自會流通進入，自然不若郵差要去趕羊，而且郵匯部門的人臉相都會呈現豐潤相。

但除了幾個帶有重病氣者除外，那種是呈現深沉暗之光澤，表由內而發之內氣，所以形銷影枯，自然較特殊，不列入其中；正常之下郵匯局的人都帶有此特徵，除非你轉換跑道調單位，自然時日一久後會轉換面相，受天地精華磁場而改變，所謂大染缸的道理即在此。因此，由私人機構轉換公家機構跑道者，也會隨你進入該單位而予同化、改變，此乃肉身因靈性的轉變而改變，當靈魂吸收了不同磁場的變化，就會注入在各個細胞當中，也就是一種炁。

當這種炁充塞在細胞的主控室時，靈魂與人的外形就會跟著改變，所以「台灣銀行」的櫃檯與「玉山銀行」、「花旗銀行」、「中國信託商業銀行」的人員，臉上所展現的線條就完全不同。公家機關的銀行所帶有的是一種剛硬之質、較強，因爲他的主人屬於大體性，不若私人銀行屬於某一部分財團，自然而然銀行的氣場，流露在每個人臉上，隨著主事者的元神而予以轉變。

最明顯的就是「台北銀行」未納入「富邦集團」之前，是一派剛硬作風；納入富邦之後就異於之前的剛硬化，但「富邦」乃帶保守之質與台北銀行的「台」字相呼應，但是整個行事作風已受「邦」字軟化了，如果你是台北銀行的老客戶，就可以明顯的感受到。

當然這是指銀行的櫃檯面，與公司行號的櫃檯又不一樣，櫃檯也分好幾種行業，飯店、大公司行號、賣場門市、便利商店、交通部門的櫃檯等，它們都有一個共同特點，就是爲「對外的窗口」。

因此，建議身爲公司行號的老闆，別小看了此一窗口格局，它是你的企業給他人的第一印象，業務部、財務部並非重點所在，因爲任何客戶廠商來到你公司門口，第一個接應人即是此一部門。

他們打點得好與不好，是最重要的第一印象，如同服裝般，釦子扣錯，衣服皺巴巴，領帶打歪，領子沒翻好，頭髮沒梳好，帶給他人如此的第一印象，行嗎？

看似一顆小螺絲，卻大有功用，身爲櫃檯的人不要看輕自己，何況工作領域應不斷更換，有朝一日你會調離此位置，何不樂在其中盡其本分，別做一天怨一天，公務人員最怕有此心態，捨不得放又抱怨連連，試想生命的眞諦爲何，那才是大重點。

而非天天動腦筋想著額外發財，該是你的就是你的，命中不帶來，拿了也會丟，認清生命的眞本相，才能跳脫這個桎梏，試想「櫃」字就是需要有木定住，有框「匚」困住，如果你還想天天往外跑，即是認不清楚事實。

（2）會計部：聞其名、知其意，「會」字是一個穀倉，存放糧食的器具，也就是擺明了這些糧食（錢）是緊密的蓋著，有匯集之作用，行事作風要周密，才能分析管理繁瑣的帳務。相對的這個單位也較密不透風，不像櫃檯之活絡應對，反而有如兩個上下蓋合在一起，在裡面計算著錢財。

「計」者"十言"組合，言有口中含刀，刀口向外，故對來往帳務之管理、應付款與應收款，都要如拿刀在計算，由一數至十的仔細盤算。所以內部對外是「利益」爲考量，必定計較一分一錢，一般任職於會計部都是女性，如果不具有精打細算的個性特質，不會錙銖必較者，則無法在此部門如魚得水。

因此，太過柔弱個性者不宜待此部門，即使你是商學系、會計系畢業也不要強求，否則是會日日痛苦、日日愁，如同籠中鳥。如果名字不帶爪子、利器者，最好少涉足會計部，要坐穩此部門者，元神屬性最好是屬於二度空間者，四度及五度來的人，對此部門是絕對的排斥、不適應。

那是他們的天格了解到臭皮囊只是身外之物，不會在乎！故不會留戀於錢財，且不會錙銖必較、點算得一清二楚，談到錢他們會變成無厘頭，有也好、沒有也好，反正其靈性下意識就是會有此一傾向，這種人可以將他擺到服務台，口碑絕對是最佳。

若你是人事安排者，一定要清楚會計部門的人之元神名字，不是一概商學系皆收納，否則是自找麻煩。然而另一個角度來看，你若非屬於精打細算的名字，也不要因爲念了會計系就把自己定位，非得往會計部裡頭鑽，那是錯引自己入籠內。

選任財政部長時觀其名即知，若名字當中無爪、無力、不夠銳利，這個部長在任內一定做得不順暢，且不長久。財政部長不是靠口，所以不必像新聞局長需有巧思佈局與利口，只要有利爪、精打細算，那國家的財政就能掌控得好。

一般而言要當財政部長者，不是小元神可居，要有大型動物元神的身軀才能眾壓群雄，與一般的會計部人員不同，這一點可要看清楚。

這是管理公司錢財之大餅，主事者在安排人員上，不可只看經驗、學歷，有時候新人有著縝密的思慮，反而比那些「強說愁、死硬撐」的老人還要精明幹練，對收支的控管一把罩。

此乃用人學問上，充分授權的眼光和本事，而非用人間的評斷或面談的表面掩飾，其實名字中帶著累世業，冥冥中承接著他的動能，單憑姓名你就可以看出個中端倪，不必利用經驗法則，因爲人心海底針，演戲的人一大堆，容易產生盲點。

如：中國信託商業銀行的財務長「陳俊哲」，他的「哲」字就是個利器，很會切、很有利，想得清楚說得明白，一刀砍下、絕不留情，且「俊」帶有往內縮不輕易外放之質，故其在財務部門可擔當得起，拿得下集團的財務大權。

當然這一切也是人間相的考驗，「彌勒心經」上說道：

世間有情亦無情　人生的體驗　只是讓您覺知生命　生老病死

悲歡離合　只是領悟生命的本質　勿需執著於任何感受中　一切有爲法

如夢幻泡影　如露亦如電　應作如是觀　人生何嘗不是如此呢

生命的覺知　在於啓動您生命的本能　思想的啓發　在於靈性交流的脈動

是我聞　如是我聞　應作如是　生命潛在的本能　無我識時的運用

如何感受天地的浩瀚　宇宙的宏偉

會計部待久的人，難免會有井蛙窺天的心態，應經常唸頌「彌勒心經」，會有豁然開朗之心境，當然不必強求要從頭唸頌到完，能夠一氣呵成是最好，但心有餘而力未及時可分段，花個十分鐘，早晚各頌一、兩段，兩天即可頌完一遍「彌勒心經」，它有引人入光明心境的效果，跳脫錙銖必較的世界，使你更坦然、了然於人事物的琢磨。

（3）人事部：「事」爲人手持簡冊，意即在此部門的人，是善於執事安排，一如圖書管理員，他的佈局是將每本書都置於恰當的位置，給予分門別類，所以要有巧手佈施。而「人」字爲一人側面而立，一臂一脛自然垂下，乃因人爲萬物之靈，故象徵著人事部的人，要有靈活的思考力，而非一成不變。

這一點又與會計部不同，會計部可以手腳靈活、善於抓拿，但又可適應會計部的單調，但人事部不同，人事部的支配者要有巧思、靈活手腕、敏感度，能夠洞悉每個人，每顆螺絲的能力在哪兒，巧予佈局、安排。

一部機器如果有一個齒輪安置錯誤，輕者會使行進腳步趨緩，重者使整部機器停滯不能使用，可見這巧手安排螺絲的人，眼光要有多精銳，上要洞悉主管的特性，下要了解部屬的專才，方能依專長給予佈局，安放位置。

如果圖書館管理員是個迷糊蛋，那借閱者一定常常找不到書。人事部職員之人名當中，一定不可帶「火」字頭，因爲火之質較易燃燒內心，通常不適宜做人事溝通，反而會一團糟，相對的名中見伶牙俐齒者，也不適合作人事安排。

因爲其會以口之爭、以牙爲武器，非得咬到不可，通常人事部的佈局者，是屬於一個居中溝通的人，不能有太多執權的個性，以牙相爭者不利於溝通，反而會有凡事要一口咬定不放行，不利於充分授權的行事風格。

因爲你只是一個「人事」，把人放到應有的位置上就好了，而非大小事皆要一手攬權，那就不叫「人事」了。把人放置好了即不干預，讓術業有專攻者因材適宜，那才叫大格局。非凡事皆予干預，如何佈大局、溝通，一位好的「人事」佈局者不只是上達主意而已，還要下通人脈。

不能只顧了主子，卻猛踏下屬當墊腳石，那是會遭民怨，因此「人事部」的主管最好是屬於「心」字在一旁或心字在下面者，因爲他無自我的心，懂得壓抑自己。但要注意前後配字，也非每個帶有心字者皆適宜，因此，考慮的角度必須宏觀，請看清楚元神才是大重點，切記元神乃佔大部分之因素，名字只佔了一小部分。

（4）業務部：「業」字爲上面是木架，懸鐘鼓以待敲，可知待在業務部的人意指那個鼓手了，要懂得敲鐘，鐘響了兵將皆出，才有動能；「務」字爲"矛""攵"組合，"矛"爲剛強之質，所以舉矛向外全力以赴、不屈不撓，當業務的人可不能軟弱無力，"夊"字ㄆㄨ音，爲手持小武器向外攻擊，舉手做事，施力向外。

「務」字有施力之意，所以身爲業務人員，不可像櫃檯人員一樣定在櫃內不移動，當是施力向前，持干以敲響鐘鼓，要施力當得勞其筋骨。公司業務要做得好，挑人可得眼尖些，一個名字中絲毫不帶動能、武器者，或是無強力動能的人，做業務一定施展不開，三、兩個月就夭折了。

造物者的巧思，冥冥之中在人世間部門的安排用字，竟會展現其該有的力道、軌道，「業務」本就該對外，所謂「士先卒、將在後」，業務部就是個前鋒，從其單位名即可嗅出它的單位能量、環境、動能，也可以說業務部是個殺戮戰場，當然舉兵向外必帶武器，與軍用的結構相同。

尤其是保險業更是明顯，沒有兩把刷子的人，在保險業不到三個月即會被刷下，否則就是賺不到什麼錢。例如：「邱德育」這個名字一看即知無刀、無爪、無口，欲從事保險業一定慘遭滑鐵盧，吃不上這口飯，這樣的名字接引的力量是無法當上業務人員，若是「慧芬」兩個字的女性，反而會強過「德育」的男性。

在保險業而言，因爲「慧」字有兩把掃帚，一隻爪子捉了往外掃，且心在下面磨，她可以等，有與客戶磨時間的特質，故其對外方面勝過男生名字不適宜者。不要看她體型柔柔弱弱，卻是很有一手，也表示她在業務上這口飯吃得到，「芬」有一刀砍下、兩分得清清楚楚，用在業務上是好，若用於財務面，對使用者有破財之格局。

別小看女性，今非昔比，許多汽車銷售業、房屋代銷業、保險業，其頂尖高手名字上即可嗅出端倪，當然元神還是佔很大份量，故知其元神，才有知己知彼、百戰百勝的本事，也才能替自己加分。

當然不只是看爪子就好，有時候名字中有水、有木配合，水亦爲助力，需從整個大格局看出，觀名字的角度，並非以小局部來看，有時一個人名中無刀、無劍、無爪、無口，卻是平步青雲，得意於戰場、職場，因爲動能才是重點，如姓林名中帶水，爲「川」字者，就形成了灌溉之格，當然旺林了。所以動能是不可忽視的，有時候著在文字相無法跳脫時，反而會深陷其中，忘了動能、元神之存在。

一個有動能的名字，勝過於「刀劍」在身之字，因爲動能勝過一切，切記！切記！否則你常會困在其中不得悟，此乃悟性的高低，有時帶刀、帶劍動能不足時，只是平凡之質，無法擁有動能以超越和抵抗，當對方元神強過你時，刀光劍影下一把小刀如何與大刀對抗。

（5）工程部：「工」有自畫界線、畫矩之規，較一板一眼，行事範圍有限，而「程」字〞禾呈〝組合，〞呈〝為乘物入口，人屈其下，「禾」為有稻米可吃，表示穩定之區。但人在口下，不得不彎下身子為五斗米折腰，只要你認清環境，不要超越自我的工作領域，自能跳脫而出。

因為「工」本是一板一眼的畫地自限，一步一腳印踏實而行，這才是工程人員的特質；他異於業務部也不同於會計部，更不同於人事部，其不必刻意融通於人群中，只要於專屬的領域中發展即可，如果你身屬於工程部，就要看清楚部門上的字義，一字一環境，無形中表露其束縛的力量，像一些工程師本身就不需帶有太多「人事」部之質，只要名字中有動能搭配元神，即會促動他往自適的工作崗位發展。

（6）主播：這個位子一看即知「播」字為〞手番〝組合，〞番〝為獸之足跡步良田，表示這個位子是手爪靈活之質，且「主」字為火柱，「灯中火主」，表示要燃燒才能照亮群眾，使目光聚於此，所以一般人皆做不長久，觀察台灣電視台主播歷久不衰者無幾人。

沈春華其「春」字爲盆中草木欣欣向榮，得水（沈）灌溉，自得花開、源源不絕，這個動能的存在，不是唇槍舌劍可以比擬，而且以元神爲主，故其春花不絕，當然能照耀主播台成爲中視的當家主播，這是一個名中不帶利口，動能勝過元神之例。

張雅琴，觀其名張牙俐嘴，「張」與「雅」的結合即”張牙“，當然咬四方，在主播台上伶牙俐齒，配合元神更恰當，但是「琴」爲雙王加今，一旦王不見王時，她會站得穩穩的，倘若兩王相見時，就會被堵在口中發不出言語，幾次張雅琴轉台發展，就是這個原因所造成，但她仍是可以憑”張牙“吃四方，另覓良機，只是比起沈春華的動能，她是略遜一籌。

薛楷莉，「楷」字有”皆“字爲人互相比較、較量，「比」爲人之反向，容易受背叛，無法同心之意，故薛楷莉慘遭滑鐵盧，雖然她有「莉」字的”刀禾“，而薛字有”辛刀“，壓著眾人（自字），但整個名字表面看似有力、刀光劍影，但”比“有反、背叛之質，結刀劍反向自己，用刀者要小心，刀雖利，但若不小心會傷及自己，此乃平凡之質的名字，最佳之範例。

所以，不可著於非得要刀、劍才會好，才是凶悍之質，「動能」勝過一切，元神取之大於名字，名字是根據元神而來。「楷」字本有相反、背叛之質，又加上一個木字釘住，頗爲不利之格。所以觀其名要觀全盤，其前後字皆隱藏有不好之質，會伺機而動，而給予滑鐵盧，薛楷莉的這一跤，竟跌得失去了主播之位。

因爲她的名字無動能，只能在那兒亂揮刀劍，別人一把由頭上罩下來，她就毫無抵抗力，因爲其缺乏動能被束住了，元神最需要的就是動能，天地的方與圓即是一個動能，太極的兩面也是一個動能。所以眼光要放大，動能是無所不在的，只是你有無使用、接引，還是被釘住了？敵暗我明時你又被鎖死、釘住，如何對抗，純挨打的份，舉刀、舉劍仍是無用武之地。

「沈春華」之所以會贏，並非她長得漂亮，乃是其動能有在流通，薛楷莉長得比沈春華、張雅琴還要漂亮，卻是不堪一擊，一拉就下台了，此乃天生本命所承接之力量格局，用在主播台上自見分明。

當然別忘了有機會審視一下自己的元神，就會明瞭，爲何自己老是不順利，事事受阻，無法伸展手腳，字裏乾坤定名義，箇中涵義深又廣，莫以有質體面來看待生命。

（7）作業員：「作」字爲人坐而執工具，此爲工作之型態，且說明了他的環境是坐以待工，不若業務員持矛、持劍向外使力出征，也說明了環境之乾枯，坐（作）著不能移動，聽命於人，一個口令一個動作，「業」爲鐘台，坐著敲鐘，形同做一天和尚敲一天鐘的環境。

「作」的原形在今字型上已不復見了，只能隱約看到人字，但變形之大，不用天眼你是看不出其原形，一旦你了解到倉頡造字的奧妙之後，你將會心一笑「眞絕！」連工作環境及型態，都能應用得如此貼切、寫眞，不由得令人拍案叫絕。

冥冥之中的安排眞是巧思，非你用人的思維可跳脫，有機會可觀象形文，記住非小篆以後之文字，最少也要是「金文、石文」，否則你會被錯引無法解眞意，就會發現這個「作」字的原形引意，實令人莞爾一笑，原來早就寫好了「作」要坐著工作呢！

而歷經了數千年，現今才會有科學文明的今日，才有所謂作業員之名稱，意思竟然配得這麼巧，業務員也配得這麼貼切，實非巧合，乃天意巧安排，身爲人的你，還能不多思考宇宙的浩瀚，生命的可貴嗎？

還要著於許多的爲什麼嗎？那一切的酸甜苦辣不過是在考驗著你，讓你體悟人生，而非留連於過往、悟不開，事過境遷，不要再有對過去念念不忘的心情，否則你就白走一遭了，打你一巴掌當下會痛，但事後問你痛不痛，倘若你還殘留那個痛的感覺，忿忿不平的在申訴，那你就白挨了那一巴掌。

並非要打醒你，乃是提醒你勿殘留於當下的感覺，事過境遷，痛早已消失，肉體已不知何為痛，若靈性仍念念不忘，此乃靈性之悟不開，非肉體之痛，肉體只是借用，靈性才是主體，靈性悟得開，當下就不痛，即使肉身皮肉綻開，但靈性不痛之下仍無大礙。

肉會再生、癒合，但靈魂不滅可要靠自己去尋回，不可望佛解救身，所以改名之動能，就是補你靈性上之不足，使你茁壯，可以獨立擔當，出外對抗尋回自我，而非一次改名全賴神佛幫你存活下去，那神佛也會感嘆，眾生之不悟，白費一番苦心也！

「彌勒心經」上說道：

時空毫無點線面　過去現在和未來　都和當下無分別　勿以肉眼觀萬象

心中明境一片天　心生萬象如是觀　勿須執著觀中感　一片浮雲輕風拂

自然得證無數謎　生命本作如是觀　體解六道生命質　不生異象萬法眞

明燈指引萬丈道　萬教歸宗法如一　明心得以證菩提　悟道之心層層解

明悟開道佛根起　不為誰來為誰留　滄海一粟萬點星

（8）廚房：「廚」字為广封組合，”广“為屋內，一看即知房內屋內的環境，在屋內用手（寸）敲敲打打，要敲得很愉快，這是廚師所具備的心情，鼓（壴）聲要響亮，意即在廚房工作之人，是要對廚藝有興趣者才能愉快勝任。

房為小戶內持耒，即犁田之刀，故台灣有名的廚師施建發，「阿發師父」掌廚，客人即有信心，倒也勝任愉快，因為「建」有仔細行事之意，故其在研究菜色配方，是用心仔細在做，小心用手在執廚藝，待瞄準後即一箭發射，百發百中，合乎客人的口味，於是有「台灣食神」之美譽。

且建字之「聿」為執權之用字，只是配上廴字有緩慢小步而行，做事較仔細不亂發射，具有「不發則已，一發即中」的本事。所以其在廚藝界能站穩，廚房就是要拿刀切菜烹飪得很愉快，使別人吃得也很愉快，如同敲鼓慶祝般的歡愉，是製造一頓饗宴而非苦瓜臉，故巧妙安排的「廚」字為屋內敲鼓，造字者真的很可愛，身為人的你不知不覺中，都要為這份巧思擊掌叫好。

傅培梅，經歷了數十年的廚藝，在台灣幾乎是無人不知、無人不曉，她是出了名的電視大廚，從只有無線三台的時代即已出道。第一個烹飪節目，從其名中「培」字可看出，”音“為口中含有一把刀，又似將刀放入口中，故其名嘴出自培字，而「傅」姓本帶有一片良田”甫“字，加上”寸“字在下推動，當然在人群中站立且出人頭地，擁有自己的一片天。

且「梅」字有甘口之意，草盛而出，故其主廚之書包羅萬象，多達四十幾套，小籠包、點心、微波爐食譜、家常菜、浙江菜、牛豬羊魚肉等，只要到她手裡皆變得出花樣。

書的內容與食譜一樣多變，如同「梅」之酸甜甘口，於是桃李滿天下，合乎「梅」字中的”母“之意，因之傅培梅堪稱生活在五味八珍的世界裡，但七十多歲逢病肝癌纏身，是她執掌廚藝四十年來所沒想到。

人生路上最終將碰到生老病死，不管人生的際遇是多麼的多采多姿，終究回過頭來還是要面對生老病死的問題。尤其是病最難解，不論你有多少千秋史皆會化為一堆塵土，何況鬼界也只是吸你靈氣，又不吃你調理的有質體，胃也不會區分牛肉、羊肉、豬肉、青菜，甘甜美味與否。

有這些身口意之意念者，皆是人之五觸六惡在作祟，就是因爲你有分別心，才會永無止境的追求與妄想，好還要更好，但這份好是要使靈性更好，抵抗力強，而不是著於人間的好，人間之眞本事命中自帶有，業也是如影隨形自帶來。

你會在那個單位工作並嶄露頭角，其實就是你人生的考驗所在地，並非你因作菜才得肝癌，也並非你嚐百味才得肝癌，是你的業力推動，自然而然走向嚐百味的狀態，於是自然引發身體機能方面出問題。

所以觀其累世業，才能轉動命盤中的雜質以去蕪存菁，也才有抵抗力去應付這些業力的牽引，即使嚐百菜也會自然排毒而出，首先你要調整自我的靈性排除雜質之後，勤練玄宇功，生活在宗教的思維下，所謂宗教的思維並非坊間所指的那些宗教，而是對生命的理解，對生命的肯定。

「彌勒心經」上寫得很明白：

凡事瑣節雲煙過　不生苦惱於道中　超脫肉質眞實體　感悟天地浩瀚盡
讚嘆宇宙宏觀法　開識智識入我心　識心爲行入道長　明識爲行佈道施
行至萬法普萬生　普行釋法大願心　願渡眾生離苦道　明明之法聲聲釋

萬法於心明法施　得釋其法適其人　智得其心明法理　脱離六道即滅苦
不墮苦道即永生　願得渡人皆法傳　救怙眾生離苦海　行願自在大佛心
眾生明性超脫身　正等意覺如法釋　明證菩提無極天

如果有機會讚頌「彌勒心經」，由「生命的眞諦」開始讀起，你就能體悟出什麼才是眞正的生命，宗教的思維就是對生命眞諦的理解，初期頌「彌勒心經」之人，可先一品、兩品的方式進行，不強求一次頌畢，若有此心，分段、分品皆宜，自得智慧。

「龍巖命名術」乃在引領眾生，進入自己最深層的生命當中，去推動自己的法輪，卡住的就解開，靈性遺失的就撿回來，不完整的就重新組合，進入所謂眞正的生命軌道中，你才有抗體，才能在物競天擇中生存下來，而非天天在尋求改運、算命，問爲什麼，反觀一下自己的元神、名字吧！你的爲什麼就盡寫在其中。

業力是無形，在行使買賣之間，其實是靈性與靈性之間的戰鬥，看似有質體，實爲靈性的物競天擇，命中帶有衝動，無法自我克制雜質之人，就會衝鋒向前不知煞車，買過頭全無思考、判斷之力，只憑一時的感受，如同有「珠」字的人就會如此，除非她的名中帶有收納不施展的字眼，否則一掃而出。

「秦慧珠」就是有此衝勁，才會在立法院中站得一席之地，敢衝、敢言，加上「慧」之本質不退縮一掃而出。

（9）駕駛：「駕」爲馬在下，人在後施馬鞭，加口厲聲，策馬前進，「駛」字又有一手持刀剖下、不偏不倚，所以身爲駕駛員如此之環境當要明白，是如馬之奔波，公車、火車、捷運、交通車、飛機駕駛皆一樣，須知抱有不偏不倚的中立心態，才能開得好。

但受人鞭策仍是任勞任怨，這一類型的工作環境，要有任重道遠的心態才會長久而不枯燥，否則容易心生厭倦。尤其是計程車駕駛，更異於其他交通工具，如同轉換心態般，爲引渡眾生之接引，心境上會更自然、自得其樂，才不會受外界無明之困擾，受天氣、塞車之苦而弄得心緒不定。

何以駕駛會加上個「馬」字，即是馬有任重道遠的精神，不若老牛拖車，只要看清你的單位所賦予之職能、環境，敞開心胸自然迎接，迎接此世的考驗，你自會明心見性以待之。

三百六十五行各種崗位名稱皆有，你如能從中體會，自然會樂在其中，不會天天高唱爲五斗米折腰，應是巴不得迎接更多考驗，兵來將擋水來土掩，每歷經一次考驗就是一次靈性的悟開，增強一次的免疫力抗體，亦即是增長智慧。

走入宗教之人，若只是誦經唸佛卻不解經其義，反而會望佛解救身，那反比不上因體悟而掙開的人，躲入宗教、尋求庇佑，望佛解救身的人，這樣的修行者即是學佛者，非具有成佛思維的人。

改名、改運即在增強你的抗體，助你茁壯，而非替你吃飯，生命在於個體，望佛解救身者，始終是要天救自救，渡你過彼岸，得要你自己願意走過來，而非佛揹著你過來，強揹你過來也無法適應，質能不對時你還是又會跑回原點，好好的領略未來佛法，才是眾生應有之體悟，也才能超脫六道苦，永生不輪迴，不再受惡業糾纏，以去除雜質。

最後我們以「彌勒心經」上的智慧做爲結語，希望你能大聲的頌出，而非只是看。（第十二品之內容）

去時無滅來無盡　淨身自得然回去　法歸無極天歸一　一陰一陽合百象
正統十方萬民和　人民甘苦共生業　回報周身暗無窮　立生盡竭歸自去
法隨自轉淡化機　觀音皇后憫民心　輔佐天皇聖戰起　伏定妖道擒魔王

使其不擾眾生靈　萬般慈心願民渡　不因其惡勿入邪　不擾其心誤道期

得傳開法釋心法　萬民得識入道期　心法相連法無敵　共升彌勒皇淨土

皇土威嚴不可及　至生萬世有爲渡　彌勒淨土佛神威　浩瀚無極勝天樂

得識法傳覺正諦　薪火相傳共昇渡　彌勒淨土無極天

隹	門	甘	牛	女	刀	人

玄宇功

天地玄黃　宇宙洪荒　罡正之氣　運入五行　相之所生　匯集運通
旋靈二脈　豁然達通　觀其天宇　自曉如來　隨靈之初　勝曉大地
或運其觀　入運其身　旋過八方　指或然也

在這個浩瀚的宇宙中，現今的科技，使我們了解，萬有引力的影響，支配著九大行星運行的軌道，而月球的運轉，又牽繫著地球潮汐的變化，地球上的萬物亦受有地心引力的作用，而「慣性」的把天與人分開，人與神分隔，以爲那是遙不可及、無法觸摸也無法自識的認知。孰不知人類的身體結構，亦爲一個小宇宙的發展，所有的細胞、單細胞、分子、粒子、原子等結構，把它們分解來看，就是個宇宙圖形；人類與所有的宇宙萬物是密不可分。

人類身體結構的分佈是極爲複雜，而又具有規律的，它所能發揮的功能，也絕不是現今世人，所認知的如此淺薄而單一化，人體主要的五體運行，支配著人類健康的來源，相行亦相生，反之亦能相剋，所以只要運轉適宜，皆能使身體達到無病痛之狀態。可惜的是發展科技文明愈顯耀的我們，不但喪失了人類先天的靈識，與多次元空間溝通的本能，更遺忘了可徒手治癒身體的能力。

隨之而來的盡是工業科技產物下的各種污染，大氣層的變化，以及人類面臨到種種病魔的考驗，許許多多的病症，在科學醫療下亦無從解答，而常被冠上「不治之症」的惡名困擾人心。從古至今，在中國的醫學史上，養生之道爲之勝多，其中更以氣功最爲顯著。

「氣功」主修內氣爲主，蘊化人體重要之支柱—精、氣、神，若能加強此一環節，凝聚成丹，亦或玄剛，或若太極，即能結合天地之靈氣，無限放大自我之本能，而達至金剛不壞之身。

本書欲闡述之功法是以內練爲主，外動爲輔，共分爲七個環節：

一、大周天培元法

二、天地人調元法

三、自然乾坤法

四、視念慾覺法

五、七脈振動法

六、佛光普照法

七、大自在如來心法

此七種功法通稱爲「玄宇功」。玄宇之法；意在心，玄宇之道；意在識，玄宇之勁，意在田。以潛移默化的方式，漸漸導入正信、正等、正覺的心靈神識層面，進而接引玄宇大周天運行的量能磁場，而達至天人合一，及觸無限之廣大宏觀面，使之眼觀心，心正意，意眞動，動振轉，轉止靜之恆念思維，入乎其想而維不知，入乎其勝而知不解，入之正行而心不化，入衍隨眞而曉如來。

一、大周天培元法

本法以調習內氣爲主，是學習氣功的第一步驟，也是最重要的一環，本法採用靜坐方式，雙手垂肩自然放鬆，脊椎至坐骨自然挺直，腹部稍可用力提肛，但不可過度使力，一切以自然輕鬆爲原則。如果軀幹彎曲，不但容易壓迫內臟，同時也造成脊椎的壓力，亦無法發揮其功效，反而適得其反。

當脊椎壓迫到坐骨時，會造成頸部酸疼、僵硬、背部及腰部亦容易造成神經緊張，而導致麻、酸、無力等現象需確實注意。雙腿則以盤坐爲主，散盤、單盤、雙盤亦可。

當靜坐時覺得頸部、上身、背部、腰部等部位有僵硬緊張，無法繼續靜坐之時，可將腿部放直，背部輕倚牆上，或起身放鬆筋骨，以消除緊張之感。

在靜坐之時，可將雙手放於雙膝之上，或於下丹部位(即肚臍下一寸)之處，可放佛音樂來調適身心，使其進入靈修之狀態，一方面也使身心慣於有聲之態，避免當靈修進入禪定之際，被外來之聲響驚動，而導致內氣失調，所以這點需切記。

在開始靜坐時，舌舐上顎，唇齒微張，眼睛輕閉，自然呼吸，集中心力，吟頌或默念六字大明咒—嗡、嘛、呢、叭、咩、吽。此六字大明咒，爲聲納振動頻率，其發聲共鳴處，可帶動內氣形成迴路，與身體經絡共振，亦可漸序打通任督二脈，使其血氣通順，六字大明咒即「宇宙共振頻率」。

例如：動物發生危險會以聲音吼叫、鯨魚也以聲納互通訊息，這是大自然中的自然反應，因此人體中最高的防禦系統即是聲納，可帶動身體潛能的激發，所以以六字大明咒來產生心力，同時產生聲納頻率來保護自己，加強先天免疫系統的防禦功能。

此六個共振部位如下：

嗡（音ㄨㄥ）—共振部位在於頭部，尤其兩眉、眉心、眼睛、額頭、鼻子等部位有所共振，有按摩的功效，亦能消除腦部之脹痛，減輕煩惱，集中意志力的作用。

嘛（音ㄇㄚ）—共振部位在胸腔，可按摩心臟、肺部，使其胸悶、氣結等狀況消除，來強化心肺功能。

呢（音ㄋㄧ）—共振部位在腹腔，可刺激腸胃蠕動培養氣海，對消化系統及下丹部位有強化的效果。

叭（音ㄅㄟ）—共振部位在坐骨、脊椎骨、命門等處，可強化下盤之力道與腎臟功能，亦可消除腰酸背痛之現代人的通病。

咩（音ㄇㄟ）—共振部位在背部肋骨中心軸、脾臟附近，亦可打通三叉神經之緊張酸疼，消除疲勞。

吽（音ㄨㄥˋ）—共振部位在肩膀、頸後、延腦、後腦等部位，吟頌此一音節時，宜觀想氣沖天靈的氣勢，將身體不好的頻率去除。

此六字大明咒反覆吟頌，速度以慢爲主，不宜太快，反複運轉形成大周天方式運行，則能使經絡暢通，五行之氣運轉，氣血調和，使之精氣神飽滿，不流失，漸而慢慢凝聚上丹、中丹、下丹之力量，穩固其內氣，增強本身磁場能量。

當你的能量聚集愈飽和，就不易受外在頻率侵擾，所以這也是修習氣功最重要的一課。當你在靜坐時應以一小時爲基礎，三小時爲限，時間不宜太久，否則反而會造成四肢僵硬的後果，凡事只要適時適宜即可。若實在無法繼續打坐，孰不可勉強，應採循序漸進的方式，讓身心漸入佳境。

在靜坐完後，「收功」也是重要的一門課，如果收功不仔細可說是前功盡棄了。所以當靜坐時，突要起身，一定要記得收功，否則氣血亂行或淤滯，將會愈來愈糟。

收功可守本固元，免除練一分失三分之憂，是百神和暢，進階築基之備，可分爲十個步驟：

一、梳頭：氣梳至風池，氣重指尖，由中而側，由前而後，作梳頭狀，每行十二回。

二、敲耳：耳翻覆於勞宮下，中指輕敲風池，計二十六次。

三、洗臉：雙手搓熱掩於面，由上而下，由外轉入中，計十八次。

四、叩齒：舌尖抵上顎，後臼齒輕叩，聞齒聲三十六回，漱津嚥入，復行三回。

五、搓手：雙手搓熱，自上手背至下掌背，來回九次，自上臂內側至下手腕，來回九次。

六、揉心臍：雙手搓熱，意在下丹（臍下一寸），左掌心對臍，右掌心在左側心窩處，左右各十八次。

七、暖腰：雙手搓熱，手暖腰，意在足跟，由上而下，計三十六次。

八、搓腿腳：虎口在大腿內側，沿骨來回十八次，小腿如是，著重膝蓋，三陰及腳踝。

九、通湧泉：以手刀或雙手拇指搓熱。

十、降龍：掌心向上置胸下側，掌平向上，意在接引太陽之正電磁場，往後上提向前迴轉，以緩爲主，延綿不斷，至氣順平和。

上述之搓揉處，務求緩、圓、溫熱有感，起身後轉肩、腰數次，方可完成。

靜坐者在於調息氣運之際，忌不可急躁，應以恆心與毅力持續修練乃可得於箇中的奧妙，不只是調息身心，強身健體，並可體悟天人合一，與神溝通之境界，或許認爲荒誕。但一旦能體悟生命的眞義，萬物靈原之初與宇宙天體的浩瀚與宏偉，自是筆墨而無法形容之。

玄宇之初　靈原天台　固精守元　化真提氣
輪頂金罩　三丹具形　直入百匯　達通湧泉
純真一念　身相百輕　心無向爨　絕一此境
境非天爛　合穎無限　光念飛穿　指乎道也

二、天地人調元法

每個人的生命，都帶有不同的特質，不同的啓發，在生命延續的動能，時時刻刻都有新的體驗和認知，但在人與心靈深處的溝通上卻是微之又薄，如何能讓你在這個瞬息萬變的食物鏈中，提高你生存的價値與意義，從而以「人」爲出發點，去引發萬物生靈的悸動。

人以思爲動，動之以情，動心忍性，爲了要適應環境的現化、名利的爭奪，人們常隱匿本身最原始的性格，常不知身在何處，所爲何事，與潛處深層的你形成溝流，需知你來自宇宙萬物中，天地間的靈性、花、草、樹木等皆與你息息相關，在你、我的靈性本質上，皆有屬於相同的特質，所以在修習靜坐的過程中，當你已啓發了心靈意識某些層面時，就會無意識的轉動，這是完全自發性的，不需由你的手腦控制，來啓發心靈的原始接觸。

由於每個人的慧根、素質、元神及生存環境有所不同，故功法因人而異，動作而有所不同，有時會像花、豹、仙女、虎、蛇、獅、鷹等不同姿勢。

人是萬物的總合體，故人類稱爲萬物之靈，我們雖現世爲人，但累世中已爲萬物投胎，故每種生命形式的習性皆隱含於潛意識中，透過各種姿勢與動作，去感受、去體悟，而讓身體結構的萬物系統功能增強，並與天地間的靈氣結合，這就是天、地、人調元法。

在學習此功法的同時，由於上、中、下三丹已聚足，在身體的四周自然形成像防護罩般的磁場，亦可抵抗外來磁場的侵略，再加上天地人調元法中的飛禽、走獸等各種招式，自可放鬆筋骨，調息經絡，增加新陳代謝等功能。

現代人由於長期處於壓力狀態，若能化入此法之勁節，自可增加其柔軟度及靈活度，可說是現代人最好的良藥。

玄真之氣　道與天同　玄觀入化　軟骨利筋

併時天嵐　合於萬物　猿手提精　漢蛇軟腰

熊秉下臥　鶴頂立群　猴足紮勁　豹禦捷力

萬運合傑　敏於生態　得乎萬象　玄於道觀

三、自然乾坤法

法隨自然亦圓通，歸入其念而心自轉；從心上起修，從心上求應，從心上求合，合則同，同則一，一即所謂絕對本體。守之於內，守之於心；而非守之於事，守之於物，守之於外也。守之，如神龍養珠之勢。動之以仁，動之以恆，雖動之於身；而非動之於念。動之五行，形同八卦，動之羅漢，形同太極。

本章所講求的功法是以心境爲主，心力合一，以正心、正信、正等、正覺之實；形同如法之初，如法之眞，如法之萬覺虛空，如念實之而彼往，深入淺相，運入即化，隨其式而做自在相，自然調節內與動，動與靜之關係。

隨處勢而向往，運合其心；調其勁，悟其深，正悟行之各種羅漢，菩薩法身之相，隨其招式升傑至超然之境，智慧的淵源，心靈深處的開啓，使之超越了肉體本有的約束，地心引力的牽絆，自而能趨吉避凶，轉杵乾坤之意。

在靜坐的過程中，需配合動功來加強本身的磁場能量。一如心臟是動的，卻是規律的振動，所以仍屬靜的一種，在大自然的規律中，極靜則動，極動則靜，猶如當向心力集中到極點時，離心力便在向心力中自然發出反應。

本功法隨著個人的正信、正等、正覺的思維，發出各種羅漢、菩薩之姿，此時的你已與萬物結合，先天免疫系統功能完整強固，故此時慧根、資質較高者，會顯現天眼、天耳等特質。

所謂自然乾坤法，就是指自己本身的靈體懂得扭轉乾坤，在不好的環境磁場時知道如何趨吉避凶。而本功法所產生的強大磁場，自然能乾轉坤，坤轉乾的順應時勢能量磁場變化。

故要以智慧之心，看待整個天體宇宙的運轉，而不是只浮於眼前現實的環境，體悟宇宙天國的存在，生活在宇宙天國的智慧裡，眞正的達到天人合一之境。

玄宇太極　轉日如來　心之相念　萬法所生
無等智慧　弘大如光　菩薩守姿　慧予靈性
羅漢吒勢　捍靈天台　正念其心　意想其力
出乎者也　氣動山河　轉御乾坤　如來當之

四、視念慾覺法

視—是「觀」；觀入其想，觀身其境，觀其六觸，觀意其心。此處所講的「觀」並非是指用肉眼去看，而是以內心的智慧之眼去看去感受許多事物。一如蝙蝠夜行時，雖然難以視物，卻可以去感受週遭的物體，同樣的人類也可以用心的體會，融入其所置予的空間內，甚至於多次元空間，觀於一切有形與無形，不再受限於肉眼本身的認爲。

念—就是「念力與心力的結合」；念隨我識，識運其通，念法隨眞，道亦處然。念力是一種磁波，當我們已達到正心、正信、正等、正覺之境，其身體的磁場能量強大，其念力也隨之增強，故當你想要達成某件事時，只要念力發射，自可以完成你所認爲的事。

慾—就是「慾望」；慾念其惟，惟心見己，己慾所向，惟孚至中。

人一生下來就受有七情六慾之中，每個人都有慾望；功名的慾望，利益的慾望，征服的慾望甚至修行的慾望，成佛的慾望。

在我們的心靈深處，本來就是個龍蛇混處之地，擁有神性、魔性、妖性、獸性等不同的質，不同的聲音在提醒我們，使我們產生矛盾與掙扎，只要能眞正的面對，體悟每個不同的你，見悟行深的以「中道思維」去看待，認知這個自我本身的小宇宙體，使之能達到權衡，陰陽自然調和，就如同太極。

覺—就是「覺悟、覺思」；覺正其心、覺明其念、覺深其慾、覺眞其觀。

發覺每個在你週遭的事物，明白每件你所想的事物，覺知任何有所感觸的事物，就算是一枝草、一點露，皆欲從中學習與認知箇中之玄妙。

本功法所講的是一種無思、無爲的「中道法」，萬象隨之而生，自有它生命循環的道理，以無爲的思想用「識」去體認每件事物，使身體上的每個細胞，每個眼、耳、鼻、舌、身、意，都形成每一個完整的你，而達到「全我論」之境。

佛門中有九識—眼識、耳識、鼻識、舌識、身識、意識、末那識、阿賴耶識、無我識，則需修行至第十識—「全我識」才算完整；這是個轉捩點亦是個新的起點。

前述之三種功法都屬靈性的教導與啓發，而「視念慾覺法」則是使其自我靈性引導本體結構（自我本身）認知及體悟宇宙天國的存在，生活且融合於宇宙天國的思維中，由心層深處啓發原有之神性教導，是無上智慧，自在有律的生活在宇宙天國的浩瀚領域中，見悟行深於般若波羅密多，而得智於阿耨多羅三藐三菩提之眞。

視覺其微　觀宇道機　念隨運通　無滯無礙
慾聞恆惟　知途道返　覺明自我　豁然達中
築蘊瞬開　識運八方　中道思惟　自曉大愛
順天而起　自然相承　秉足正識　全我道也

五、七脈振動法

人體中有七個氣輪，分別爲頂輪、第三眼、喉輪、心輪、太陽神經叢、臍輪、海底輪，組合起來成爲一個蛋型的人體磁場能量。人亦有七種脈搏振動即眼脈、耳脈、手脈、實脈、動脈、心脈、神脈。

眼脈—屬全方位系統，並非指眼睛，而是全身皆有眼脈，亦非以肉眼觀之，而以觀想。
耳脈—屬全方位系統，非指耳朵，全身皆有耳脈。
手脈—屬運轉方面，透過手脈之運轉，能潛移默化的導引氣場交流的脈動。
實脈—指人之三寶—精、氣、神之全身多次元空間性結構體。
動脈—指人體磁場動能。
心脈—即是聲納的振動頻率。
神脈—即天人合一，結合每個自我，而成「全我」。
此功法乃屬全方位系統，上至毛髮，下至腳趾，亦即透過全身任何部位，皆能發射或接收頻率，然亦千手千眼之意。
脈即爲相，相即爲生，生即爲動，動即爲合，故練就七脈振動功法時；合手於弓，運馬於力，集精於中，悍忍於心。集中所有心力，並放射到身體的每一寸肌肉，每一骨關節運行能量達最至，隨著磁場運作之頻率，使自己極動、極極動、一直動，然或覺於崩裂、虛脫之際，亦持續加強力道而不作放鬆，懈怠之狀，運隨於強大之振動頻率，繼而打開眼脈、耳脈、手脈、實脈、動脈等。

此種無可言喻之超強震撼力，欲使自我本身心底深處中想要吶喊，亦即佛門中所謂的「獅子吼」，此吼非用喉嚨之力，乃以丹田之力達之極吼、極極吼之狀，打開全身之所有能量，達於無止盡的吼度，歇斯底里之態，使之高感的聲納頻率，打開心脈，屆時亦覺全身暢通毫無有肉身之感，並有靈台沖天豁然達通之象，此時你的密碼也隨之解開，一旦解開就可與你自己眞正的神（即自我靈性）結合。

全身細胞就如同光感粒子般與累世的你結合，並非都屬有質世界中，亦可能與宇宙天國，或各次元空間的你結合，此即天人合一，亦所指的第七脈—神脈，結合各個系統的你，使之個人的小宇宙結合形成一個大宇宙。

全身的系統具足，就如同千手千眼大佛力般，可替人除病消業，亦能去妖除魔，此法練畢仍應以靜坐收功，調息氣場，以心法輔助，更應以無上智慧看待這似玄妙而又自然的宇宙。實之觸手可及，全憑心力交集。

振動功法　全我具悉　極振於動　動盡於力
竭盡之能　振運十方　力眼之光　貫通全身

欲己呼出　聲通八方　瞬宇天開　靈台乍現

千手千眼　玄宇之光　道盡如來　天人合一

六、佛光普照法

佛光普照；意即放射無遠的光和能量，使之一片吉祥，而能達於口燦蓮花之境。如何修？如何成呢？其實每個人的生命都是「神」，肉體不過是一部機器，藉由這部機器，我們感受人世間的七情六慾與各種的艱辛與磨難，這些都只是過程。

人間是歸神之路的試煉所，有了這些磨難，亦能體解各個層面思維，與積極進取的目標，進而延伸於宇宙萬物的生命，故這些體悟讓我們能從中認知生命的永恆與眞諦。

在人體的下丹，有個蓮花座，那是帶領我們歸神之路，在我們的智慧與心境都達到相當的境界時，蓮花自然愈盛開愈純淨，反之；則異。相同地在人體的中丹亦有個法輪，代表著無遠弗屆、生生不息的力量。如何轉動心中的法輪？也需以無思、無爲的正等心去看待。

在前述的五種功法都是帶領著大家，在茫茫塵世中找尋自我的本質，自我的「眞」與歸來時的路，在結合了無數多層次空間的自我，自我的深層意識，就會明白宇宙各層次空間的生命本質，此時擁有肉身的我們，更應透過靈識的溝通，而開啓無數次元空間的智慧，不再侷限於地球中，而更能以宏觀的思維，無點、線、面的距離，看待宇宙萬物循環不變的定律—適者生存，不適者淘汰，或許這是一句很殘忍的話，但它眞正能達到生存永恆的定律。

在結合了無數本質而達於「識」的境界，開啓生命的自在圓通，而生存於宇宙天國中。佛教中有六神通—天眼通、天耳通、他心通、宿命通、天足通及漏盡通。

天眼通：「亦稱天眼智證通，佛家認爲自色界天眼根，照久無礙，天眼通達，無量無限。」人人均有五種眼，即肉眼、天眼、慧眼、法眼、佛眼。佛說三千大千世界，亦即天眼通觀達於種種大無礙之天國，但世人多受五蘊所矇，故難發揮潛在之功能，在五眼中，只有肉眼可用。

天耳通：「亦稱天耳智證通，係得自色界天耳根，遠近聽聞無礙，天眼通可聽千萬里之外，微細的聲音亦可聞得。」如同觀世音菩薩得聞聲救苦，即具天耳通。

他心通：「亦稱他人智證通，能知道他人心念無礙，即閉口不言，亦能通達他人。」

宿命通：「亦稱宿命智證通，了解自己及六道眾生循環前世今生及未來之事。」

天足通：「亦名身如意通，又名神境智慧通，是無盡禪定所臻神通境界，遊涉往來宇宙任何空間。」

漏盡通：「亦稱漏盡智證通，是三乘修行無漏禪定最高境界之一，得菴摩羅識（即無我識），進入神性，進而達於不生不滅，永存於宇宙各次元空間，亦具足大神通可救渡各空間眾生，能解一切惑，除一切苦，救一切厄！」

此述之六神通，每個人都可具足，每個人都是神，在我們開啓了永生的智慧，結合了各空間的本質，在頭部後方形成背光，身後亦有大背光，如同佛祖的大背光與小背光。在眉心（即上丹部位）呈現聖火及白毫光，即代表著智慧及勇無懼的精神，故能去除各空間劣爲之頻率，使之一片吉祥，此致放射無遠佛光，照耀在各度空間的芸芸眾生，以生命的智慧，看待這永恆的生命，一如太陽般。

佛光普照　延鈞生泰　蓮座毫光　依皈我佛
六智證通　達觀無礙　聽聞無界　通證他心
因果具悉　足領八方　超越慾界　得真我心
法輪盡轉　無上智慧　得現周天　生生不息

七、大自在如來心法

何謂「心」？心是代表潛在意識的思維，與無等智慧的想法。但如何把深層意識提昇爲自我意識而應用於生活之中，然輔助功法而達於永生的智慧，脫卻凡人的思維，精進於天人合一的最高境界，是我們修行中最重要的一課。

何謂「法」？當自我的信念，已達於阿耨多羅三藐三菩提之中，皆以萬法爲依皈，自然就是法，自在就是法，以「認吾師」的思維，找尋適合自己的法，無須學習他人，每個人的資質與慧根皆有不同，應藉由自我本身的體悟與認知，追尋萬法結構的眞義，從而了解自己的自在圓通法。一切生命的本質，均來自宇宙萬中，無分你、我，無分貴、賤。故學習認識自己的法，亦是找回自己回家(即歸神之路)的基本要件。

心法對於修行的重要性，一如大氣層對人體的保護一樣，如何說呢?太陽的光和熱能，結合許多的紫外線、α線、β線、光子、粒子等投射到地球上，透過大氣層的分解與隔絕，使之對人體與地球上的生物，有所吸收、幫助，反之，若無大氣層的阻絕，則具有相當的威脅性。

故雖前述之功法都能達到此一境界，若無心法的輔助，亦無法使心、念、力合而爲一，達於永恆，或將停留於當下無法精進，或繼續落於六惡之中不停輪轉。

功法與心法自然的相輔相承，隨之於萬有引力中生命的互動，於生活中不住的精進、思考、過濾或於夢中呈現最自然、最眞實的自我，考驗生命原始的動能，落於形、或落於無形，一切生命的脈動，均蘊含著無限的智慧，永恆的標的，竭盡一切的了解，自我本身存在的價值，生爲何事，死爲何物，而明白所有都將成爲過程而終了。

繼而轉爲無形的力量，成就自我本體的突破，越領生與死的界限，達於永恆，甚至超越永恆，至於虛空。

眞實的世界，是於夢中或是醒來後的我們，在時空交錯、瞬息萬變的世界中，唯有心靈中存在著「眞」，存在著「法」，才能站在地心引力的上空，以如如不動的思維，觀心冥靜，觀入踏行的面對世事無常變化，體解大道運行的自然法則，歸於成、住、壞、空而生生不息的定律。

人的生命就像是把吉他，心靈的世界是弦，而彈奏吉他的手就是自我本體，如何了解生命，融合心靈的智慧，創造出優美動人的弦律，使之繞樑三日，猶覺在耳。或只是單純的憑著對生命淺薄的認知，隨意勾勒出音符的拼湊，意覺鹹淡無味，或若斷弦，使之亢龍有悔，待回首時已百年身，只得再旬一回。

生命的智慧，在於你、我本身的心靈，由自我的見悟行深，去適宜應用的面對，這大宇宙的考驗，亦可參考《彌勒心經》與《觀音心經》，由中明白自己的心法，得於智慧，且用於智慧，這就是大自在如來心法的精義所在。亦結合萬法的精髓，開創屬於自我的「玄宇功法」而自在如法的踏隨於宇宙天際！生活在永恆的宇宙天國中，遠離六觸，超脫六惡，直達永生。

觀自在菩薩　行深般若波羅蜜多時　照見五蘊皆空　度一切苦厄　舍利子
色不異空　空不異色　色即是空　空即是色　受想行識　亦復如是　舍利
子　是諸法空相　不生不滅　不垢不淨　不增不減　是故空中無色　無受
想行識　無眼耳鼻舌身意　無色聲香味觸法　無眼界　乃至無意識界　無
無明　亦無無明盡　乃至無老死　亦無老死盡　無苦集滅道　無智亦無得
以無所得故　菩提薩埵　依般若波羅蜜多故　心無罣礙　無罣礙故　無有
恐怖　遠離顛倒夢想　究竟涅槃　三世諸佛　依般若波羅蜜多故　得阿耨
多羅三藐三菩提　故知般若波羅蜜多　是大神咒　是大明咒　是無上咒
是無等等咒　能除一切苦　真實不虛　故說般若波羅蜜多咒　即說咒曰
揭諦　揭諦　波羅揭諦　波羅僧揭諦　菩提薩婆訶

玄宇功

玄宇無功

玄天無極，宇宙洪荒，大自然中蘊含許多神奇而又奧妙的事物，其實一切都那麼自然的發生在你、我之間，所有的一切不是上天所賜予，而是自我本能所擁有的，這才是我們的財富，亦所謂萬法爲眞，法中自然，深入其微，自在恆念，眞正地去了解玄宇功所傳達的精義，確實地去執行玄宇功的每個精髓點，而達到無招勝有招，有爲亦無爲的境界。

玄天劃無極　宇宙瀚十方　自然法中求
聚足力顯通　自我明真性　圓通法歸真
自在道中法　無招勝有招　即隨如來心
勝定萬法天　萬聖心法傳　玄宇道無功

〔神祕的超靈智慧…五眼通與八神通一覽表〕

八神通＼五眼通	靈性的智慧	天界 神性的智慧	慧智 超靈識智慧	法界全方位 超靈性智慧	佛淨無畏 大佛勝境
一	靈眼通	天眼通	慧眼通	法眼通	佛眼通
二	靈耳通	天耳通	慧耳通	法耳通	佛耳通
三	靈鼻通	天鼻通	慧鼻通	法鼻通	佛鼻通
四	靈足通	神足通	慧神足道	法神足道	佛神足道
五	靈佛手	天佛手	慧佛手	法佛手	如來大 佛手
六	靈性宿 命通	天性宿 命通	慧根宿 命通	法界宿 命通	佛道宿 命通
七	靈性他 心通	天性他 心通	慧根他 心通	法界他 心通	佛道他 心通
八	靈性漏 盡通	天性漏 盡通	慧根漏 盡通	法界漏 盡通	佛道漏 盡通

佛說五眼通教導說明

課程項目	課程內容	輔助教材
開啟智慧之 **靈眼**	開導夢的智慧 神秘第六感啟示 超強記憶力 超智慧開啟	玄宇功 大周天培元法 天地人調元法 超智慧進化
與神溝通之 **天眼**	探究觀落陰之術 陰陽眼、乾坤眼尋 龍術之教導 神奇的魔法之眼功能	玄宇功 自然乾坤法 觀音心經 AI超能智慧 第三眼智慧
第四次元之 **慧眼**	前世今世來世的相 命術 啟動超智慧.改變未 來的命運 天才訓練—各項專 才之潛能開發	玄宇功 視念慾覺法 觀音心咒 彌勒心經 超靈識智慧
天體智慧之 **法眼**	觀仙境、觀天國 宇宙之神的對話 代天執法的職位 隔空治療法 袪除病魔法 拔渡眾生靈法	玄宇功全法 七脈振動法 佛光普照法 大自在如來心法 千手千眼觀音心咒
萬佛朝宗之 **佛眼**	觀盡三千大千世界 如來之佛大智慧家， 修鍊永不輪迴生命 救渡眾生，引領眾 生佛性回歸天國	玄宇無功 彌勒佛陀著作叢書

佛說八神通教導說明

課程項目	課程簡介	報名資格
天眼通	亦稱天眼智證通，佛家認為自色界天眼根，照久無礙，天眼通達，無量無限。	參加天眼通課程者，應先自五眼通基礎學習。
天耳通	亦稱天耳智證通，係得自色界天耳根，遠近聽聞無礙，天耳通可聽千萬里之外，微細的聲音亦可聞得。	當自五眼通學習完成天眼之階段，自可選擇此一課程進修。
天鼻通	亦稱天鼻智證通，是聞得天國芳郁芬馥之氣息，增強自我生命本體之動能，達至採擷佛氣之自癒防禦功能。	當自五眼通學習完成天眼之階段，自可選擇此一課程進修。
天佛手	亦稱佛手智證通，全身氣動透由手部傳達，展現加持、灌頂、補氣之效，達臻佛光普照之境。	當自五眼通學習完成天眼之階段，自可選擇此一課程進行。
他心通	亦稱他人智證通，能知道他人心念無礙，即閉口不言，亦能通達他人。	當自五眼通學習完成法眼之階段，自可選擇此一課程進修。
宿命通	亦稱宿命智證通，瞭解自己及六道眾生循環前世、今生及未來之事。	當自五眼通學習完成法眼之階段，自可選擇此一課程進修。
天足通	亦名身如意通，又名神境智慧通，是無盡禪定所臻神通境界，遊涉往宇宙任何空間。	視個人慧根資質而定
漏盡通	亦稱漏盡智慧通，是三乘修行無漏禪定最高境界之一，得菴摩羅識（即無我識），進入神性，進而達於不生不滅，永存於宇宙各次元空間，亦具足大神通可救渡各空間眾生，能解一切惑，除一切苦，救一切厄！	視個人慧根資質而定

階段一：	靈性的智慧		
項目	內容說明	教材內容	收費標準
靈眼通	經由磁場的調整，以及正信的教導，開啟靈性的智慧，使不只憑肉眼所見，更加強於靈性之眼的解讀力，因此則可由靈眼中，知人生運勢，並防範於未然。	■超靈識智慧 ■超智慧進化 ■觀音心妙善情	■三個月一期，請親洽。
靈耳通	當靈性予以啟發後，則能聽得來自各靈界之聲音，彷如人間音樂療法之功效，能接引正面氣場之悅耳聲音或音樂，達到自我靈性提昇之境界。		
靈鼻通	如同坊間之芳香療法道理，當於啟動靈鼻功能，可聞至不同靈界之靈氣，是可藉此修得身息，聞至惡臭當警覺健康變化；聞至芳香氣息，則可進而採氣，增強自身免疫功能。		
靈足通	是於潛意識中，透過靈性的啟發，能夠遊走於二度空間的神識中，進而配合著其他靈性智慧之功能，探索於神性未知的國度，可助於人性智慧之精進。		
靈佛手	授教於正心、正信的基礎上，始傳授靈性氣動之力的運用方式，進行身體拍打，當可剷除身心某部分的病氣，並自其中感受靈氣之洗滌，逐漸達於永恆生命之基	■觀音心經 ■彌勒心經 ■玄宇功	
靈性宿命通	學至宿命通，可知靈性業力牽絆之所在，是以憑藉己身之力，得以超脫，進而改變生命動能，引領走入全新自我的領域。		
靈性他心通	將自性通與他心通，加以融會貫通，則能明辨人性心理之演變，使自己於各項獨到的專才中，更加得心應手，並達臻卓越的發展		
靈性漏盡通	屬於靈性智慧之上乘境界，當於此一功能展現時，則能於自我工作領域，在瞬時間完成該著手之事物，且其中之判斷與註解，將		

以上所有靈性的智慧，能讓你於現世中，嶄露些許的智識，也是屬於在人間道中運用者。許多人都具備靈性的智慧，但卻不懂得啟發，因此，一旦開啟生命本體的動能後，於此世中，你於心靈中所冀望的智識，將會供不應求。

階段二： 天界神性的智慧

階段	內容說明	教材內容	收費標準
天眼通	是以提昇至天界的神性靈識，教導觀看天國境界，始可增進神性的智慧，並進而調整心力，更於引領探究神秘的未知世界科技領域，因此可由天眼的基礎，習得各項通天本領。	■超靈識智慧 ■超智慧進化 ■A/超能智慧 ■第三眼智慧	■三個月一期，請親洽。
天耳通	當啟動天耳之本能，則能聽得來自天界之天籟音樂，或如天國之各種聲音，是於強化靈識功能，並由天眼通之協助，達於與神溝通之境地。		
天鼻通	天鼻乃修得靈識世界之寧靜，一旦習得功態之培元，可聞得天國的鳥語花香，強壯更深層的防禦系統功能，凡事則能按部就班，迎刃而解。		
神足通	教導於睡眠或功態中，深入靈識的意境行至欲往之天界國度，能於身歷其境之感，便能心曠神怡，喜悅的面對生活。		
天佛手	配合著玄宇功之教授，激發天佛手之潛能，並經過試練，推展至淋漓盡致的地步，當可加強功力，始於以天佛手之靈動為人拍打，進而體悟生命本體之真意。	■觀音心經 ■彌勒心經 ■玄宇功 ■觀音心聖戰行	
天性宿命通	知前世、今生、未來，透過此一學習與修練，將能了解不平凡的自己，同時根據個人的心性及慧根，可掌握宿命本質，並依循動能前進更高層的境界。		
天性他心通	進入天性神識世界的他心通，已超越人為的假象，而開始探索深層意識的內心表徵，是真切的了解自己，並進而與他人靈性世界溝通，形成互動。		
天性漏盡通	當慧根得以啟迪，以尋求至自身天界法門時，則可經由觸動他人心境，並受南無觀世音皇母指導，釋放內心動能，為人譜詩解惑，甚是著作超智慧心靈之書籍等，達至文字般若的智慧。		

以上屬於天界的八神通，每一個靈識，都必須放下原來有質的觀點，如是抱持著正心、正信、正念，則所達到的境界，一定會超出自己的想像範圍。

階段三 ： 慧智的超靈識智慧

階段	內容説明	教材內容	收費標準
慧眼通	慧眼的靈識系統，即是無眼界，啟發至此，當能用心體會於慧眼所見之各種境界，然形成一自我，並能觀得自身意識生命中的所有靈性，是靈識再造的機遇。	■戰龍蓮觀系列 ■AI超能智慧 ■第三眼智慧 ■超靈識智慧系列	■三個月一期，請親洽。
慧耳通	慧耳配合著慧眼，則能進階揭開潛能中的另一靈識系統，那是於神界、魔界、冥界等，都能聽得更高層次靈性世界之聲音，從中體悟許多超靈識智慧。		
慧鼻通	慧鼻通的階段，是所有靈性之嗅覺系統的啟動，從中的運用，將可達於靈淨，即使遇到難聞氣息，亦會藉此得到淨化。		
慧神足通	此功能是更於超脱自然的境地，可透過神佛的引領，自如來去於三界十方，窺探神識生活的領域，進而發展更加浩瀚的生命動能。		
慧佛手	此一教導則是讓自身的業力，使生命基因達於平衡狀態，並治癒身上病氣，可確實達於養生補氣之功效。	■觀音心經 ■彌勒心經 ■玄宇功 ■觀音心聖戰行	
慧根宿命通	搭配慧眼及慧佛手之運用，將可對自身業力進行調整，從此層層解開生命基因密碼的封印，得到靈識的淨化，將可進階更高階層的靈識系統。		
慧根他心通	此乃與神佛進行心靈溝通之意境，透過良好的靈淨處理，將可接引至更高虛空世界之神佛，此一教導再也不會讓人執著於現世中的種種亂象，而是永恆生命的喜悦。		
慧根漏盡通	達於此一修練時，是已經深入神識的境界，並能與神佛更為親近，時而聽聞説法之教導，時而領略各度空間之靈性智慧，是生命本體自轉神力之放射。		

以上慧智的超靈識訓練，是你已具備了神界、魔界、靈界、以及天、地、人之最高靈識系統，過程中時而令你咋舌，時而則是遠比電影特效還要美妙的情景，只要你細細品味，當可深入其中，了悟宇宙生命的奇特與奧妙。

階段四：法界的全方位超靈性智慧			
階段	內容說明	教材內容	收費標準
法眼通	此乃代表受天法管束之眼，因此雖可觀得無礙，但卻是受著保護，而不能隨心所欲的窺看，同時具法眼者，當是於天國中有了法身的職級，更有助於邁往成佛之的。	■彌勒皇教之所有經典 ■彌勒皇教文化之所有教材圖書	■進階於此一程度者，將視慧根而定。
法耳通	既是以法為尊，法耳則是代天聽聞各界之疑難，透過此一辨識，當可救渡眾生，締造自身福德。		
法鼻通	亦是代天執法之功能，聽法鼻聞得磁場不合時，進而以嗅覺追蹤，則能協助進行天體之調整。		
法神足通	能於三千大千世界中來去自如，並且正式列入戰鬥系統，動態之基主司斬妖除魔，是協助於處理天體運行之事，		
法佛手	既是執行天法之手，是經由法眼的觀測，運用法佛手將之擒服，或透過所變化的各式法器，將邪魔繩之與法管束。		
法界宿命通	是根據天法觀宇宙之過去、現在、未來的天體整合，藉此也能進一步的展現自我本體之潛能，達於宇宙全方位的組合。		
法界他心通	再此一階段修練時，是以修得法身，他心通則於此時，藉由法身所感應到的頻率波動，接收宇宙三千大千世界之訊息，是於授神佛之引領，帶你走向正軌的頻率波，進得保護全方位的生命體。		
法界漏盡通	正式進入法界圖書館，能得智慧於天法、地法、人法，於中開悟，即可因法智的累成，修得全方位超靈識法界的智慧。		

以上法界之八神通，均是以天法為尊，亦是執行天法者所需具備；然而各項功能的展現，都須在正心、正信、正等、正覺的修持下，才得以釋現大神力；同時，在這過程中，一切情節與劇情，都將無可言喻，而是端賴於自我的心領神會，如此便能運用自如。

階段五：　佛淨無畏大佛聖境智慧

階段	內容說明	教材內容	收費標準
佛眼通	進展於此一階段，佛眼的境界，則是無須依賴任何靈識境界，即可觀得三千大千世界，此即已是成佛之標準。	■彌勒皇教之所有經典 ■彌勒皇教文化之所有教材圖書	■進階於此一程度者，將視慧根而定。
佛耳通	能於三千大千世界中的細微處，聽聞萬物的訊息，即所謂聞聲救苦之理；而於現實生活中，則能透過敏感的佛耳，預知極會帶來的危機，是而潛能當以完善的因應之道排除一切。		
佛鼻通	安定於不同靈性的自我，即使於惡臭的環境中，亦能使之聞至天國美好氣息，當能避開邪靈之侵擾，強化靈性本質。		
佛神足通	佛界神足通可於虛空世界穿梭自如，並隨心念之所至，學習各界法門而自悟自通。		
如來大佛手	如來大佛手與前述不同者，在於可為他人靈療治病，並且可以力得擒魔，因修練至此，佛氣的保護更勝一籌，所以功法的深淺也是相當重要的一環。		
佛道宿命通	既已知三世的一切潛在動能，於此能隨時請益諸神佛的教導，更深一層的啟發潛能的智慧。		
佛道他心通	當於真正有智識的大師說法開口之際，早已能洞悉法中之意，甚或於閱讀經書，自然都能徹底了悟者，即是佛道他心通之境		
佛道漏盡通	心法之傳授，或超靈識的智識，都能因此自悟心性，達於依法說法；或借法說法之境界，是無上學、無上通、及無上道之表現。		

佛淨無畏大佛聖境，是你可為人、為神、為魔、或為佛者，其超靈識的智慧層次，已無遠弗居，該境界的達臻非以學習可論之，世間上更遑論有人可以教導，惟今只有彌勒佛陀能夠駕馭；因而該階段之領略，則是個人的慧根，以及精進度而定之。

五眼八通課程進修一覽表

第三隻眼超智慧研究學苑所教授之各項靈識基礎，將可以讓您運用於各項喜好或需求的專才中；現階段共分十大系別，根據您的啟發程度，可進階於每一系別中，再著重單一科別的專精要項，進行開發研究，則可以使您於該領域中，發揮得淋漓盡致。

系別	詳細科別	
超人體美學系	◆神奇駐顏療法研習 ◆超窈窕塑體研發	◆超機能飲食研發 ◆超能力記憶開發
超神聖文學系	◆超能文字般若智慧 ◆天國宮殿禮儀文化 ◆企劃高手研習	◆傳奇古物文化探索 ◆外星世界文化探索 ◆開發語文文學造詣
超感應藝術系	◆音樂作曲創作 ◆天體藝術創作 ◆美術雕塑創作 ◆多媒體動畫創作 ◆視覺傳達科技創作	◆服飾美學設計 ◆超動感舞蹈創作 ◆造型藝術創作 ◆工藝設計 ◆戲劇專項創作
超能量力學系	◆玄宇功超自然研究 ◆大佛手氣功療法	◆神足通推拿療法 ◆蓮花金剛指研發
超學理醫學系	◆超人體病理研發 ◆神秘中西藥理研究	◆疑難病理研究 ◆生命基因改造研發
超自然科技系	◆超能力特異功能 ◆超智慧ＤＮＡ改造 ◆生化科技再造 ◆電腦科技研發	◆超磁能動力研發 ◆超異能外星世界研究 ◆宇宙物理質能研發 ◆科技軟體創造開發
超遠景工程系	◆環境資源進化 ◆天災地變乾坤挪移研發 ◆都市計劃研究	◆土木工程設計 ◆裝潢藝術設計 ◆仙境園藝創意
超神秘民俗系	◆乾坤眼風水堪輿尋龍術 ◆陰陽眼與魔法之眼研究	◆社會民俗研究 ◆往生世界研究
超靈感心理系	◆超感知心理研發 ◆第六感靈感開發	◆生命圖騰研究 ◆胎氣胎教研究
超能力民生系	◆兩性永恆之愛研究 ◆社會慈善關愛研究	◆科技宗教智慧研習 ◆宇宙宗教三世佛探究

書籍

超智慧進化—很多人常問：「人為何而生？為何而走？」這是兩個很極端的答案，卻是人生的兩大前提，一個是出生，一個是往生；是「為什麼」的開始，與「為什麼」的結束。但要注意的，這個過程中枝枝節節的劇情，才是你的「為什麼」。

AI超能智慧—生命是永恆不滅的，如果你仍執著於，認為生命是會滅亡的境界中，那麼身在e世代的你，也未免太過於不懂得追求現在的美，來吧！讓我們走向新世紀的ＡＩ，絕對是你意想不到的新次元智慧！

第三眼智慧—人人都具有第三隻眼的功能，但在這人文主義的教育之下，封閉了！因此，第三隻眼顯得格外神秘，或者淪為怪力亂神之說，然而第三隻眼卻是啟發我們智慧的絕佳途徑，如何彰顯？如何開發？又要如何善用？當於啟發後，智慧的增進將如浩瀚天河，源源不絕的讓你適時運用於各項長才，這是不容錯過的精采章節！且讓我們歡迎您加入探討佛智慧的行列！

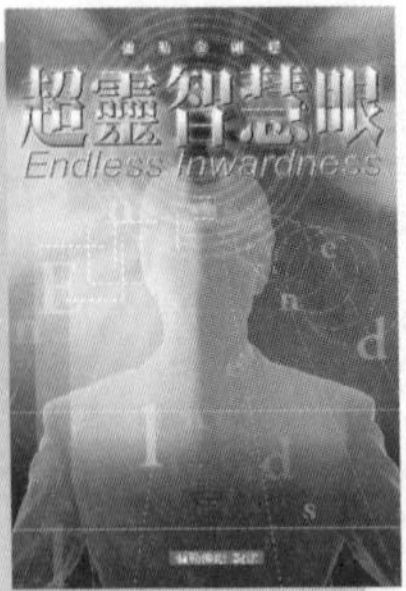

超靈智慧眼—人何以是人？人為何敬鬼神而遠之？你本應是神！流連於世間一時的崇高地位，毫無智慧的盲目追求，你又將如何拋盡人間的糾葛？認為此生辛苦經營如政商名流、達官貴族之地位，於永生的國度中，難道那些顯赫的地位還會永遠存在嗎？生命之可貴在於超越靈性的智慧；生命之永恆則於靈識潛能的脈動！莫在執迷不悟了！「超靈識智慧」才是讓你脫離苦道的利器！

佛弗智慧眼—人弗於萬塵，生命飄洋於累劫之中，喧擾的都市叢林，如何覓得心靈平靜之所？生命的動能無遠弗屆，也是無懈可擊的智識，當基因密碼圖騰能發掘更真實的組性之時，你自是佛弗的一份子！在這難得的機緣中，南無彌勒佛陀是引導人類成佛的一盞明燈！欲了解佛的真意境，且配合著生命劇本的腳步，讓南無　彌勒佛陀之光，帶領你探索心靈深層的每一面！

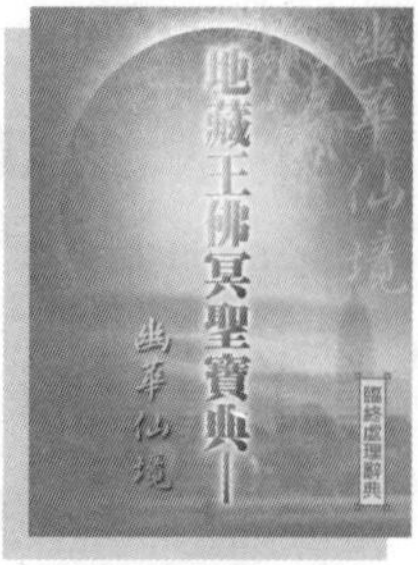

地藏王佛冥聖寶典—人總是在面對死亡威脅時，才開始思索如何應對，也深感手足無措，不知如何是好！其實在此時，你本就在生死無常輪迴行列中！及早瞭解往生之過程，可以帶領你超脫輪迴，達臻於永生無虞之命。臨終處理辭典，供你參考往生處理的種種細節，也可以透過這些過程，讓你更明瞭人將如何超脫，以免落於死生救拔的痛楚！

佛次元智慧—宗教應該是寧願走向孤獨，也要說出真理，應該強調於永生不滅的靈魂，但是，現在卻是以人當政的思維誤導一切；宗教亦如天國為地球創辦的學院，目的以『佛次元』的超智慧，教導眾生如如不動的覺悟自己，自曉於圓寂的那一天，鍛鍊生命本體戰勝那最後一場生死的背水一戰！

佛智慧潛能—修行並非拘泥於某種戒律中，也毫無任何既定的模式，所有宗教的經典與教義，都是希望人們能反觀諸已，不屈就於無知的理論，應當尋求自身能夠精進的法門；一個人有千百億萬種不同時空的靈魂、不同佛性的你，最終的意義、最高的權利、最大的願望，以及出生的目的，都是自在成佛！在累世輪迴之路的磨練中，你絕不敢不成佛；未能成佛，你面對的考驗則會更加駭人！因此，檢視自己是否放下所有認為的一切，且透過南無　彌勒佛陀的教導，領悟佛智慧的無限潛能，鍛鍊並精進於如如不動的成佛之列！

佛魔智慧—佛境中，「佛魔」是一系列功能完備之組合，「佛」主智庫系統，「魔」主戰鬥系統，兩者不可或缺，意在平衡！而所謂「佛魔不兩立」，其實也僅是一線之隔或一念之間！修行之路，貴於自在、無礙，修自己，非修別人對你的看法，也非人間德高望重的感覺，修成神、成佛，而非傳統思維之跪拜祈求論！彌勒時代已經來臨了！如何於群魔盪漾的末法時期，抓牢這回歸永生彌勒淨土的一線生機，端視你智慧地判斷與抉擇！

萬能智慧—病毒的時代逼進了，人類更是瀕臨了，病毒交流的生死搏鬥戰，若要活得健康，全憑「抗體」！「大佛手」－耶穌萬能的手，將是您照亮生命的唯一契機！如能脫卻「不願精進」的宗教通病，接引南無 彌勒天皇放射之未來佛光，解開靈魂累劫之枷鎖，啟動您深層的神識智慧，組合拼湊「法身」這部飛碟，加足馬力，即可回歸永生彌勒之家。

玄宇功—大佛手氣功療法，是結合大地之靈氣，可以增強能量、補氣灌頂、淨化心靈，解開您生命基因密碼，並能解除您長期囤積體內已久的病源與壓力，提昇免疫能力，延緩老化現象，進而達到【健康】、【美容】、【養生】之道。

觀音心經—「世人都知觀世音，惟獨不明觀音心」，這是一冊觀音親口說話的經典！大慈大悲、救苦救難的南無　觀世音菩薩，幾千年來，為渡化眾生而不遺餘力，祂母儀天下的風範，循循諄導人們，處於如此動盪不安的年代，應以何心、何性來面對此世人間的遭遇，以及祂關切眾生同歸天國淨土的渴望；經典中是於教導我們體悟人生的種種萃鍊，並自其中參悟本身成神、成佛之法。

彌勒心經—末法時期已經屆臨，亦即是南無　釋迦牟尼佛所言，未來佛彌勒佛之轉世時機。有鑑於群魔亂世，南無　彌勒佛親諭聖旨得《彌勒心經》，經典中是於讓眾生更確切的明瞭，何為生命的真諦，世人應當如何看待自身不凡之處，突破困境重圍，真切啟發深層意識之智慧，即可展現大佛力。這是一冊難得可貴的經典，更是符合當下時代潮流的守則，世人當彌足珍惜！

觀音心妙善情—一段可歌可泣、永生永世淒美的愛情，千古至今無人知曉，觀世音菩薩隱藏內心的悲戀，祂一直廝守紫竹林無怨無悔的等待，希望至愛的人，有朝一日能相攜相伴，回歸金毫光仙境。祂為了求得永生永世的愛情，歷經千辛萬苦的劫難，而祂至愛之人，是否能歷經萬物、萬劫輪迴之苦的重重考驗，而歸來呢？好久好久了，現在他還是在紫竹林苦苦的守候。

觀音心聖戰行—歷經了萬物萬劫輪迴，總算投胎到紅塵中來了！好陌生的世界，好冷酷的情感；怎麼世間竟變成如此叢林都市呢？生又為何？死又為何？為何心中總是環繞著〝靡靡之音〞？我們該何去何從？難道〝前世因；今世果〞，是真實的嗎？幾千年來，宗教預言家所說的，大浩劫將要降臨，世界將會被毀滅！預言將要成真嗎？先知們！你們只會說，卻又不告訴我們該如何做？

觀音心神魔錄—地球消失已久的古文明又將再度湧現！世界大浩劫的成因已歷歷在目！基督教預言中的七個天使降臨了！大審判的日子已經到來！世人若不懂得遵行宇宙大自然的循環因果，地球村的環境迅速遭致污染與破壞，於是即將面對不得不被毀滅的地步！宇宙中的觀世音菩薩及四大宗教領袖，現今正為了人類的生死存亡，爭戰邪靈與群魔而奮戰不懈！同時，傳聞中的未來佛已在這過程中，從布衣身分一步步爭回宇宙江山，是以扭轉乾坤迎戰接踵而至的群魔挑釁！至於人們何時警覺這種種的變遷？就看你能如何從書中故事了悟！

觀音心九龍現—在眾神與群魔的爭戰中，神域再次面臨了坎坷的遭遇，如今就待傳說中的「宇宙九龍」現身，才能共同面對惡魔的侵襲，並且建立完整宇宙軌道系統！但是，尋尋覓覓了許久，如何遇見經歷了宇宙無常輪迴的九龍？同時，曾經遭受邪魔殘殺的眾神們，至今仍然迷失在都市叢林的七情六慾中，九龍之尊—宇宙彌勒天皇現世紅塵！有將如何拯救這些即將遺忘回歸「彌勒天國淨土」的眾神呢？對於已經遺忘自己是神的人類來說，難道這是最後的機會？

觀音心群英會—『龍華樹下座，靜待有緣人』總算皇天不負苦心人，神域下凡的文武將官，終於陸陸續續的回歸本位。雖同屬在二度空間的人世生活著，但是卻深知身負天職、捍衛宇宙天國，更無畏邪靈妖魔的挑釁，勇往直前的配合南無　彌勒佛陀征伐宇宙群魔！接踵而來的天戰，卻是需要九龍真珠作為中心軸，才能鞏固天體軌道的完整，但若無九龍真珠之力，則發揮不出力量捍衛宇宙九龍系統！此次攸關神域系列的生死決鬥，南無　彌勒佛陀將如何以大智大勇的毅力，完成祂神聖的天職呢？

彌勒天皇傳—世間之愛有小愛、大愛；小愛止乎於己，以及週遭之人事物，大愛則延及世間，乃至無遠弗屆之宇宙眾生；南無　觀世音皇母與南無　彌勒天皇來自最高仙境，其下之千千萬萬各界眾生靈，皆為祂們的子民，但是眼見眾生身陷苦海，眾神佛身受囹圄，南無　彌勒天皇終於歷經生生世世之磨難，並為修得一肉身，脫卻凡胎，更將實現讓南無　觀世音皇母，母儀天下，成為天下景仰之尊后！南無　觀世音皇母，這般無怨無悔的承諾與等候，終於此際引領眾神佛、眾蒼生，回歸最高永生彌勒淨土國！

玄宇功—末劫中的一線生機，眼看SARS風暴襲捲全球，惶恐、無助、與憂心忡忡，似乎是大家的心情寫照，未來人類更將瀕臨變異病毒－諸多無形的挑戰。因之，如能增強自身先天防禦系統時，則無懼於病菌的入侵！南無 彌勒佛陀－宇宙十方未來佛，開啟神識智慧的不二法門！就是此一「玄宇功」法，這也是您自救的最佳利器！除了可以補足您身上欠缺的能量外，更能採集到真正的「生命之光」，而形成金剛不壞的防護罩。千萬別放棄這天賜的唯一機會喔！

神奇的美容駐顏術—美容的最高境界，應是淨化你的靈魂，透過玄宇功法的淬鍊，以促進新陳代謝，活化細胞、增長靈性，身心亦將隨之年輕。更可神奇的掃除己身之病業，甚而結合每一個人的天機－－元神潛能之動能放射，　洗滌自身之靈性，以嶄露於肉體表象外，而成為“晶瑩剔透”的代表。重要的是，須正心、正信於南無 彌勒佛陀的教導！若非累世修鍊、三生有幸，如何能得遇彌勒，成神、成佛？是於“佛”＝ 青春永駐！青春不是年輕人的專利，青春是你我皆可擁有的權利！

神奇的堪輿尋龍術—人們終其一生，莫不為了福澤延綿，及於後代子孫；於是「覓靈地、尋龍脈」，以為庇蔭之所，更希望「法雨普濟」，降甘霖…這本書，讓您的視野加大，透過「五眼八神通」的功能，結合「法身」之智慧，悠遊徜徉於「天眼」境界的探堪之旅；且可信手捻來、自化如來，當然也可由迷航者，轉為人生的掌舵者！不論您是名門大師、堪輿專家、或是風水地理師，甚且名不見經傳之人；均可入門，一探究竟！

傳奇的建築與科技—古文明建築物之謎，如：神秘的埃及、馬雅文化、亞特蘭提斯消逝的傳說等；至今連地球物理學家都無法解釋這一切！真要了解長久以來，人類解不開的「傳奇超高建築技術」，唯有與「宇宙天國科技」連線，一切昭然若揭，天國遍地是「科技」，答案就在本書中。宇宙彌勒天國，目的為要引領眾生，解開生命之謎，重拾靈魂之本源，而不是一味追求無意義的科技，以及探究永遠無法解開的謎。

神奇的胎氣養成法—您能選擇父母嗎？您能選擇孩子嗎？您曾因不孕而痛苦？在汲汲營營中到處拜求，得來的卻是地煞的子弟兵，您安心嗎？如何擺脫孕育胎兒過程中的恐懼？配合胎氣養成法，將使您如願以償，生個健康寶寶、母子均安！

三世佛因緣起—環觀世界之大，萬教林立，各教各派，眾說紛紜，多少宗教的歷史真相，蒙蔽人類於其中？回溯過去，找回根源，宇宙天體之大，誰能為之？答案全繫於「未來佛」－南無 彌勒天皇之肉身。「宇宙之主」的肉身，出現在地球上，以救渡世人，天體眾神也正在等待－「未來佛的教化」，基督教、回教、佛教亦皆提及有一位「宇宙真主」，「至高之神」會到來－亦即是「未來佛」！書中在在傳遞著唯一的真理，宇宙間有一位最高的統治者，如今已來到地球上，欲拯救人類…

神魔天地劫—始古之初，天地未開……，歷經長時間的化育，終於產生了神、魔二帝。神魔天地劫解開了天地間神秘的面紗，太陽黑子的形成、地獄的開啟…宇宙之浩劫…萬物萬象之奧秘，在此一一揭曉。

音樂 救世聖歌

末法時期已屆臨，環觀天災人禍的震盪，病毒的猖狂與肆虐，將使人類的生活受到嚴重的打擊與威脅，於此，南無　觀世音皇母秉持著大慈大悲、救渡眾生的胸懷，以「天府樂典─觀音聖言至」系列救世聖歌，流傳給世人在這亂世中的一線生機。現在，您只要經常放送聖歌，定能共同改變磁場運轉，平息一切紛爭，常保國泰民安。

「天府樂典─觀音聖言至」系列樂曲

天上御用樂譜，詮釋觀音心曲，人人祈求庇祐，或求心靈祥和

觀音心經現世，天籟神韻繚繞，彷如觀音細語，盼子得證菩提

是於啓發智能，淨化身心業報，曠世經典之作，如沐天國恩澤

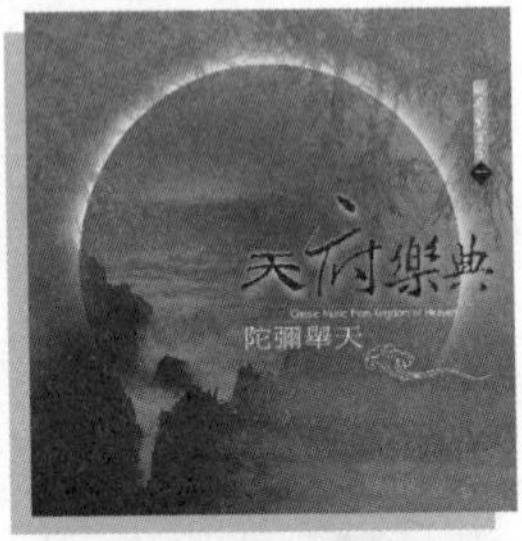

昇華於時空之交錯，融合身、心、靈並結合本性與靈性，所孕育而成的經典之作。

天府樂典之詞曲，由兩位超感應作者，以其受啟發之天眼境界，接受南無　觀世音皇母之教導，著寫天書《觀音心經》，音樂乃繼天國聖殿之獨籟樂音，譜寫而成，是以所見所聞，一葉清風之感，希望藉由此一創作，帶領世人達臻超凡入聖之境。

第三隻眼
超智慧研究學苑
Intelligent Evolution
《強力招生中》
人人都具有第三隻眼的功能，但在這人文主義的教育之下，封閉了！
因此，第三隻眼顯得格外神秘，或者淪為怪力亂神之說，
然而第三隻眼卻是啓發我們智慧的絕佳途徑，如何彰顯？
如何開發？又要如何善用？
當於啓發後，智慧的增進將如浩瀚天河，
源源不絕的讓你適時運用於各項長才，
這是不容錯過的精采課程！
且讓我們歡迎您加入探討佛智慧的行列！
《即日起即將隆重開課，歡迎來電或親洽以下地點索取簡章報名》
主辦單位：中華民國法雨普濟協會(神秘第三隻眼發展委員會)　彌勒皇教文化事業
報名電話：(02)2561-3858　報名傳真：(02)2560-3645
授課地址：台北市民權東路二段九十號

南無彌勒觀世音皇母

皇天無極后土為正

龍嚴鳳玓化煜如來

讀者資料表

感謝您購買這本書！也恭喜您，
可以聽聞「宇宙十方未來佛」—南無 彌勒佛陀現世的極大福音，
更可以與「未來佛法」有所連線……

為強化對讀者的後續服務，俾便告知更多關於，本社相關資訊及活動內容，請撥冗詳述下列之資料，您將可以收到我們免費贈送—經南無 彌勒佛陀開光、加持之「宇宙十方未來佛」、「南無 彌勒觀世音皇母」之佛卡，以及本社不定期的出版訊息，我們尤其珍惜您寶貴的意見喔！

您的姓名：______________

購買的書名：______________________________

購買書店：__________市/縣______________書店

性　　別：____/1男　2女　　婚姻：____/1單身　2已婚

生　　日：____年____月____日

籍　　貫：__________省__________市/縣

通訊地址：郵區________

____

聯絡電話：(　　)__________　大哥大：______________

E -- mail：______________________________

職　　業：____/1資訊業 2服務業 3製造業 4銷售業 5金融業
6大眾傳播 7自由業 8學生 9軍警 10公 11教師 12其他

職　　稱：____/1負責人　2高階主管　3中階主管　4一般職員
5專業人員 6其他

教育程度：____/1博、碩士　2大學　3高中(含)以下　4其他

通常以何種方式購書？____/1書店 2劃撥郵購 3電話訂購 4傳真訂購 5其他

從何處得知本書資訊？____/1書店 2親友介紹 3網站 4書評 5其他

覺得本書封面及內文美工設計：____/1很好　2好　3普通　4不好

您對本書的意見，或是對我們的建議、批評、或期待：

____

____

【宇宙彌勒皇教】

皈依文

南無　釋迦牟尼佛所言之未來佛已然降臨人間，亦即是南無　彌勒佛陀，祂於人世更創立了「宇宙彌勒皇教」，是於皈依的儀式上，強調“心誠則聚”，若以恭敬之心唸行下文，形同皈依，都將獲致未來佛的慈悲護佑。

龍華樹下坐，靜待有緣人，智詠明心璽，法等戒自心，
菩提法果圓，十識弗定生，篤行佛力顯，神通併自在；
彌勒未來法，是就金剛言，罡訓不阿身，文武智勇全，
精進菩提心，齊御共修天，永生生命識，天國長居逸。

三皈依：

皈依彌勒皇：即得菩提修正果
皈依彌勒尊：得於諸身勿入邪
皈依彌勒天：一切苦果皆盡轉

所遇彌勒者　立即証菩提
皈依彌勒皇　永生佛淨土

欲取得「皈依證」者，請填妥「讀者資料表」，連同「郵局劃撥收據」，附上二吋照片一張，寄至總會，以利製作回寄。

總會地址：104台北市中山區民權東路2段90號　精慈師姐收
TEL：(02) 2561-3858　FAX：(02) 2560-3645
經辦費：100元（含文件製作費、護貝費、回寄郵資等）。
請劃撥至戶名：彌勒皇教文化事業(股)　劃撥帳號：19791959

傳奇的龍巙命名術

作者／彌勒佛陀

神論者／決賢 尊者
發行人／陳楊靜江
責任編輯／林瑆臻
文案編輯／江可竹、蘇瑲羽
封面設計／尚璟視覺設計有限公司
行銷企劃／胡浸翎
行政管理／洪慧雅
製作管理／劉鳳英
發行所／彌勒皇教文化事業／編輯部
社址／台北市民權東路二段90號
電話／（02）2561-3858
傳真／（02）2560-3645
劃撥帳號／19791959　戶名／彌勒皇教文化事業（股）
網址／http://www.0001.com.tw
法律顧問／李朝雄律師
印刷／ 信可印刷有限公司
定價／新台幣肆佰伍拾元整

出版／中華民國93年01月
二刷／中華民國93年04月
協辦單位／金竹林寺南無觀世音皇母聖殿
地址／台北縣新店市松林路47號（燕子湖）
電話／（02）2666-4304
協辦單位／中華民國法雨普濟協會

國家圖書館出版品預行編目資料

出版者：彌勒皇教文化事業編輯部

傳奇的龍巙命名術／彌勒佛陀作

ISBN　957-29084-4-8　　（平裝）　NT$：450